임상중심 말소리장애

김민정 저

SPEECH SOUND DISORDERS: A CL[illegible] APPROACH

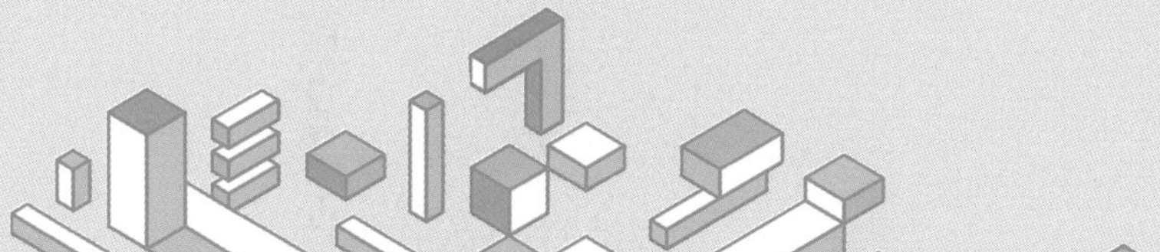

학지사

머리말

필자가 이 책을 기획한 것은 언어치료사로서 말소리장애 강의를 시작한 20년 전이었다. 후배들에게 영어 이론서에서 배우는 말소리장애가 우리말 임상에서 경험하는 말소리장애와 어떻게 연관되는지 전해 주고 싶었다. 하지만 필자의 임상 경험은 턱없이 부족했고 교수직을 수행하면서 이 작업은 흐지부지되었다. 필자가 이 책의 집필에 재도전할 용기를 얻은 것은 다시금 언어치료사가 되어 새로운 임상 지식을 쌓고, 임상 워크숍을 통해 이를 동료 및 후배 언어치료사들과 나누면서부터이다. 임상에서의 시행착오를 줄이기 위해서는 이론과 실제를 연결해 주는 교재가 필요했다.

필자는 임상 경험을 통해 체득한 지혜를 이 책의 곳곳에 담고자 노력하였다. 언어치료를 위한 음성학과 음운론에서는 각각의 지식이 언어치료에 어떻게 활용되는지를 임상노트에 상세하게 설명하였다. 말소리 발달에서는 실제 우리말 발화 자료를 예로 제시하였다. 말소리장애 평가에서는 다양한 진단보고서 표본을 제공하였으며, 말소리장애 치료에서는 자질별로 구체적인 말소리 유도 방법과 치료보고서를 첨부하였다. 내용이 다소 전문적이라서 말소리장애를 처음 접하는 학생에게는 부담스러울 수도 있겠지만, 임상 현장에 있는 언어치료사에게는 문제 해결의 실마리를 제공해 주는 유익한 교재가 되리라 믿는다.

무엇인가를 세상에 내놓는다는 것은 책임이 따르는 일이기에, 책을 마무리하면서 숙제를 마친 후련함보다 부족한 점에 대한 걱정이 앞선다. 필자는 현상을 수집하고 사례를 분석하여 하나의 논리를 만드는 사고방식에 익숙하다. 따라서 이 책에는 필자의 경험이 과도하게 반영되었을 수도 있고, 필자가 경험하지 못한 중요한 임상 지식이 누락되었을 수도 있다. 공감이 가는 내용은 공유되고, 잘못되었거나 부족한 부분은 수정·보완될 수 있도록 언어치료사 간의 소통과 토론의 장이 활발해지기를 바란다.

이 책이 나오기까지 고마운 분들이 무척 많다. 나의 첫 스승이신 배소영 교수님, 임상 경험을 나누며 함께 고민해 주신 이성은 선생님, 이은경 선생님, 한진순 선생님, 홍진희 선생님, 임상가로서의 사명을 응원해 주시는 황민아 교수님과 하승희 교수님, 음운론과 음성학 지식을 나누어 주신 이호영 교수님과 신지영 교수님, 연구소에서 동고동락하며 책의 완성을 격려해 준 이은선 선생님과 유현지 선생님, 책의 출판을 도와주신 학지사 관계자분들, 모두에게 감사드린다. 무엇보다도 임상 현장에서 매일의 기쁨이 되어 주는 사랑스러운 아이들과 필자를 믿고 소중한 자녀를 맡겨 주신 이들의 부모님에게 응원을 보낸다. 마지막으로, 든든한 버팀목이 되어 주시는 나의 부모님, 언어치료사의 삶에 충실할 수 있도록 배려해 주는 남편, 부족한 엄마를 자랑스럽다 말해 주는 딸과 아들에게 마음 깊이 고마움을 전한다.

2021년

김민정

차례

임상 노트 차례

제 1 장

말소리장애의 소개

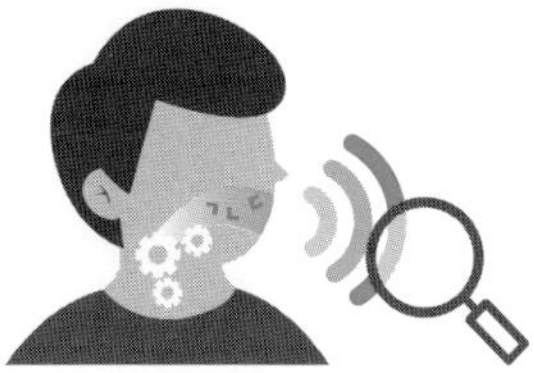

말소리가 부정확하여 의사전달을 방해하는 장애를 말소리장애(speech sound disorders: SSD)라고 한다. 장애의 정도가 심하여 의사전달이 어려운 사례도 있지만, 의사전달은 되어도 듣는 사람에게 발음이 나쁘다는 인상을 주어 사회생활에 지장을 초래하는 사례도 있다. 이 장애의 명칭은 역사적으로 조음장애(articulation disorders)라고 불렀으나, 1970년대 이후 음운장애(phonological disorders)라는 표현을 함께 사용하였고, 최근에는 말소리장애라는 용어를 사용하고 있다. 이 장에서는 앞서 제시한 용어들을 통해 말소리장애가 무엇인지 알아보고 말소리장애의 원인과 출현율 및 앞으로 이 책에서 다루게 될 내용을 소개하겠다.

1. 조음장애, 음운장애, 말소리장애

어떤 사람이 컴퓨터로 '발'을 입력해야 하는데 '말'이라고 입력하였다고 하자. 이 사람이 'ㅂ'을 'ㅁ'으로 잘못 입력하는 이유는 무엇일까? 첫 번째 가능성은 ''에 해당하는 우리말을 입력하려면 제일 먼저 'ㅂ'을 입력해야 하고 그 자판 위치가 맨 왼쪽 위라는 사실도 알지만, 새끼손가락이 짧거나 움직임이 둔해서 'ㅂ'이 'ㅁ'으로 쳐졌을 수 있다. 이처럼 어떤 소리를 내야 하는지는 알지만, 운동 조절(motor control) 문제로 정확한 말 산출이 어려운 장애를 조음장애라고 한다.

두 번째 가능성은 ''에 해당하는 우리말을 입력하려면 어떤 키를 눌러야 하는지, 그 자판 위치가 맨 왼쪽의 어디인지를 정확히 몰라서 자판의 맨 왼쪽 키 중 아무거나 쉽게 닿는 키를 누르다 보니 'ㅁ'이 쳐졌을 수 있다. 이처럼 어떤 소리를 내야 하는지 음운에 대한 지식(phonological knowledge)이 부족하여 정확한 말 산출이 어려운 장애를 음운장애라고 한다.

20세기 중반까지는 발음이 부정확한 이유를 운동 조절의 문제라고 생각했고 이러한 문제를 조음장애로 불렀다. 그리고 말소리장애의 치료를 위해서 정확한 조음위치와 조음방법을 알려 주고 바른 조음운동을 반복하도록 하였다. 그러나 20세기 후반부터는 언어 표현에 해당하는 음운을 잘 몰라도 발음이 부정확할 수 있음이 제기되었고, 장애의 이름도 조음장애에서 조음음운장애로 바뀌게 되었다. 그리고 조음음운장애의 치료법에 음운에 대한 지식을 심어 주는 활동이 포함되었다.

이론적으로 조음장애는 음운에 대한 지식은 있으나 말소리 산출(production) 능력이 없는 경우에 해당하고, 음운장애는 음운에 대한 지식이 없어서 말소리를 산출할 능력이 있어도 적절한 사용(use)을 못하는 경우에 해당한다. 그러나 부정확한 말소리 산출이 조음 문제인지 또는 음운 문제인지를 명확히 구분할 수 있는 것은 아니며, 치료 프로그램에는 특정 말소리를 어떻게 산출하는지와 그 말소리를 어디에 사용하는지가 모두 포함된다. 이에 따라 최근에는 조음장애와 음운장애를 아우르는 말소리장애라는 명칭이 사용되고 있다.

말소리장애라는 용어는 『정신질환의 진단 및 통계 편람 제5판(Diagnostic and Statistical Manual of Mental Disorders fifth Edition: DSM-5)』에서도 찾아볼 수 있다. 이 편람에서는 지속적으로 말소리 산출에 문제가 있어서 구어를 사용한 의사소통이 어렵고, 이로 인해 학교나 직장 등의 사회 참여가 어려우며, 선천적이거나 후천적인 원인 없이 언어 습득 초기부터 증상이 시작되는 장애를 말소리장애로 정의하고 있다(APA, 2013). 그러나 말소리장애는 청각장애, 구개파열, 뇌성마비 등의 선천적 질병에 의해 발생할 수도 있고 사고나 암 등의 후천적 원인에 의해 발생할 수도 있다.

DSM은 '정신' 관련 질환에 대한 편람이므로 '신체' 관련 질환은 배제되어 있다. 언어병리학에서 말소리장애라는 용어는 DSM에서 설명한 원인이 없는 장애에만 국한하지 않고 원인이 있는 말소리장애까지 포괄하는 용어로 사용하고 있다.

실제로 말소리장애는 아동과 성인 모두에게 있을 수 있다. 또한 원인을 알 수도 있고 모를 수도 있다. 이 책에서는 주로 원인을 모르는 말소리장애, 특히 아동의 말소리장애를 중심으로 집필되었음을 밝혀 둔다.

2. 의사소통과 말소리장애

말소리가 부정확한 이유는 실로 다양하다. 이를 이해하기 위해서는 의사소통이라는 큰 틀에서 말소리장애를 생각해 볼 필요가 있다. 말소리로 의사소통을 하는 과정은 크게 청각(hearing) 과정, 언어(language) 과정, 말(speech) 과정으로 나눌 수 있다([그림 1-1] 참조). 강의실에서 출석을 확인하는 상황에서 학생의 출석이 인정되려

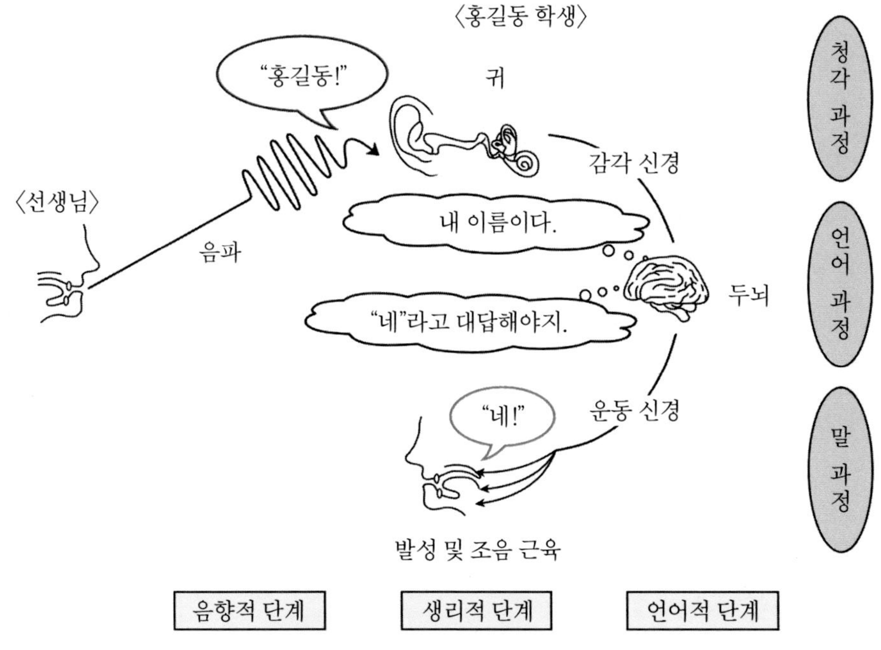

그림 1-1 구어 의사소통의 세 과정

면, 일단 학생은 선생님의 말소리를 들을 수 있어야 한다(청각 과정). 그리고 선생님 말에 계속 집중하여 자신의 이름에 해당하는 말소리가 들리면 이를 알아차려야 하고(언어 이해 과정), 출석했음을 나타낼 수 있는 적절한 언어 표현을 떠올릴 수 있어야 한다(언어 표현 과정). 마지막으로 발성 및 조음기관을 움직여서 떠올린 언어 표현을 말로 산출할 수 있어야 한다(말 과정).

말소리장애라 하면 일반적으로 말 과정의 문제를 생각하기 쉽다. 그러나 청각이나 언어 과정의 문제로도 말소리가 부정확할 수 있다. 청각 과정에 문제가 있어서 소리를 잘 들을 수 없다면 정확한 발음을 습득하기 어렵다. 고주파 대역의 음파를 감지할 수 없는 청각장애 아동이 /ㅅ/를 [ㄷ]로 발음한다면, 이는 /ㅅ/가 [ㄷ]로 들리기 때문이다.

언어 과정에 문제가 있어서 단어나 문장을 구성하는 음운을 정확히 습득하지 못해도 발음이 부정확할 수 있다. 우리말을 배우기 시작한 외국인이 음식점에서 '미밈밥?'이라고 자신 없이 말하며 비빔밥을 주문했다면, 이는 /ㅂ/ 발음이 어려워서가 아니라 원하는 음식인 '비빔밥'에 해당하는 우리말 음운을 정확히 모르기 때문이다.

말 과정에 문제가 있으면 당연히 말소리장애가 생길 수 있다. 선천적으로 입천장이 갈라진 채 태어난 구개열 아동이나 구강암 때문에 후천적으로 입천장의 일부를 절제한 환자라면 구강의 구조적인 문제 때문에 발음이 부정확할 수밖에 없다. 구강의 구조가 정상이라도 선천적으로 말 산출과 관련된 신경이 손상된 채 태어난 뇌성마비 아동이거나, 후천적인 뇌손상으로 발성 및 구강 근육의 움직임에 관여하는 신경 조절에 문제가 생겼다면, 정확한 발음이 어렵게 된다. 구개열로 입천장이 갈라져 있으면 말할 때 기류가 코로 새기 때문에 '포도'를 [모노]로 발음할 수밖에 없다. 그러나 말소리 산출을 방해하는 뚜렷한 기질적 원인이 없어도 발음이 부정확할 수 있다. 방송인 중에도 특정 발음이 부정확하여 시청자의 주의를 끄는 사람이 종종 있다. 이들의 말소리 문제는 대부분 학습된 또는 습관화된 오류로 해석된다.

3. 말소리장애의 출현율

미국의 통계 자료에 의하면 학령전기 아동의 10~15%, 초등학생의 5%가 말소리장애를 보인다(Office of Scientific and Health Reports, 1988). 또한 의사소통장애의 약 32%가 말소리장애를 함께 나타내며, 특히 학령전기의 언어장애 아동은 75~85%가 말소리장애를 동반한다(Slater, 1992).

최근 실시한 우리나라 설문조사에 따르면(김수진, 김민정, 하승희, 하지완, 2015) 언어치료사는 일주일에 평균 10여 명의 의사소통장애인을 평가 또는 치료하는데, 이 중 약 44%는 말소리 문제가 함께 있고, 11%는 다른 의사소통장애 없이 말소리장애만 있는 사례였다. 말소리장애 사례의 나이는 4~7세가 약 50%를 차지하였고 남아와 여아의 비율은 2:1로 남아가 더 많았다.

4. 말소리장애의 평가 및 치료를 위한 기초 지식

언어치료사가 말소리장애를 평가하고 치료하기 위해서는 매우 다양한 분야의 지식이 요구된다(Haynes & Pindzola, 2008). 첫째, 말 기제의 해부 및 생리에 관한 지식이 필요하다. 특히 정상적인 구강 기제에 대해서 잘 알고 있어야 한다.

둘째, 우리말 모음과 자음은 각각 어떻게 만드는지, 조음 음성학에 관한 지식이 필요하다. 더불어 말소리를 정확히 듣는 능력도 개발하여야 한다. 우리는 상대방이 어떠한 내용의 언어 표현을 하는지 뿐만 아니라 그 언어 표현을 어떻게 발음하는지를 동시에 파악할 수 있어야 한다.

셋째, 우리말 소리의 발달에 관한 지식이 필요하다. 언어치료사는 아동의 잘못된 발음이 같은 연령대의 다른 아동의 수행과 비교하여 발달적인지, 아니면 치료가 필요한지를 판단할 수 있어야 한다.

넷째, 말소리장애의 관련 요인에 대한 지식이 필요하다. 언어치료사는 말소리장애의 원인을 묻는 내원자나 부모의 질문에 적절히 답할 수 있어야 한다. 예를 들어, 내원자의 말소리 증상이 언어 발달, 읽기와 쓰기, 구강 구조 등과 관련이 있는지에 대한 정보를 제공할 수 있어야 한다.

다섯째, 동시조음에 관한 지식이 필요하다. 동시조음이란 연결된 말에서 특정 음운 특성이 인접한 음운 특성에 영향을 미치는 현상으로, 이 때문에 어떤 말소리가 특별히 촉진되거나 방해받는 문맥이 존재하며, 비일관적인 듯 보이는 오류도 실상은 매우 규칙적으로 변한다. 예를 들어, /기, 개/를 [디, 대]로 잘못 발음하는 아동도 /가, 거, 고/는 정확히 발음할 수 있는데, 이는 후설모음이 연구개음의 산출을 용이하게 하기 때문이다. 그러므로 언어치료사는 /ㄱ/를 어떻게 발음하는지만 알아서는 안 된다. /ㄱ/ 앞뒤에 어떤 소리가 오면 /ㄱ/의 조음 특성이 어떻게 변하는지도 알아야 한다. 동시조음에 대한 지식 없이 말소리 각각에 대한 지식만으로는 최적의 언어치료 서비스를 제공할 수 없다.

여섯째, 음운과 언어의 관련성도 잘 알아야 한다. 음운은 언어의 한 구성요소이기 때문에 언어의 다른 구성요소인 의미나 구문에 영향을 받을 수 있다. 즉, 명사에서는 정확히 발음하면서 문법형태소에서는 틀리게 발음할 수도 있고, 짧은 문장에서는 정확히 발음하면서 긴 문장에서는 틀리게 발음할 수도 있다. 분석을 통해 이러한 언어 문맥을 찾아내는 것은 치료의 효율성을 높이는 데 중요한 역할을 한다.

5. 우리말을 구성하는 소리

말소리장애의 평가 및 치료에 앞서, 2장부터 5장까지 총 네 개의 장에 걸쳐 우리 말소리를 각기 어떻게 만들고 어떻게 배열하는지에 대해 매우 자세하게 알아볼 것이다. 여기서는 우리 말소리를 구성하는 소리에는 무엇이 있는지를 간단히 훑어보자. 우리말로 의사소통을 하려면 어떤 소리가 필요할까? 우리말을 구성하는 소리는 크게 모음과 자음으로 나뉜다. 모음은 홀로 음절을 만들 수 있지만 자음은 홀로 음절을 만들 수 없어서, 모음이라는 이름에는 어미 모(母)가 사용되고 자음이라는 이름에는 아들 자(子)가 사용된다.

1) 우리말 모음

우리말의 모음은 다시 단모음과 이중모음으로 나뉜다. 단모음이란 하나의 모음으로 구성된 모음으로, 발음하는 도중에 조음기관(턱, 혀, 입술)의 움직임에 변화가 없다. 이중모음이란 두 개의 모음으로 구성된 모음으로, 발음하는 도중에 조음기관의 움직임에 변화가 있다.

표 1-1 우리말의 단모음 체계

혀 높이 \ 입술 모양 \ 혀 위치	전설모음		후설모음	
	평순	원순	평순	원순
고모음	이	(위)	으	우
중모음	에	(외)	어	오
저모음	(애)		아	

표준발음법에 나와 있는 우리말의 단모음 개수는 총 10개이며, 〈표 1-1〉에서 볼 수 있듯이 혀의 높이, 혀의 전후 위치, 입술의 모양에 따라 체계적으로 분류할 수 있다. 혀의 높이와 관련해서는 혀의 높이가 높은 고모음, 혀의 높이가 낮은 저모음, 그리고 혀의 높이가 고모음과 저모음의 중간에 해당하는 중모음으로 분류된다. 혀의 전후 위치와 관련해서는 혀가 높아지는 부위가 혀의 앞쪽인 전설모음과 혀의 뒤쪽인 후설모음으로 분류된다. 입술의 모양과 관련해서는 입술을 편평하게 하는 평순모음과 입술을 동그랗게 오므리는 원순모음으로 분류된다.

비록 표준발음법에는 10개를 단모음으로 규정하고 있지만, 표준어를 구사하는 서울 · 경기 지역의 젊은 층 입말을 기준으로 하면 '아, 어, 오, 우, 으, 이, 에'의 7개 모음만을 단모음으로 본다. 표준어 구사자는 이전에 단모음이었던 '위, 외'를 단모음이 아닌 이중모음으로 산출하며, '애'는 '에'와 글자로만 구분되고 소리는 동일하기 때문이다. 참고로 모음의 이름은 입술 모양, 혀 위치, 혀 높이 순서로 나열한다. 그러므로 '아'의 이름은 '평순 후설 저모음'이다.

이중모음이란 두 개의 모음이 합쳐진 형태로, 두 개의 모음 중에서 조음 동작이 짧고 빠른 모음을 활음, 과도음, 반모음 또는 반자음이라고 한다. 우리말에서는 두 모음 중 앞에 오는 모음이 활음이 된다. 우리말의 이중모음은 짧은 '이'(활음 'j')로 시

표 1-2 우리말의 이중모음 체계(7모음 체계를 가정할 때)

활음 + \ 단모음	이	에, 애	아	어	오	우
j +		예, 얘	야	여	요	유
w +	위	웨(외), 왜	와	워		
ɰ +	의					

작하는 것, 짧은 '우'(활음 'w')로 시작하는 것, 짧은 '으'(활음 'ɰ')로 시작하는 것으로 나눌 수 있다. 7모음 체계를 가정할 때 우리말 이중모음은 〈표 1-2〉와 같이 10개로 정리된다.

2) 우리말 자음

우리말에는 19개의 자음이 있고 조음위치와 조음방법에 따라 〈표 1-3〉과 같이 분류할 수 있다. 조음위치 측면에서는 두 입술을 붙여 만드는 양순음, 혀를 잇몸에 붙여 만드는 치경음, 혀를 굳은 입천장인 경구개에 붙여 만드는 경구개음, 혀를 여린 입천장인 연구개에 붙여 만드는 연구개음, 성대를 좁혀서 만드는 성문음으로 나뉜다. 조음방법 측면에서는 기류를 완전히 막았다가 터트리는 파열음, 기류를 좁은 틈으로 내보내는 마찰음, 기류를 막았다 좁은 틈으로 내보내는 파찰음, 기류를 비강에서 공명시키는 비음, 기류를 혀의 측면으로 흘려보내는 유음으로 나뉜다. 한편, 파열음, 파찰음, 마찰음은 성대의 긴장성과 기식성 여부에 따라 평음·경음·격음의 세 부류 혹은 평음·경음의 두 부류로 나뉜다. 참고로 자음의 이름은 조음위치, 발성유형, 조음방법 순서로 나열한다. 그러므로 'ㅂ'의 이름은 '양순 평파열음'이다.

표 1-3 우리말의 자음 체계

조음방법 \ 조음위치		양순음	치경음	경구개음	연구개음	성문음
파열음	평음	ㅂ	ㄷ		ㄱ	
	경음	ㅃ	ㄸ		ㄲ	
	격음	ㅍ	ㅌ		ㅋ	
파찰음	평음			ㅈ		
	경음			ㅉ		
	격음			ㅊ		
마찰음	평음		ㅅ			ㅎ
	경음		ㅆ			
비음		ㅁ	ㄴ		ㅇ	
유음			ㄹ			

제2장

언어치료를 위한 조음 음성학(1)

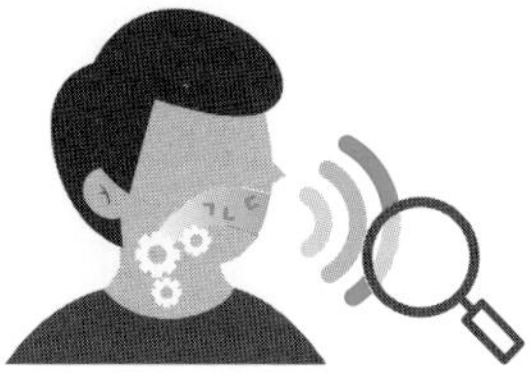

말소리란 '사람의 발음기관을 통해 만들어진' '언어적 의미가 있는' 소리로 정의된다. 이 정의에는 말소리에 대한 두 가지 의미가 모두 담겨 있다. 우리가 다 같이 '사과'라고 말한다면, 심리적으로는 모두 동일한 의미의 과일을 '말'하지만, 물리적으로는 각자 다 다르게 '말'한다. 전자 의미의 말소리를 음운(phoneme)이라고 하고, 후자 의미의 말소리를 음성(phone)이라고 한다. 음운이란 단어의 의미를 구분해 주는 심리적이고 추상적인 소리이지만, 음성이란 말 산출기관을 통해 만들어지고 공기 중에 전파되며 귀에 전달되는 구체적이고 물리적인 소리이다. 음운은 '/ /' 안에 넣어서 표기하고 음성은 '[ ]' 안에 넣어서 표기한다.

1장의 끝부분에서 살펴본 우리말을 구성하는 소리는 우리말의 음운에 관한 것이었다. 3장에서는 이 음운 하나하나를 구체적으로 어떻게 만드는지에 대해 음성적 차원에서 자세히 살펴볼 것이다. 이에 앞서 이 장에서는 말소리를 만드는 기관과 말소리를 만드는 과정을 알아보고, 국제음성기호를 통해 다양한 말소리를 어떻게 분류하는지 알아보겠다. 자세한 음성학과 음운론의 내용은 이호영(1996)과 신지영(2011)을 참조하기 바란다.

1. 말소리의 산출

1) 말소리 산출에 관여하는 기관

말소리의 산출에는 발동 과정, 발성 및 공명 과정, 조음 과정이 필요하고 각각의 산출 과정에는 다양한 기관이 관여한다. 발동 과정에는 폐(lung), 발성 과정에는 후두(larynx), 공명 과정에는 성도(vocal tract), 조음 과정에는 여러 조음기관(articulator)이 관련한다([그림 2-1] 참조). 소리가 지나가는 길이라는 의미의 성도는 성대에서부터 입술이나 콧구멍까지의 공간으로, 'ㅋ' 글자 모양을 하고 있다. 성도는 인두강(pharyngeal cavity), 구강(oral cavity), 비강(nasal cavity)의 세 공간으로 나뉜다. 그리고 성도에는 임상적으로 중요한 두 개의 문이 있다. 성대 사이의 공간을 성문(glottis)이라고 하고, 연구개와 인두 사이의 공간을 연인두문(velo-pharyngeal port)이라고 한다.

구강에는 조음에 직접 관여하는 여러 기관이 포함되어 있고 이를 조음기관이라고 한다. 구강 내 조음기관은 크게 구강의 윗부분에 해당하는 기관과 구강의 아랫부

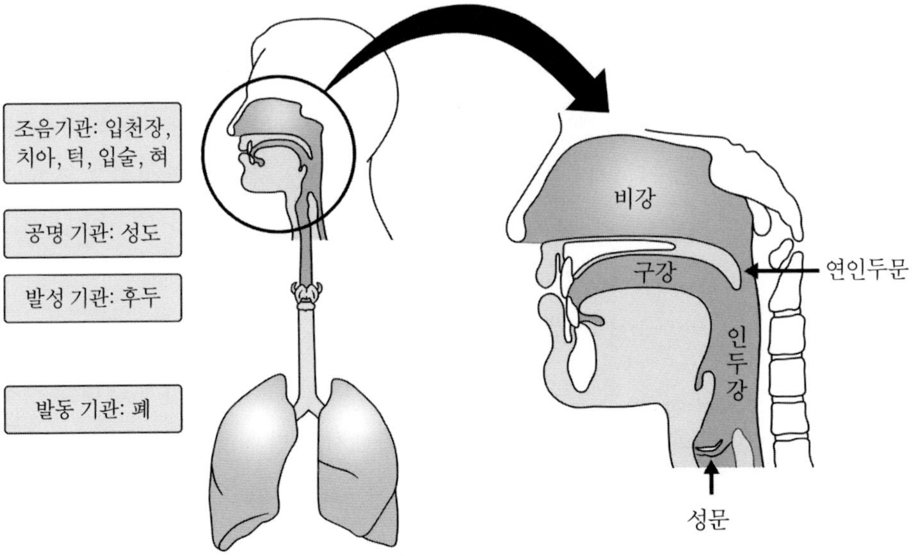

그림 2-1 말 산출기관(좌) 및 공명강의 구성(우)

분에 해당하는 기관으로 나눌 수 있다. 구강의 윗부분에 해당하는 기관으로는 윗입술, 위턱과 윗니, 입천장이 있으며, 구강의 아랫부분에 해당하는 기관으로는 아랫입술, 아래턱과 아랫니, 혀가 있다. 조음이란 구강의 아랫부분이 구강의 윗부분을 향해 움직이는 동작을 의미하는데, 능동적으로 움직이는 아랫부분을 조음체라고 하고 조음체가 향해 가는 윗부분을 조음점이라고 한다.

조음기관 중 세부적인 구분이 필요한 기관은 입천장과 혀이다([그림 2-2] 참조). 입천장은 치경(잇몸, alveolar), 경구개(hard palate), 연구개(soft palate), 구개수(목젖, uvula)로 나뉜다. 입천장을 잇몸부터 연구개까지 혀로 훑어보면 치아 뒤에 아래로 불룩 튀어나온 딱딱한 부분이 치경이고, 위로 올라간 딱딱한 부분이 경구개이고, 뒤쪽에 말랑말랑한 부분이 연구개이며, 연구개 끝에 u자 모양으로 내려와 있는 것이 구개수이다. 치경과 경구개는 뼈로 이루어져 있어서 딱딱하고, 연구개와 구개수는 근육으로 이루어져 있어서 말랑말랑하다.

조음에 가장 중요한 기관은 혀이다. 혀는 근육 덩어리라서 해부학적으로는 그 구조를 구분할 수 없다. 그러나 조음 기능과 관련하여 크게 혓몸(tongue body), 혀끝(tip), 혓날(blade), 혓등(dorsum), 혀뿌리(root)의 5개 부분으로 나눌 수 있다. 혓몸은 혀 대부분을 차지하는 몸체로, 혀를 앞뒤나 위아래로 움직여서 다양한 모음을 만들 때 기능한다. 혀끝, 혓날, 혓등은 주로 자음을 만들 때 기능한다. 혀끝은 혀의 맨

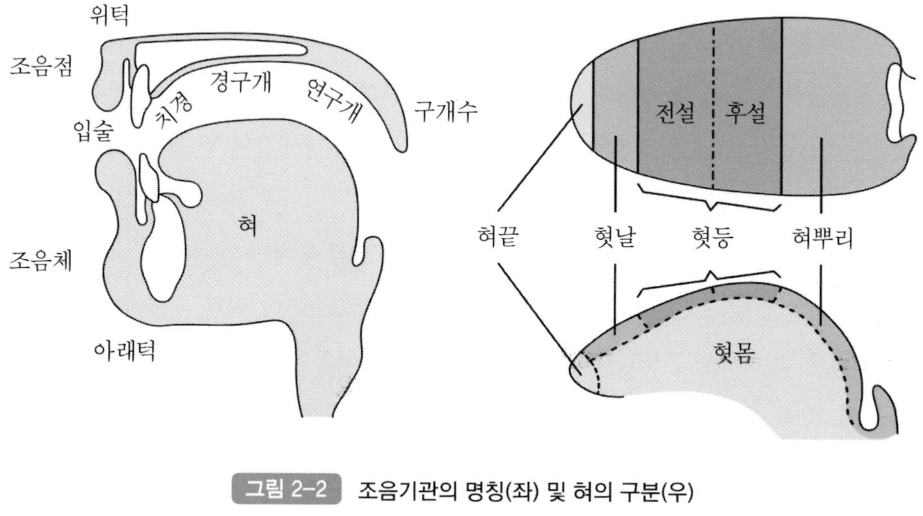

그림 2-2 조음기관의 명칭(좌) 및 혀의 구분(우)

앞부분이고, 혓날은 우리가 자연스럽게 입을 다물고 있을 때 치경에 닫는 혀끝에서 약 10~15mm 정도의 혀 부분을 말하며, 혓등은 경구개나 연구개에 닿는 혓날의 뒷부분을 말한다. 혓등은 전설과 후설의 두 부분 또는 전설, 중설, 후설의 세 부분으로 구분된다. 혀뿌리는 인두벽과 마주하고 있는 혀 부분으로 모음이나 자음 산출 시 성도 모양의 변형에 관여한다.

2) 조음기관을 움직이는 근육

조음기관을 움직이는 것은 근육(muscle, 이하 m.)이다. 근육의 자세한 이름까지는 모르더라도, 조음기관에 근육이 어떻게 붙어 있어서 수축 시 어떤 움직임을 야기하는지를 이해하고 있으면 말소리를 만드는 다양한 방법을 좀 더 쉽게 이해할 수 있다([그림 2-3] 참조).

아래턱과 관련하여, 위로 끌어올리는 근육은 위턱의 위쪽에 있는 교근(masseter m.)과 측두근(temporalis m.) 등이고, 아래로 끌어내리는 근육은 아래턱 밑에 있는 두힘살근(diastric m.)과 턱목뿔근(mylohyoid m.) 등이다. 이러한 근육은 저모음, 중모음, 고모음과 자음을 만들 때 중요하게 작용한다.

입술과 관련하여, 동그랗게 앞으로 모으는 근육은 입둘레근(orbicularis m.)이고, 옆으로 당겨서 팽팽하게 하는 근육은 입꼬리근(risorius m.)이다. 이러한 근육은 원순모음과 평순모음을 만들 때 사용된다.

연구개와 관련하여, 연구개를 올려 연인두문을 폐쇄해 주는 근육은 입천장올림근(levator veli palatini m.)이고, 연구개를 내려 연인두문을 개방해 주는 근육은 입천장혀근(glossopalatine m.)이다. 이러한 근육은 비음과 장애음을 만들 때 사용된다.

혀와 관련해서는 혀의 위치를 다양하게 만들어 주는 외부 근육과 혀의 모양을 다양하게 만들어 주는 내부 근육이 있다. 혀의 외부 근육에는 경상혀근(styloglossos m.), 턱끝혀근(genioglossus m.), 목뿔혀근(hyoglossus m.)이 있다. 경상혀근은 혀를 뒤쪽 위로, 턱끝혀근은 혀를 아래쪽 앞으로, 목뿔혀근은 혀를 아래쪽 뒤로 당기기 때문에, 각각 후설모음, 전설모음, 저모음 산출에 관여한다. 혀의 내부 근육에는 가로근(transverse m.), 수직근(vertical m.), 위세로근(superior longitudinal m.)과 아래세로근(inferior longitudinal m.)이 있다. 가로근은 혀의 폭을 좁혀서 도톰하게 하고, 수

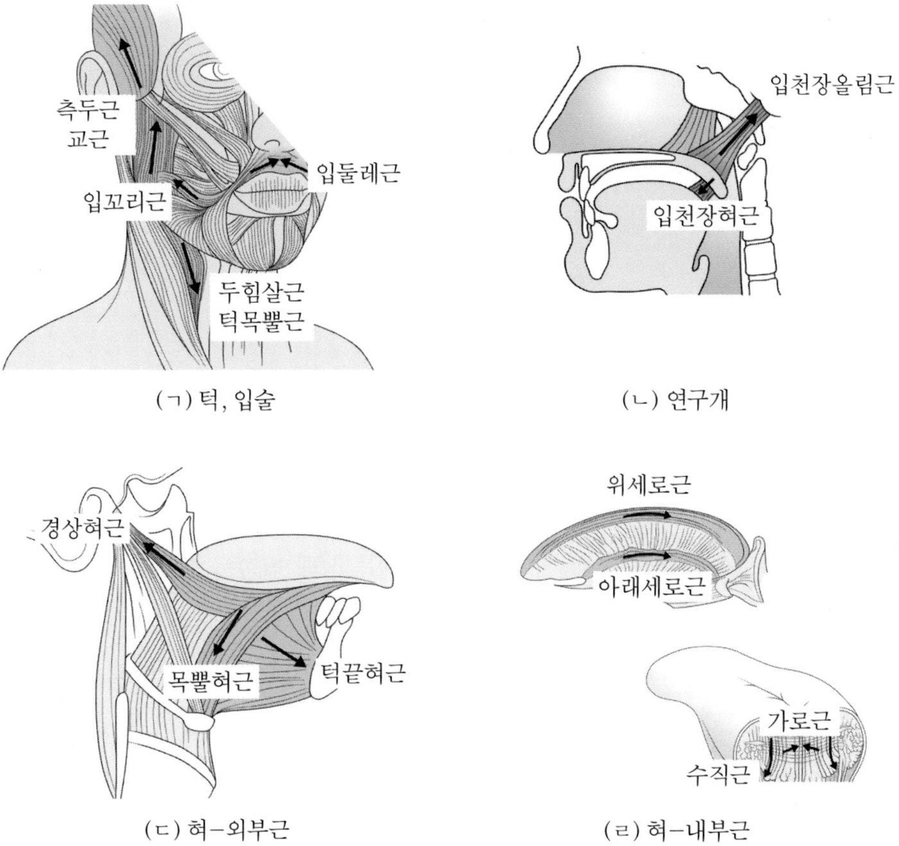

그림 2-3 말운동에 관여하는 조음기관의 근육

직근은 혀를 펴서 납작하게 하며, 위세로근은 혀끝을 올리고, 아래세로근은 혀끝을 내리기 때문에, 다양한 자음 산출에 관여한다.

3) 말소리의 산출 과정

말소리가 산출되는 과정은 발동(initiation), 발성(phonation), 조음(articulation)의 세 부분으로 나눌 수 있다. 발동이란 말소리 산출에 필요한 기류가 생성되는 과정을 말한다. 우리말 모음과 자음의 산출에 사용되는 기류는 모두 숨을 내쉴 때 폐에서 나오는 날숨이다. 말 산출을 위해 필요한 기류의 양은 그리 많지 않다. 보통의 말 산출에는 폐활량의 약 20~40%의 기류만이 사용된다.

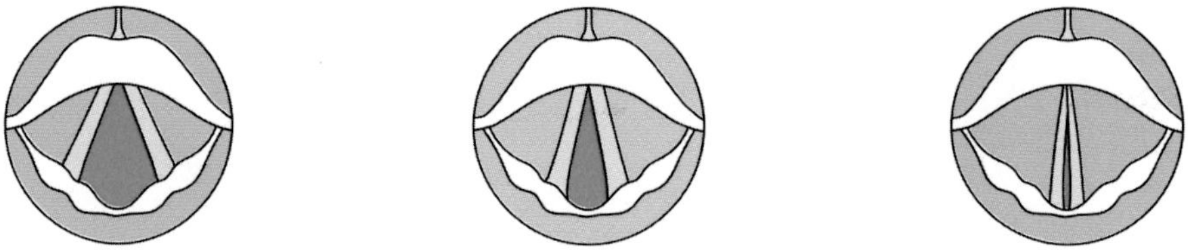

그림 2-4 성문의 폐쇄 정도

발성이란 폐에서 생성된 기류가 성대에서 조절되는 과정을 말한다. 우리말의 파열음, 파찰음, 마찰음과 같이 무성음을 말할 때는 성대를 벌려 진동시키지 않지만, 우리말의 모음, 비음, 유음과 같이 유성음을 말할 때는 성대를 모아 진동시킨다. 숨을 쉴 때는 성문을 활짝 열고 있지만, 말을 할 때는 성대 접촉을 쉽게 하려고 성문을 어느 정도 좁혀 놓고 있다가 유성음 부분에서 성문을 닫아 성대를 진동시킨다. 발성 시 성대 접촉이 느슨하여 성대 뒤쪽을 벌리고 성대 앞쪽만 진동시키면 바람 새는 소리(breathy voice)가 나고, 성대 접촉이 과도하여 성대 뒤쪽을 꽉 붙이고 성대 앞쪽만 진동시키면 쥐어짜는 소리(creaky voice)가 난다. 호흡, 무성음 산출, 유성음 산출 시 성문의 폐쇄 정도는 [그림 2-4]와 같이 나타낼 수 있다.

성대 진동을 동반하는 유성음은 기류가 성도에서 울리는 공명이라는 현상을 동반한다. 이때 연인두를 개방하여 콧길을 열면 구강과 비강 모두에서 공명이 일어나고, 연인두를 폐쇄하여 콧길을 막으면 구강에서만 공명이 일어난다. 구강과 비강 모두에서 공명이 일어나는 소리를 비강 공명음이라고 하고, 구강에서만 공명이 일어나는 소리를 구강 공명음이라고 한다. 비강 호흡, 비음 산출, 구강음 산출 시의 연인두문 폐쇄 정도는 [그림 2-5]와 같이 나타낼 수 있다.

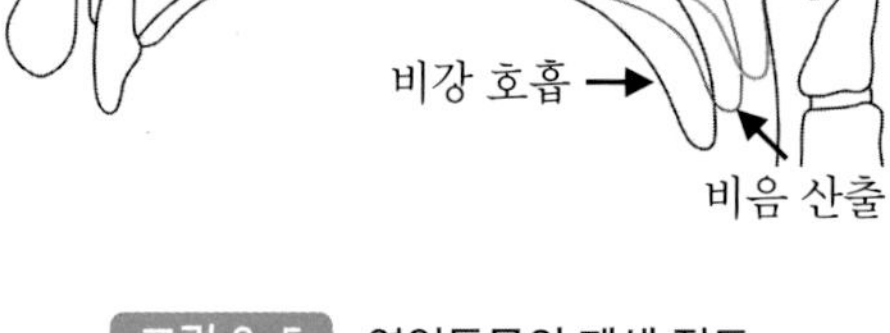

그림 2-5 연인두문의 폐쇄 정도

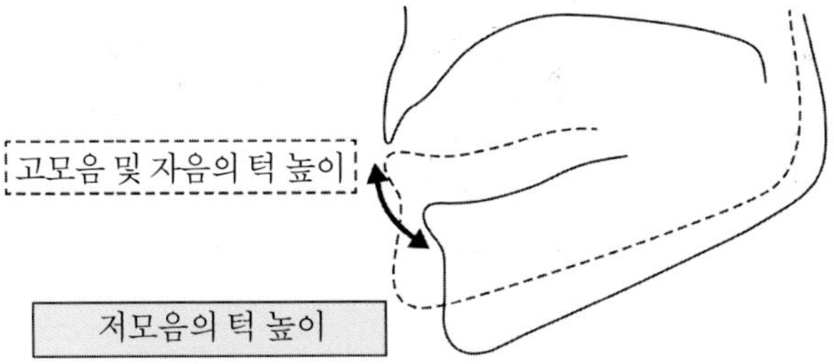

그림 2-6 조음 시 아래턱의 위치

조음이란 기류가 성도를 지나면서 다양하게 변형되는 과정을 말한다. 우리는 조음기관을 이용하여 성도의 특정 부위를 좁히거나 막음으로써 기류를 변형시켜 말소리를 만들어 낸다. 조음 과정을 기준으로 말소리는 크게 모음과 자음의 두 부류로 나뉘는데, 구강 통로 중앙부에서의 기류 방해 정도가 약하면 모음으로, 심하면 자음으로 분류한다.

조음기관으로 기류를 방해하기 위해서는 조음체가 조음점에 근접해야 하는데, 방해 정도에 가장 큰 영향을 미치는 조음기관은 아래턱이다. 턱을 벌려 조음체가 조음점에서 멀어지면 방해 정도가 약해지고, 턱을 올려 조음체가 조음점에 가까워지면 방해 정도가 심해진다([그림 2-6] 참조). 모음은 턱을 올리거나 내리면서 기류를 방해하는 소리이지만, 자음은 턱을 올린 상태에서 입술을 붙이거나 혀를 입천장에 붙여 기류의 방해를 더 심화시키는 소리이다.

구강에서 기류를 방해하는 방법에는 크게 두 가지가 있다. 하나는 조음체를 조음점에 완전히 붙여서 기류를 다 막아 버리는 다막음 소리이고, 다른 하나는 조음체를 조음점에 가까이 붙여서 좁은 통로로 기류를 통과시키는 덜막음 소리이다.

[그림 2-7]은 우리말 산출과 관련하여 폐에서 나온 기류의 흐름을 도식화한 것이다. (ㄱ)과 (ㄴ)은 성대 진동을 동반하는 유성음이고, (ㄷ)과 (ㄹ)은 성대 진동을 동반하지 않는 무성음이다. 유성음은 성도 공명이 일어나는 공간에 따라서 (ㄱ) 구강 공명음과 (ㄴ) 비강 공명음으로 나뉜다. 우리말에서 구강 공명음에 해당하는 소리는 모음이고, 비강 공명음에 해당하는 소리는 비음이다. 한편, 무성음은 기류가 장애를 받는 유형에 따라 (ㄷ) 기류를 다 막는 다막음 소리와 (ㄹ) 기류를 덜 막는 덜막음 소리로 나뉜다. 우리말에서 파열음은 다막음 소리에 해당하고, 마찰음은 덜막음 소리에 해당한다.

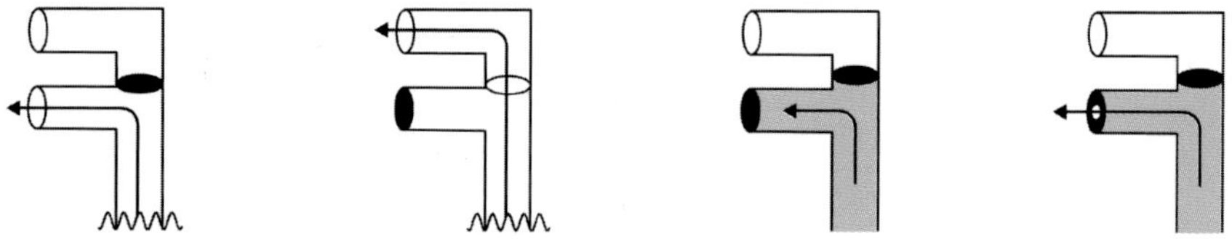

그림 2-7 우리 말소리의 기류 흐름

임상 노트 2-1

불기와 말하기

우리말을 산출하려면 폐에서 나오는 기류가 필요하다. 그래서 말을 못 하는 소위 무발화 아동에게 기류의 생성을 가르치기 위해 불기 훈련을 실시하는 임상 현장을 자주 목격한다. 피리 불기, 촛불 끄기, 비눗방울 불기 등과 같이 다양한 도구를 이용하여 구강으로 길게 불거나 세게 부는 활동을 한다.

그러나 말을 못 하는 무발화 아동에게 불기 훈련을 시키면 말 산출이 되리라고 기대하는 것은 어리석은 일이다. 성대에서의 기류 조절이나 구강에서의 기류 변형이 동반되지 않은 기류 생성 훈련은 그저 '의도적인 구강 숨쉬기' 훈련에 불과하다. 아동이 숨을 쉬고 있다면 기류 생성은 이미 가능한 것이다. 더구나 말할 때는 그리 많은 양의 기류가 필요한 것도 아니고 기류가 반드시 구강으로만 나가야 하는 것도 아니다. 말 산출을 위해서는 단순히 기류를 폐에서 내보내는 기술이 필요한 것이 아니라, 기류가 구강이나 비강으로 나갈 때 의도적으로 성문을 닫아 성대를 진동시키거나 구강에서 턱이나 입술이나 혀로 기류를 막거나 좁히는 기술이 필요한 것이다. 불기 활동은 무발화 아동에게 발화를 유도하기 위해 선행되어야 할 훈련이 아니다. 오히려 성대의 과도한 긴장을 풀어 주어 기식음을 유도할 때 유용한 훈련이다.

임상 노트 2-2 발성과 조음

말 산출에서 발성과 조음을 구분하는 것은 임상적으로 매우 중요하다. 발성을 모음으로 착각하면 안 된다. 발성에 조음 동작이 가미되어야 모음이 된다. 즉, 조음기관의 움직임 없이 성대만 진동시켜 '으~' 소리를 냈다면 이는 발성이지 모음이 아니다. 말 늦은 아동 중에는 자신의 요구나 거부 의사를 나타낼 때 구체적인 말은 못 하고 발성만 하는 아동이 많다.

한편, /아/를 모방시키면 소리 없이 턱만 아래로 내리고, /에/를 모방시키면 소리 없이 혀만 앞으로 내밀며, /오/를 모방시키면 소리 없이 입술만 움찔대는 아동도 있다. 이는 모음에 해당하는 조음 동작은 했지만 발성 동작은 못 한 것이다. 이러한 조음 동작을 할 때 기류를 입 밖으로 내보내어 무성음으로 [ㅎ(아), ㅎ(에), ㅎ(오)]를 산출하기도 한다. 이러한 증상 또한 조음 및 기류 생성 동작은 했지만, 발성 동작은 생략한 것이다.

발성 없이 조음 동작과 기류 생성만 하는 현상은 자음에서 더 빈번하게 나타난다. 예를 들어 보자. 비눗방울을 터트리며 '펑' 소리를 낼 때 두 입술로 기류를 터트려 무성음으로 [ㅍ(어)]라고 하고, 기차를 움직이며 '칙칙' 소리를 낼 때 혀를 경구개에 대고 기류를 터트려 무성음으로 [ㅊ(이) ㅊ(이)]라고 하며, 잠자는 흉내를 내며 '코~자' 소리를 낼 때 혀를 연구개에 대고 기류를 터트려 무성음으로 [ㅋ(오)]라고 한다. 이렇게 말하는 아동에게 발성까지 하라고 요구하면, 할 수 있었던 조음 동작을 생략하고 '으~' 소리를 내며 발성 동작만 하기도 한다.

이들 아동은 모두 조음 동작과 발성 동작을 따로따로 할 수는 있지만 동시에 할 수는 없는 예이다. 말 늦은 아동이 말을 처음 할 때는 발성 동작과 조음 동작을 동시에 조절하기가 쉽지 않아서 앞서 제시한 것과 같은 증상을 자주 보이므로, 이를 놓치지 말고 평가나 치료에 참조하기 바란다.

임상 노트 2-3 자음 산출과 아래턱의 움직임

우리가 자음의 조음을 생각할 때 간과하기 쉬운 조음기관이 아래턱이다. 조음적으로 자음이란 입술이나 혀로 기류를 많이 방해하는 소리인데 이를 위해서는 기본적으로 아래턱이 올라가 줘야 한다. 말소리장애 아동의 자음 오류를 수정할 때 입술이나 혀의 움직임만 강조하는 경우가 많은데, 턱의 움직임을 함께 생각하지 않으면 잘못된 기류 변형 습관을 조장할 수 있다.

일례로 '아빠, 엄마'를 [아,아]로 발음하는 지적장애 아동에 대해 조언을 요청받은 적이 있다. /아/도 길게 산출할 수 있고 /빠/와 /마/도 산출할 수 있는데, 아무리 입술 붙임을 강조해도 '아빠, 엄마'는 [아.아]로 발음한다는 것이다. 이 아동의 문제가 입술을 붙이는 조음 동작에 있을까?

/빠/와 /마/를 산출할 수 있으므로 입술 조음에 문제가 있는 것은 아니다. 문제는 입술이 아니라 아래턱의 움직임이다. /아/ 뒤에 /ㅃ/나 /ㅁ/의 입술 붙임 동작을 연결하기 위해서는 아래턱이 함께 올라가야 하는데, 턱 올림 동작이 안 되면 [아.아]로 발음할 수밖에 없다. '아빠'와 '엄마'를 산출하려면 다음 그림처럼 입술과 턱이 동시에 올라가야 한다.

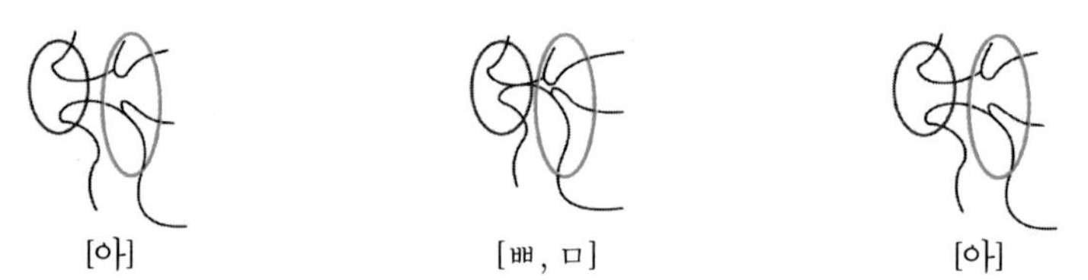

임상 노트 2-4

구강 외의 기류 변형 장소

구강에 구조적인 문제가 없는데도 구강에서 기류를 변형하지 못하고 구강이 아닌 다른 곳에서 기류를 변형하는 아동들이 있다. 대표적인 구강 외 기류 변형 장소로는 성문과 연인두문을 들 수 있다. 기능적으로 성문에서 기류를 변형하는 아동은, 자음 산출 시 음절 사이를 끊어 '윽윽'거리며 말하는 느낌이 든다. 반면에 기능적으로 연인두문에서 기류를 변형하는 아동은, 모음 산출 시 기류가 코로 세어 '흥흥' 또는 '흠흠'거리면서 말하는 느낌이 든다.

말 늦은 아동이 처음 말을 배울 때 이러한 소리를 내는 경우가 종종 있다. 예를 들어, '이거'를 [이.어]라고 말하거나 '오빠'를 [ㅁ빠]로 발음한다. 이는 구강에서의 기류 변형 능력이 매우 미숙한 상태임을 보여 주는 증상으로, 이때 발화 길이를 늘이도록 하면 잘못된 조음 방식이 더욱 강화되어 의사전달 문제를 악화시킬 수 있다. 이들에게 언어 표현을 촉구할 때는 구강에서의 기류 변형이 가능하도록 조음 난이도를 조절해 주어야 한다.

2. 국제음성기호

국제음성기호(International Phonetic Alphabet: IPA)란 국제음성학협회(International Phonetic Association)에서 여러 언어의 음성을 비교하기 위해 현존하는 언어의 음성

을 문자로 표시할 수 있도록 만든 음성 기록 체계이다. 국제음성기호의 체계를 이해하면 인간이 말소리를 어떻게 산출하는지 이해할 수 있다. 또한 말하는 사람, 말하는 상황, 앞뒤 음소에 따라 조금씩 다르게 실현되는 음소의 음성적 차이도 국제음성기호를 이용하여 나타낼 수 있다.

[그림 2-8]은 2018년도에 개정된 국제음성기호표이다. 이 표는 크게 (ㄱ) 자음-폐에 의한 발동, (ㄴ) 자음-폐 이외의 발동, (ㄷ) 여타 기호, (ㄹ) 구별기호, (ㅁ) 모음, (ㅂ) 초분절음으로 구성되어 있다. 이 중에서 모음표부터 자세히 살펴보자. (ㅁ) 모음 기호 체계는 턱의 개폐, 혀 최고점의 전후 위치, 입술 모양을 기준으로 만들어져 있다. 세로축은 턱의 개폐 정도를 나타내고, 가로축은 혀 최고점의 전후 위치를 나타내며, '•' 좌우는 평순과 원순이라는 입술 모양을 나타낸다. 우리말의 모음에 대해서는 다음 장에서 더 자세히 살펴보도록 하겠다.

자음표는 (ㄱ) 폐에 의한 발동과 (ㄴ) 폐 이외의 발동으로 나뉜다. 우리말 자음은 (ㄱ) 폐에 의한 발동에 해당한다. 자음 기호 체계의 세로축은 조음방법을 나타내고, 가로축은 조음위치를 나타내며, 한 칸의 좌우는 무성과 유성이라는 발성유형을 나타낸다. 자음의 조음방법은 성도의 좁힘이 심한 소리부터 위에서 아래로 배열되어 있고, 자음의 조음위치는 조음체가 닿는 조음점을 기준으로 성도의 앞쪽 소리부터 왼쪽에서 오른쪽으로 배열되어 있다. 검은색 빈칸은 조음이 불가능함을 표시하고, 흰색 빈칸은 조음은 가능하지만 일반적이지 않은 소리임을 표시한다. 우리말 자음의 구체적인 조음방법과 조음위치는 다음 장에서 자세히 다루도록 하겠다.

일부 언어에서는 폐가 아닌 다른 기관에서 기류를 생성시켜 자음을 만들기도 한다. (ㄴ) 폐 이외의 발동으로 만들어지는 소리에는 흡착음, 내파음, 방출음이 있다. 이 소리는 모두 성도의 기류를 이용한다. 흡착음은 후설을 입천장에 붙이고 구강에 기류를 모은 후 기류를 입 안으로 빨아들이면서 내는 소리로, 혀 차는 소리가 여기에 해당한다. 내파음과 방출음은 성문을 닫고 성도에 기류를 모은 후 기류를 입 안으로 빨아들이거나 입 밖으로 뿜으면서 내는 소리이다.

그밖에 조음위치나 조음방법이 둘이거나, 해당 조음위치나 조음방법이 드문 자음은 따로 (ㄷ) 여타 기호에 제시되어 있다. 활음 [w]처럼 입술과 연구개 모두를 좁혀서 내는 자음, 파찰음 [ts]처럼 파열과 마찰이 모두 들어간 자음, 치경경구개 마찰음 [ɕ]처럼 조음위치가 드문 자음이 이 부분에 나열되어 있다.

(ㄱ) CONSONANTS (PULMONIC) © 2018 IPA

	Bilabial	Labiodental	Dental	Alveolar	Postalveolar	Retroflex	Palatal	Velar	Uvular	Pharyngeal	Glottal
Plosive	p b			t d		ʈ ɖ	c ɟ	k g	q ɢ		ʔ
Nasal	m	ɱ		n		ɳ	ɲ	ŋ	ɴ		
Trill	ʙ			r					ʀ		
Tap or Flap		ⱱ		ɾ		ɽ					
Fricative	ɸ β	f v	θ ð	s z	ʃ ʒ	ʂ ʐ	ç ʝ	x ɣ	χ ʁ	ħ ʕ	h ɦ
Lateral fricative				ɬ ɮ							
Approximant		ʋ		ɹ		ɻ	j	ɰ			
Lateral approximant				l		ɭ	ʎ	ʟ			

Symbols to the right in a cell are voiced, to the left are voiceless. Shaded areas denote articulations judged impossible.

(ㄴ) CONSONANTS (NON-PULMONIC)

Clicks	Voiced implosives	Ejectives
ʘ Bilabial	ɓ Bilabial	ʼ Examples:
ǀ Dental	ɗ Dental/alveolar	pʼ Bilabial
ǃ (Post)alveolar	ʄ Palatal	tʼ Dental/alveolar
ǂ Palatoalveolar	ɠ Velar	kʼ Velar
ǁ Alveolar lateral	ʛ Uvular	sʼ Alveolar fricative

(ㅁ)
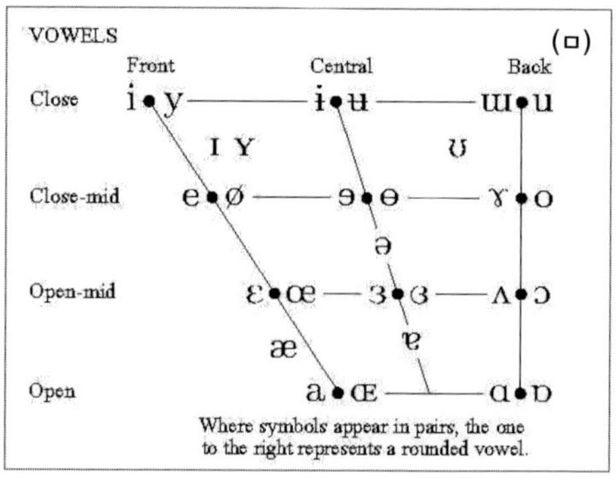

(ㄷ) OTHER SYMBOLS

ʍ Voiceless labial-velar fricative
w Voiced labial-velar approximant
ɥ Voiced labial-palatal approximant
ʜ Voiceless epiglottal fricative
ʢ Voiced epiglottal fricative
ʡ Epiglottal plosive

ɕ ʑ Alveolo-palatal fricatives
ɺ Voiced alveolar lateral flap
ɧ Simultaneous ʃ and x

Affricates and double articulations can be represented by two symbols joined by a tie bar if necessary. t͡s k͡p

(ㄹ) DIACRITICS Some diacritics may be placed above a symbol with a descender, e.g. ŋ̊

̥ Voiceless	n̥ d̥	̤ Breathy voiced	b̤ a̤	̪ Dental	t̪ d̪
̬ Voiced	s̬ t̬	̰ Creaky voiced	b̰ a̰	̺ Apical	t̺ d̺
ʰ Aspirated	tʰ dʰ	̼ Linguolabial	t̼ d̼	̻ Laminal	t̻ d̻
̹ More rounded	ɔ̹	ʷ Labialized	tʷ dʷ	̃ Nasalized	ẽ
̜ Less rounded	ɔ̜	ʲ Palatalized	tʲ dʲ	ⁿ Nasal release	dⁿ
̟ Advanced	u̟	ˠ Velarized	tˠ dˠ	ˡ Lateral release	dˡ
̠ Retracted	e̠	ˤ Pharyngealized	tˤ dˤ	̚ No audible release	d̚
̈ Centralized	ë	̴ Velarized or pharyngealized	ɫ		
̽ Mid-centralized	e̽	̝ Raised	e̝ (ɹ̝ = voiced alveolar fricative)		
̩ Syllabic	n̩	̞ Lowered	e̞ (β̞ = voiced bilabial approximant)		
̯ Non-syllabic	e̯	̘ Advanced Tongue Root	e̘		
˞ Rhoticity	ɚ a˞	̙ Retracted Tongue Root	e̙		

(ㅂ) SUPRASEGMENTALS

ˈ Primary stress ˌfoʊnəˈtɪʃən
ˌ Secondary stress
ː Long eː
ˑ Half-long eˑ
̆ Extra-short ĕ
| Minor (foot) group
‖ Major (intonation) group
. Syllable break ɹi.ækt
‿ Linking (absence of a break)

TONES AND WORD ACCENTS

LEVEL		CONTOUR	
e̋ or ˥	Extra high	ě or ˩˥	Rising
é ˦	High	ê ˥˩	Falling
ē ˧	Mid	e᷄ ˦˥	High rising
è ˨	Low	e᷅ ˩˨	Low rising
ȅ ˩	Extra low	e᷈ ˧˦˧	Rising-falling
ꜜ Downstep		↗ Global rise	
ꜛ Upstep		↘ Global fall	

그림 2-8 국제음성기호

또한 (ㄹ) 구별기호(diacritics)에는 모음이나 자음 기호에 위첨자나 아래첨자를 덧붙여 말소리의 미세한 차이를 구분하여 적을 수 있는 기호가 제시되어 있다. 모음의 경우 입술 모양의 차이, 혀 위치의 차이, 턱 높이의 차이 등을 나타내는 구별기호가 있고, 자음의 경우 발성의 차이, 조음위치의 차이, 조음방법의 차이 등을 나타내는 구별기호가 있다.

말소리를 구성하는 요소에는 모음과 자음만 있는 것이 아니다. 초분절음도 말소리를 구성하는 요소 중 하나이다. 초분절음에는 말소리의 높이, 크기, 길이, 쉼과 그룹 짓기가 속한다. 소리의 높이는 발성의 기본주파수로, 소리의 크기는 발성의 강도로, 소리의 길이는 지속시간으로 변화를 준다. (ㅂ) 초분절음에는 강세, 길이, 운율단위, 성조를 나타내는 기호가 제시되어 있다.

제3장

언어치료를 위한 조음 음성학(2)

이 장에서는 1장의 마지막 부분에서 살펴본 우리말의 음운을 각각 구체적으로 어떻게 발음하는지에 대해 음성적 차원에서 자세히 살펴볼 것이다. 그런데 우리 말소리에 대한 지식만으로는 발음이 나쁜 대상자를 효과적으로 치료할 수가 없다. 그들이 내는 오류 말소리에 대해서도 알고 있어야 잘못된 소리와 정확한 소리의 차이를 가르칠 수 있다. 따라서 전 세계의 다양한 음성을 체계적으로 분류해 놓은 국제음성기호의 틀 안에서 우리 말소리의 음성을 살펴보도록 하겠다.

1. 우리말 모음의 산출

우리말 모음은 성대의 진동을 거친 기류가 구강에서만 공명하여 만들어지는 구강 공명음이다. 그러므로 연구개를 올려서 비강 통로를 막아야 한다. 조음적으로 모음은 기류가 구강 통로에서 방해를 적게 받는 소리로 정의된다. 모음은 구강 개방 정도,[1] 혀의 전후 위치, 입술 모양으로 성도의 모양을 변형시켜 만든다. 국제음성기

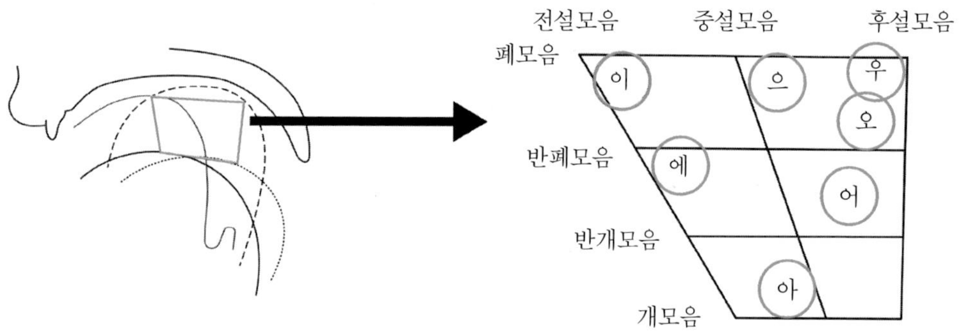

그림 3-1 모음사각도에서의 우리말 음가

호 표에는 구강 개방 정도를 네 단계로, 혀 최고점의 전후 위치는 세 부분으로, 입술 모양은 두 가지로 분류하여 사각형 안에 각각의 소리를 기호로 나타내었다. 우리말의 모음 음가를 이 모음사각도 안에 위치시켜 보면 [그림 3-1]과 같으며,[2] 이를 근거로 우리말 모음을 음성 측면에서 분류하면 〈표 3-1〉과 같다. 우리말 모음을 선으로 이으면 삼각형 모양이 되어서, 우리말 모음을 나타낼 때는 모음삼각도라는 말을 사용하기도 한다.

구강 개방 정도를 조절하는 조음기관은 일차적으로 아래턱이다. 그러나 최종적으로는 혓몸의 높이가 모음의 음가를 결정한다. /이, 으, 우/는 턱(혀)을 올려 구강을 많이 폐쇄하는 반면, /아/는 턱(혀)를 내려 구강을 많이 개방한다. 전자를 폐모음, 후

표 3-1 음성학에서 우리말 모음의 분류 및 IPA 기호

혀 위치 / 입술 모양 / 구강 개방정도	전설모음	중설모음	후설모음	
	평순	평순	평순	원순
폐모음	이(i)	으(ɨ)		우(u)
반폐모음	에(e)			오(o)
반개모음			어(ʌ)	
개모음		아(ɐ)		

1) 음성학에서는 모음 분류 시 '혀 높이' 대신 '구강 개방 정도(개구도)'라는 표현을 사용한다. 혀 높이가 높아지면 구강 개방 정도가 작아지고, 혀 높이가 낮아지면 구강 개방 정도가 커진다.

2) 장혜진, 신지영, 남호성(2015)의 20대 화자의 단모음 실현 양상을 참조하였다.

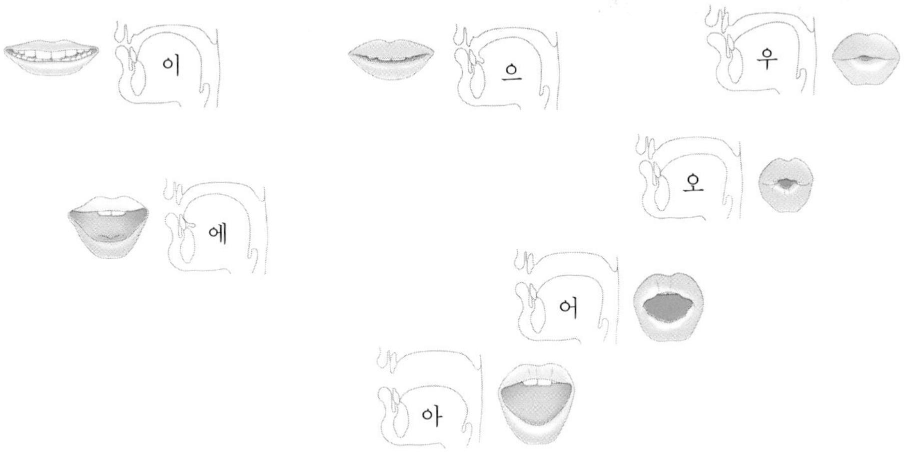

그림 3-2 모음의 턱 높이, 혀 위치, 입술 모양 비교

자를 개모음이라고 부른다. /오/는 /우/와 비슷한 위치에 있지만 /우/보다 턱(혀)을 살짝 내려야 해서 반폐모음이라고 하고, /에, 어/는 /아/보다 턱(혀) 높이를 살짝 올려야 해서 반개모음이라고 한다.

혀의 위치를 조절하는 조음기관은 혓몸이다. /이, 에/는 혓몸이 앞으로 가서 혓등의 앞쪽이 최고점이 되고, /으, 아/는 혓몸이 중간에 있어서 혓등의 중간이 최고점이 되며, /우, 오, 어/는 혓몸이 뒤로 가서 혓등의 뒤쪽이 최고점이 된다.

입술의 모양을 조절하는 조음기관은 입술이다. /이, 에, 으, 어, 아/는 입술 모양을 편평하게 하고, /우, 오/는 입술 모양을 동그랗게 한다. [그림 3-2]는 모음에 따른 턱 높이, 혀 위치, 입술 모양의 차이를 도식화한 것이다.

우리말 모음에 대한 IPA 기호는 음성학자들 사이에 이견이 있는 듯하다. IPA 기호에 해당하는 실제 음성은 인터넷에서 쉽게 확인할 수 있는데, 각 기호에 해당하는 음성을 들으면서 우리말 음소에 가장 가까운 기호가 무엇일지 생각해 보기 바란다.

임상 노트 3-1 발성에서 모음으로

'으~' 발성을 하며 의사소통하는 아동에게 어떻게 모음을 가르칠까? 국제음성기호를 보면, 아무리 가르칠 모음이 많아도 인간이 모음을 만드는 방식은 단 세 가지뿐이다. 즉, 턱을 올리거나 내린다, 혓몸을 뒤로 하거나 앞으로 한다, 입술을 편평하게 하거나 동그랗게 한다가 그것이다. 발성은 자유롭지만 모음 조음이 어려운 아동이라면, 턱을 내리는 조음 동작을 한 후에 소리를 내라고 하여 [아](또는 [어])를 유도하고, 혓몸을 앞으로 하는 조음 동작을 한 후에 소리를 내라고 하여 [에](또는 [이])를 유도하며, 입술을 동그랗게 하는 조음 동작을 한 후에 소리를 내라고 하여 [오](또는 [우])를 유도해야 한다. 발성만 하는 표현언어지체 아동을 치료할 때 처음부터 특정 모음의 정확한 산출을 목표로 할 필요는 없다. 그 전에 턱, 혀, 입술을 움직이면서 발성하는 것이 자동화되어야 한다.

임상 노트 3-2 /오/와 /우/의 조음 차이

/오/를 [우]로 대치하거나 /우/를 [오]로 대치하는 아동에게 입술 모양을 단서로 정조음을 유도하는 게 맞을까? /오/와 /우/는 음성학적으로 구강 개방 정도, 즉, 턱(혀)의 높낮이가 다르다. 두 모음이 모음사각도 안에서 구강 개방 정도의 차이가 크지는 않지만, 그 미세한 차이가 두 모음의 구분된 산출에는 결정적 역할을 한다. /오/와 /우/의 입술 모양 차이는 턱(혀) 높이 때문에 파생되는 결과이다. /오/는 구강을 조금이라도 개방하기 때문에 입술을 동그랗게 할 수 있지만, /우/는 구강을 폐쇄하기 때문에 입술이 붙지 않게 하려면 입술을 앞으로 내밀어야 한다. '보물, 도둑, 구조 본부'를 [부물, 두둑, 구주 분부]로 발음한다면 /오/ 산출 시 구강을 더 개방하도록 지도해야 하고, '우리, 축구, 육십'을 [오리, 초코, 욕씹]으로 발음한다면 /우/ 산출 시 구강을 더 폐쇄하도록 지도해야 한다.

임상 노트 3-3 모음의 턱 높이와 혀 높이

모음의 조음과 관련된 중요한 요소 중 하나가 구강 개방 정도이다. 구강 개방에는 턱의 높이와 혀의 높이가 모두 관여한다. 말소리장애 중에는 턱의 상하운동에 문제가 있는 사례도 있고, 혀의 높낮이 조정에 문제가 있는 사례도 있다. 턱을 위로 올리지 않으면서 말을 하면 자음 산출이 어려워서 성문음화나 자음 생략이 빈번해진다. 반대로 턱을 아래로 내리지 않으면서 말을 하면 조음기관의 움직임이 불분명해져서 웅얼거리면서 말하는 증상이 나타난다.

모음 산출을 위해 아래턱을 위아래로 움직이면 턱 위에 얹혀 있는 혀도 함께 위아래로 움직이게 된다. 그러나 턱이 움직일 때 혀가 입천장에 닿아 구강 전체를 막으면 안 된다. 중모음이나 저모음의 경우 혀가 입천장에 전혀 붙지 않아야 하고, 고모음의 경우 혀의 측면은 어금니에 붙어도 혀의 정중은 구개에 붙지 않아야 한다. 그런데 모음 변화로 혀 모양을 바꿔야 할 때마다 혀 전체를 입천장에 붙었다가 내리면 모음 앞에 자음이 첨가된다(예: 오리 → [고디], 여우야 → [더구나]). 또한 모음 산출 시 혓몸의 정중부가 위쪽으로 불룩해지도록 불필요한 힘을 주면, 혀로 구강의 정중부를 막게 되고 구강의 측면으로 기류가 나가서 설측음화 오류가 나타난다. 다음 그림은 /이/ 산출 시 혀의 구개 접촉면(연두색)과 기류 흐름(화살표)을 도식화한 것으로, 좌측은 정중으로 기류가 흐르는 정상적인 [이]의 그림이고 우측은 설측으로 기류가 흐르는 설측음화된 [이]의 그림이다.

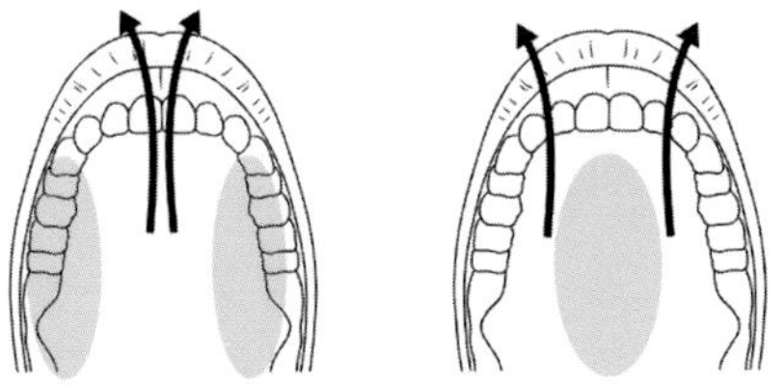

중앙접근음 [이]　　설측접근음 [이]

임상 노트 3-4 모음 산출 시 입술 모양, 턱 높이, 혀 위치의 상호작용

모음 오류를 치료하다 보면, 입술 모양, 턱 높이, 혀 위치의 세 요소가 상호작용하는 것을 알 수 있다. 턱을 최대한 내리면 /아/가 되고, 혓몸을 최대한 앞으로 하면 /이/가 되며, 입술을 최대한 동그랗게 하면 /오/나 /우/가 된다. 그런데 입술 모양과 혀 위치는 상호작용을 한다. 입술이 옆으로 펴지면 혀 위치가 앞으로 오고, 입술이 앞으로 모아지면 혀 위치가 뒤로 간다. /이, 으, 우/를 차례로 조음해 보면, 입술은 점차 뒤에서 앞으로 옮겨지지만, 혀는 점차 앞에서 뒤로 옮겨짐을 확인할 수 있다.

입술 모양과 턱 위치도 상호작용을 한다. /아/를 기준으로 해서 입술을 옆으로 펴거나 앞으로 모으면 턱 높이가 위로 당겨져 올라갈 수밖에 없다. /아, 에, 이/를 순차적으로 조음해 보면 입술이 점차 옆으로 펴지면서 턱이 올라가고 혀 위치가 앞으로 오는 한편, /아, 어, 오, 우/를 순차적으로 조음해 보면 입술이 점차 앞으로 모아지면서 턱이 올라가고 혀 위치가 뒤로 가는 것을 알 수 있다.

모음 치료 시 이러한 상호작용을 이용하면 오조음을 쉽게 수정할 수 있다. /에/ 또는 /어/를 [아]로 대치하는 오류가 있을 때, 턱 높이를 조정하게 하는 것보다 입술 모양을 변형시켜 자연스럽게 턱 높이를 올려 주고 혓몸의 위치를 옮겨 줄 수 있다. /에/ 산출을 위해 입술 모양을 옆으로 피면 턱 높이를 올리고 혓몸을 앞으로 할 수 있고, /어/ 산출을 위해 입술 모양을 앞으로 모으면 턱 높이를 올리고 혓몸을 뒤로 할 수 있다. /으/를 [이]로 대치하는 오류도 마찬가지이다. 입술 모양을 변형시켜 자연스럽게 혓몸의 위치를 조정할 수 있다. /으/ 유도 시 입술을 앞으로 향하게 하거나 입술에 힘을 빼게 하면 혓몸의 위치가 뒤로 가는 것을 도울 수 있다.

2. 우리말 자음의 산출

1) 조음방법

우리말 자음은 모두 폐의 발동 기류를 이용하므로 국제음성기호에서 폐의 발동에 의한 자음표만 자세히 살펴보자. 음성학적으로 자음은 기류가 구강 통로의 중앙부에서 방해를 많이 받는 소리로 정의되며, 방해의 종류에 따라 크게 다막음 소리와 덜막음 소리로 나뉜다. 다막음 소리란 조음체를 조음점에 완전히 붙이는 소리이고, 덜막음 소리란 조음체를 조음점에 가까이 붙이는 소리이다. 자음표의 위쪽에는 구강 기류를 완전히 막는 다막음 소리 4개가 배열되어 있고, 아래쪽에는 구강 기류를 완전히 막지 않는 덜막음 소리 4개가 배열되어 있다.

구강 기류가 완전히 막히는 다막음 소리로는 파열음, 비음, 전동음, 탄설음이 있다. 파열음과 비음은 모두 구강을 막았다가 터트리는 소리로, 파열음은 비강 통로를 닫고 산출하고 비음은 비강 통로를 열고 산출한다는 차이가 있다. 전동음은 기류의 순간적인 폐쇄와 파열을 되풀이하여 산출하는 소리이고, 탄설음은 기류의 순간적인 폐쇄를 한 번만 하여 산출하는 소리이다.

이 중에서 우리말 자음에는 파열음, 비음, 탄설음이 있다. /읃뜨/의 /ㄷ/와 /은느/

의 /ㄴ/를 비교해 보자. 파열음 /ㄷ/는 비강 울림 없이 구강에서 기류가 막혔다가 터지고, 비음 /ㄴ/는 비강 울림과 함께 구강에서 기류가 막혔다가 터진다. 그다음으로 /으드/의 /ㄷ/와 /으르/의 /ㄹ/를 비교해 보자. 파열음 /ㄷ/는 혀를 펴고 혀끝과 혓날의 넓은 면을 치경에 대지만, 유음 /ㄹ/는 혀끝을 살짝 세우고 혀끝으로 치경을 한번 빠르게 치고 내려온다.

구강 기류가 완전히 막히지 않는 덜막음 소리로는 마찰음과 접근음이 있다. 마찰음은 난기류가 형성될 정도로 많이 좁히는 소리이고, 접근음은 난기류가 형성되지 않을 정도로, 그렇지만 모음보다는 많이 좁히는 소리이다. 그리고 이 두 소리는 각각 기류가 나가는 통로가 구강의 정중(median)인지 또는 측면(lateral)인지에 따라서 정중음과 설측음으로 나뉜다. 구강의 정중으로 기류가 나가는 소리는 앞에 아무런 수식어 없이 마찰음, 접근음이라고 부르고, 구강의 측면으로 기류가 나가는 소리는 앞에 '설측'이라는 수식어를 붙여 설측마찰음, 설측접근음이라고 부른다.

이 중에서 우리말 자음에는 마찰음, 접근음, 설측접근음이 있다. 먼저 마찰음과 접근음을 비교하기 위해 조음위치가 비슷한 /아쌰/와 /아야/를 비교해 보자. /아쌰/에서 /ㅆ/만 길게 산출해 보고 /아야/에서 /j/만 길게 산출해 보면, 모두 혀 옆은 윗어금니에 닿지만 혀 정중은 입천장에서 떨어져서 기류가 정중으로 빠져나간다. 그러나 혀 정중의 좁힘 정도를 비교해 보면, /ㅆ/는 /j/보다 혀 높이가 더 높아서 입천장에 닿는 혀 부위는 더 넓고 기류가 빠져나오는 공간은 더 좁다. 마찰음 /ㅆ/ 조음 시에는 좁은 틈으로 기류가 나가고 이 기류가 앞니에 부딪혀 난기류가 만들어지지만, 활음 /j/ 조음 시에는 정중 틈이 넓어서 난기류가 만들어지지 않는다.

다음으로 정중음과 설측음을 비교하기 위해 /아야/와 /알라/를 비교해 보자. /아야/에서 /j/만 길게 산출해 보고 /알라/에서 /ㄹ/만 길게 산출해 보면, 모두 구강 좁힘은 있지만 난기류는 생성되지 않는 접근음이다. 그러나 구강에서 기류가 나가는 부분은 서로 반대이다. 즉, 활음 /j/ 조음 시에는 혀 옆을 어금니에 붙여 구강의 측면은 막고 구강의 정중으로 기류를 내보내지만, 유음 /ㄹ/ 조음 시에는 혀끝을 치경에 붙여 구강의 정중은 막고 구강의 측면으로 기류를 내보낸다. [그림 3-3]과 [그림 3-4]는 앞서 설명한 자음의 조음방법을 그림으로 나타낸 것이다.

좁힘의 정도	조음방법	기류 변형 방법[1]	기류가 흐르는 공간[2]
심함 ↑	파열음, 비음		
	전동음		
	탄설음		
	마찰음		정중 마찰음 / 설측마찰음
	접근음		정중 접근음 / 설측접근음
약함	모음		

[1] 상부의 직선은 조음기관의 수동부를, 하부의 화살표는 시간의 흐름에 따른 능동부의 움직임을 나타낸다.
[2] 구강을 정면에서 바라보았을 때의 그림으로, 하얀색이 기류가 흐르는 공간을 나타낸다.

그림 3-3 자음의 조음방법에 대한 도식

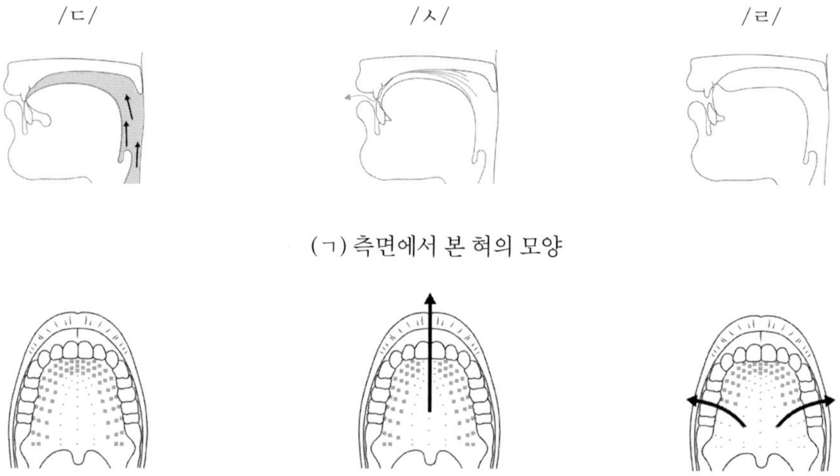

(ㄴ) 입천장에서 혀가 닿는 부분(연두색) 및 기류가 방출되는 부분(화살표)

그림 3-4 파열음, 마찰음, 설측음의 혀 모양 및 기류 흐름

흥미롭게도 우리가 유음이라고 알고 있는 /ㄹ/는 음성학적으로는 매우 다른 두 소리를 포함한다. 하나는 다막음 소리인 탄설음이고 다른 하나는 덜막음 소리인 설측접근음이다. 모음 사이에 있는 /ㄹ/는 탄설음이지만, 종성의 /ㄹ/는 설측접근음이다.

한편, 우리말에는 이 표에 없는 조음방법이 하나 있는데, 바로 파찰음이다. 파찰은 파열과 마찰의 첫 글자를 합친 말로, 조음방법이 둘이라서 여타기호에 분류되어 있다. 파열음과 마찰음을 비교하기 위해서 조음위치가 동일한 /으트/의 /ㅌ/와 /으쓰/의 /ㅆ/의 차이를 느껴보고, 마찰음과 파찰음을 비교하기 위해서는 조음위치가 동일한 /이씨/의 /ㅆ/와 /이치/의 /ㅊ/의 차이를 느껴 보자. /ㅌ/는 '구강 막음 → 막음 지속 → 구강 개방'으로 산출되고, /ㅆ/는 '구강 좁힘 → 좁힘 지속 → 구강 개방'으로 산출되며, /ㅊ/는 '구강 막음 → 막음 지속 → 부분개방 및 구강 좁힘 → 좁힘 지속 → 구강 전체개방'으로 산출되는 차이를 알 수 있다. [그림 3-5]는 파열음 /ㄸ/, 마찰음 /ㅆ/, 파찰음 /ㅉ/를 비교한 그림이다. /ㄸ/의 상자는 파열음의 막음, 즉 폐쇄 구간을 나타내고 /ㅆ/의 상자는 마찰음의 좁힘, 즉 마찰 구간을 나타내는데, /ㅉ/는 폐쇄 구간인 상자와 마찰 구간인 상자가 순서적으로 배열되어 있다.

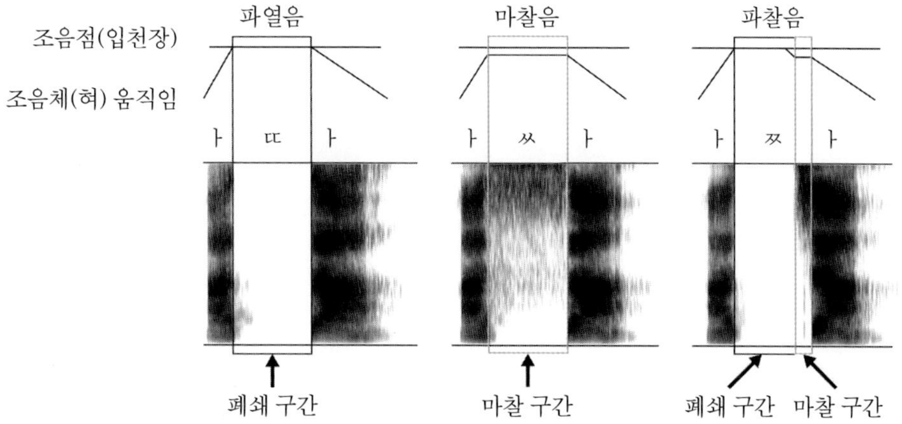

그림 3-5 시간에 따른 파열음, 마찰음, 파찰음의 조음 도식(위) 및 스펙트로그램(아래)

임상 노트 3-5 /ㄹ/의 조음방법 치료

유음은 비교적 늦게 습득되는 자음으로, 조음방법에 오류를 보이는 아동이 많다. 유음은 혀끝을 아래턱으로부터 분리하고 들어 올려서 혀의 가장자리를 치경에 대야 한다. 그런데 아래턱과 혀끝의 움직임이 분화되지 않은 어린 아동은 /ㄹ/ 산출 시 혓날을 함께 올려 [ㄷ]나 [ㄴ]로 발음하기도 하고, 혓등을 올려 [j]로 발음하기도 한다. 턱을 올린 상태에서 [을르, 은느, 의으]를 발음해 보면, /ㄹ/는 혀끝이, /ㄴ/는 혀끝 및 혓날이, /이/는 혓등이 올라간다. 턱을 내린 상태에서 [알라, 안나, 아야]를 발음해 보면, 혀 운동의 차이뿐만 아니라 아래턱 운동의 차이도 느낄 수 있다. /ㄴ, j/ 산출을 위해서는 아래턱을 올렸다 내려야 하지만, /ㄹ/ 산출을 위해서는 아래턱은 그대로 두고 혀만 올리고 내려야 한다.

그런데 유음은 설측접근음으로 발음되기도 하고 탄설음으로 발음되기도 한다. 설측접근음 유도를 위해서는 앞과 같이 혀끝을 아래턱에서 분리하여 치경으로 올려 붙인 후 떨어뜨리라고 지시한다. 그러나 탄설음은 거기에 더하여 지속시간이 짧은 특징이 있어서 혀끝이 올라갔다 내려오는 속도가 매우 빨라야 하며, 이를 위해 혀끝에 너무 힘을 주면 안 된다. 혀를 올렸다 내릴 수는 있으나, 그 속도가 느리거나 혀끝에 과도하게 힘이 들어가면, 탄설음은 설측접근음으로 잘못 발음된다. '그리고 물안경을 쓰고 물에 들어가요'를 [글리고 물랑경을 쓰고 물레 들러가요]로 발음하는 식이다. 그러므로 탄설음에 대해서는 혀를 올리라고만 지시하면 안 되고, 혀의 빠른 움직임까지 강조해야 한다. 탄설음 /ㄹ/ 앞에 오는 모음을 길게 하고 혀끝에 힘을 빼고 혀를 펄럭이듯 발음하게 하면, 뒤에 오는 탄설음 /ㄹ/의 빠른 움직임에 도움이 될 수 있다.

임상 노트 3-6 /ㅅ, ㅆ/의 조음방법 치료

마찰음은 가장 늦게 습득되는 자음으로, 조음방법에 오류를 보이는 아동이 많다. /ㅅ,ㅆ/를 유도할 때는 '스~ 바람 새는 소리' 또는 '스~ 뱀이 기어가는 소리'라고 설명하면서 마찰 특성을 강조한다. 그러나 /ㅅ,ㅆ/ 유도를 위한 설명은 오류 양상에 따라 달라져야 한다.

만약 /ㅅ,ㅆ/를 [ㄷ,ㄸ,ㅌ]로 대치한다면, 이는 혀의 정중에 좁은 통로를 만들지 못하여 마찰 기류를 생성하지 못하는 것이 문제이므로 앞과 같이 설명하고 유도한다. 그러나 /ㅅ,ㅆ/를 [ㅈ,ㅉ,ㅊ]로 대치한다면, 이는 마찰 기류를 만들지 못해서 생기는 문제가 아니다. 마찰 기류를 만들 수는 있지만, 처음부터 마찰 기류를 만들지 못하고 마찰 기류 전에 혀를 입천장에 붙이는 동작을 추가하는 것이 문제이다. 그러므로 /ㅅ,ㅆ/를 시작할 때 혀를 입천장에 붙이지 말라고 지시해야 한다.

/ㅅ,ㅆ/를 설측음으로 산출하는 오류도 마찰 기류를 만들지 못해서 생기는 문제가 아니다. 마찰 기류는 만들 수 있지만, 혀의 정중을 볼록하게 하여 입천장에 붙이기 때문에 기류를 혀의 정중이 아닌 측면에서 마찰시키는 것이 문제이다. 이때는 /ㅅ,ㅆ/를 산출할 때 혀의 정중을 올리지 말고 낮추라고 지시해야 한다. '마찰'이라는 단순한 지식으로는 마찰음 /ㅅ,ㅆ/에서 나타나는 다양한 오류에 대응할 수 없다.

2) 조음위치

국제음성기호에서 폐의 발동에 의한 자음표를 보면, 기류를 막거나 좁히는 조음위치로 총 11개가 구분되어 있고, 구강의 앞쪽부터 왼쪽에서 오른쪽으로 배열되어 있다. 입술과 관련된 조음위치로는 양순음과 순치음이 있다. 혀끝이나 혓날과 관련된 조음위치로는 치음, 치경음, 후치경음, 권설음이 있고, 혓등과 관련된 조음위치로는 경구개음, 연구개음, 목젖음이 있으며, 혀뿌리와 관련된 조음위치로는 인두음이 있다. 마지막으로 성문과 관련한 조음위치로 성문음이 있다. 다양한 조음위치에서 조음체와 조음점이 닿는 부위는 [그림 3-6]과 같다.

우리말 파열음과 비음의 대표적인 조음위치는 양순음, 치경음, 연구개음이다. /ㅂ,ㅃ,ㅍ,ㅁ/는 두 입술을 붙이는 양순음, /ㄷ,ㄸ,ㅌ,ㄴ/는 혓날을 치경에 붙이는 치경음, /ㄱ,ㄲ,ㅋ,ㅇ/은 혓등을 연구개에 붙이는 연구개음에 해당한다.

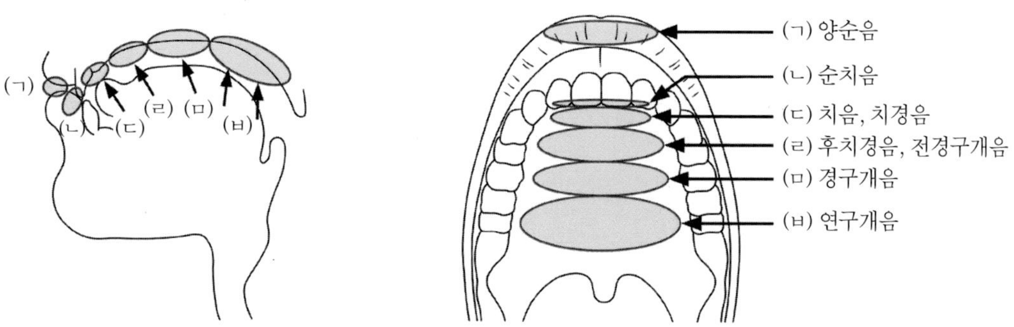

그림 3-6 구강 측면(좌) 및 입천장(우)에서 본 다양한 조음위치

국제음성기호에는 마찰음의 조음위치 분류가 매우 자세한데, 이 중 우리말 마찰음의 대표적인 조음위치는 치경음과 성문음이다. /ㅅ(으), ㅆ(으)/는 혓날을 치경으로 좁히는 치경음이고, /ㅎ/는 두 성대를 좁히는 성문음이다. 그러나 모음 환경에 따라 다양한 위치에서 마찰음이 산출될 수 있다. /ㅎ/는 구강에 좁힘점이 없어서, 뒤에 고모음이 오면 고모음의 위치에서 마찰 기류가 형성된다. /후/는 두 입술을, /히/는 전설로 경구개를, /흐/는 후설로 연구개를 좁히기 때문에, /후/, /히/, /흐/, /하/를 순차적으로 발음해 보면, 기류 방해 위치가 입술, 경구개, 연구개, 성문 순서로 옮겨 감을 느낄 수 있다.[3]

한편, 우리말에는 국제음성기호에 없는 조음위치가 있다. /ㅈ,ㅉ,ㅊ/와 /ㅅ(이), ㅆ(이)/의 조음위치는 흔히 경구개음이라고 하지만, 엄밀히 말하면 혓날로 앞쪽 경구개를 좁히는 치경경구개음 또는 전경구개음이다.[4] 경구개음인 /씨/와 /히/를 번갈아 발음해 보면, /씨/의 /ㅆ/ 조음위치가 /히/의 /ㅎ/보다 더 앞쪽인 것을 알 수 있다. 치경경구개음인 /ㅅ(이), ㅆ(이)/는 영어의 /ʃ/와는 조음위치가 다르다. /ʃ/의 조음위치는 치경 뒤쪽이며, 입술을 동그랗게 하는 동작이 추가된다.

그 밖에 우리말 유음 /ㄹ/의 조음위치는 설측접근음과 탄설음 모두 치경음이다. 정중접근음에 해당하는 우리말 활음의 경우 /j, ɰ/의 조음위치는 각각 경구개음, 연구개음이지만, /w/는 입술을 동그랗게 하는 동시에 혀로 연구개를 좁히기 때문에 조음위치가 양순음과 연구개음의 두 곳이다.

모음과 마찬가지로 우리말 자음에 해당하는 IPA 기호도 음성학자들 간에 이견이 있는 듯하다. 평파열음 /ㅂ,ㄷ,ㄱ/는 경파열음 및 격파열음과의 통일성을 위해 /p, t, k/ 기호를 사용하기도 하지만(신지영, 2011), 우리말 평음이 연음인 점을 고려하여 유성음 /b, d, g/에 무성음 표시 '˚'를 붙여 /b̥, d̥, g̊/로 표시하기도 한다(이호영, 1996). 비음 /ㅁ,ㄴ,ㅇ/은 /m, n, ŋ/으로 표시한다.

우리말 자음 중에는 여타기호에 포함된 소리가 있다. 마찰음 중 치경경구개음인

---

3) 기류를 빨아들이면서 발음하면 조음위치를 더 정확히 느낄 수 있다. 기류를 빨아들일 때 시원해지는 부분이 구강이 좁혀지는 조음위치에 해당한다.

4) 치경경구개음으로 발음하는 /시, 씨, ㅈ,ㅉ,ㅊ/는 젊은 층으로 갈수록 조음위치가 치경 쪽으로 옮겨 가고 있다.

/ㅅ(이), ㅆ(이)/는 이 위치에 해당하는 조음방법이 제한적이라서 여타기호에 /ɕ/로 분류되어 있다. 접근음 중 /w/는 조음위치가 두 군데라서 여타기호에 제시되어 있다. 파찰음 /ㅈ,ㅉ,ㅊ/는 파열음과 마찰음의 두 조음방법이 결합한 소리여서 여타기호에 그 표기법이 나와 있다. 우리말 파찰음의 조음위치는 치경경구개음이므로 치경 파열음 /t/와 치경경구개 마찰음 /ɕ/가 결합한 /tɕ/로 표시하는 것이 적절해 보인다. 국제음성기호의 자음표를 기초로 우리말 자음의 조음위치를 정리하면 〈표 3-2〉와 같다.

표 3-2 우리말 자음의 조음위치 및 IPA 기호

수동부	윗입술	치경	경구개		연구개	성대
			치경경구개	경구개		
능동부	아랫입술	혀끝/혓날	혓날	전설	후설	성대
파열음	ㅂ,ㅃ,ㅍ(p)	ㄷ,ㄸ,ㅌ(t)			ㄱ,ㄲ,ㅋ(k)	
비음	ㅁ(m)	ㄴ(n)			ㅇ(ŋ)	
탄설음		ㄹ(ɾ)				
마찰음	호, 후(ɸ)	ㅅ,ㅆ(s)	시, 씨(ɕ)	히(ç)	흐(x)	ㅎ(h)
접근음	w			j	ɰ, w	
설측접근음		ㄹ(l)				
파찰음			ㅈ,ㅉ,ㅊ(tɕ)			

임상 노트 3-7

국제음성기호의 모음표 위치

국제음성기호를 보면 모음표가 맨 위에 있지 않고 자음표 밑에, 그것도 오른쪽에 치우쳐 있다. 그 이유가 무엇일까? 모음은 자음보다 구강 기류의 방해가 적은 소리이다. 기류의 방해가 큰 소리부터 배열하면 다막음 자음, 덜막음 자음, 모음 순서가 되므로 모음표가 자음표 밑에 있어야 한다. 또한 모음의 혀 위치는 전설모음이 경구개를 좁히므로 /이/가 경구개음 밑에 있어야 한다. 우리가 편의상 말소리를 모음과 자음을 나누어서 살펴보지만, 모음과 자음의 조음을 연속선상에서 이해하고 있어야 모음을 자음으로 또는 자음을 모음으로 대치하는 말소리 오류에 대처할 수 있다.

임상 노트 3-8
경구개음과 이중모음

국제음성기호 각각에 해당하는 발음은 인터넷에서 쉽게 찾아서 들어 볼 수 있는데, 자음은 앞뒤에 /아/가 붙은 음절로 발음되어 있다. 그런데 'palatal(경구개)'에 해당하는 /c, ɲ, ç, j, ʎ/의 기호를 들어 보면 한 가지 재미있는 사실을 확인할 수 있다. 뒤에 오는 모음 /아/가 모두 /야/로 들리는 것이다. /사/와 /샤/, /가/와 /갸/를 번갈아 발음해 보면, /샤/의 조음위치는 /사/보다 뒤이고, /갸/의 조음위치는 /가/보다 앞이다. 즉, 치경음과 연구개음 뒤에 활음 /j/가 붙으면 조음위치가 경구개로 이동한다.

만약 아동이 '의사, 하나, 단추, 가위'를 각각 [의샤, 하냐, 댠추, 갸위]로 발음했다면, 모음 오류가 아니라 /ㅅ,ㄴ,ㄷ,ㄱ/의 조음위치가 경구개음으로 이동한 자음 오류이다. 또한 아동의 초기 어휘 목록에 '안녕, 냠냠'이 있다면, 이중모음이 아니라 경구개음의 출현으로 판단하는 것이 더 타당하다. 어린 아동이 내는 /냐, 녀/ 소리는 혀끝을 아랫니로 향하게 하고 턱만 위아래로 움직일 때 혓등이 입천장에 붙어서 나는 경구개음이다.

언어치료사는 대상자의 말소리를 듣고 조음위치의 미세한 차이를 알아차려야 한다. 혀의 위치를 치경에서 연구개로 옮겨 가면서 소리가 어떻게 변하는지를 잘 알아 두기 바란다. 뒤에 /아/를 붙여서 자음의 위치를 치경에서 연구개로 옮겨 가며 발음해 보면, 비음은 [은나, 읹냐, 잉야, 응아]로, 파열음은 [읃따, 읻땨, 익꺄, 윽까]로, 마찰음은 [스아(스), 시야(샤), 히야(햐), 흐아]로 산출된다.

임상 노트 3-9
우리말 치경음 산출 시 다양한 혀끝의 방향

치경음 산출 시 혀끝의 방향은 개인에 따라 다양하다(이호영, 1996). 다음 그림과 같이 (ㄱ) 치아를 향할 수도 있고, (ㄴ) 위 치경으로 향할 수도 있으며, (ㄷ) 아래 치경으로 향할 수도 있다. 치경음 유도 시 치료사는 대상자의 능력에 맞춰 혀끝을 다양한 방향으로 하여 모델링할 수 있어야 한다.

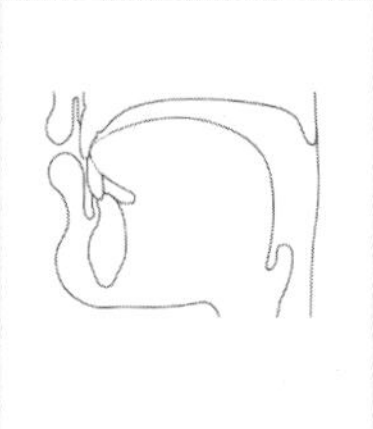
(ㄱ)

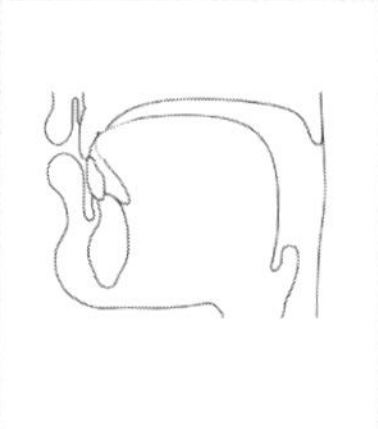
(ㄴ)

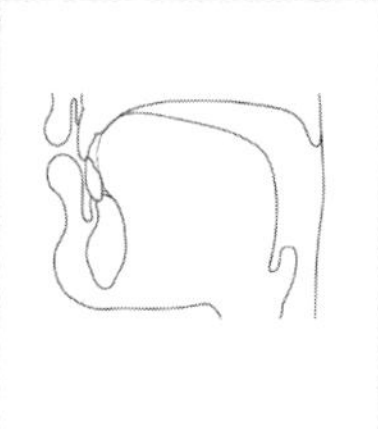
(ㄷ)

임상 노트 3-10

우리말에서 치간음의 허용 범위

혀를 이 사이로 살짝 내밀면서 산출하는 소리를 치음(dental) 또는 치간음(interdental)이라고 한다. 우리말 음소에는 치간음이 없지만, 혀끝 운동이 미숙한 아동에게는 치경음에 대한 왜곡 오류로 치간음화가 자주 나타난다. 이 현상은 학령전기 아동에게 빈번하다가 학령기에 거의 없어지지만 성인이 될 때까지 남아 있어서 듣는 사람에게 발음이 나쁘다는 인상을 주기도 한다. 보통은 치경음 /ㅅ,ㅆ/만 치간음으로 발음하지만, 심할 때는 치경음뿐만 아니라 경구개음 /ㅈ,ㅉ,ㅊ, 시, 씨/도 모두 치간음으로 발음한다.

그러나 발음이 좋은 사람도 치간음을 발음할 때가 있다. 마찰음이나 파찰음은 치간음으로 발음하면 발음이 이상하다는 인상을 주지만, 비음과 파열음은 혀를 치아에 대거나 치아 밖으로 내밀면서 발음해도 발음이 이상하다는 인상을 주지 않는다. 국제음성기호의 자음표를 보면 비음과 파열음은 치음, 치경음, 후치경음 모두 같은 기호로 표기하지만, 마찰음은 각기 다른 기호로 표기한다. 치경음 중 비음과 파열음은 조음위치가 치간이 되더라도 파열 강도에 차이가 없어 동일한 소리로 인식되지만, 마찰음은 치간에서 마찰되는 소리와 치경에서 마찰되는 소리의 소음 양상이 달라서 다른 소리로 인식되기 때문이다. 결국 문제가 되는 치간음화는 마찰음과 파찰음의 치간음화이다.

3) 발성유형

국제음성기호에서 폐의 발동에 의한 자음표를 보면, 장애음에 해당하는 자음의 발성유형은 성대 진동을 동반하는 유성음과 성대 진동을 동반하지 않는 무성음으로 나뉘어 있다. 유성음에서는 자음 산출을 위한 구강 개방 전에 성대 진동이 있고, 무성음에서는 자음 산출을 위한 구강 개방 전에 성대 진동이 없다. 구강 개방 시점을 기준으로 성대 진동이 시작되는 시간을 수치화한 값이 발성시작시간(voice onset time: VOT)이다. 유성음은 VOT 값이 음수이고 무성음은 VOT 값이 양수이다.

우리말 장애음인 평음, 경음, 격음은 모두 무성음이다. 우리말의 평음, 경음, 격음은 발성의 여부가 아닌 긴장 및 기식의 정도에 따라 구분된다. 평음은 경음과 격음 산출보다 성대 및 조음기관의 긴장이 덜하다. 경음과 격음의 긴장성을 만들기 위해서는 구강 내 압력을 올려야 하므로, 평음보다 앞 모음의 길이를 짧게 하고 폐쇄 시간

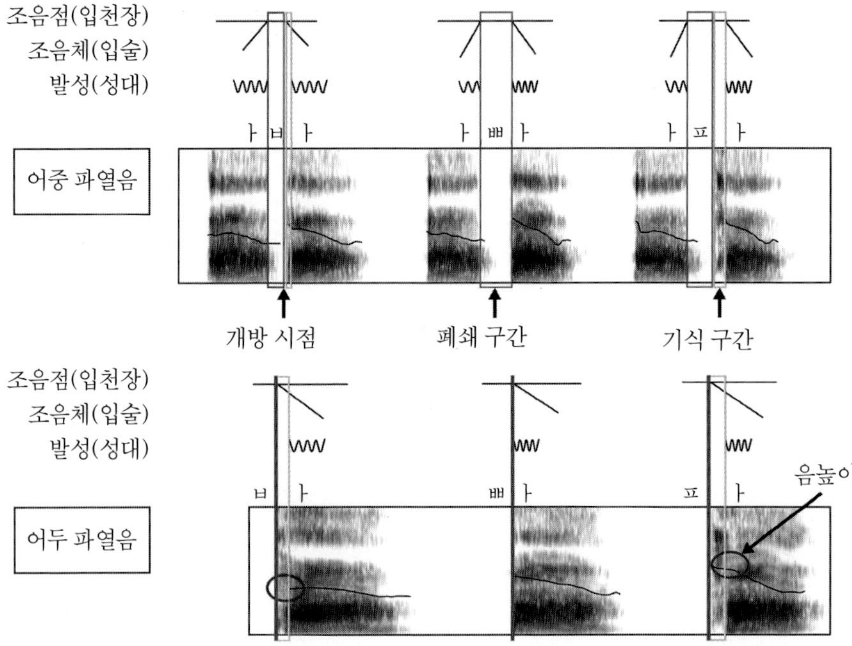

그림 3-7 어두 및 어중에서 평음, 경음, 격음의 조음 도식 및 스펙트로그램

을 길게 한다. [그림 3-7]에서 '아바'와 '아빠'를 비교하면, /ㅂ/에 비해 /ㅃ/는 앞에 오는 모음의 길이가 짧고 폐쇄 구간이 길다.

경음과 격음은 기식의 정도로 구분된다. 경음은 기류의 터짐과 후행 모음의 성대 울림이 거의 동시에 일어나는 반면, 격음은 기류가 터진 후에 시간 간격을 두고 후행 모음의 성대 울림이 시작되기 때문에 기류 터짐과 성대 울림 사이에 기식이 산출된다. [그림 3-7]에서 '아파'와 '아빠'를 비교해 보면, /ㅍ/에는 /ㅃ/에 없는 기식 구간이 나타나 있다. 결국 평음, 경음, 격음을 VOT 값으로 비교하면 경음, 평음, 격음 순으로 커진다.

그런데 평음은 어두와 어중에서 기식의 정도에 차이가 있다. [그림 3-7]에서 '아바'와 '바'의 /ㅂ/를 비교하면, 어중에서는 기식이 거의 없으나 어두에서는 기식이 많아서 어두 평음의 기식 정도가 격음과 비슷해진다. 그러므로 어두에 오는 평음과 격음을 구분하려면 기식성 이외의 다른 변수에 차이가 있어야 하는데, 이것이 바로 후행 모음의 음높이이다. 평음은 긴장성이 약해서 후행 모음의 음높이가 낮지만, 격음은 긴장성이 높아서 후행 모음의 음높이가 높다.

국제음성기호의 자음표에는 무성음과 유성음 기호밖에 없어서 우리말의 경음과 격음을 국제음성기호로 표시하려면 구별기호를 이용해야 한다. 격음 /ㅍ,ㅌ,ㅋ,ㅊ/는 무성장애음에 기식성을 표시하는 구별기호 'ʰ'를 붙여 /p^h, t^h, k^h, $ʨ^h$/로 나타낸다. 경음 /ㅃ,ㄸ,ㄲ,ㅉ,ㅆ/는 학자마다 표시 방법이 다르다. 장애 말소리를 위해 확대된 국제음성기호(extended IPA)에는 탈기식을 나타내는 구별기호로 '⁼'를 제시하였다. 이를 이용하면 /ㅃ,ㄸ,ㄲ,ㅉ,ㅆ/는 /$p^=$, $t^=$, $k^=$, $ʨ^=$, $s^=$/로 표시할 수 있으나(이호영, 1996), 위첨자 '*'를 붙여 /p^*, t^*, k^*, $ʨ^*$, s^*/로 나타내기도 한다(신지영, 2011).

임상 노트 3-11 발성유형의 치료

발성유형 중 늦게 습득되는 말소리는 기식성 음소이다. 그래서 어린 아동은 /ㅎ/는 생략하고(예: '하나' → [아나]), /ㅍ,ㅌ,ㅊ,ㅋ/는 [ㅃ,ㄸ,ㅉ,ㄲ]로 대치하는(예: '포크' → [뽀끄]) 탈기식음화 오류를 보인다. 기식을 산출하려면 구강 개방 후 조금 있다가 모음을 시작하여 발성에 공기가 들어가도록 해야 하므로, 모음 산출 시 성대에 힘을 빼고 부드럽게 발성하도록 지도해야 한다.

말소리장애 중에는 평음을 격음으로 대치하는 증상이 주된 호소인 아동도 있다(예: '집에 가' → [치페카]). 어중 평음에 대해서는 평음이 격음보다 VOT 값이 작다는 사실에 근거하여 평음을 유성음으로 모델링하면 어중 평음 유도에 도움이 된다. 그리고 어두 평음에 대해서는 평음이 격음보다 음도가 낮다는 사실에 근거하여 평음의 음도를 많이 낮춰서 모델링하면 어두 평음 유도에 도움이 된다.

긴장성에 대한 오류는 자음의 구강 압력을 조절하도록 해야 한다. 그런데 자음의 압력은 길이와도 관련된다. 즉, 앞 모음의 길이를 짧게 하고 자음을 길게 하면 자음의 압력을 높이는 데 도움이 된다. 반대로 앞 모음의 길이를 길게 하고 자음을 짧게 하면 자음의 압력을 낮추는 데 도움이 된다.

발성유형을 치료하려면 조음과 발성을 모두 고려해야 한다. 임상 경험상 발성유형 오류가 심한 아동은 음성 문제나 운율 문제가 동반되는 경우가 많다. 쥐어짜는 발성을 하는 아동은 탈기식음화 문제를 동반하면서 모든 음절을 낮은 음도와 동일한 길이로 산출하는 경우가 많았다. 반면, 약한 발성을 하는 아동은 기식음화 문제를 동반하면서 모든 음절을 높은 음도와 동일한 길이로 산출하는 경우가 많았다.

3. 우리말 초분절음의 산출

말소리에는 모음과 자음만 있는 것이 아니다. 모음과 자음의 조음위치와 조음방법이 정확하더라도 운율이 이상하면 상대방에게 의미 전달이 안 되거나 다른 의미로 전달될 수 있고, 의미 전달은 되어도 상대방이 듣기에 뭔가 어색하다고 느낄 수 있다. 운율이 의미 구분에 어떻게 관여하는지는 다음 장에서 다룰 것이며, 여기서는 운율을 구성하는 요소에 대해 간단히 살펴보고자 한다.

운율은 분절이 가능한 자음과 모음과 달리 하나 이상의 분절음에 걸쳐 나타나는 요소라서 초분절음이라고 한다. 초분절음을 구성하는 요소에는 말소리의 높이, 크기, 길이, 말소리들의 그룹 짓기가 있다. 말소리의 높이는 성대의 진동속도에 해당하는데, 진동속도가 빠르면 높게 들리고 진동속도가 느리면 낮게 들린다. 말소리의 크기는 발성 및 조음의 강도에 해당하는데, 강도를 세게 하면 크게 들리고 강도를 약하게 하면 작게 들린다. 말소리의 길이는 지속시간에 해당하고, 말소리들의 그룹 짓기는 쉼에 의해서 만들어진다. 지속시간을 길게 하고 쉼을 자주 두면 말속도가 느려지고, 지속시간을 짧게 하고 쉼을 적게 두면 말속도가 빨라진다.

초분절음을 달리하면 동일한 발화를 좀 더 분명한 어투로 전달할 수 있다. 분명한 어투에서는 시간적으로 말속도를 느리게 하고 공간적으로 조음기관의 움직임을 크게 한다. 만약 말속도가 빨라졌는데 조음기관의 운동 속도가 함께 빨라지지 않으면 모음의 중성화(centralization)와 자음의 미도달(undershoot) 현상이 나타날 수 있다. 모음의 중성화란 모든 모음이 구강의 중앙에서 발음되어 [으] 비슷한 소리로 약화하는 현상이다. [그림 3-8]의 (ㄱ)에는 /아이/를 빠른 속도로 발음했을 때 두 모음의 조음점이 구강의 중앙으로 모이는 중성화 현상이 잘 나타나 있다. 자음의 미도달이란 조음체가 조음점에 도달하지 못한 채 다음 음소의 조음 동작으로 넘어가서 자음이 활음처럼 약화하는 현상이다. [그림 3-8]의 (ㄴ)을 보면 '딸기'를 느린 속도로 발음할 때는 /ㄹ/에서 혀끝이 치경에 닿지만, 빠른 속도로 발음할 때는 /ㄹ/에서 혀끝이 치경에 닿지 않는 것을 알 수 있다. 이처럼 초분절음은 모음과 자음의 조음에도 영향을 미칠 수 있다.

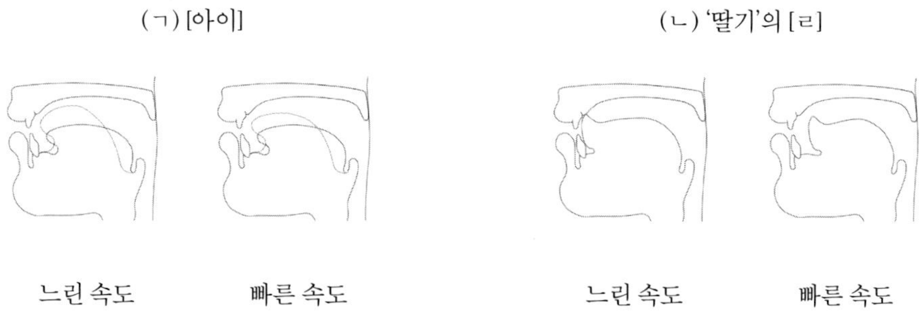

그림 3-8 말속도가 조음에 미치는 영향(Shriberg, Kent, 2002)

임상 노트 3-12

말속도와 조음 치료

조음 치료에서 말속도는 매우 중요하다. 치료를 통해 음절이나 단어에서 특정 음소의 정확한 산출이 가능해져도, 문장이나 대화에서는 여전히 이전 습관대로 발음하기 쉽다. 언어적 부담이 커지기 때문일 수도 있지만, 단어의 말속도가 문장에서 훨씬 빨라지기 때문이기도 하다. 그림을 보고 '포도'라고 말할 때의 '포도' 말속도와 '엄마가 포도 사 왔어.'라고 말할 때의 '포도' 말속도를 비교해 보면 그 차이를 확연히 느낄 수 있다.

특정 음소의 정확한 산출이 문장이나 대화로까지 일반화되기 위해서 처음에는 문장이나 대화의 말속도를 늦춰야 한다. 말속도를 늦추면 정확한 조음의 가능성이 커질 뿐만 아니라, 언제 그 음소가 나타나는지를 예측하고 자신의 발음이 맞았는지를 모니터하는 시간을 벌 수도 있다. 치료사가 모델링하는 말의 속도가 빠르면 아동의 말속도가 늦춰지기 어렵다. 아동은 자신의 말속도와 비슷한 말을 더 잘 따라 하고 아동의 말속도는 성인보다 느리므로, 언어치료사는 자신의 말속도를 늦춰서 아동이 목표 음소를 인식하고 산출하기 쉽게 모델링하는 기술을 익혀야 한다.

아동이 한 말이 불명료해서 무슨 말인지 잘 모르겠을 때, 크게 말하게 하거나 천천히 말하게 하거나 차근차근 말하게 하면 알아듣기가 쉬워질 수 있다. 즉, 발음이 나쁜 아동에게 초분절음을 조절하게 하여 발음을 개선할 수 있다. 그러나 초분절음 조절로 발음이 개선되려면 적어도 음절은 정확히 산출할 수 있어야 한다. 예를 들어, '가'는 쉽게 정조음을 하는데 '엄마가 같이 왔어요.'를 [엄마다 다치 와써요]로 발음한다면, '엄마~가, 가~치 와써요'처럼 '가' 부분이 돋들리게 천천히 말하게 하면 문장에서도 /가/를 정확히 산출할 수 있을 것이다. 그러나 아동이 음절조차 정확히 산출하지 못한다면 아무리 천천히 말하게 해도 발음이 개선되지 않는다. 알아듣기가 쉬워질지는 몰라도 발음은 정확해지지 않으며, [엄마~다, 다~치 와써요]처럼 틀린 발음을 천천히 말할 뿐이다. 이 아동에게는 또박또박 말하라고 다그칠 것이 아니라 /가/를 어떻게 발음하는지 알려 주어야 한다.

제4장

언어치료를 위한 음운론(1)

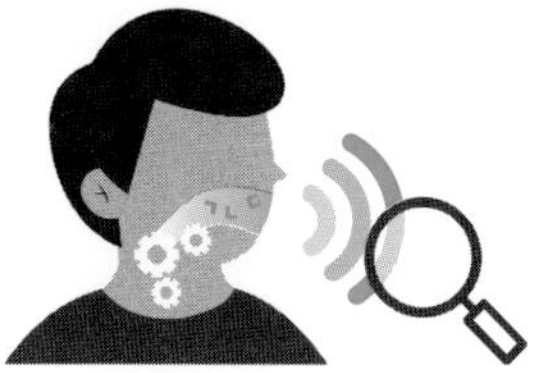

1장에서는 우리말을 구성하는 7개 모음과 19개 자음이 무엇인지를 언급하였고, 3장에서는 국제음성기호를 기준으로 우리말 모음과 자음이 각각 어떻게 산출되는지를 살펴보았다면, 이 장에서는 우리말 모음과 자음이 어떤 배열에서 어떤 음성으로 산출되는지를 정리할 것이다. 즉, 1장에서는 우리말 자음에 'ㄹ'이 있다고 언급하였고, 3장에서는 탄설음과 설측접근음이 각각 어떻게 만들어지는 소리인지를 알아보았다면, 이 장에서는 우리말에 'ㄹ'이라는 음소가 어디에 배열될 때 설측접근음으로 산출되고 탄설음으로 산출되는지를 정리하겠다.

1. 음운 체계

앞 장에서 언급했듯이 음운이란 단어의 의미를 구분해 주는 심리적이고 추상적인 소리이다. 어떤 물건의 이름을 입 밖으로 소리 내지 말고 머릿속으로만 생각해 보자. 1장에서 살펴본 우리말 음운, 즉 7~10개의 모음과 3개의 활음과 19개의 자음만 있으면 그 사물의 이름을 우리말로 표현할 수 있다. 그렇다면 어떤 소리는 음운이고 어떤 소리는 음운이 아닌가? 이를 확인하려면 한 음운만 다르고 뜻이 다른 단어 쌍을 찾아보면 되는데, 이를 최소대립쌍(minimal pair)이라고 한다. 만약 여러분이 ''에 해당하는 우리말 이름을 생각할 때 모두 /배/라는 동일한 소리를 떠올릴 것이다. 만약 /ㅂ/ 대신 /ㄱ/을 떠올리거나 /애/ 대신 /이/를 떠올린다면 '개' 혹은 '비'라는 전혀 다른 의미의 단어가 된다. 또한 짧은 /애/ 대신 긴 /애:/를 떠올린다면 과일이 아닌 수를 세는 단위가 된다. 그러므로 '배'와 '개', '배'와 '비', '배'와 '배:'가 각각 최소대립쌍이며, 이에 따라 /ㅂ/와 /ㄱ/, /애/와 /이/, /애/와 /애:/는 모두 별개의 음운으로 간주한다.

한국어를 배우는 외국인이 ''에 해당하는 우리말 이름을 /pe/ 대신 /be/로 생각하고 말했다고 하자. 이 사람이 과일 '배'의 /ㅂ/를 무성음 [p]로 발음하든지 유성음 [b]로 발음하든지 듣는 사람은 모두 동일한 과일로 이해할 것이다. 그러므로 우리말에서 무성음 /p/와 유성음 /b/는 별개의 음운이 될 수 없다.

음운이란 음소(phoneme)와 운소(prosodeme)의 첫 글자를 합친 말이다. 음소에는 모음, 활음, 자음이 있고 운소에는 장단, 성조, 강세가 있다. 음소는 발화에서 하나씩 분리할 수 있으므로 분절음(segment)이라고 하고, 운소는 여러 분절음에 걸쳐서 실현되기 때문에 초분절음(suprasegmental)이라고 한다.

임상 노트 4-1 **최소대립쌍의 임상 활용**

최소대립쌍은 말소리장애의 치료에서 중요하게 다루는 개념이다. 어떤 아동은 /ㅈ,ㅉ,ㅊ/ 발음을 할 수 있음에도 불구하고 언어를 표현할 때 /ㅈ,ㅉ,ㅊ/를 자꾸 [ㄷ,ㄸ,ㅌ]로 대치한다. '모자'를 [모다]로 발음하면서 '장갑'으로 말하지 않고 '모자'로 맞게 말했다고 생각하는 것이다. 이런 아동의 /ㅈ,ㅉ,ㅊ/ 발음을 교정하는 방법 중 하나가 최소대립쌍을 이용하는 것이다. 이 아동은 '잼, 땜'을 모두 [땜]으로, '자리, 다리'를 모두 [다리]로, '기차, 기타'를 모두 [기타]로 발음할 것이므로, 아동에게 최소대립쌍을 제시하면서 두 단어를 다르게 표현하려면 /ㅈ,ㅉ,ㅊ/와 /ㄷ,ㄸ,ㅌ/의 발음이 달라야 한다는 사실을 인식시켜 주고, 두 단어를 번갈아 가며 말할 때 /ㄷ,ㄸ,ㅌ/와 /ㅈ,ㅉ,ㅊ/를 대조적으로 산출하도록 하는 것이다. 이러한 치료법을 최소대립쌍 치료법이라고 한다.

음운론에서 최소대립쌍은 두 단어의 쌍에서 같은 음운 환경에 있는 소리 하나만 달라야 한다.

그러므로 '우리'[1]와 '뿌리', '벌'과 '별', '초'와 '총', '모래'와 '몰래'처럼 초성, 활음, 종성에 각각 소리가 있고 없는 두 단어는 음운론에서 대립쌍이 아니다. 또한 '왜'와 '매', '잉어'와 '이거'처럼 중성과 초성, 종성과 초성의 소리가 다른 것도 음운론에서는 최소대립쌍이 아니다. 그러나 조음 치료에서는 이들도 모두 최소대립쌍으로 활용한다. 즉, 서로 다르게 발음되어야 하는 단어들이 조음 오류로 인해 같게 발음된다면, 이 단어 쌍은 모두 최소대립쌍 치료에 활용할 수 있다. 종성 생략 오류를 수정하기 위해서는 '배'와 '뱀', '사'와 '산', '코'와 '콩'을 최소대립쌍으로 활용할 수 있고, 초성 생략 오류를 수정하기 위해서는 '알'과 '발', '오리'와 '꼬리'를 최소대립쌍으로 활용할 수 있으며, 첨가 오류를 수정하기 위해서는 '멀리'와 '머리'를 최소대립쌍으로 활용할 수 있다.

1) 음소

우리말의 의미 구분에 관여하는 모음과 활음과 자음은 1장 마지막 부분에서 살펴보았으므로, 우리말 음소의 종류를 다시 언급하지는 않겠다. 그러나 1장의 음소 분류표가 2장의 음성 분류표와 조금 다른 이유에 대해 생각해 보자. 모음을 음성적으로 분류할 때는 국제음성기호에서처럼 구강 개방 정도를 4개로, 혀의 위치를 3개로 나눈 모음사각도에서의 절대적 위치를 고려한다. 그러나 모음을 음운적으로 분류할 때는 모음들 사이의 대립 관계를 고려한다. 우리말 방언에는 후설모음이 전설모음으로 바뀌는 현상이 있는데, /아, 어, 으/가 각각 /애, 에, 이/로 바뀐다. 예를 들어, '잡히다'를 '잽히다'로, '먹이다'를 '멕이다'로, '뜯기다'를 '띧기다'로 발음한다. 이러한 대립 관계를 고려하여 음운론에서는 혀의 위치를 전설모음과 후설모음의 2개로 분류하고 /아/를 후설모음에 넣는다. 그리고 구강 개방 정도에 해당하는 혀 높이를 고모음과 중모음과 저모음의 3개로 분류하고 /으, 이/를 고모음, /어, 에/를 중모음, /아, 애/를 저모음으로 대조시킨다(〈표 4-1〉 참조).

우리말 자음의 음운적 분류와 관련해서는 여러 의견이 있다. 표준발음법에는 〈표 1-3〉처럼 조음위치와 조음방법을 각각 5개씩으로 나누어 분류한다. 그러나 치경음과 경구개음을 하나로 묶어 자음의 조음위치를 4개로 분류하기도 한다(배주채,

1) 초성 위치의 'ㅇ'은 소리 없음을 나타낸다.

표 4-1 음성학 및 음운론에서의 단모음 분류 비교

〈음성학에서의 분류〉

혀 높이 \ 혀 위치 / 입술 모양	전설모음		중설모음		후설모음	
	평순	원순	평순	원순	평순	원순
폐모음	이		으			우
반폐모음	에					오
반개모음					어	
개모음			아			

〈음운론에서의 분류〉

혀 높이 \ 혀 위치 / 입술 모양	전설모음		후설모음	
	평순	원순	평순	원순
고모음	이	(위)	으	우
중모음	에	(외)	어	오
저모음	(애)		아	

1995). 치경음으로 분류되는 /ㅅ,ㅆ/ 중에는 경구개음으로 산출되는 /시, 씨/가 있고, 경구개 파찰음인 /ㅈ,ㅉ,ㅊ/는 조음위치가 아닌 조음방법으로 다른 자음들과의 구분이 가능하기 때문이다. 실제로 함경 방언에서는 경구개 파찰음을 치경음으로 발음하고, 젊은 층도 경구개 파찰음을 치경음으로 발음하는 경향이 있다. 임상적으로 여러 자음에 오류를 보이는 아동의 오류 말소리를 평가하고 치료할 때는 조음위치를 크게 양순음, 치경음 · 경구개음, 연구개음, 성문음의 네 가지로 나누어 분석하고 접근하는 것이 유용할 때가 많다.

또한 음운론에서 /ㅎ/는 평음으로 분류한다. 평음이 모음 사이에서 유성음화되는 음운 현상이 /ㅎ/에서도 일어나기 때문이다. 그러나 음성적으로 /ㅎ/는 격음에 더 가까운 소리이다.

2) 운소

단어의 의미를 구분하는 운소에는 음의 길이에 해당하는 장단, 음의 높낮이에 해당하는 성조,[2] 음의 세기에 해당하는 강세가 있다. 중국어에는 단어마다 고유한 성조가 있고, 음소가 동일해도 성조에 따라서 의미가 달라진다. 예를 들어 /ma/의 /a/ 음 높이를 변화 없이 말하면 '엄마'의 의미가 되고, 올리면서 말하면 '삼베'의 의미가 되며, 내렸다 올리며 말하면 동물 '말'의 의미가 된다. 영어는 단어마다 고유한 강세가 있고, 음소가 동일해도 단어의 어느 음절을 크게 하는지에 따라 의미와 품사가 달라진다. 예를 들어 'address'를 발음할 때 첫음절에 강세를 두면 '주소'라는 명사가 되고, 두 번째 음절에 강세를 두면 '연설하다'라는 동사가 된다.

우리말에서는 장단과 성조가 단어의 의미 구분에 관여하기도 한다. 표준발음법에서는 /말/(馬)－/말:/(言), /눈/(目)－/눈:/(雪)의 뜻은 소리의 장단을 달리하여 구분한다고 되어 있다. 그러나 장단을 구분하여 발음하는 일반인은 많지 않다. 또한 경상 방언에서는 /자란다/를 LHH(L: 낮음, H: 높음) 성조로 말하면 '잘 한다'의 의미이고, HLL 성조로 말하면 '잠을 자라고 한다'의 의미이다. 그러나 이러한 성조는 일부 방언에만 존재한다.

2. 음운 자질

/ㅃ/에는 양순, 긴장, 파열, 무성 등의 특징이 있다. 음소의 이러한 특징을 말할 때 특별히 자질(feature)이라는 용어를 쓴다. /ㅃ/의 자질 중에서 /ㅃ/를 우리말의 다른 자음과 구분해 주는 자질을 변별자질(distinctive feature)이라고 한다. 앞서 나열한 /ㅃ/의 자질 중에서 파열 자질은 /ㅃ/를 /ㅆ/와 구별해 주고, 양순 자질은 파열음에서 /ㅃ/를 /ㄸ/와 구분해 주며, 긴장 자질은 양순 파열음에서 /ㅃ/를 /ㅂ/와 구별해 주기 때문에 각각 변별자질에 해당한다. 그러나 /ㅃ/의 자질 중 무성 자질은 다른

---

2) 음의 높낮이가 단어의 의미 구분에 관여할 때는 성조(tone)라고 하고, 발화의 의미 구분에 관여할 때는 억양(intonation)이라고 한다.

자질들로 예측할 수 있다. 우리말은 모든 공명음이 유성음이고 모든 장애음이 무성음이기 때문에, 장애음 내에서 유성음과 무성음을 구분하는 자질은 불필요하다. 이러한 자질은 잉여자질(redundant feature)이라고 한다.

음운 자질은 음운 분류의 기초가 되는 개념이다. 특징이 비슷한 음소들의 묶음을 자연 부류(natural class)라고 하는데, 변별자질을 이용하면 자연 부류를 쉽게 정할 수 있다. 1장의 모음 및 자음 분류도 우리말의 음운 자질에 근거한 것이다. /ㅃ/를 '양순 경파열음'으로 부르는 것은 우리말에서 '양순음, 경음, 파열음'이 중요한 음운 자질이기 때문이다. 음운 자질은 음운 현상을 간결하고 자연스럽게 설명하는 데도 유용한 개념이다. '밥물, 잣나무, 국물, 놓는'은 실제로 [밤물, 잔나무, 궁물, 논는]으로 발음되어 종성 /ㅂ,ㅅ,ㄱ,ㅎ/가 각각 /ㅁ,ㄴ/ 앞에서 /ㅁ,ㄴ,ㅇ/로 바뀐다. 이 현상을 가장 간단하게 설명하는 방법은 /ㅂ,ㅅ,ㄱ,ㅎ/가 갖는 공통 자질과 /ㅁ,ㄴ,ㅇ/가 갖는 공통 자질을 이용하여 '장애음'이 '비음' 앞에서 '비음'으로 바뀌는 현상이라고 설명하는 것이다. 음운 자질은 이처럼 음운을 체계적으로 분류하고 음운 현상을 효과적으로 설명하는 데 중요한 개념이다.

언어치료에서도 자질은 다음의 이유로 매우 중요한 개념이다. 첫째, 우리는 엄밀히 말해서 음운이 아닌 자질을 치료한다. '비'를 [디]로 발음하는 아동을 치료한다면 우리는 /ㅂ/를 가르치는 것이 아니라, /ㅂ/에 있는 여러 특징 중 /ㄷ/와 차이가 나는 '두 입술 붙이기'를 가르치는 것이다. 그러므로 어떤 음소를 다른 음소로 잘못 발음하는 오류를 고치려면, 목표 음소가 아니라 목표 음소의 여러 특성 중 오류 음소와 차이가 나는 특성을 알아야 한다.

둘째, 자질을 활용하면 여러 개의 조음위치, 조음방법, 발성유형에 오류가 있는 아동의 문제를 효율적으로 진단하고 치료할 수 있다. 예를 들어, '컴퓨터'를 [껌뻐떠]로, '하마'를 [아마]로 발음하는 현상은 /ㅍ,ㅌ,ㅋ,ㅎ/의 공통점인 '기식성' 자질을 습득하지 못한 것으로 이해할 수 있다. 그러므로 기식성 자질을 가르치면 격파열음 /ㅍ,ㅌ,ㅋ/의 대치와 평마찰음 /ㅎ/의 생략를 한꺼번에 치료할 수 있다.

임상 노트 4-2 **언어치료에서 자질의 중요성**

치료사: (포도 그림을 보며) 이게 뭐야?	아동: [오도]
치료사: 따라 해 봐. (입술 붙이기를 강조하며) '포-도'.	아동: [뽀도]
치료사: 아니야. (기식을 강조하며) 'ㅍ-오도'.	아동: [호도]
치료사: '호'가 아니라 '포'야. 'ㅍ,ㅍ,ㅍ,ㅍ-오도'.	아동: [오도]

'양순음'을 연습하기 위해 '포도'라는 단어를 선택한 치료사가 이와 같이 치료를 하였으나 실패하였다. 무엇이 잘못되었을까? 조음 치료를 할 때 처음부터 한꺼번에 여러 자질을 가르치려고 하면 치료사와 아동 모두에게 부담이 된다. 목표는 '양순음 산출', 즉 /ㅍ/의 여러 자질 중 '입술 붙이기'였다. 양순음 산출이 목표라면 '포도'를 [뽀도]나 [보도], 심지어 [모도]라고 해도 잘했다고 칭찬해 주었어야 한다. 아동이 [뽀도]로 산출했을 때 치료사가 칭찬하는 대신 기식 자질을 첨가하라고 수정해 주었기 때문에, 아동은 양순 자질을 빼고 기식 자질을 넣어 [호도]라고 말해 버렸다. 이 아동은 /ㅍ/의 양순 자질과 기식 자질을 한꺼번에 산출하기 어려웠던 것이다. 치료사가 음소만 생각하고 자질을 고려하지 않는다면, 아동은 치료사 지시를 성실히 수행해도 실패를 경험할 수밖에 없다.

1) 음운론에서의 변별자질 체계

음운론에서는 우리말 음소 구분에 필요한 최소한의 변별자질에 관심을 갖는다. 자질은 '있다(+)-없다(-)'의 이분법적인 표시로 나타내므로 하나의 자질로 두 종류의 음소를 구분할 수 있다. 우리말 음소 구분에 사용되는 자질과 정의, 음소의 자질 유무는 〈표 4-2〉에 정리하였다. 자질은 크게 모음과 활음과 자음을 나누는 주요 분류 자질, 모음 분류와 관련된 모음 분류 자질, 자음 분류와 관련된 자음 분류 자질로 나뉜다.

자질의 구체적인 내용을 들여다보면, 우리말의 모음 및 자음의 음운적 분류와 상당 부분 겹친다. 모음의 혀 위치, 혀 높이, 입술 모양만 알고 있으면 모음 자질은 따로 공부하지 않아도 파악할 수 있다. 자음도 마찬가지이다. 조음방법, 조음위치, 발성유형을 알고 있다면 자질 이해에 도움이 된다. 그러나 여러 조음방법이나 여러 조음위치를 아우르는 일부 자질은 새롭게 알아 두어야 한다.

표 4-2 우리말 음소 구분에 필요한 변별자질 체계

분류		자질	정의: 우리말 해당 음소	모음							활음			자음																		
				이	에	아	어	오	우	으	j	ɰ	w	ㅂ	ㅃ	ㅍ	ㅁ	ㄷ	ㄸ	ㅌ	ㄴ	ㄹ	ㅅ	ㅆ	ㅈ	ㅉ	ㅊ	ㄱ	ㄲ	ㅋ	ㅇ	ㅎ
주요 분류 자질		성절성 (syllabic)	혼자 음절을 이룰 수 있다: 모음	+	+	+	+	+	+	+	−	−	−	−	−	−	−	−	−	−	−	−	−	−	−	−	−	−	−	−	−	−
		자음성 (consonantal)	성도 정중에 기류 방해가 심하다: 자음	−	−	−	−	−	−	−	−	−	−	+	+	+	+	+	+	+	+	+	+	+	+	+	+	+	+	+	+	+
		공명성 (sonorant)	성도에 울림이 있다: 모음, 유음, 비음	+	+	+	+	+	+	+	+	+	+	−	−	−	+	−	−	−	+	+	−	−	−	−	−	−	−	−	+	−
모음 분류 자질		고설성 (high)	혓몸을 높인다: 고모음, 활음, 연구개음	+	−	−	−	−	+	+	+	+	+	−	−	−	−	−	−	−	−	−	−	−	−	−	−	+	+	+	+	−
		저설성 (low)[1]	혓몸을 낮춘다: 저모음, 성문음	−	−	+	−	−	−	−	−	−	−	−	−	−	−	−	−	−	−	−	−	−	−	−	−	−	−	−	−	+
		후설성 (back)[2]	혓몸을 뒤로 한다: 후설모음	−	−	+	+	+	+	+	−	+	+	−	−	−	−	−	−	−	−	−	−	−	−	−	−	−	−	−	−	−
		원순성 (rounded)[3]	입술을 동그랗게 오므린다: 원순 모음	−	−	−	−	+	+	−	−	−	+	−	−	−	−	−	−	−	−	−	−	−	−	−	−	−	−	−	−	−
자음 분류 자질	조음 위치	전방성 (anterior)	후치경보다 앞쪽에서 조음한다: 양순음, 치경음	−	−	−	−	−	−	−	−	−	−	+	+	+	+	+	+	+	+	+	+	+	−	−	−	−	−	−	−	−
		설정성 (coronal)	혓날을 위로 들어서 조음한다: 치경음, 경구개음	−	−	−	−	−	−	−	−	−	−	−	−	−	−	+	+	+	+	+	+	+	+	+	+	−	−	−	−	−
	조음 방법	지속성 (continuant)	구강 정중에 기류 막힘이 없다: 모음, 활음, 마찰음	+	+	+	+	+	+	+	+	+	+	−	−	−	−	−	−	−	−	−	+	+	−	−	−	−	−	−	−	+
		설측성 (lateral)	설정성 자음 중 혀의 측면으로 기류가 나간다: 유음															−	−	−	−	+	−	−	−	−	−					
		지연개방성 (delayed release)	폐쇄 국면이 있는 자음 중 개방이 지연된다: 파찰음											−	−	−		−	−	−					+	+	+	−	−	−		
	발성 유형	긴장성 (tense)	성대 긴장을 동반한다: 경음, 격음	−	−	−	−	−	−	−	−	−	−	−	+	+	−	−	+	+	−	−	−	+	−	+	+	−	+	+	−	−
		기식성 (aspirated)	성문을 연 상태에서 만들어진다: 격음, ㅎ	−	−	−	−	−	−	−	−	−	−	−	−	+	−	−	−	+	−	−	−	−	−	−	+	−	−	+	−	+
				이	에	아	어	오	우	으	j	ɰ	w	ㅂ	ㅃ	ㅍ	ㅁ	ㄷ	ㄸ	ㅌ	ㄴ	ㄹ	ㅅ	ㅆ	ㅈ	ㅉ	ㅊ	ㄱ	ㄲ	ㅋ	ㅇ	ㅎ

임상 노트 4-3 다른 자음, 같은 자질

한 음소는 여러 자질을 포함하고 있지만, 여러 음소가 한 자질을 공유하기도 한다. 그래서 여러 음소에 각기 다른 오류가 있는 듯 보여도 한 가지 자질의 오류로 해석되기도 하고, 어떤 음소의 특정 자질을 치료하면 자질을 공유한 다른 음소가 저절로 치료되기도 한다. 여기서는 특별히 여러 조음방법 또는 조음위치에 공유되어 있어서 말소리장애의 평가 및 치료에 유용하게 활용될 수 있는 자질을 살펴보겠다.

첫째, 주요 분류 자질 중 '공명성' 자질이다. 비강 폐쇄가 어려운 대상자의 말소리 특성을 이해하려면 음소를 공명음과 장애음으로 구분할 수 있어야 한다. 이들은 공명음 중에서 비강 공명음인 비음에서는 오류가 없다. 그러나 구강 공명음인 모음과 유음에서는 과다비성(hypernasality)이라는 과도한 코 울림이 관찰되고, 장애음인 파열음, 파찰음, 마찰음에서는 비누출(nasal emission)이라는 기류의 비강 유출이 관찰된다.

둘째, 조음위치 분류 자질 중에서 '설정성(coronal)' 자질이다. 치경음 /ㄷ,ㄸ,ㅌ/를 연구개음 [ㄱ,ㄲ,ㅋ]로 대치하는 말소리장애 아동은 경구개음 /ㅈ,ㅉ,ㅊ/도 연구개음 [ㄱ,ㄲ,ㅋ]로 대치하는 경우가 많다. 즉, 설정성 자질의 음소 전체에 오류를 보이는 것이다. 그 반대의 현상도 관찰된다. 연구개음을 전방화하는 아동은 연구개음을 치경음으로도 대치하고 경구개음으로도 대치한다. 우리말의 치경음과 경구개음은 조음위치와 관련하여 설정성 자질을 공유하고 있기 때문이다.

셋째, 발성유형 분류 자질 중에서 '기식성(aspirated)' 자질이다. /ㅎ/를 생략하는 아동은 격음인 /ㅍ,ㅌ,ㅋ,ㅊ/를 경음 [ㅃ,ㄸ,ㄲ,ㅉ]로 대치하는 경향이 있다. 하나는 생략 오류이고 다른 하나는 대치 오류이지만, 이 두 오류는 모두 기식 자질을 습득하지 못했기 때문에 나타나는 증상이다. '긴장성(tensed)' 자질도 알아 둘 필요가 있다. 구강 내 압력 형성이 어려우면 긴장성 자질이 있는 '경음'과 '격음' 모두에서 약화 현상이 나타날 수 있다.

넷째, 조음방법과 관련한 자질 중 '치찰성(strident)' 자질이다. 치찰성 자질은 우리말에서는 잉여자질이지만, 임상적으로 알아 두면 유용한 자질이다. 이 자질은 기류가 치아에 부딪혀 강한 소음성 기류를 생성하는 특징을 말한다. 치경 마찰음과 파찰음이 공통으로 가지고 있는 자질이며, 성문에서 마찰되는 /ㅎ/에는 이 자질이 없다. 치찰성 자질을 산출하지 못하는 어린 아동이나 말소리장애 아동은 /ㅅ,ㅆ/와 /ㅈ,ㅉ,ㅊ/를 모두 [ㄷ,ㄸ,ㅌ]로 대치하는 오류를 보인다.

[1] 중모음은 '−고설성, −저설성'으로 표시한다.

[2] /아/는 음성적으로는 중설모음이지만 음운적으로는 후설모음에 해당한다. 음운 자질은 음운의 분류에 사용되는 개념이므로 '후설성' 자질을 갖는 것으로 기술한다.

[3] '−후설성'은 '+전설성'이고 '−원순성'은 '+평순성'이다. '후설성' 대신 '전설성'을 변별자질로 정하고 '원순성' 대신 '평순성'을 변별자질로 정한다면, +와 − 값을 반대로 하면 된다.

2) 말 산출에 기반한 변별자질 체계

우리말 음소 구분을 위한 〈표 4-1〉의 자질 체계는 말소리장애를 평가하고 치료할 때도 유용할까? 일반음운론에서 변별자질의 역할은 해당 언어의 음소를 설정하기 위한 것이지만, 언어병리학에서 변별자질의 기능은 목표음과 오류음의 특성 차이를 이해하고 치료에 적용하기 위한 것이어야 한다. 우리가 우리말 모음과 자음을 국제음성기호의 틀에서 이해해야 하는 것처럼, 말소리장애의 다양하고 개별화된 말소리 문제를 효과적으로 설명하기 위해서는 우리말 음소 구분에 필요한 최소한의 변별자질뿐만 아니라 음소가 갖는 다양한 음성 특징을 알고 있어야 한다.

임상에서 유용한 자질 분류 체계로 [그림 4-1]을 제안한다. 이는 비선형 음운론에서 제시된 것으로 다음과 같은 면에서 〈표 4-1〉과 차별화된다. 첫째, 국어 음운론에서의 자질 체계는 모음과 자음의 자질을 별개로 다루고 있지만, 여기서는 자음과 모음을 통합하여 설명하고 있다. 말소리장애 아동은 모음을 자음으로 또는 자

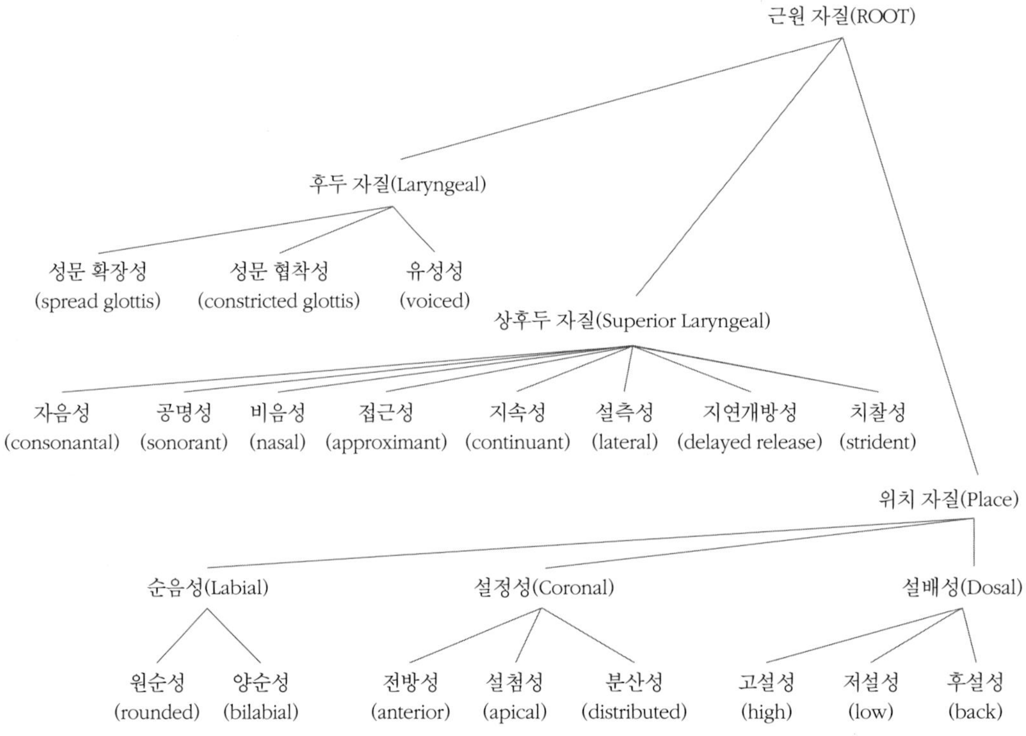

그림 4-1 비선형 음운론에서의 자질 위계

음을 모음으로 대치하기도 하고, 자음 오류가 인접한 모음 특성에 직접 영향을 받는 경우가 많으므로, 모음과 자음을 통합하여 자질을 알고 있으면 말소리 오류 증상을 더 잘 이해할 수 있다. 둘째, 이 체계는 조음기관을 기준으로 위계적으로 분류되어 있다. 성대의 움직임은 후두 자질로, 조음방법은 상후두 자질로 설명하고 있으며, 조음위치 자질은 입술, 혓날, 혓몸의 움직임으로 나뉘어 있다. 말소리장애 아동의 말소리 문제는 조음기관의 운동성과 밀접하게 연관되어 있으므로, 조음기관별로 나누어 자질을 알고 있어야 평가와 치료에 더 유리하다.

[그림 4-1]에서 제시된 자질은 3장에서 다룬 조음 음성학 용어와 많이 겹친다. 여기에 제시된 자질들을 하나씩 살펴보자. 후두 자질 중 성문 확장성(spread glottis)과 성문 협착성(constricted glottis) 자질은 각각 〈표 4-1〉에서 설명한 기식성 자질과 긴장성 자질에 해당한다. 유성성(voiced)은 성대 진동을 동반하는 특징으로, 유성음화 왜곡의 설명에 유용한 자질이다.

상후두 자질은 조음방법과 관련된다. 자음성(consonantal), 공명성(sonorant), 지속성(continuant), 설측성(lateral), 지연개방성(delayed release)은 〈표 4-1〉에서도 제시된 자질이다. 비음성(nasal)은 연인두가 개방되어 기류가 비강으로 흐르는 특징으로, 탈비음화 또는 비음화의 설명에 유용한 자질이다. 접근성(approximant)은 조음체가 조음점에 난기류가 형성되지 않을 정도로 근접하는 특징으로, 활음의 비음화 설명에 유용한 자질이다. 치찰성(strident)은 기류가 앞니에 부딪혀 난기류가 생기는 특징으로, 마찰음과 파찰음의 파열음화 설명에 유용한 자질이다. 한편, 이 그림에서 설측성 자질은 〈표 4-1〉의 정의처럼 설정성 자음의 자질로 국한되지 않는다. 실제로 말소리장애의 주요 증상 중 하나인 설측음화 오류는 혓몸을 사용하는 모음이나 연구개음에서도 나타난다.

조음위치 자질은 상위 자질과 하위 자질로 위계적으로 분류되어 있다. 상위 자질은 다양한 조음위치 대치 오류의 설명에 유용하고, 하위 자질은 다양한 왜곡 오류의 설명에 유용하다. 상위 자질은 조음위치가 입술인 순음성(labial) 자질, 혀끝이나 혓날인 설정성(coronal) 자질, 혓등인 설배성(dorsal) 자질로 구분된다.

순음성 자질에는 원순성(rounded) 자질과 양순성(bilabial) 자질이 포함된다. 원순성이란 입술을 동그랗게 하는 특징으로 /오, 우, w/에 있는 자질이고, 양순성이란 윗입술과 아랫입술을 붙이는 특징으로 /ㅂ,ㅃ,ㅍ,ㅁ/에 있는 자질이다. [그림 4-2]

그림 4-2 양순성 자질과 원순성 자질의 입술 운동 방향

를 보면 양순성 자질과 원순성 자질은 입술의 운동 방향이 서로 다르다. 양순성 자질은 두 입술이 상하로 움직이지만, 원순성 자질을 두 입술이 앞으로 움직인다. 설정성 자질에는 설첨성(apical), 전방성(anterior) 및 분산성(distributed) 자질이 포함된다. 설첨성이란 혀끝은 올리고 혓날은 내리는 특징으로 /ㄹ/와 나머지 설정성 자음을 구분해 주는 자질이다. 분산성이란 혀의 설정 부분이 펴져서 넓은 면이 닿는 특징으로, 치경음은 분산성이 없고 치간음, 치음, 구개음은 모두 분산성이 있다.

임상 노트 4-4 왜곡 오류와 변별자질

말소리장애 아동의 왜곡 오류를 이해하고 치료하려면 말 산출에 기반한 자질 체계를 알아야 한다. 몇몇 예를 들어 보자. 첫째, '순음성' 자질은 치경음의 순치음화 왜곡을 이해하는 데 유용하다. /ㅅ,ㅆ/를 순치음 [f]로 왜곡하는 문제의 핵심은 /ㅅ,ㅆ/ 조음 시 '설정성' 자질이 아닌 '순음성' 자질이 사용되는 것이다. 이때는 /ㅅ,ㅆ/ 조음 시 입술의 사용을 제한하는 것이 중요하다.

둘째, '양순성' 자질은 양순음의 순치음화 왜곡의 이해에 유용하다. 양순음 산출 시 윗입술을 위로 당기는 힘이 작용하여 아랫입술만 올라가면 순치음이 산출된다. 이 문제 하나만으로 의사전달이 안 되는 것은 아니지만, 증상이 심하면 다른 모음이나 자음 산출을 방해하는 원인이 되기도 한다. 이때는 발화 중간중간에 윗입술을 아래쪽으로 내리는 동작을 강화해 주어야 한다.

셋째, '설첨성'은 설첨음화 왜곡의 설명에 필요한 자질이다. 설첨성이란 혓날은 내리고 혀끝만 위로 올리는 특성으로, 혀끝을 치경에 올릴 수도 있고 권설음처럼 말아서 경구개에 올릴 수도 있다. 말소리장애 중에는 모든 치경음과 경구개음 산출 시 혀끝을 올려서 발음하는 사례도 있고, 연구개음 산출 시 혀끝을 마는 동작을 첨가하는 사례도 있다.

넷째, '분산성'은 /ㅅ,ㅆ/의 치간음화 왜곡의 설명에 필요한 자질이다. /ㅅ,ㅆ/ 조음 시에는 설정의 정중이 아래쪽으로 오목해지도록 힘을 주어 설정의 접촉면을 좁혀야 하는데, 이 기능이 떨어져서 혀가 입 밖으로 나오면 설정의 접촉면이 넓어진다. 치간음화 오류 수정을 위해서는 혀를 치아 뒤쪽으로 보낼 뿐만 아니라 설정의 접촉면을 좁게 하여 분산성을 없애야 한다.

다섯째, '설측성'은 설측음화 왜곡 이해에 유용한 자질이다. 설측성이란 혀의 정중은 입천장에 올려붙이고 혀의 측면은 낮추어 기류를 설측으로 흐르게 하는 특성이다. 우리말에서는 주로 치경 유음에 사용되는 동작이지만, 말소리장애 아동은 다양한 조음위치와 조음방법 산출에 이 동작을 사용한다. 혀를 정중 방향으로 수축하는 오류는 설정음(치경음과 경구개음)과 설배음(연구개음과 고모음)에서도 나타날 수 있고, 다양한 조음방법에서도 나타날 수 있다.

3. 동시조음과 변이음

우리는 하나의 자음이나 하나의 모음으로만 말하는 것이 아니다. 여러 자음과 모음이 이어진 언어 표현을 하며, 모든 말소리는 다른 특성의 소리와 연쇄될 때 각각의 말소리 특징이 서로에게 영향을 준다. 특정 음운 특성이 인접한 음운의 기본 음가에 영향을 미치는 이러한 현상을 동시조음(coarticulation)이라고 한다.

동시조음은 궁극적으로 편안하게 조음하기 위해 일어나는데, 동시조음의 정도는 언어마다 다르다. 모국어나 외국어를 자연스러운 발음으로 말하려면 모국어 습득이나 외국어 학습 시 동시조음의 정도를 각 언어에 맞게 조정해야 한다. 인접한 음운은 기본 음가에 음성 차원으로 영향을 미치기도 하고 음운 차원으로 영향을 미치기도 한다. 음성 차원의 영향이란 어떤 음운이 그 음운 내에서 바뀌는 것을 의미하고, 음운 차원의 영향이란 어떤 음운이 아예 다른 음운으로 바뀌는 것을 의미한다. 우리말에서 /ㅅ/가 /이/ 모음 앞에서 [ɕ]로 발음되는 것은 음성 차원의 동시조음이고, '같다'의 /같/ 뒤에 조사 '이'가 올 때 /ㅌ/가 /ㅊ/로 변하여 [가치]로 발음되는 것은 음운 차원의 동시조음이다.

이 장에서는 음성 차원의 동시조음에 대해서만 다루고, 음운 차원의 동시조음은 다음 장에서 자세히 다룰 것이다. 음운론자들은 음성 변화가 큰 동시조음에 관심을 두지만, 말소리장애를 다루는 언어치료사는 미세한 동시조음 현상도 알아야 한다. 동시조음에 대한 지식은 말소리 평가 및 치료에 핵심적인 내용이다.

1) 자음의 변이음 규칙

음소는 음운 문맥에 따라 조금씩 다른 음성으로 산출된다. 음운 문맥에 따른 한 음소의 여러 음성을 변이음(allophone)이라고 한다. 우리가 1장에서 설명한 음소도 여러 변이음 중 하나인데, 가장 대표적인 변이음이 음소로 내세워진 것이다. 음소가 음운 문맥에 따라 변이음으로 변하는 현상은 언어마다 매우 규칙적으로 일어나기 때문에 변이음 규칙이라고 한다. 자음의 변이음이 만들어지는 대표적인 음운 문맥은 단어 내 위치와 후행 모음이다. 우리말 자음의 대표적인 변이음 규칙은 다음과 같다. 단어 내 위치에 따라서는 ①~③과 같이 주로 조음방법에 변이를 보인다.

① 장애음인 /ㅂ, ㄷ, ㄱ, ㅈ, ㅎ/는 단어 첫소리에서는 무성음 [p, t, k, tɕ, h]로 발음되지만, 유성음 사이에서는 유성음 [b, d, g, dʑ, ɦ]가 되는 경향이 있다(예: '가 [ka]' vs. '아가 [aga]').

② 파열음 /ㅂ, ㄷ, ㄱ/는 초성에서는 막았다 터지는 조음 동작이 모두 나타나지만, 단어 끝에 오는 종성에서는 막기만 하고 터지지 않는 불파음 [p̚, t̚, k̚]로 산출된다(예: '비 [pi]' vs. '입 [ip̚]'). 파열음의 조음 동작은 [그림 4-3]과 같이 세분화할 수 있는데, 불파음은 두 번째 그림인 기류의 압축에서 조음이 끝나는 소리이다. 불파음에 대한 기호는 IPA의 구별기호 부분에서 확인할 수 있다.

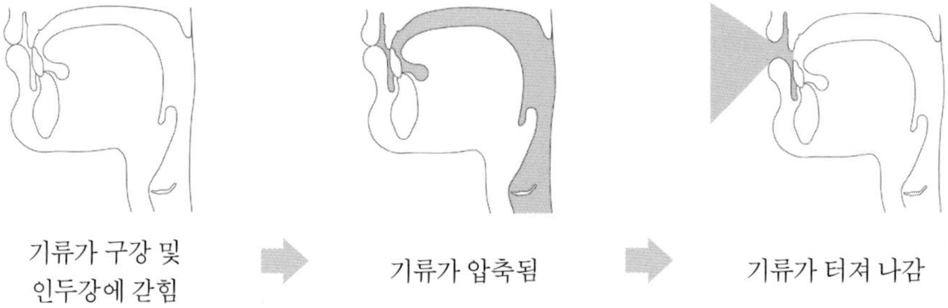

그림 4-3 파열음의 조음

③ 유음 /ㄹ/는 종성이나 어중에 겹자음으로 올 때는 설측접근음 [l]가 되지만, 모음 사이에 단독으로 올 때는 탄설음 [ɾ]가 된다(예: '일, 몰라 [il, molla]' vs. '오리 [oɾi]').[3]

후행 모음에 따라서는 ④~⑤와 같이 주로 조음위치의 변이를 보인다. 조음위치 변이를 보이는 대표적인 자음은 마찰음 /ㅅ,ㅆ,ㅎ/이다.

④ 치경음인 /ㅅ,ㅆ/는 대체로 치경 마찰음 [s, s*]로 발음되지만, /이, j, 위/ 앞에서는 경구개 마찰음 [ɕ, ɕ*]가 된다(예: '사, 소 [sa, so]' vs. '시, 쇼 [ɕi, ɕjo]').
⑤ 성문음인 /ㅎ/는 단어 처음에 오는 초성에서 다양한 변이음을 보인다. /ㅎ/는 구강에 조음점이 없어서 후행 모음의 좁힘점에서 마찰이 생성된다. 원순모음 /우, 오/ 앞에서는 양순 마찰음 [ɸ]로(예: '후추 [ɸutɕʰul]'), 전설고모음 /이, j/ 앞에서는 경구개 마찰음 [ç]로(예: '힘 [çim]'), 후설고모음 /으/ 앞에서는 연구개 마찰음 [x]로 발음되는 경향이 있다(예: '흙 [xɯk̚]').

이상의 변이음 중에서 /ㅂ,ㄷ,ㄱ,ㅈ,ㅎ/의 유성음 변이음, /ㅎ/의 양순 마찰음과 구개 마찰음 변이음은 말하는 사람이나 말속도에 따라 나타나지 않을 수도 있다. 그러나 /ㄹ/의 조음방법 변이음과 /ㅅ/의 조음위치 변이음은 발달적으로도, 임상적으로도 매우 중요하므로 언어치료사라면 반드시 알아야 한다.

일반적으로 한 음소에 해당하는 여러 변이음은 한 음운 환경에 동시에 나타날 수 없는 상보적 분포(complementary distribution)를 보인다. 예를 들어, /ㅅ,ㅆ/는 /이, j, 위/ 앞에서만 경구개 마찰음으로 산출되고 다른 모음 앞에서는 치경 마찰음으로 산출된다. 그러나 예외적으로 유음은 단어 첫소리에서(예: '라디오') 설측접근음과 탄설음이 동시에 올 수 있는 자유 변이(free variation)를 보인다(신지영, 2011).

---

3) 유음 /ㄹ/ 중 대표 변이음은 설측접근음으로 한다. 따라서 /ㄹ/에 해당하는 음소를 IPA 기호로 표기할 때는 /l/를 사용한다.

임상 노트 4-5 설측접근음 /ㄹ/에서 탄설음 /ㄹ/로의 일반화

유음 /ㄹ/가 모든 문맥에서 오류를 보이면 설측접근음을 먼저 유도하고 이를 이용하여 탄설음을 유도한다. 이때 자유 변이를 보이는 단어 첫소리가 가교 역할을 한다. 설측접근음과 탄설음의 일반적인 유도 과정은 다음과 같다. 첫째, 말소리 단독으로 설측접근음 /ㄹ/를 유도한다. 혀를 아래턱에서 분리하여 올리고, 혀끝을 치경에 대고 유지하며, 발성을 추가하도록 한다(예: [ㄹ~]). 둘째, 모음 뒤에 앞의 혀끝 올림 동작을 연결하여 음절 끝에서의 설측접근음 /ㄹ/를 유도한다(예: [아ㄹ~]). 셋째, 앞의 동작에 혀끝을 치경에서 떨어뜨리는 동작을 추가하고 다양한 모음 동작을 연결하여 모음 사이 겹자음 문맥에서의 설측접근음 /ㄹ/를 유도한다(예: [아ㄹ~라]). 넷째, 앞의 동작에서 첫 번째 음절은 소리 없이 동작만 하고 두 번째 음절만 소리 내게 하여 음절 첫소리에서 /ㄹ/를 유도한다. 처음에는 혀끝이 치경에 머무는 시간이 길어서 설측접근음이 산출되겠지만(예: [ㄹ~라]), 동작에 익숙해지면 혀끝이 치경에 머무는 시간을 짧게 하여 탄설음이 산출되도록 유도한다(예: [라]). 마지막으로 모음 뒤에 탄설음 /ㄹ/가 포함된 음절을 연결하여 모음 사이 탄설음 /ㄹ/를 유도한다(예: [아~라]).

2) 다양한 동시조음

음운론에서는 조음위치나 조음방법에 확연한 차이를 가져와서 국제음성기호표에서 칸이 바뀌어 산출되는 소리만 변이음으로 언급하는 경우가 많다. [시]의 /ㅅ/는 조음위치가 경구개이고 [스]의 /ㅅ/는 조음위치가 치경이라서 중요한 변이음으로 다루지만, [냐]의 /ㄴ/는 [느]의 /ㄴ/보다 조음위치가 더 뒤쪽이어도 그 차이가 크지 않아서 중요한 변이음으로 다루지 않기도 한다. 그러나 말소리장애를 정확히 평가하고 효율적으로 치료하기 위해서는 자음과 모음의 동시조음을 자세히 알고 있어야 한다.

엄밀히 말해서, 모든 말소리는 다른 특성의 소리와 연쇄될 때 앞뒤 말소리와 영향을 주고받는다. 동시조음은 주고받는 방향에 따라 예기적 동시조음, 유지적 동시조음, 중첩적 동시조음으로 나눌 수 있다. 예기적 동시조음이란 뒷소리가 앞소리에 영향을 주는 현상이고, 유지적 동시조음이란 앞소리가 뒷소리에 영향을 주는 현상이며, 중첩적 동시조음이란 앞소리와 뒷소리가 서로에게 영향을 주는 현상이다.

우리가 여러 음운이 연쇄된 말을 할 때는 성대, 턱, 연구개, 혀, 입술의 움직임이 겹치기 때문에 앞뒤 소리 특성이 서로 영향을 주고받는 것은 생리적으로 당연한 일이다. 동시조음이 원활하지 않으면 소리가 부드럽게 연결되지 못하고 한 음절씩 뚝뚝 끊어지듯이 발음될 수도 있다. 앞에서 설명한 변이음을 음성 차원의 동시조음 현상이라는 좀 더 큰 틀에서 생각해 보자.

(1) 혀의 움직임과 관련한 동시조음 현상

앞에서 언급한 /ㅅ,ㅆ,ㅎ/의 조음위치 변이음은 모음의 혀 위치가 자음의 조음위치에 영향을 주는 동시조음 현상이다. 그러나 엄밀히 말해서 모든 자음은 후행 모음의 혀 위치에 따라 조음위치가 조금씩 변한다. [익키]와 [윽크]를 번갈아서 발음해 보자. 접촉하는 혀와 연구개의 면이 확연히 다르다. 후설모음 앞에서는 혀의 뒷부분이 연구개의 뒤쪽에 닿지만, 전설모음 앞에서는 혀의 중간 부분이 연구개의 앞쪽에 닿는다.

연구개음뿐만 아니라 양순음이나 치경음 뒤에 /이, j/가 와도 조음위치가 경구개 쪽으로 이동한다. 특히 /ㄴ/와 /ㄹ/ 뒤에 /j/가 올 때는 그 증상이 확연해진다. [남남]과 [냠냠]을 번갈아서 발음해 보면, [남]의 /ㄴ/ 산출 시에는 혀끝과 혓날이 모두 치경에 닿지만, [냐]의 /ㄴ/ 산출 시에는 혀끝은 치경에 닿지 않고 혓날만 치경에 닿는다. [그림 4-4]는 /으/와 /이/ 문맥에서 자음의 조음위치 변화를 보여 주고 있다(이호영, 1996).

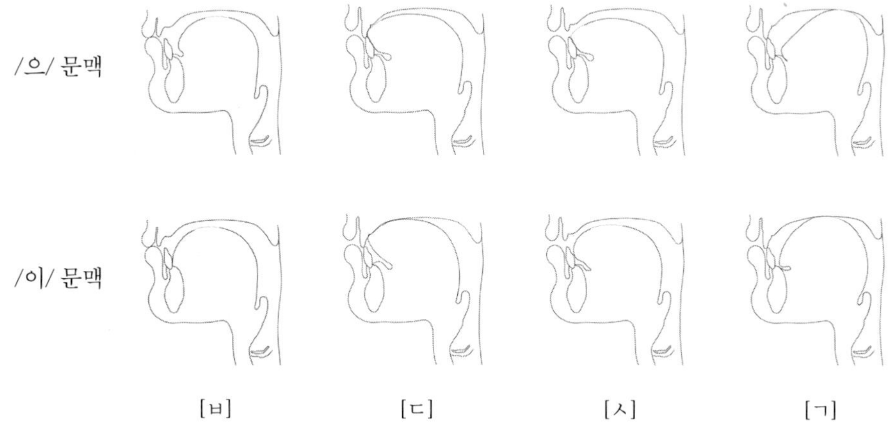

그림 4-4 /으/와 /이/ 문맥에서 자음의 조음위치 차이

(2) 입술 움직임과 관련한 동시조음 현상

자음은 인접한 모음의 원순성 정도에도 영향을 받는다. 예를 들어, [프]의 /ㅍ/를 기준으로 [피]의 /ㅍ/와 [푸]의 /ㅍ/는 입술 모양이 약간씩 다르다. [피]의 /ㅍ/는 [프]의 /ㅍ/에 비해 입술을 귀 쪽으로 당겨 팽팽하게 하지만, [푸]의 /ㅍ/는 [프]의 /ㅍ/에 비해 입술을 정중으로 모아 동그랗게 한다. 이러한 현상은 양순음뿐만 아니라 혀로 발음하는 자음에도 나타난다. /오, 우/ 앞에 오는 모든 자음은 그렇지 않은 자음에 비해 조음체가 둥글어진다.

(3) 연구개 움직임과 관련한 동시조음 현상

자음은 모음에 영향을 받기도 하지만, 모음에 영향을 줄 수도 있다. 비음 뒤에 모음이 오면 모음에 비음성이 더해진다. 예를 들어, /아/는 구강에서만 공명하는데 [맘]의 /아/는 앞뒤에 온 비음 /ㅁ/의 영향으로 비강에서도 공명이 일어난다. 비음 뒤에 같은 위치의 구강 자음이 오더라도 같은 현상이 일어난다. [돼]의 /ㄷ/ 조음은 구강 막음부터 시작하지만, [안 돼]의 /ㄷ/ 조음은 /ㄴ/로 인해 /ㄷ/의 초반에 비음성이 추가된다.

(4) 성대 진동과 관련한 동시조음 현상

앞에서 언급한 /ㅂ, ㄷ, ㄱ, ㅈ, ㅎ/의 유성음 변이음이 여기에 해당한다. 모음이나 유성 자음의 성대 진동은 인접한 무성 자음의 발성유형에 영향을 줄 수 있다.

임상 노트 4-6 비음화된 모음의 치료

비음의 조음방법 오류를 치료하다 보면, 비음을 단독으로는 잘 산출하지만 뒤에 모음을 붙이면 파열음을 추가하는 사례가 종종 있다. 'ㅁ~'은 정확히 모방하는데, 'ㅁ~마'는 [ㅁ~바]로 모방하고, 'ㄴ~'은 정확히 산출하는데 '바나나'는 [바다다]로 산출한다. 이런 사례는 비음뿐만 아니라 비음화된 모음의 산출을 함께 훈련해야 한다. 즉, 비음이 들어간 음절을 산출할 때 비음이 끝나고 모음이 시작되는 것이 아니라 모음이 시작된 후에 비음이 끝나야 한다.

더욱이 우리말 비음은 다른 언어보다 비음성이 약하다. 우리말 '문'과 '눈'의 /ㅁ/와 /ㄴ/는 영어 'moon'과 'noon'의 /m/과 /n/보다 훨씬 짧다. 그래서 영어권 화자에게는 우리말 비음이 파열음처럼 지각된다고 한다(윤은경, 이호영, 2014). 연결된 말에서 비음을 안정적으로 산출하기 위해서는 비음과 비음화된 모음을 결합한 음절의 연습이 필요할 수도 있다.

3) 말소리장애와 동시조음

동시조음에 대한 지식은 음운 각각에 대한 지식만큼이나 조음 평가와 치료에서 중요한 내용이다. 자음은 혼자서 음절을 이룰 수 없고 모음이 붙어야 음절을 이루기 때문이다. 한 음소의 변이음으로 산출되는 음성적 차원의 동시조음 현상은 말 산출기관의 운동성 때문에 어쩔 수 없이 발생하는 경우가 많다. 예를 들어, 비음화 현상은 연구개의 움직임이 혀끝 움직임보다 느려서 나타난다. 그런데 말 산출기관의 운동성이 떨어지는 아동은 동시조음의 영향을 크게 받기 때문에, 변이음으로 산출해야 하는 상황에서 다른 음소로 바꾸어 산출할 가능성이 커진다. 예를 들어, 성인은 후설로 조음하는 /ㄱ/ 앞에 전설로 조음하는 전설모음이 오더라도 여전히 [ㄱ]로 산출하지만, 혀의 운동성이 떨어지는 아동은 전설모음의 영향으로 /ㄱ/의 조음위치를 전설로 이동시켜 [ㅈ]로 산출할 가능성이 커진다(예: 고기 → [고지]).

동시조음 현상을 이해하면 특정 문맥에서만 오류를 나타내는 말소리장애 아동의 문제를 명확히 파악할 수 있고, 목표음이 유도되는 문맥을 쉽게 찾아낼 수 있다. 예를 들어, 자음을 성문음 [ㅎ]로 대치하는 아동에게 자음 산출을 유도하기 위해서는 저모음보다 고모음 환경이 훨씬 쉽다. 턱을 올려야 자음 산출이 쉽기 때문이다. 애석하게도 말 산출 움직임은 구강 안에서 순식간에 이루어지기 때문에 눈으로 확인하기가 쉽지 않다. 그러므로 말운동에 오류가 있는 아동을 치료하려면 어떤 음절이나 단어를 말할 때 성대, 턱, 연구개, 혀, 입술을 어떤 순서로 어느 정도 움직여야 하는지, 그리고 아동이 실제로 어떤 순서와 어느 정도로 움직이고 있는지를 시간적, 공간적으로 시뮬레이션할 수 있어야 한다. [그림 4-5]는 대답하는 상황에서 [ŋja]([잉이야]처럼 들림)라고만 말하는 무발화 아동의 턱, 연구개, 혀의 운동을 보여 주고 있다. 이 아동이 할 수 있는 발성 및 조음 동작은, 턱은 올리고 혀는 천장에 대고 연구개는 내린 상태에서, 발성을 하면서 턱과 혀는 아래로 내리고 연구개는 위로 올리는 것이라고 상상할 수 있다.

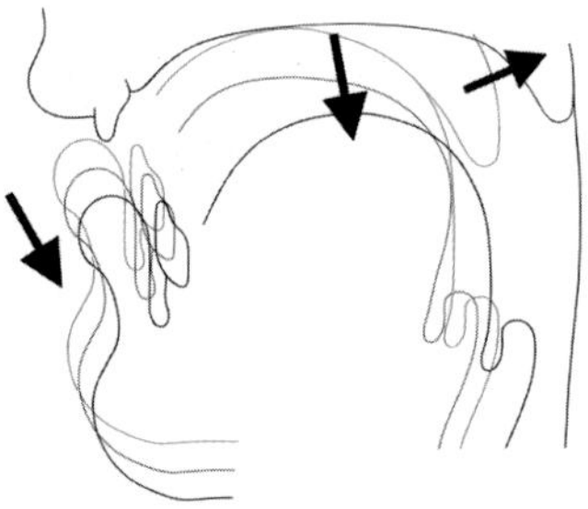

그림 4-5 [ŋja] 산출 시 입술, 혀, 연구개의 움직임

임상 노트 4-7 모음 자질이 자음 오류에 미치는 영향

김민정(2014)은 비음과 파열음에 다양한 종류의 오류가 나타났던 네 사례를 통해, 모음 자질이 자음에 어떠한 동시조음 오류를 초래하는지 구체적으로 살펴보았다. 무의미음절 모방 과제에서 보인 아동의 반응은 다음과 같았다.

사례 A							
치경 자질	다	더	드	도	두	디	데
	가	거	그	고	구	+	+
연구개 자질	가	거	그	고	구	기	게
	+	+	+	+	+	디	데

사례 B							
양순 자질	바	버	브	보	부	비	베
	+	+	+	+	+	디	+
연구개 자질	가	거	그	고	구	기	게
	+	+	+	보	부	디	데

사례 C							
치경 자질	다	더	드	도	두	디	데
	가	가	~	가	가	~	+
연구개 자질	가	거	그	고	구	기	게
	+	+	~	+	+	~	데

사례 D							
양순 자질	바	버	브	보	부	비	베
	+	+	+	+	+	디	데
연구개 자질	가	거	그	고	구	기	게
	다	더	~	~	부	디	데

('~'는 기류가 비강으로 나가는 후비강음 표시임)

우리말 모음은 구강 공명음으로, 혀 위치, 혀(턱) 높이, 입술 모양을 달리한다. 그런데 모음의 이러한 특징은 자음 오류에 직접적으로 영향을 미쳤다. 앞서 언급한 논문에 보고된 증상을 포함하여 모음 자질이 자음의 조음위치 및 조음방법 오류에 영향을 미치는 문맥을 정리하면 다음과 같다.

첫째, 모음의 혀 위치는 연구개음의 전방화, 치경음화, 연구개음화 오류에 영향을 미친다. 연구개음 /ㄱ,ㄲ,ㅋ/가 치경음 [ㄷ,ㄸ,ㅌ]로 대치되는 연구개음의 전방화 현상은 전설모음 /이, 에/ 앞에서 더 빈번하고(사례 A, B, C), 치경음 /ㄷ,ㄸ,ㅌ/가 연구개음 [ㄱ,ㄲ,ㅋ]로 대치되는 연구개음화 현상은 후설모음 /아, 어, 으, 오, 우/ 앞에서 더 빈번하다(사례 A, C). 또한 양순음 /ㅂ,ㅃ,ㅍ/가 치경음 [ㄷ,ㄸ,ㅌ]로 대치되는 치경음화도 전설모음 /이, 에/ 앞에서 더 빈번하다(사례 B, D).

둘째, 모음의 입술 모양은 양순음화 오류에 영향을 미친다. 연구개음이나 치경음이 양순음 [ㅂ,ㅃ,ㅍ]로 대치되는 양순음화 현상은 원순모음 /오, 우/ 앞에서 더 빈번하다(사례 B, D).

셋째, 혀(턱) 높이는 성문음화와 후비강음화 오류에 영향을 미친다. 성문에서 조음 동작을 하는 성문음화는 저모음이나 중모음 /아, 어, 에/ 앞에서 더 빈번하고, 연인두문에서 조음 동작을 하는 후비강음화는 고모음 /이, 으, 우/에서 더 빈번하다(사례 C, D).

아동이 활발하게 적절한 언어 표현을 하는데 엄마조차 알아듣지 못한다는 증상으로 내원한 아동의 발음을 자세히 분석하면, 모음 오류가 있거나 앞서 설명한 것과 같이 모음에 의한 자음 오류가 있는 경우가 많다. 이러한 증상을 파악해 내지 못하면 조음 치료가 우선되어야 하는 아동을 어휘나 문장이나 화용 문제가 있는 아동으로 잘못 판단하여 문제 해결을 더 어렵게 할 수 있다.

임상 노트 4-8 모음에 의한 자음 오류의 치료

동시조음 오류의 평가는 복잡해 보이지만, 치료는 의외로 간단하다. 영향을 주는 음소의 조음 시작을 늦춰 주면 된다. 전설모음 앞에서 /ㅂ/나 /ㄱ/가 [ㄷ]로 대치된다면, 후설모음 문맥인 [브]나 [그]를 산출한 후에 빠르게 전설모음을 붙이도록 한다. /비/는 [브]와 [이]를 빠르게 연결하여 [븨]처럼, /기/는 [그]와 [이]를 연결하여 [긔]처럼 모델링해 주면 양순음과 연구개음이 산출될 수 있다. 원순모음 앞에서 /ㄱ/가 [ㅂ]로 대치된다면, 평순모음 문맥인 [그]를 산출한 후에 빠르게 원순모음을 붙여 [그오, 그우]처럼 모델링해 주면 연구개음이 산출될 수 있다.

저모음 앞에서의 성문음화 오류를 수정하려면, 턱을 올려 자음을 산출한 뒤에 턱을 내리는 것이 중요하다. '아싸'를 [아하]로 발음할 때 [아쓰아]처럼 [쓰]를 넣어서 말하라고 지시한다. 한편, 고모음 문맥에서의 후비강음화 오류를 수정하려면 모음 산출 시 턱을 좀 더 내려 구강에 기류가 나갈 수 있는 공간을 만드는 것이 중요하다. '삐뽀'를 [ㅁ뽀]로 발음할 때 치료사가 '삐'를 [삐]와 [뻬]의 중간 발음으로, 즉 턱을 반폐모음 정도로 내리고 약간 억지스럽게 [삐]를 모델링해 주면, 아동은 붙어 있는 입술을 떼어 구강으로 기류를 내보내기 시작한다. 구강에서의 기류 변형이 편안해지면, 아동은 치료사가 자연스럽게 모델링해도 오조음하지 않게 된다.

제5장

언어치료를 위한 음운론(2)

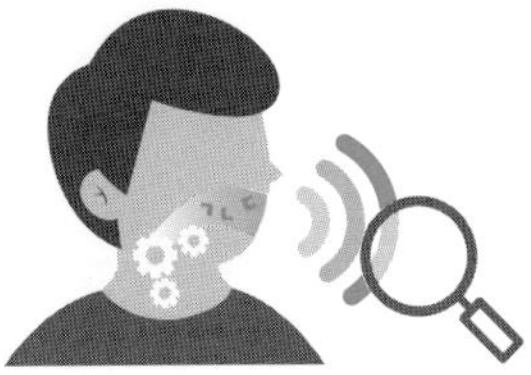

우리말은 글자 하나하나가 소리를 나타내는 표음문자이다. 그런데 '독립문역으로 갔나 봐요'라는 글자는 [동님문녀그로 간나바요]라는 소리로 발음한다. 글과 소리가 완전히 딴판이다. 한글 맞춤법은 형태소를 밝혀 적기 때문에, 형태소가 연쇄될 때의 소리 변화가 글에는 반영되지 않아서 생긴 현상이다. 3장에서 우리말 모음과 자음의 음성 특성을 살펴보았고 4장에서는 각각의 음운이 어떤 문맥에서 어떤 변이음으로 변하는지를 알아보았다면, 이 장에서는 우리말 음운이 결합하는 방식과 그 과정에서 본래의 음소가 다른 음소로 변하는 현상을 공부할 것이다.

우리말은 형태소 결합 시 본래의 음소가 다른 음소로 바뀌는 현상이 아주 많은 언어이다. 그런데 글자에 익숙한 언어치료사는 말소리에 해당하는 음소를 글자에 해당하는 자소(grapheme)와 동일시하는 실수를 자주 범한다. 이러한 실수는 말소리 평가와 치료에 치명적인 오류를 가져온다. /ㅅ/ 발음에 오류가 있는 아동의 발음 연습을 위해 '옷, 낫, 빗' 단어를 준비해도 될까? '옷, 낫, 빗'의 글자에는 'ㅅ'이 있지만 발음은 [옫, 낟, 빋]이기 때문에 단어만으로는 /ㅅ/를 연습할 수 없고, 모음으로 시작하는 조사 '이, 을, 은, 에서'를 붙여야 /ㅅ/를 연습할 수 있다. 구나 문장에서는 이러한 음운 변화를 알아차리기가 더욱 어려워진다. 예를 들어, '못해'의 발음은 [모태]이다. 만약 어떤 아동이 '못해'를 [모캐]로 발음했다면 이는 /ㅌ/를 [ㅋ]로 잘못 발음한 것이지 /ㅅ/나 /ㅎ/를 잘못 발음한 것이 아니다. 언어치료사는 음운이 결합할 때 나타나는 다양한 음소 변화에 익숙해져야 하며, 자발화를 들으면서 목표 음소가 어디에 있었는지 금방 알아차릴 수 있어야 한다.

1. 음운의 결합 단위

우리가 어떠한 생각을 할 때 말소리가 하나씩 떠오르지 않는다. 여러 말소리가 단위를 이루며 생각이 만들어진다. 그중 가장 작은 단위가 음절이다. 그리고 음절이 모여 음운단어, 음운단어가 모여 음운구(또는 강세구), 음운구가 모여 억양구, 억양구가 모여 발화가 형성된다. 이러한 단위들을 모두 음운단위 혹은 운율단위라고 한다.

음운단어를 '( )'로, 음운구를 'Ⅰ'로, 억양구를 'Ⅱ'로 구분할 때, '나는 예쁜 여자, 너는 멋진 남자.'라는 발화는 보통 '(나는) Ⅰ (예쁜) (여자) Ⅱ (너는) Ⅰ (멋진) (남자).'로 단위를 이루며 발음된다. 연구에 의하면 평상시 속도로 말할 때 발화는 평균 1.7개의 억양구로 구성되고, 억양구는 평균 2.2개의 음운구로 구성되며, 음운구는 평균 3.6개의 음절로 구성된다고 한다(신지영, 2011).

운율단위는 음운론에서 소홀히 할 수 없는 내용이다. 같은 발화라도 음운의 결합 단위를 달리하면 다른 의미가 될 수 있다. /아버지가방에서/라는 같은 음운을 '(아버지) (가방에서)'로 단위를 구성할 때와 '(아버지가) (방에서)'로 단위를 구성할 때 완전히 다른 의미가 된다. 또한 음운단위는 억양과 같은 운율 요소가 실현되는 단위이기도 하다. 운율에 따라 발화의 문법적 의미가 달라질 수 있고 말하는 사람의 감정이나 의도가 다르게 전달될 수 있다. 예를 들어, '좋아'라는 말에서 /아/의 음높이를 낮추면 평서문이 되고 /아/의 음높이를 올리면 의문문이 되며, /아/를 어떤 높이와 크기로 말하는지에 따라 정말 좋다는 의미가 될 수도 있고 비웃는 의미가 될 수도 있다.

운율단위는 음운 현상의 설명에도 관여한다. 앞서 예로 든 '나는 예쁜 여자'를 '나는'과 '예쁜 여자' 사이에 쉼을 두고 말하면, [나는, 예쁜 녀자]로 발음된다. '예쁜'과

'여자' 단어 앞 종성에 모두 /ㄴ/가 있는데, '예쁜'은 [예쁜]으로 발음되고 '여자'는 [녀자]로 발음된다. /ㄴ/ 첨가 현상이 억양구 내에서는 일어나지만, 억양구 간에는 일어나지 않기 때문이다.

운율단위는 말소리 치료에도 중요한 역할을 한다. 언어치료사는 음운의 인식 및 산출이 용이하도록 음운들을 적절한 단위로 나누어서 자연스러운 운율로 모델링할 수 있어야 한다. 또한 모든 음절을 같은 음도, 크기, 길이로 말하는 아동에게 다양한 운율을 가르치려면 운율단위의 특성에 대해서도 알고 있어야 한다.

1) 음절

(1) 음절의 구조

가장 작은 음운단위는 음절이다. 음절이란 하나의 단위로 인식되는 음소들의 가장 작은 묶음으로, 사람들은 음소보다 음절을 더 쉽게 인식한다. 특히 우리말 쓰기 방식이 음절을 명확히 구분하기 때문에 우리말에서는 음절에 대한 인식이 매우 강하다.

음절은 음절핵(nucleus)과 주변음으로 구성된다. 음절핵이란 음절 구성 시 필수 성분이며, 주변음은 음절 구성 시 수의적 성분이다. 우리말에서 음절핵은 모음이다. 단, 모음 앞에 선택적으로 활음이 올 수 있으며, 활음이 선행하면 이중모음이 된다. 음절핵을 중성이라고도 한다. 우리말에서 주변음은 자음이다. 핵 앞에 오는 자음을 초성(onset), 핵 뒤에 오는 자음을 종성(coda)이라고 부른다. 우리말의 초성과 종성은 각각 하나의 자음만 취할 수 있다.

우리말의 음절 구조를 도식화하면 [그림 5-1]과 같고, 우리말의 음절 구조는 '(C)(G)V(C)'로 요약할 수 있다. 여기서 'C'는 자음(consonant), 'G'는 활음(glide), 'V'는 모음(vowel), 괄호는 없을 수도 있음을 의미한다. 종성이 없는 음절은 종성에 아무것도 쓰지 않지만, 초성이 없는 음절은 초성에 글자 'ㅇ'을 붙여서 초성 없음을 나타낸다. 그러므로 종성에 오는 글자 'ㅇ'은 연구개 비음 /ㅇ/이지만, 초성에 오는 글자 'ㅇ'은 소리 없음을 나타낸다. 우리말에서 '이'는 가장 단순한 음절 구조의 1음절 단어 예이고, '별'은 가장 복잡한 음절 구조의 1음절 단어 예이다.

음절의 구성 성분인 초성과 중성과 종성은 화자의 머릿속에 대등하게 존재하는

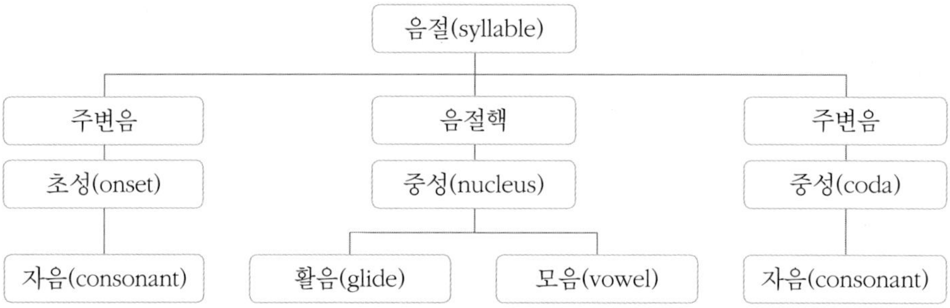

그림 5-1 우리말의 음절 구조

것이 아니라 위계적으로 존재한다. 음절핵인 중성이 초성과 결속력이 더 큰 언어도 있고, 종성과 결속력이 더 큰 언어도 있다. 초성과 중성을 묶어서 음절체(body)라고 하고, 중성과 종성을 묶어서 각운(rhyme)이라고 한다. 영어에서는 각운에 대한 인식이 매우 강해서 시나 노랫말을 쓸 때 각운을 맞추는 경우가 많다. 그러나 우리말에서는 음절체에 대한 인식이 더 강한 것 같다. 우리말에는 '꼬르륵'처럼 음절체 /르/가 반복되는 단어도 있고 '울퉁불퉁'처럼 각운 /울/이 반복되는 단어도 있지만, '발, 곰'과 같은 단어를 2개의 소리로 나누어 보라고 하면 /ㅂ/와 /알/, /ㄱ/와 /옴/으로 나누는 사람보다 /바/와 /ㄹ/, /고/와 /ㅁ/로 나누는 사람이 더 많다. 음절체나 각운이라는 용어는 음운 인식의 발달, 평가, 치료 부분에서 자주 접하게 되므로 익혀 두기 바란다.

(2) 음절 구성의 원리

음소의 연쇄가 음절을 이룰 때 중요한 원칙이 있다. 음절핵 앞에 자음이 있으면 초성 우선의 원리에 따라 그 자음은 우선적으로 초성이 된다. 예를 들어, '밤'에 조사 '이'가 붙으면, 초성 우선의 원리에 따라 '밤'의 종성 /ㅁ/가 '이'의 초성으로 재음절화되어 [바미]로 발음된다. 단, /ㅇ/은 초성에 올 수 없는 규칙이 있어서 예외이다(예: 공+이 → [공이]). 그러므로 VCV 음절 구조에서 C는 /ㅇ/ 이외의 자음이면 초성이고, /ㅇ/이면 종성이다. 마지막으로 초성 우선의 원리가 적용된 후 남는 자음은 종성이 된다(예: 닭+이 → [달기]).

임상 노트 5-1

재음절화에 주의해야 하는 발음 오류

(ㄱ) '호랑이, 고래' → [호양이, 고외]

(ㄴ) '위에, 해요' → [미에, 해도]

(ㄷ) '곰이, 먹어' → [고니, 머더]

(ㄹ) '그네, 안에' → [긍에, 앙에]

한글은 표음문자이기 때문에 한글을 이용하여 발음을 적을 수 있다. 예를 들어, '국물'의 발음을 [궁물]로 적을 수 있다. 그러나 이렇게 한글로 적어서 발음 오류를 분석할 때는 우리말 음절 구성의 원리에 주의해야 한다.

(ㄱ)은 활음을 중성에 함께 적는 원칙을 생각해야 한다. 아동은 발달적 · 임상적으로 자음을 자음과 모음의 중간 성격을 띤 활음으로 대치하기도 한다. 가장 대표적인 자음이 /ㄹ/이다. /ㄹ/를 습득하지 못한 아동은 /ㄹ/를 주로 [j, w]로 대치하는데, 이를 한글로 전사하면 /ㄹ/ 오류가 모음에 편입하게 된다. (ㄱ)과 같은 발음은 단모음 /아/가 이중모음 [야]로 대치된 모음 오류가 아니라 자음 /ㄹ/가 활음으로 대치된 현상으로, 활음을 모음과 함께 적는 원칙에 따라 초성이었던 자음이 중성으로 재음절화된 것이다.

(ㄴ)은 (ㄱ)의 반대 현상이다. 말소리장애 아동 중에는 이중모음에서 활음을 비음이나 파열음으로 대치하는 예도 있다. 이 아동이 '위에, 해요'를 [미에, 해도]로 발음한 것은, 이중모음을 단모음으로 단순화하고 초성에 자음을 첨가한 것이 아니라 활음 /w/와 /j/를 각기 자음 [ㅁ]나 [ㄷ]로 대치한 것이다.

(ㄷ)은 초성 우선의 원리를 생각해야 한다. 우리말은 조사나 어미와 같은 기능어가 내용어 뒤에 붙는 특성이 있다. 이에 따라 문장에서는 엄청난 재음절화가 일어난다. '곰이'를 [고니]로 발음한 현상은 '곰'의 /ㅁ/가 [ㄴ]로 대치된 후 초성 우선의 원리에 따라 초성으로 재음절화된 것으로, 종성 /ㅁ/가 생략되고 초성에 [ㄴ]가 첨가된 현상으로 해석하면 안 된다. '먹어'를 [머더]로 발음한 현상도 종성 /ㄱ/가 [ㄷ]로 대치된 후 초성 우선의 원리에 따라 초성으로 재음절화된 것이다.

(ㄹ)은 초성에 /ㅇ/이 올 수 없다는 원칙을 생각해야 한다. '그네'를 [긍에]로 발음한 현상은 /ㄴ/가 [ㅇ]으로 대치된 것인데, 초성에 /ㅇ/이 올 수 없는 원칙에 따라 종성으로 재음절화된 것이다. 음절 구성의 원리를 잘 이해하여 앞과 같은 발음 오류를 엉뚱하게 해석하는 실수를 범하지 않기 바란다.

(3) 자음의 다양한 위치

말소리장애를 처음 공부하는 사람은 조음위치라는 용어와 자음 위치라는 용어를 혼동하기 쉽다. 조음위치란 양순, 치경, 경구개, 연구개와 같이 자음이 조음되는 장소(place)를 의미하고, 자음 위치란 초성과 종성과 같이 단어에서 자음의 위치(position)를 의미한다.

자음 위치와 관련한 용어도 혼동하기 쉽다. 초성(syllable-initial), 중성(syllable-medial), 종성(syllable-final)이라는 용어를 어두(word-initial), 어중(word-medial), 어말(word-final)과 구분해야 한다. [그림 5-2]에서 보는 바와 같이 초성 · 중성 · 종성은 음절 내 '음소' 위치를 의미하며, 어두 · 어중 · 어말은 단어 내 '자음' 위치를 의미한다. 그러므로 중성은 모음을 지칭하는 용어이고, 어중은 자음에 해당하는 용어이다.

우리말 자음은 단어 내에서 어두 초성, 어중 초성, 어중 종성, 어말 종성의 네 가지 위치에 올 수 있다. 예를 들어, '꿀밤'에서 초성은 /ㄲ/와 /ㅂ/인데, /ㄲ/가 어두 초성, /ㅂ/가 어중 초성에 해당하고, 종성은 /ㄹ/와 /ㅁ/인데, /ㄹ/가 어중 종성, /ㅁ/가 어말 종성에 해당한다. 조음 문제를 보이는 아동 중에는 초성 자음과 관련하여 어중은 산출하면서 어두는 산출하지 못하는 사례가 많다. 예를 들어, 한 단어에서 한 자음밖에 산출하지 못하는 아동은 /ㄸ/와 /ㅃ/를 발음할 수 있어도, '딸기, 빨대'를 각각 [아기, 아때]로 발음하여 어두 초성을 생략하는 경향이 있다. 종성과 관련해서도 어말 종성은 바르게 산출하면서 어중 종성은 잘못 산출하는 사례가 많다. 예를 들어, 자음 연쇄를 산출하지 못하는 아동은 '김'의 어말 종성 /ㅁ/는 정확히 발음하면서 '김치'의 어중 종성 /ㅁ/는 오조음하여 [기치]나 [긴치]로 발음하는 사례가 많다.

그림 5-2 모음 및 자음의 위치를 나타내는 용어

2) 음절보다 큰 운율단위

(1) 음운단어 및 음운구

음운단어란 내부적으로 분리할 수 없는 운율단위를 말한다. 대체로 띄어쓰기 단위인 어절과 일치하지만, '할 수'처럼 두 개의 어절이라도 '(할쑤)'처럼 하나의 음운단어로 실현될 수 있고, '총인원'처럼 하나의 어절이라도 '(총) (인원)'처럼 두 개의 음운단어로 실현될 수 있다.

음운구란 음높이가 끊어지지 않고 이어진 단위를 말한다. [그림 5-3]에 그려진 검정색 곡선은 '위에 놔요'라는 문장을 하나의 음운구와 두 개의 음운구로 발화했을 때의 음도 변화이다. 하나의 음운구로 말한 (ㄱ)은 4음절의 음도가 이어졌지만, 두 개의 음운구로 말한 (ㄴ)은 두 번째 음절과 세 번째 음절 사이에 음도가 끊어져 있다.

음운구의 음높이 패턴은 매우 규칙적이다. 음절 수와 상관없이 첫음절은 저조와 고조 중 하나이고 마지막 음절은 고조이다. 공명음과 평음, 즉 모음과 /ㅁ,ㄴ,ㄹ,ㅂ,ㄷ,ㅈ,ㄱ/로 시작하는 음운구는 저조로 시작하고, 경음과 격음과 마찰음, 즉 /ㅃ,ㄸ,ㅉ,ㄲ,ㅍ,ㅌ,ㅊ,ㅋ,ㅅ,ㅆ,ㅎ/로 시작하는 음운구는 고조로 시작한다. [그림 5-4]에는 다양한 음절 수로 구성된 두 발화의 음도 변화를 제시하였다. 각 어절을 하나의 음운구로 말하였을 때, (ㄱ)의 '어머님이 더 많이 알아요.'는 모든 어절이 저조로 시작하고 (ㄴ)의 '할머님이 또 하나 짤라요.'는 모든 어절이 고조로 시작함을 확인할 수 있다.

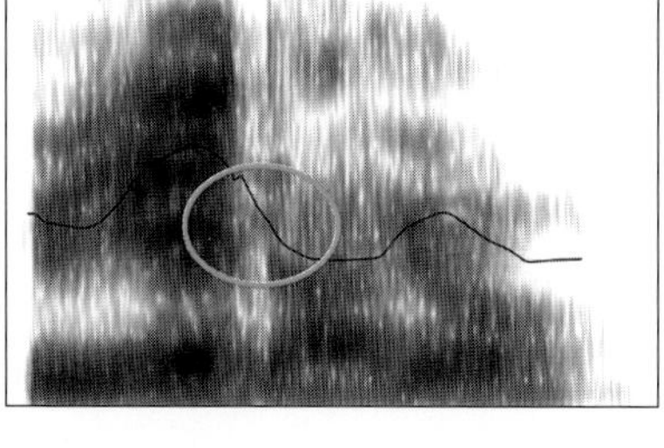

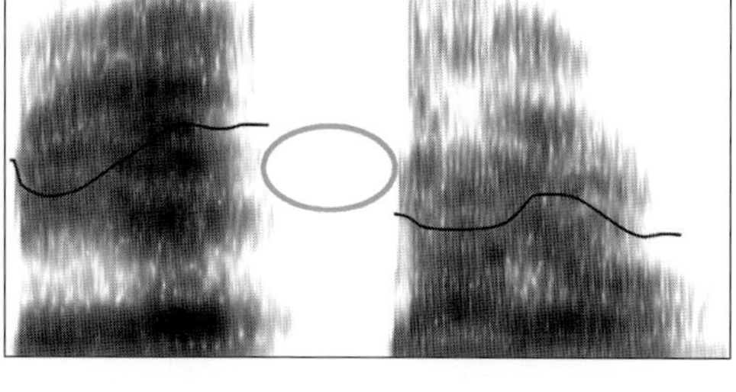

그림 5-3 '위에 놔요'를 하나의 음운구(좌)와 두 개의 음운구(우)로 발화하였을 때의 운율 비교

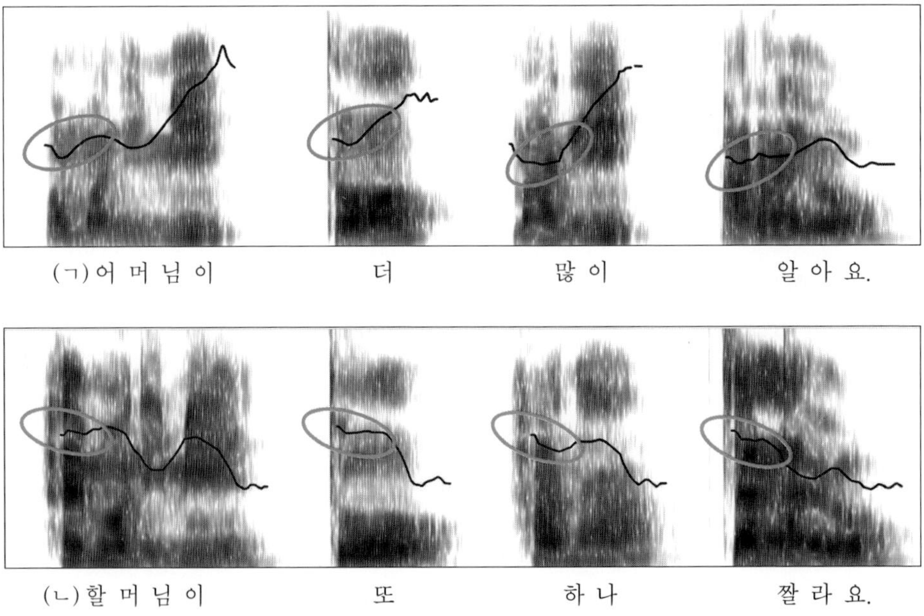

그림 5-4 저조 음운구 발화(ㄱ)와 고조 음운구 발화(ㄴ)의 음도 비교

(2) 억양구

억양구란 물리적인 쉼이 뒤따르는 단위를 말한다. 그리고 억양구의 마지막 음절은 음운구의 마지막 음절과 달리 나름의 음높이가 있으며 길이도 길어지는데, 이것이 억양의 형태를 결정한다. 발화 끝에 오는 억양구의 형태는 종결법 결정에 중요한 요소가 된다. 일반적으로 평서문은 저조, 의문문은 고조, 명령문은 짧은 저조, 청유문은 저고조, 감탄문은 고저조로 끝난다. 그러나 같은 종결법이라도 숨은 의도나 감정 및 태도에 따라 다양한 억양구 형태가 나타날 수 있다.

발화 중간에 오는 억양구의 형태는 발화 상황이나 청자와의 관계에 따라 달라진다. 공식적이고 딱딱한 어투로 말할 때는 발화 중간 억양구의 마지막 음절을 저조로 내리지만, 일상적이고 부드러운 어투로 말할 때는 발화 중간 억양구의 마지막 음절을 고조로 올린다.

임상 노트 5-2

운율단위의 치료

운율단위에 대한 치료는 문장 명료도 향상에 기여하는 바가 크다. 운율단위는 대체로 문법 단위와 일치하기 때문에, 음도 변화와 쉼을 이용하여 운율단위를 명확히 하면 문장 발화의 내용 전달력이 높아진다. 언어발달장애 아동이 '아직 다 안 만들었어'를 '(아직다안) (만들었어)'의 저조 음운구 2개로 말해서 무슨 말인지 되물었던 적이 있다. 발음이 정확해도 운율단위의 경계가 부적절하면 명료도가 저하될 수 있다. 그러므로 문장을 표현할 때는 음절들의 그룹 짓기와 쉼을 통해 문법 경계가 드러나게 말하도록 지도해야 한다.

단어 산출은 명료한데 문장 산출 시 음절 약화가 빈번한 경우에도 운율단위에 대한 지식을 이용하여 문장 명료도를 향상시킬 수 있다. 예를 들어, '유모차'는 정확히 말하는데 '유모차 타'는 [하차타]로 말하는 아동에게 정조음을 유도하려면, 생략된 첫음절인 '유'를 강조할 것이 아니라, 아동이 이미 정확히 말하는 '유모차'와 '타'를 분리해서 들려주는 것이 더 효과적이다. 즉, '유모차 타' 4음절의 음도를 연결해서 하나의 음운구로 모델링하지 말고, '유모차'와 '타' 사이에 음도 연결을 끊고 쉼을 두어 3음절과 1음절의 별개의 음운구로 모델링해 주면 아동의 음절 생략을 없앨 수 있다.

말소리장애를 치료하는 언어치료사라면 정확한 발음을 모델링하고 다양한 오류발음을 파악할 수 있어야 하듯이, 운율도 마찬가지이다. 언어치료사라면 적절한 운율을 포함하여 다양한 운율을 구사하고 모니터링할 수 있어야 한다. 치료사가 음도 변화와 쉼을 이용하여 운율단위의 경계가 드러나게 모델링하면, 아동은 발화를 구성하는 음운을 쉽고 정확히 파악하고 모방할 수 있을 것이다.

임상 노트 5-3

운율 형태의 치료

표현언어지체가 있었던 아동은 문장을 표현할 때 억양에 문제를 보이는 경우가 종종 있다. 임상 노트 5-2에서처럼 음절들의 그룹 짓기에 오류를 보이기도 하지만, 모든 음절을 같은 길이로 말하거나 낮은 또는 높은 음도로 말하는 운율 형태의 오류를 보이기도 한다. 이들에게는 발화 중간에 쉼을 두어 운율단위의 경계를 나타냄과 동시에, 각 단위를 적절한 운율 형태로 발화하는 훈련이 필요하다.

모든 음절을 낮은 음도로 말하는 아동이라면, 음운구나 억양구 '끝'음절의 음도를 높이는 훈련을 해야 한다. 내용어 뒤에 문법 형태소가 덧붙여지는 우리말의 특성을 고려할 때, 운율단위의 끝음절은 조사나 어미와 같은 문법 형태소일 때가 많다. 그러므로 실제 발화에서는 문법 형태소의 음도에 변화를 주는 훈련을 하게 된다. 반면, 모든 음절을 높은 음도로 말하는 아동이라면, 음운구나 억양구 '첫'음절의 음도를 낮추는 훈련을 해야 한다. 즉, 공명음과 평음으로 시작하는 음운구에서 인위적으로 음도를 낮추도록 해야 한다.

운율구 마지막 음절의 음도 변화를 종결법과 상관없이 한 가지 형태로만 하는 아동이라면, 종결법에 맞는 운율구 형태를 가르쳐야 한다. 대화 상황이나 다양한 문장 형태에 대한 이해가 선행되어야 하며, 상대방의 말을 그대로 모방하는 습관이 있는 아동이라면 아동에게 다양한 발화의 기능을 이해시키고 보호자에게 아동의 발화를 확인하는 질문을 줄이는 등의 교육이 필요할 수 있다.

그러나 이 모든 운율 치료에서 제일 우선시해야 하는 것은 자연스러움이다. 가족과 일상적인 대화를 할 때는 자연스러운 운율을 구사하면서, 치료사의 질문에 문장으로 대답하거나 치료사의 말을 따라 하거나 책을 읽을 때는 3~5음절을 하나의 운율단위로 하여 매번 똑같은 운율 형태로 부자연스럽게 말하는 아동을 본 적이 있다. 특정 행동을 쉽게 패턴으로 만드는 아동이라면, 운율 치료 시 몇 가지 정해진 형태만을 반복 사용하게 하여 발화의 자연스러움을 저해하는 것은 아닌지 모니터링해야 한다.

2. 정상적인 음운 현상

음소는 그 음소가 어떤 위치에 있는지, 어떤 음소를 만나는지에 따라 다른 음소로 바뀌기도 하고 생략되거나 첨가되거나 축약되기도 한다. 이러한 변화는 해당 언어 사용자들이 합의한 것으로, 언어마다 다르다. 예를 들어, 파열음 뒤에 비음이 연쇄될 때 우리말에서는 파열음을 비음으로 바꾸어 발음하지만(예: '국물'의 발음은 [궁물]임), 영어에서는 바꾸지 않고 파열음 그대로 발음된다(예: 'at noon'의 발음은 [annu:n]이 아닌 [atnu;n]이다). 변화되기 이전의 말소리 형태를 기저형이라고 하고 변화된 이후의 말소리 형태를 표면형이라고 한다. 그런데 기저형에서 표면형으로의 변화는 규칙적으로 일어나기 때문에 이러한 음운 변화를 음운 규칙(phonological rule)이라고도 한다. 음운 변화를 기술하는 방법은 'A라는 소리가 X라는 문맥에서 B라는 소리로 변한다'라고 서술할 수도 있고, 'A → B/__X'라는 기호로 나타낼 수도 있다.

표 5-1 음절 구조 및 말소리 연쇄에 따른 음운 변화

음운 규칙			문맥	예
음절 구조 제약	자음군 단순화		겹받침 중 하나만 발음한다.	닭 → [닥]
	평파열음화		종성 장애음은 평파열음으로 발음한다.	앞 → [압], 맛 → [맏]
말소리 연쇄 제약 (필수적)	경음화		장애음 뒤 평음 연쇄에서 평음은 경음으로 발음한다.	밥솥 → [밥쏟], 국자 → [국짜], 밥도 없다 → [밥또 업따]
	비음화		장애음 뒤 공명음 연쇄에서 장애음은 비음으로 발음한다.	밥맛 → [밤맏], 국물 → [궁물], 밥만 있네 → [밤만 인네]
			비음 뒤 /ㄹ/ 연쇄에서 /ㄹ/는 비음으로 발음한다.	공룡 → [공뇽], 긴 리본 → [긴 니본]
	유음화		/ㄹ/ 뒤 /ㄴ/ 연쇄에서 /ㄴ/는 /ㄹ/로 발음한다.	달님 → [달림], 물 나와 → [물 라와]
	격음화		장애음 뒤 /ㅎ/, /ㅎ/ 뒤 장애음 연쇄는 격음으로 축약한다.	백합 → [배캅], 놓고 → [노코], 밥 해 → [바패]
	/j/ 탈락		/ㅈ,ㅉ,ㅊ/ 뒤 /j/ 연쇄에서 /j/는 생략한다.	쥬스 → [주쓰], 다쳐 → [다처]
	/ㅎ/ 탈락		어간 말 /ㅎ/ 뒤 모음 연쇄에서 /ㅎ/는 생략한다.	좋아 → [조아]
	동일 조음위치 장애음 탈락		양순음과 양순음, 치경음과 설정성 자음,[1] 연구개음과 연구개음의 장애음 연쇄에서 종성은 생략한다.	밥풀 → [바풀], 숫자 → [수짜], 학교 → [(학꾜 →) 하꾜]
말소리 연쇄 제약 (수의적)	/ㅎ/ 탈락		공명음 사이에서 /ㅎ/는 생략할 수 있다.	대학 → [대악], 또 해 → [또애]
	조음 위치 동화	양순음화	치경음 뒤 양순음 연쇄에서 치경음은 양순음으로 발음할 수 있다.	신문 → [심문], 안 봐 → [암봐]
		연구개음화	양순음과 치경음 뒤 연구개음 연쇄에서 양순음과 치경음은 연구개음으로 발음할 수 있다.	감기 → [강기], 꿈 꿔 → [꿍꿔] 친구 → [칭구], 안 가 → [앙가]

[1] 동일 조음위치 장애음 탈락 현상에서 치경음과 경구개음은 같은 위치로 간주한다. '숫자'가 [수짜]로 발음되는 것은 [숟]의 /ㄷ/와 [짜]의 /ㅉ/를 동일한 조음위치로 간주한 결과이다. 그러나 '옷장, 꽃집'과 같이 두 형태소 경계가 분명한 합성어에서는 [옫짱, 꼳찝]의 발음과 [오짱, 꼬찝]의 발음을 모두 허용한다.

표 5-2 형태론적 정보에 따른 음운 변화

음운 규칙		문맥	예
한자어 단어	경음화	한자어 /ㄹ/ 뒤의 평음 /ㄷ,ㅅ,ㅈ/는 경음으로 발음한다. 특정 한자어에서 평음은 경음으로 발음한다.	발전 → [발쩐], 상장 → [상짱], 심장병 → [심장뼝]
어휘 형태소와 어휘 또는 문법 형태소의 결합	경음화	어간 말 종성 /ㅁ,ㄴ/ 뒤 평음은 경음으로 발음한다.	안다(hug) → [안따], 감다 → [감따]
		관형사형 어미 'ㄹ' 뒤 평음은 경음으로 발음한다.	할 거 → [할꺼], 할 수 → [할쑤], 할 데 → [할떼]
	유음화 또는 비음화[1]	/ㄴ/와 /ㄹ/의 연쇄에서 두 소리는 동일하게 발음한다.	난로 → [날로], 권력 → [궐력], 공권력 → [공꿘녁]
	/ㄷ/ 첨가	합성어에서의 음운 현상으로, 불규칙하여 공통된 음운 환경을 찾기 어렵다.	김밥 → [김빱], 눈사람 → [눈싸람], 물고기 → [물꼬기][2]
	/ㄴ/ 첨가	종성에 /이, j/로 시작하는 형태소가 연쇄되면, /이, j/ 앞에 [ㄴ]를 첨가한다.	담요 → [담뇨], 색연필 → [생년필], 나는요 → [나는뇨]
	구개음화[3]	종성 /ㄷ,ㅌ/에 조사나 접미사의 '이'가 연쇄되면 /ㄷ,ㅌ/는 [ㅈ,ㅊ]로 발음한다.	붙이고 → [부치고], 같이 → [가치]

[1] '신라면'의 발음은 [신나면]인가 [실라면]인가? 화자가 '신'과 '라면'의 두 형태소 경계를 인식하지 않는다면 유음화가 적용되어 [실라면]으로 발음하고, '라면'의 일종이라고 생각하여 두 형태소 경계를 인식하면 비음화가 적용되어 [신나면]으로 발음한다.

[2] 이 단어들은 모두 한자어가 아님에도 불구하고 경음화가 일어난다. '물고기'와 '불고기'는 똑같이 /ㄹ/로 끝나는 형태소와 /ㄱ/로 시작하는 형태소가 결합하지만, '물고기'는 [물꼬기]로 발음하고 불고기는 [불고기]로 발음한다.

[3] 구개음화는 조사나 접미사의 '이'가 결합할 때 일어나는 현상으로, '이'로 시작하는 어휘 형태소가 결합할 때는 구개음화가 일어나지 않는다. '밭이랑'의 발음은 '밭이랑 논이랑 다 있어요'에서는 [바치랑]이 되지만 '밭을 갈아서 밭이랑을 만드세요'에서는 [반니랑]이 된다.

우리말의 음운 변화는 크게 말소리의 음절 구조나 말소리 연쇄 측면에서의 제약 때문에 생기는 현상과 형태론적 조건 때문에 생기는 현상으로 나눌 수 있다. 전자는 음운의 환경만 맞으면 예외 없이 규칙이 적용되지만, 후자는 특정 형태소에서만 규칙이 적용된다. 한편, 말소리 연쇄 측면에서의 음운 변화는 필수적으로 적용되는 음운 현상도 있고, 표준발음법에서는 인정하지 않지만, 표준어를 쓰는 사람에게 흔히 나타나는 수의적인 음운 현상도 있다. 〈표 5-1〉과 〈표 5-2〉에 음운 규칙을 정리하였고, 단어와 음운구의 예도 함께 제시하였다.

우리말은 매우 다양한 음운 규칙이 있는 언어지만, 글에는 이러한 변화가 반영되지 않기 때문에 기저형 발음이 실제 발음이라고 착각하기 쉽다. 초보 언어치료사가 말소리장애 아동을 다룰 때 흔히 범하는 실수 중 하나가 표면형 발음과 관련된 것이다. 예를 들어, '공룡'을 [곤뇽]으로 발음했을 때 [ㄹ]에 오류가 있다고 하거나, '공룡'이라는 단어로 [ㄹ] 발음을 연습시키면 안 된다. '공룡'의 표면형 발음은 [공뇽]이기 때문이다. 앞에서도 언급했듯이 말소리장애를 평가하거나 치료할 때 목표 음소를 파악하기 위해서는 우리말의 음운 현상과 표면형 발음에 익숙해져야 한다.

1) 자음에서의 음운 현상

(1) 음절 구조 측면의 제약

우리말은 음절 구조상 초성과 종성에 자음이 하나씩밖에 올 수 없는 제약이 있어서 자음군 단순화 현상이 나타난다. '닭'처럼 종성에 겹받침이 있으면 /ㄹ/와 /ㄱ/ 중 하나만 선택하여 발음한다. 또한 우리말의 종성 자음은 구강의 중앙부 폐쇄를 유지한 채로 산출되어야 하는 제약이 있어서 평파열음화 현상이 나타난다. '앞, 밑, 밖, 옷, 빛'처럼 종성에 경음, 격음, 마찰음, 파찰음이 오면 같은 조음위치에 해당하는 평파열음 [ㅂ,ㄷ,ㄱ]로 바꾸어 [압, 믿, 박, 옫, 빋]으로 발음한다.

(2) 음소 연쇄 측면의 제약: 필수적 음운 현상

우리말은 어중에서 종성과 초성이 연쇄될 때 다양한 제약이 있어서 음소가 바뀌기도 하고 축약되기도 하며 생략되기도 한다. 음소가 바뀌는 현상에는 경음화, 비음화, 유음화 현상이 있다. '국' 뒤에 '밥'이 붙어 장애음 뒤에 평음이 연쇄되면 초성 평음을 경음으로 바꾸어 [국빱]으로 발음하고, '국' 뒤에 '물'이 붙어 장애음 뒤에 공명음이 연쇄되면 종성 장애음을 비음으로 바꾸어 [궁물]로 발음한다. '달' 뒤에 '님'이 붙어 유음 뒤에 /ㄴ/가 연쇄되면 /ㄴ/를 유음으로 바꾸어 [달림]으로 발음하고, '공' 뒤에 '룡'이 붙어 비음 뒤에 유음이 연쇄되면 유음이 비음으로 바뀌어 [공뇽]으로 발음된다. 비음화와 유음화 현상은 연쇄된 두 소리의 조음방법이 같아지는 일종의 동화 현상에 해당한다.

음소가 축약되는 현상에는 격음화가 있고, 음소가 생략되는 현상에는 /ㅎ/ 탈락, 장애음 탈락, /j/ 탈락이 있다. '국' 뒤에 '화'가 붙어 장애음 뒤에 /ㅎ/가 연쇄되면 두 소리를 격음으로 축약하며 [구콰]로 발음한다. 그리고 '좋아'처럼 어간 말 /ㅎ/ 뒤에 모음이 연쇄되면 /ㅎ/를 생략하여 [조아]로 발음하고, '밥' 뒤에 '풀'이 붙어 같은 위치의 장애음이 연쇄되면 종성을 생략하여 [바풀]로 발음한다. 또한 경구개음 뒤에 /j/가 연쇄될 때는 /j/를 생략하여, '가져'는 [가저]로 발음한다.

(3) 음소 연쇄 측면의 제약: 수의적 음운 현상

표준발음법에서는 인정하지 않지만, 표준어를 사용하는 사람에게 흔히 나타나는 음운 현상이 있다. 공명음 사이의 /ㅎ/를 생략하여 '대학, 전화'를 [대악, 저놔]로 발음하는 현상, 어중에 연쇄된 두 자음의 조음위치가 같아지도록 '감기, 신발, 친구'를 [강기, 심발, 칭구]로 발음하는 현상이 여기에 속한다. 특히 어중 자음의 조음위치가 같아지는 현상은 특정 조음위치의 연쇄에서 특정 방향으로만 일어난다. 치경음 뒤 양순음의 연쇄, 양순음 뒤 연구개음의 연쇄, 치경음 뒤 연구개음의 연쇄에서 종성의 조음위치가 초성의 조음위치에 역행 동화된다. 이러한 현상은 조음을 쉽게 하는 기능을 한다.

언어치료사는 필수적으로 일어나는 음운 현상뿐만 아니라 일반인에게서 흔히 나타나는 수의적인 음운 현상도 잘 알고 있어야 한다. 만약 언어치료 대상자가 표준발음법을 지켜서 말해야 하는 방송인이라면 /ㅎ/ 탈락과 조음위치 동화를 피하도록 훈련해야 한다. 그러나 일상적인 의사전달을 목표로 하는 아동이라면 일반인의 실제 발음에 준하여 조음 훈련을 하는 것이 경제적이다. 어떤 아동이 '대한민국'을 [대암밍국]으로 발음한다고 해서 발음에 문제가 있다고 하거나, 초성 /ㅎ/ 또는 종성 /ㄴ/를 치료하는 것은 잘못이다. /ㅎ/ 탈락과 조음위치 동화 현상은 일반인에게 자주 일어나서 언어치료사도 그렇게 발음할 때가 많다.

또한 어떤 아동이 '안 가'를 [아가]로 발음할 때 [안가]의 발음을 강요할 필요는 없다. '안 가'의 발음은 [안가]도 되고 [앙가]도 되기 때문에, 아동이 [앙가]의 발음을 더 쉬워 한다면 굳이 [안가]로 수정하지 않아도 된다. 정작 치료사 자신도 [안가]로 발음하지 않으면서 말소리장애 아동에게 그 발음을 강요하는 것은 난센스이다.

(4) 형태론적 정보에 따른 음운 현상

'잠자리'는 곤충의 의미일 때는 [잠자리]로 발음하고, '자는 곳'의 의미일 때는 [잠

짜리]로 발음한다. 이처럼 어휘의 형태론적 정보가 음운 현상에 관여하여, 특정 한자어 결합에서 경음화가 나타나기도 한다. 또한 특정 형태소 결합에서, /ㄷ/ 첨가나 /ㄴ/ 첨가 현상이 나타나기도 하고, 구개음화나 경음화 현상이 나타나기도 하며, /ㄴ/와 /ㄹ/의 연쇄가 [ㄴ]와 [ㄴ] 또는 [ㄹ]와 [ㄹ]로 변하기도 한다.

이러한 음운 현상이 어떤 형태소 결합에서 적용되고 어떤 형태소 결합에서는 적용되지 않는지에 대한 내용은 상당히 복잡하고 예외도 많다. 언어치료사가 그 구체적인 음운 환경까지 알고 있을 필요는 없지만, 음운 현상이 적용된 표면적인 말소리 형태는 알고 있어야 정확한 조음 평가와 치료를 할 수 있다.

2) 이중모음에서의 음운 현상

임상 현장에서는 이중모음을 단모음으로 단순화하여 발음하는 아동을 자주 만난다. 그런데 이중모음은 선행 자음이 없으면 이중모음으로 발음하지만, 선행 자음이 있으면 단모음으로 발음하는 경우가 많아서, 이중모음의 조음을 평가하고 치료할 때는 단어 선정 시 주의를 요한다. 이중모음에서의 음운 현상을 정리하면 다음과 같다.

/j/계 이중모음 중에서 /예/는 표준발음법상 '예, 례' 이외의 음절에서 단모음 [에]로 발음할 수 있다(예: 시계 → [시계/시게]). /ɰ/계 이중모음도 표준발음법상 앞에 자음이 있으면 단모음 [이]로 발음할 수 있고(예: 희망 → [희망/히망], 무늬 → [무늬/무니]), 관형격 조사 '의'는 단모음 [에]로 발음하는 것을 허용하고 있다(예: 나의 → [나에]).

표준발음법에 명시되어 있지는 않지만, /w/계 이중모음도 선행 자음이 있으면 단모음으로 발음할 때가 많다. 예를 들어, '왜, 왕'을 [애, 앙]으로 발음하면 의미 전달이 안 되지만, '화장실, 뭐야, 안 돼'는 [하장실, 머야, 안대]로 발음해도 의사전달에 문제가 되지 않는다. 특히 /w/ 생략은 자신에게 익숙한 어휘에서 더 잘 일어난다. 일반인은 '자발화'를 [자바롸]로 발음해도 언어치료사는 [자바라]로 발음할 확률이 높다.

3) 어중 자음 연쇄에서의 음운배열

서로 다른 두 자음이 연이어 올 때 두 자음을 모두 정확하게 발음하기는 쉽지 않다. 따라서 나이 어린 아동이나 말소리장애 아동 중에는 이 문맥에서 오류가 있는 경우가 많다. 우리말에서 두 자음이 연이어 오는 문맥은 어중 위치이다. 어중에서 배열이 가능한 자음 연쇄는 다음 세 표와 같다. 〈표 5-3〉은 어중 두 자음의 조음방법 연쇄이고, 〈표 5-4〉와 〈표 5-5〉는 어중 두 자음의 조음위치 연쇄이다. 표에서 '×'가 표시된 칸은 필수적인 말소리 연쇄 제약으로 실현할 수 없는 자음 연쇄이고, '△'가 표시된 칸은 수의적인 말소리 연쇄 제약으로 표준발음법에서는 가능하지만 일반인의 발음에서는 잘 사용하지 않는 자음 연쇄이다.

먼저 〈표 5-3〉의 조음방법 연쇄를 살펴보자. 공명음 뒤에는 공명음과 장애음이 모두 올 수 있지만, 장애음 뒤에는 장애음, 그것도 경음이나 격음만 올 수 있다. 장애음 뒤에 공명음이 오면 비음화 현상이 일어나고, 평장애음이 오면 경음화 현상이 일어나며, /ㅎ/가 오면 격음화 현상이 일어나기 때문이다.

임상에서는 비강에 구조적 문제가 있거나 연인두개폐에 기능적 문제가 있어서 어중의 조음방법 연쇄가 제한되는 사례를 종종 만나게 된다. 이들의 오류를 파악하려면 어떤 연쇄를 평가하고 치료해야 할까? 〈표 5-3〉에 정리된 우리말의 음운 현상을 고려할 때, 동일한 조음위치의 비음과 장애음의 조음방법 연쇄로 평가하고 치료해야 한다.

표 5-3 어중 자음의 조음방법 연쇄와 단어 예

종성 \ 초성		장애음			공명음	
		평음	경음 · 격음	/ㅎ/	비음	유음
장애음		×(경음화) 밥솥 → [밥쏟]	○ 밥통	×(격음화) 식혜 → [시케]	×(비음화) 국물 → [궁물]	×(비음화) 압력 → [암녁]
공명음	비음	○ 햄버거	○ 단추	△(/ㅎ/ 탈락) 전화 → [전화/저놔]	○ 양말	×(비음화/유음화) 공룡 → [공뇽]
	유음	○ 딸기	○ 올빼미	△(/ㅎ/ 탈락) 발화 → [발화/바롸]	×(유음화) 달님 → [달림]	○ 올라가

* 해당 칸의 자음 연쇄가 가능하면 '○'로, 수의적으로 가능하면 '△'로, 불가능하면 '×'로 표시하고, 관련 음운 현상을 괄호 안에 나타냈다.

다음으로 〈표 5-4〉와 〈표 5-5〉의 조음위치 연쇄를 살펴보자. 연구개음 뒤에는 다양한 조음위치가 올 수 있다. 그러나 치경음 뒤에는 설정성 자음인 치경음과 경구개음만 오는 경향이 있어서, 치경음 뒤에 양순음이 오면 양순음화 현상이 일어날 수 있고 연구개음이 오면 연구개음화 현상이 일어날 수 있다. 양순음 뒤에는 양순음과 설정성 자음만 오는 경향이 있어서, 양순음 뒤에 연구개음이 오면 연구개음화 현상

표 5-4 어중 자음의 조음위치 연쇄와 단어 예: 종성 비음

종성＼초성		양순음	치경음 · 경구개음	연구개음
비음	ㅁ	○ 엄마, 햄버거	○ 감나무, 감자	△(연구개음화) 감기 → [감기/강기]
	ㄴ	△(양순음화) 신발 → [신발/심발]	○ 언니, 단추	△(연구개음화) 친구 → [친구/칭구]
	ㅇ	○ 양말, 공부	○ 강나루, 공주	○ 장갑

* 해당 칸의 자음 연쇄가 가능하면 '○'로, 수의적으로 가능하면 '△'로 표시하고, 관련 음운 현상을 괄호 안에 나타냈다.

표 5-5 어중 자음의 조음위치 연쇄와 단어 예: 종성 파열음

종성＼초성		양순음	치경음 · 경구개음	연구개음
파열음	ㅂ	× (동일위치 장애음 탈락) 밥풀 → [바풀]	○ 밥도둑 → [밥또둑]	△(연구개음화 & 동일위치 장애음 탈락) 밥값 → [밥깝/바깝][1]
	ㄷ	△(양순음화 & 동일위치 장애음 탈락) 꽃밭 → [꼳빧/꼬빧]	× (동일위치 장애음 탈락) 꽃들 → [꼬뜰]	△(연구개음화 & (동일위치 장애음 탈락) 꽃길 → [꼳낄/꼬낄]
	ㄱ	○ 책받침 → [책빠침]	○ 책상 → [책쌍]	× (동일위치 장애음 탈락) 책가방 → [채까방]

* 해당 칸의 자음 연쇄가 가능하면 '○'로, 수의적으로 가능하면 '△'로, 불가능하면 '×'로 표시하고, 관련 음운 현상을 괄호 안에 나타냈다.

[1] '밥값, 꽃밭, 꽃길'에서 [바깝, 꼬빧, 꼬낄]이라는 표면형이 도출될 것은, 평파열음화([밥갑, 꼳받, 꼳길]), 경음화([밥깝, 꼳빧, 꼳낄]), 연구개음화나 양순음화와 같은 조음위치 동화([박깝, 꼽빧, 꼭낄]), 동일위치 장애음 탈락([바깝, 꼬빧, 꼬낄])의 음운 규칙이 차례로 적용된 결과이다.

이 일어날 수 있다. 파열음에서의 조음위치 연쇄는 비음보다 더욱 제한된다. 앞의 현상에 더하여 동일위치 장애음 탈락 현상이 일어나기 때문이다.

3세에는 어중 자음 연쇄에 조음위치 동화 오류를 보이는 아동이 많다. 4세가 되면 거의 사라지지만 어떤 아동에게는 이러한 오류가 계속 남아 의사전달을 방해하기도 한다. 우리말의 음운 현상을 고려할 때, 어중 자음 연쇄에서의 조음위치 오류는 비음과 비음, 또는 비음과 장애음의 조음방법 연쇄로 '양순음과 치경음 · 경구개음' '연구개음과 양순음' '연구개음과 치경음 · 경구개음'의 조음위치 연쇄를 평가하고 치료하는 것이 적절하다.

앞의 표들을 종합해 보면, 일반인 발음에서는 [ㄷ]로 시작하는 자음 연쇄를 관찰하기가 어렵다는 사실을 알게 된다. /ㄷ/는 장애음이므로 뒤에 비음, 유음은 올 수 없고 장애음만 올 수 있는데, 장애음의 세 위치 중 치경음이 연쇄되면 동일 조음위치 장애음 탈락으로 /ㄷ/가 생략된다. 그리고 양순 파열음과 연구개 파열음이 연쇄되더라도 조음위치 동화가 일어나면 치경음으로 변하기 때문에 결국 동일 조음위치 장애음 탈락으로 /ㄷ/가 생략된다. 이러한 변화를 기호로 나타내면 다음과 같다.

ㄷ → ㄴ / ___ 공명음(예: 꽃님 → [꼰님])

ㄷ → ∅ / ___ 장애음(예: 꽃밭 → [꼬빧], 꽃들 → [꼬뜰], 꽃길 → [꼬낄])

그러나 조음위치 동화는 표준발음법에서는 허용하지 않는 수의적 음운 현상이다. 그러므로 아나운서 지망생은 어중에 자음이 연쇄될 때 다양한 조음위치 연쇄를 살려서 발음하는 훈련을 해야 한다.

임상 노트 5-4

탈비음화의 문맥

비음을 제외한 모든 음소는 구강음이기 때문에 연결된 말에서 비음을 산출하는 것은 그리 쉬운 일이 아니다. 연결된 말에서 비음이 나타날 때만 연구개를 내려 연인두를 개방해야 하며, 이 동작을 생략하면 비음이 파열음으로 대치된다. 비음이 파열음으로 대치되는 탈비음화는 단어 내 위치에 영향을 많이 받는다. 김민정(2015)은 우리말 비음이 출현할 수 있는 단어 내 위치를 다음과 같이 정리하고, 탈비음화의 정도를 ① 모든 단어 내 위치에서 탈비음화하는 유형, ② 어두를 제외하고 어중과 어말에서 탈비음화하는 유형, ③ 구강음 사이에서만 탈비음화하는 유형, ④ 장애음 앞에서만 탈비음화하는 유형으로 세분화하였다.

탈비음화 정도	비음의 단어 내 위치 및 탈비음화의 예					오조음 문맥
	Nv[1]	vN	vNNv	vNv	vNov	
	머리 → [버리]	뱀 → [배/뱁]	양말 → [야빨]	그네 → [그데]	장갑 → [자깝]	
1유형	–	–	–	–	–	어두, 어중, 어말
2유형	+	–	–	–	–	어중, 어말
3유형	+	+	+	–	–	구강음 앞 어중
4유형	+	+	+	+	–	장애음 앞 어중

[1] 'N'은 비음, 'v'는 모음, 'o'는 장애음을 나타낸다.

이 중에서 4유형은 탈비음화가 어중에 비음과 장애음이 연쇄되는 문맥으로 한정되지만, 문장을 표현하는 아동의 발화에 심각한 명료도 저하를 초래한다(예: 안 본 건데 → [아뽀꺼떼]). 우리말 종성 중 비음이 75% 이상을 차지하고, 일찍 발달하는 문장에는 보조사 '은/는', 부정부사어 '안', 관형사형 전성어미 'ㄴ/은/는'과 같이 종성 비음이 들어간 형태소가 많기 때문이다.

임상 노트 5-5 자음 연쇄 단순화와 종성 산출의 비일관성

아동이 '공'은 정확히 발음하면서도 '공부, 공주'는 [곰부, 곧주]로 발음하면 마치 종성의 산출이 비일관적인 듯이 보인다. 그러나 이러한 오류는 매우 규칙적으로 발생한 것이다. 어린 아동은 어중의 서로 다른 두 자음, 특히 서로 다른 조음위치를 모두 정확히 산출하기가 쉽지 않아서, 종성의 조음위치를 초성의 조음위치로 대치하는 역행 동화 오류가 빈번하다.

이 문제 하나만으로 언어치료실을 찾는 아동은 많지 않다. 이 오류가 있어도 아동이 무슨 말을 했는지 예측하는 데에는 어려움이 없기 때문이다. 그러나 다른 말소리 오류를 주된 문제로 언어치료실을 내원한 아동 중에는 앞서 제시한 오류를 함께 나타내는 아동이 많다. 만약 이 문제가 의사전달 방해의 주된 문제여서 치료를 해야 한다면, 복잡하게 생각할 것 없이 양순음과 치경음 · 경구개음 연쇄, 연구개음과 양순음 연쇄, 연구개음과 치경음 · 경구개음 연쇄라는 세 개의 조음위치 연쇄만 훈련하면 된다.

임상 노트 5-6

종성 생략의 다양한 증상과 해석

종성 생략에는 여러 가지 증상이 있다. 종성 자체의 산출이 어려운 경우, 종성의 조음위치 산출이 어려운 경우, 종성의 조음방법 산출이 어려운 경우 등 다양하다. 종성 생략의 다양한 증상을 정리하면 다음과 같다.

첫째, 단어에 포함된 음운이 많을 때 초성만 산출하고 종성은 생략하는 현상이다. 단어의 음운 구성이 복잡하면 자음의 위치나 종류에 상관없이 종성을 생략한다. 예를 들어, '장갑, 눈사람'을 [자가, 누따라]로 발음한다.

둘째, 종성 중에서 어말 종성만 생략하는 현상이다. 단어의 마지막에 턱을 사용하는 모음의 조음 동작까지만 하고, 그 이후에 필요한 자음 동작은 하지 않는 것이다. 예를 들어, '김밥, 땅콩'을 [김빠, 땅코]로 발음한다. 어말 종성 동작의 전체가 어려운지 또는 일부가 어려운지를 확인하려면 뒤에 모음으로 시작하는 조사를 붙여 보면 된다. 예를 들어, '빵'이라는 단어에 조사 '이야'를 붙였을 때 종성 동작이 어렵다면 [빠이야]로, 조음위치 산출이 어렵다면 [빠니야]로, 조음방법 산출이 어렵다면 [빠기야]로 발음한다.

셋째, 종성 중에서 어중 종성 파열음만 생략하는 현상이다. 이는 어중에 장애음이 연쇄될 때 파열음의 조음위치가 같아져서, '동일위치 장애음 탈락'이라는 음운 변화가 생긴 것이다. 예를 들어, '밥, 책'의 어말 종성 /ㅂ,ㄱ/는 정확히 발음해도, '밥통, 책상'의 어중 종성 /ㅂ/와 /ㄱ/를 각각 [ㄷ]로 대치하면, 후행 자음과 조음위치가 같아져서 어중 종성 장애음이 탈락하고 [바통, 채쌍]으로 발음된다.

넷째, 종성 중에서 어중 종성 비음만 생략하는 현상이다. 이는 어중에 비음과 장애음이 연쇄될 때 비음이 파열음으로 대치되어, 후행 자음의 '경음화'와 종성의 '동일위치 장애음 탈락'이라는 정상적인 음운 변화가 생긴 것이다. 예를 들어, '당, 햄'의 어말 종성 /ㅇ, ㅁ/는 정확히 발음해도, '당근, 햄버거'의 어중 종성 /ㅇ/과 /ㅁ/를 각각 [ㄱ]와 [ㅂ]로 대치하면, 후행 자음은 경음화되고 어중 종성 장애음은 탈락하여 [다끈, 해뻐거]로 발음된다.

3. 음소빈도

음소빈도는 말소리장애의 평가 및 치료에 중요한 역할을 한다. 치료 대상자가 자주 사용하는 언어 표현을 파악하고, 그 언어 표현 중 어디에 오류 말소리가 들어가는지를 분석하여 이를 먼저 치료한다면, 말소리 오류로 인한 의사전달의 문제를 효율적으로 해결해 나갈 수 있다. 우리말의 일반적인 음소빈도에 대해 알아보자.

음소빈도의 연구는 글자로 쓰인 자료를 그대로 이용한 철자빈도 연구, 글자로 쓰인 자료를 표준 발음으로 바꾸어 연구한 음소빈도 연구, 실제 발음 자료를 이용한 음소빈도 연구로 나뉜다. 이 중에서 언어치료에 도움이 되는 것은 실제 발음에 관한 연구 결과라고 할 수 있겠다. 음소빈도 연구는 어떤 자료를 분석했는지에 따라 그 결과가 약간씩 달라질 수 있다. 그러나 공통된 '경향성'이 존재한다. 신지영(2005, 2008)은 아동의 대화와 대학생의 대화 각각 약 4~5만 음절로 실제 발음을 전사하여 음소빈도를 정리하였다(〈표 5-6〉 참조).

모음의 경우 단모음의 빈도가 높고 이중모음의 빈도가 낮다. 단모음 중에서는 /아/의 빈도가 높고 원순모음의 빈도가 낮다. 이중모음 중에서는 /j/로 시작하는 이중모음의 빈도가 높다. 자음의 경우 초성이 종성보다 많은데, 초성은 평음과 공명음의 빈도가 높고 경음과 격음의 빈도가 낮으며, 종성은 공명음의 빈도가 높고 장애음의 빈도가 낮다. 초성에서는 /ㄱ/와 /ㄴ/의 빈도가 높고, 종성에서는 /ㄴ/의 빈도가 높으며, 초성과 종성을 합하면 /ㄴ/의 빈도가 높다.

성인과 아동의 음소빈도에 차이가 나는 것은 그들이 주로 사용하는 형태소가 다르기 때문이다. 한 예로 /으/의 빈도가 성인에서는 높았지만, 아동에서는 낮았다. 그 이유는 성인에게 가장 높은 음절빈도가 '그'였는데, 이러한 지시대명사는 언어발달을 고려할 때 아동은 잘 표현하지 않는 형태소이기 때문이다.

표 5-6 우리말의 음소빈도

순위		성인 빈도		아동 빈도	
		말소리	빈도(%)	말소리	빈도(%)
초성	1	ㄱ	19.1	ㄱ	18.9
	2	ㄴ	13.4	ㄴ	12.0
	3	ㄹ	9.8	ㄹ	9.8
	4	ㄷ	8.8	ㅁ	8.4
	5	ㅈ	7.8	ㅈ	8.1
	6	ㅁ	7.8	ㄷ	7.7
	7	ㅅ	6.6	ㅅ	6.7
	8	ㅎ	5.9	ㅎ	4.2
	9	ㅂ	3.6	ㅂ	4.1
	10	ㄲ	3.3	ㄲ	3.4
	11	ㅆ	3.1	ㄸ	3.4
	12	ㄸ	2.6	ㅆ	3.3
	13	ㅉ	2.2	ㅊ	2.2
	14	ㅊ	1.8	ㅋ	2.0
	15	ㅌ	1.8	ㅌ	1.7
	16	ㅋ	1.6	ㅃ	1.5
	17	ㅍ	1.0	ㅉ	1.4
	18	ㅃ	0.7	ㅍ	1.2
			100.0		100.0

순위		성인 빈도		아동 빈도	
		말소리	빈도(%)	말소리	빈도(%)
중성	1	ㅏ	24.9	ㅏ	24.2
	2	ㅡ	14.0	ㅣ	17.8
	3	ㅓ	13.5	ㅓ	16.0
	4	ㅣ	13.4	ㅔ,ㅐ	9.8
	5	ㅔ,ㅐ	13.3	ㅗ	9.5
	6	ㅗ	8.4	ㅡ	6.9
	7	ㅜ	6.2	ㅜ	2.2
	8	ㅕ	3.1	ㅛ	2.8
	9	ㅑ	0.6	ㅕ	2.8
	10	ㅘ	0.6	ㅑ	2.3
	11	기타	2.0	기타	2.7
			100.0		100.0
종성	1	ㄴ	42.3	ㄴ	40.6
	2	ㅇ	21.7	ㄹ	18.6
	3	ㄹ	18.5	ㅇ	17.3
	4	ㅁ	8.5	ㅁ	15.3
	5	ㄱ	5.6	ㄱ	4.7
	6	ㅂ	2.8	ㄷ	2.6
	7	ㄷ	0.3	ㅂ	0.9
			100.0		100.0

제6장

초기 말소리 발달

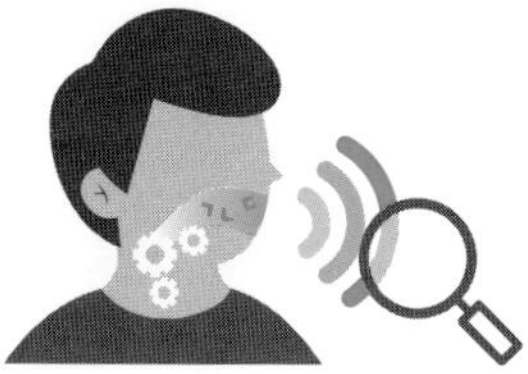

말소리 발달에 관한 지식은 말소리장애의 평가와 치료에서 중요한 역할을 한다. 또래와 비슷한 말소리 능력을 보이는지, 아니면 또래보다 늦거나 또래와 다른 말소리 능력을 보이는지를 진단하려면 우리 말소리의 발달에 대해 잘 알고 있어야 한다.

아동은 수년에 걸쳐 모국어의 말소리를 배워 나간다. 말소리 습득은 크게 네 단계로 나뉜다(Bleile, 2004). 1단계는 언어가 출현하기 이전인 약 0~12개월에 해당한다. 이 시기에 아동은 모국어 말소리를 듣고 옹알이로 말소리를 산출함으로써 모국어 말소리를 경험한다. 2단계는 언어 출현 이후에 단어로 의사소통을 하는 약 12~24개월에 해당한다. 이 시기에 아동은 말소리를 음절이나 단어단위로 습득하는 경향이 있어서 특정 음운에 대한 조음이 단어마다 매우 가변적이다. 3단계는 문장으로 의사소통을 하는 만 2~5세에 해당한다. 이 시기에 아동은 말소리를 음소단위로 다루기 때문에 특정 음소의 산출에 일관성이 생기며, 우리나라 아동은 만 5~6세가 되면 대부분의 음소를 정확하게 산출할 수 있다. 마지막 4단계는 글자를 배우는 시기로 만 5세~학령 초기에 해당한다. 이 시기에 아동은 글자와 소리의 관계를 배워 글을 읽을 수 있게 된다.

이 책에서는 말소리 발달을 크게 두 장으로 나누어 살펴보겠다. 6장에서는 1단계 및 2단계에 해당하는 언어 이전기 및 첫 50단어 시기의 말소리 발달을, 7장에서는 3단계 및 4단계에 해당하는 학령전기 및 학령기의 말소리 발달을 알아보겠다.

1. 음운 습득의 연구 방법

서로 다른 음운 발달의 연구 결과를 종합하기 위해서는 자료 수집 방법에 대한 이해가 필요하다. 역사적으로 가장 오래된 자료 수집 방법은 일기(diary) 연구이다. 일기 연구는 언어학자나 심리학자가 자신의 자녀를 관찰하여 적은 일기를 자료로 한다. 같은 자료를 가지고 여러 학자가 다른 측면으로 다시 연구하기도 하였다. 이런 연구는 매우 자세한 설명을 포함하고 있다는 장점이 있으나, 연구 대상 아동이 전형적인 발달을 보이지 않을 수 있고 일기에 적힌 내용이 연구자의 관심사에 따라 임의로 결정된다는 단점이 있다.

두 번째 연구 방법은 횡단(cross-sectional) 연구이다. 20세기 중반부터 행동주의가 대두되면서 대규모 아동을 대상으로 한 횡단 연구가 진행되었다. 수많은 아동의 말소리를 관찰하는 횡단 연구는 나이별 규준 정보를 제공하였고 음운 습득의 일반적인 경향을 보여 주었다. 그러나 대규모 아동을 대상으로 하다 보니 대부분 자연스러운 실제 발화가 아니라 검사자가 선정한 단어의 이름대기 자료를 이용하였고, 단어 자료의 대표성에 문제가 제기되었다. 또한 연령 규준이 일부 지역이나 계층의 아동으로 제한된 경우가 많아서 편향성 문제도 지적되었다.

세 번째 연구 방법은 종단(longitudinal) 연구이다. 20세기 후반부터는 적은 수의 아동을 대상으로 하더라도 오랫동안 일정한 간격을 두고 지속적으로 모은 자료를 음운 습득 연구에 사용하기 시작하였다. 일기 연구와 비슷해 보이지만 녹음이나 녹화를 이용하여 자료를 수집하고 분석하기 때문에 연구 방법이 좀 더 객관적이다. 종단 연구는 대규모 횡단 연구에서 간과되었던 개인차를 살펴볼 수 있고 발달 순서를 깊이 있게 파악할 수 있다. 그러나 일기 연구와 마찬가지로 연구 대상 아동의 대표성 문제는 여전히 남아 있다. 또한 아동의 중요한 변화 시점에 자료 수집이 이루어지지 않았을 수도 있다. 최근에는 횡단 연구와 종단 연구를 결합한 형태의 연구도 시도되고 있다.

우리말의 음운 발달 연구는 1980년대 이후 본격적으로 진행되었다. 처음에는 만 3세 이후의 아동을 대상으로 단어 이름대기 자료를 실시한 횡단 연구가 많았다. 그러나 2000년대 이후로는 종단 연구도 시도되었고, 연구 대상 나이도 만 1~2세 이후의 아동으로 확대되었으며, 자발적 발화를 분석한 연구가 많아졌다. 아동 말소리에 관한 우리말 연구는 〈부록 6-1〉에 정리하였다. 이 책의 말소리 발달은 〈부록 6-1〉의 연구 결과를 기반으로 요약하였으므로, 주제별 구체적인 내용은 논문을 참조하기 바란다.

2. 음운 발달 모델

우리말의 음운 발달 과정을 기술하기에 앞서, 음운 발달 모델에 대해 간략하게 살펴보자. 이를 알면 아동의 말소리 오류를 어떻게 해석해야 할지에 대한 이해의 폭을 넓힐 수 있다. 어떤 모델도 음운 발달이 어떻게 이루어지는지 완벽하게 설명하지는 못한다. 모델마다 강조하는 측면이 다르며 각각이 음운 발달의 설명에 상호 보완적인 역할을 한다. 생물학적 모델과 행동주의 모델에서는 음운 습득에서 성숙과 경험의 중요성을, 언어학적 모델에서는 음운 습득 과정 중에 관찰되는 발달적 음운패턴의 분석을, 그리고 심리학적 모델에서는 음운 습득의 개인차를 중요시한다.

1) 생물학적 모델과 행동주의 모델

생물학적 모델에서는 아동의 말 지각 및 말 산출 기제의 해부생리학적 특성이 음운 습득에 큰 영향을 미친다고 설명한다. 모든 언어에서 옹알이 시기의 말소리 목록이 비슷한 것을 그 증거로 들 수 있다. 음운 습득을 위해서는 유아의 성도 크기와 모양이 변해야 하고 말 지각 및 말 산출에 필요한 감각 및 운동 신경도 발달해야 한다. 분명 생물학적 요인은 말소리 변별이나 산출에 지대한 영향을 미친다. 그러나 같은 부모 밑에서 자란 일란성 쌍둥이라도 음운 발달에 개인차가 있을 수 있다. 말 지각 및 말 산출 기제의 구조와 기능이 동일해도 음운을 쉽게 습득하는 아동이 있고 그렇지 못하는 아동이 있다. 음운 습득은 해부생리학적 성숙으로만 설명할 수 없는 복잡한 과정이다.

이에 반하여 행동주의 모델에서는 음운 습득에서 아동의 경험을 중시한다. 인간의 모든 행동은 자극(stimulus), 반응(response), 강화(reinforcement)의 기제를 통해 학습된 것이라고 설명한다. 음운 발달도 이 기제와 마찬가지로 어른이 어떤 단어를 들려주면 아이가 성인의 말을 듣고 따라 하는데, 아동이 낸 소리 중에서 성인과 비슷한 말소리만 선택적으로 강화를 받음으로써 틀린 발음은 소거되고 맞는 발음만 학습된다고 설명한다. 물론 부모의 분명한 발음과 적절한 강화는 음운 발달에 영향을 줄 수 있다. 조음 치료 과정도 치료사가 분명한 발음을 들려주고 아동의 정확한 시도를 강화해 주는 자극-반응 패러다임에 기초하고 있다. 그러나 아동은 부모의 발음이 나빠도, 부모의 강화가 없어도 정확한 발음을 산출할 수 있다. 학습은 자극과 강화만으로는 설명할 수 없는 복잡한 현상이다.

2) 언어학을 기반으로 한 모델

1970년대 이후 언어학의 발전에 힘입어 음운 습득 과정 중에 나타나는 아동의 음운 오류를 체계적으로 분석하고 설명하려는 시도가 이어지고 있다. 생성음운론, 자연음운론, 비선형 음운론, 최적이론 등이 그에 속한다. 언어학 이론에서는 아동이 선천적으로 음운을 습득할 수 있는 자연적 기제를 갖고 태어나고, 그 기제가 음운 발달을 통제한다고 가정한다. 이 기제를 생성음운론에서는 변별자질로, 자연음운론에서는 음운 과정으로, 비선형 음운론에서는 다층위 표상으로, 최적이론에서는 제약 조건으로 설명한다(McLeod, 2017). 이러한 기제를 통해 말소리 발달에서 관찰되는 오류를 체계적으로 분석하고 기술할 수 있게 되었지만, 그 기제가 실제로 존재하는지는 알 수 없다.

생성음운론 Chomsky에서 시작된 생성음운론(generative phonology)은 우리의 심층에는 내재된 기본 언어가 있으며 여기에 언어 규칙이 적용됨으로써 변형된 언어가 생성된다고 가정한다. 예를 들면, '팥'의 /ㅌ/는 '팥에'에서는 [ㅌ]로 발음되지만 '팥이'에서는 [ㅊ]로, '팥물'에서는 [ㄴ]로, '팥떡'에서는 [ㄷ]로 변형되어 발음된다. 이러한 변형은 매우 규칙적으로 일어나며, 이 음운 규칙에 영향을 미치는 중요한 요소는 변별자질이다. 즉, 기저의 음운 표상인 /ㅌ/는 정해진 음운 환경에서 자질에 변형을 일으켜 [ㅊ,ㄴ,ㄷ]의 다른 음운 형태로 생성된다. 이 이론에서 음운 발달은 모국어에서 중요한 변별자질을 배워 나가는 것이라고 보았다.

자연음운론 Stamp의 자연음운론(natural phonology)은 언어병리학에 가장 큰 영향을 미친 음운 모델이다. 이 모델에서는 아동이 선천적으로 언어 보편적인 음운 과정(phonological process)을 가지고 있다고 가정한다. 음운 과정이란 아동이 생물학적 제한이 있어 성인이 산출하는 특정 말소리나 말소리 연쇄를 단순화하는 현상을 의미한다. 이 이론에서 음운 발달은 모국어에 맞지 않는 음운 과정을 억제함으로써 이루어진다. 예를 들어, 장애음은 무성음으로 산출하기가 쉬우므로 무성음화가 보편적인 단순화 과정이다. 우리말에서는 장애음이 모두 무성음이기 때문에 우리말 사용자는 무성음화 과정을 억제할 필요가 없지만, 영어에서는 유성 장애음도 있으므로 영어 사용자는 모든 장애음을 무성음으로 산출하지 않기 위해 무성음화 과정을 억제해야 한다. 이 이론에서 음운 발달은 보편적인 음운 과정 중 모국어와 맞지 않는 것을 극복하는 과정이다.

비선형 음운론 다양한 학자가 소개한 비선형 음운론(non-linear phonology)에서는 말 산출을 음소의 선형적인 나열로 보지 않고 여러 음운단위가 층위를 이루고 있다고 가정한다. [그림 6-1]과 같이 분절음이 모여 음절체-종성, 음절, 단어 층위로 위계를 이루고 있으며, 분절음에 포함되는 여러 자질도 위계적으로 층위를 구성하고 있다.[1] 비선형 음운론은 분절음보다 큰 단위인 음절이나 단어를 음운 분석에 포함하기 때문에 초분절음인 강세와 같은 운율 현상을 설명할 수 있다. 이 이론에서는 상위에 있는 음절 구조나 강세 패턴이 하위에 있는 분절음 발달에 영향을 미칠 수 있고, 음운 발달이란 다양한 층위의 음운 표상을 습득해 가는 과정이라고 설명한다.

1) 자질 층위에 대해서는 4장의 [그림 4-1]을 참조하기 바란다.

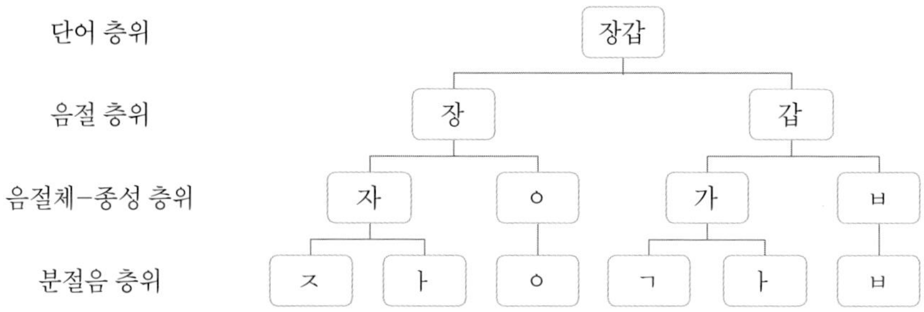

그림 6-1 비선형 음운론에서의 운율 층위

최적이론 최적이론(optimality theory)에서는 가능성 있는 여러 음운 표면형 후보 중에서 최적의 하나를 선택하기 위해 언어마다 제약 조건과 그 제약들 사이에 우선순위가 있다고 본다. 예를 들어, 우리말에는 어중에 자음이 연쇄될 때 조음위치가 역행 동화되는 제약이 있으며, 역행 동화의 영향력에는 연구개음이 가장 강하고 양순음은 중간이며 치경음이 가장 약하다는 우선순위가 있어서 어떤 자음 연쇄는 역행 동화가 일어나고 어떤 자음 연쇄는 역행 동화가 일어나지 않는다고 설명한다. 아동이 '감기'는 [강기]로 발음해도 되지만 '양말'을 [얌말]이 아닌 [양말]로 발음하기 위해서는 자음 연쇄에서 양순음보다 연구개음이 우선된다는 순위 제약을 배워야 한다. 이 이론에서 음운 발달이란 아동의 말 산출이 성인의 말 산출과 비슷해지도록 아동이 갖고 있는 제약들의 우선순위를 재조정해 가는 과정이다.

3) 인지심리학 모델

언어학 모델에서는 아동이 '어떠한' 음운 체계를 세우는지 '기술'하는 데 초점을 맞추었다면, 심리학 모델에서는 아동이 '어떻게' 음운 체계를 세우는지 '설명'하는 데 초점을 맞춘다. 인지적 문제 해결 모델에서는 아동이 능동적으로 가설을 만들고 체계화하여 문제를 해결한다고 가정한다.

아동은 음운 발달 초기에 자신이 추구하는 기준 음운 형태(phonetically consistent form: PCF)를 만들고 거기에 맞추어 발음하려는 경향을 보인다. 이런 기준 형태가 만들어지면 정확하게 발음할 수 있었던 단어도 이 틀에 맞추어 발음하기 때문에, 음운 발달에 후퇴 현상(regression)이 나타나기도 한다. 기준 형태는 아동의 청각적 예민함, 운동 능력, 주 양육자와의 상호작용 스타일 등 다양한 요소에 따라 아동마다 다르게 결정된다. 이 이론은 아동이 능동적으로 나름의 체계를 세우고 문제 해결을 시도한다고 보기 때문에 음운 발달의 개인차 설명에 기여하고 있다.

임상 노트 6-1 **다양한 기준 음운 형태**

모음으로만 의사소통을 하던 아동이 치료를 통해 자음을 넣어 단어를 표현할 수 있게 된 어느 날, 뽀로로와 그의 친구인 크롱과 패티 이름을 한 글자씩 천천히 [뽀~오~오], [크~옹], [패~티]라고 표현하기 시작하였다. 그러나 일주일 뒤 '루피'를 보고 [피]라는 말소리가 튀어나오자 당황하며 하던 말을 멈추고 잠시 생각하더니 일반적인 말속도로 [피피]라고 표현하였다. 그러고 나서는 지난주에 정확히 표현했던 '크롱, 패티, 뽀로로'를 [크크, 패패, 뽀뽀]라고 바꾸어 말하였고, '애디, 포비'도 [애애, 포포]라고 표현하였다. 아동이 자신의 현재 능력으로는 뽀로로 친구들의 이름을 모두 정확히 표현할 수 없음을 알게 되어 같은 음절을 반복하는 전략을 세워 표현한 것이다. 이러한 현상은 2어 조합을 자유롭게 구사할 수 있게 되면서 자연적으로 사라졌다. 기준 음운의 대표적인 형태는 앞과 같은 동일음절 반복이다. 음절 반복을 기준 형태로 사용하는 시기에는 종성이 있는 1음절어를 2음절로 산출하기도 한다(예: 책 → [치치]). VCV를 기준 형태로 말하는 아동도 보고된 바가 있다. 이 아동은 '배, 안녕, 미끄럼'을 각기 [이바, 으네, 아때]로 발음했다고 한다(배소영, 1995). 모음 발성을 먼저 하고 자음을 산출한 전략을 사용한 것이다.

말소리장애 아동 중에는 특이한 기준 음운 형태를 보이는 경우가 있다. 어떤 아동은 2음절어 표현 초기에 음절 사이에 [그]를 삽입하는 행동을 보였다. 이 아동은 '우산, 여자, 닫아, 돌려'를 [우그다, 어그다, 다그다, 도그더]로 발음하였고, '안녕하세요'는 [아그어그아그애요]로 발음하였다. 음절을 시작할 때 혓등을 연구개에 대는 자세가 편했던 모양이다.

어떤 말소리장애 아동은 종성 표현 초기에 첫음절 종성을 무조건 양순음으로 산출하는 기준 형태를 보였다. 이 아동은 '안 돼, 공룡, 큰 거'를 자발적으로 표현할 때는 종성을 생략하고 [아대, 고뇨, 크꺼]로 발음했지만, 종성을 강조하여 모델링하자 [암배, 곰모, 큽뻐]로 모방하였다. 종성을 다 다르게 모방하지 못하자 모든 종성을 양순음으로 발음하는 기준 음운 형태를 만들었고, 그에 따라 초성까지 양순음으로 발음한 것이다.

특정 음절 구조나 음소를 선호하는 이러한 현상은 언어가 촉진적으로 확장되는 시기에 일시적으로 나타나는 현상으로, 확장된 언어 표현이 안정되면 자연스럽게 없어지는 것이 보통이다. 그러나 미숙한 음운 기준 형태가 소거되지 않은 채 언어 표현만 계속 확장되면 의사전달이 더욱 어려워진다.

3. 언어 이전기의 말소리 발달

언어병리학이 처음 소개되었을 때에는 언어가 출현한 이후의 언어 발달에 관심을 기울였다. 그러나 언어장애의 가능성을 조기에 진단하고 치료함으로써 언어장애로 야기되는 정서적 · 사회적 · 교육적 불이익을 최소화할 필요성이 대두되면서 언어 이전기의 말소리 발달에도 관심을 기울이게 되었다.

저자가 1990년대에 종합병원에서 일할 때만 해도 소아과로부터 "아직 말을 못하는데 언어 평가가 가능한가요?"라는 문의를 받았다. 당연히 가능하다. 말을 못 하는 아동이라도 다양한 방법으로 의사소통 의도를 나타내고, 말소리를 듣고 구분하여 이해할 수 있으며, 다양한 말소리를 산출할 수 있다. 그리고 이러한 언어 이전기의 능력은 이후 언어 발달의 기초가 된다. 언어 이전기에도 아동마다 선호하는 소리가 있고, 이것이 초기 단어의 말소리에 반영된다. 이 시기의 말소리 발달은 소위 무발화 아동의 평가 및 치료에 매우 유용한 정보를 준다.

1) 말소리 지각

인간은 엄마 뱃속에 있을 때부터 소리를 들을 수 있고 엄마의 말소리, 특히 억양 패턴을 듣게 된다. 이에 따라 갓 태어난 아기도 엄마와 낯선 사람의 음성을 구분할 수 있으며, 2~3개월 된 아동도 조음방법 및 조음위치가 서로 다른 음소들을 구분하여 지각할 수 있어서 [p, b] 변별, [b, d, g] 변별 등이 가능하다고 한다(Eimas, Siqueland, Jusczyk, & Vigorito, 1971).

인간이 말소리를 지각하고 변별하는 데 있어 기초가 되는 능력은 범주적 지각(categorical perception) 능력이다. 범주적 지각이란 말소리가 갖는 음향 신호의 상대적 차이로 말소리를 구분하는 것이 아니라, 특정 범주의 경계를 중심으로 각 범주의 음향 신호를 하나의 소리로 지각하는 것을 말한다. 이러한 범주적 지각 능력은 선천적으로 가지고 태어나는 생득적 능력이다. 갓 태어난 아기는 어떤 언어권에서 태어났건 간에 선천적으로 타고난 청각 시스템의 생리적 특성이 비슷하므로 하나의 소리로 지각하는 음향 범위도 거의 동일하다.

그러나 이러한 보편적인 지각 능력은 모국어에 대한 언어적 경험에 따라 조절되고, 10개월 무렵이 되면 하나의 소리로 지각하는 음향 범위가 모국어에 따라 달라진다. 즉, 모국어 의미 구분에 중요하지 않은 음향 정보는 잘 변별하지 못하고 모국어 의미 구분에 중요한 음향 정보는 잘 변별할 수 있게 된다. 예를 들어, 갓 태어난 아기는 한국어권 아기건 영어권 아기건 간에 유성음과 무성음을 구분할 수 있고 평음과 경음과 격음을 구분할 수 있는데, 돌에 가까워지면 한국어권 아기는 유성음과 무성음 구분에는 둔해지고 평음과 경음과 격음 구분에는 민감해지는 반면, 영어권 아기는 유성음과 무성음 구분에는 민감해지고 평음과 경음과 격음 구분에는 둔해지는 식이다.[2] 이는 말소리 지각 능력의 발달에 선천적 능력뿐만 아니라 언어적 경험도 큰 영향을 미친다는 사실을 알려 준다.

아동이 같은 상황에서 같은 소리 패턴을 반복하여 듣게 되면 특정 말소리 패턴을 의미와 연결할 수 있게 된다. 즉, 소리의 구분을 넘어서 소리의 의미를 파악하게 된다. 아동은 단어를 표현하기 전에도 이미 많은 단어를 이해할 수 있다. 처음에는 억양이나 상황 단서에 의존하여 단어를 지각하지만, 점차 이런 단서 없이 분절음 특성만으로 단어를 지각하게 된다. 실제로 "안 돼."라는 말을 부드러운 음성으로 말했을 때, 4개월 된 아기는 하던 일을 계속했지만 10개월 된 아기는 이상하다는 듯이 엄마를 쳐다봤다. 10~11개월이 되면 아동은 "까꿍." 하면 웃고, 이름을 부르면 되돌아보고, "하지 마!" 하면 하던 일을 멈추며, "할아버지 어딨어?" 하면 여러 식구 중에 할아버지를 쳐다본다. 놀이나 일상생활에서 반복적으로 경험하는 단어와 짧은 문장을 듣고, 그 말소리 패턴의 의미를 알게 된다.

2) 말소리 산출

(1) 말 산출 기제의 발달

말소리 산출(production)을 위해서는 말 산출 기제의 해부학적 구조와 기능이 성숙해야 한다. 갓 태어난 아기는 성도의 모양이 성인과 다르다(Kent & Murray, 1982).

2) 실제로 한국 아동이 한국어 삼중대립 체계에 대한 변별력을 매우 빠르게 발달시켜 가는지에 대해서는 논란이 있다(최영은, 최미혜, 2016).

[그림 6-2]와 같이 후두 위치가 높아서 연인두와 후두덮개가 거의 맞닿아 있고, 인두강이 짧고 구강과의 경사가 완만하며, 혀가 구강의 앞쪽으로 좀 더 나와 있다. 그러므로 이 시기에 아기가 내는 말소리는 성인의 말소리와는 다르다. 성도의 모양은 6세가 되어야 성인의 모양에 근접한다.

조음기관인 턱, 입술, 혀의 기능은 청소년기까지 계속 발달하는데, 이 중에서 턱의 기능이 가장 먼저 발달한다. 말 산출 시 1~2세 아동의 턱 운동은 이미 성인과 비슷하지만 입술 운동은 가변성이 컸다(Green, Moore, & Reilly, 2002). 혀의 조절 능력은 청소년기까지 계속 정교화된다. 자음 조음 시 아동의 혀와 구개 접촉 지점은 성인과 비슷하지만 접촉 면적이 넓고 혓몸의 위치가 더 뒤였으며, 턱과 혀의 협응은 성인이 될수록 혓몸과 턱은 독립적으로 움직이고 혀끝과 턱은 함께 움직였다(Cheng, Murdoch, Coozee, & Scott, 2007a, 2007b).

말 산출을 위해서는 호흡계도 성숙해야 한다. 1세경에 생리적 호흡과 말 산출 호흡이 분화되고, 7세경에 성인과 비슷한 호흡계 구조와 기능을 보이며, 폐용량 및 폐활량은 청소년기까지 점차 증가한다. 총폐활량 중 말할 때 사용하는 기류의 비율은 아동이 성인보다 더 높고(성인은 약 20~25%, 아동은 약 35%), 발화가 끝났을 때 예비호기량은 아동이 성인보다 더 적게 남아 있으며, 발화 시 성문하압은 아동이 성인보다 더 높다. 이는 아동이 성인보다 기류 공급에 더 많은 노력을 들이지만 기류 사용은 비효율적임을 나타낸다. 그리고 이러한 성인과 다른 말 산출 기류의 사용은 아동의 운율이나 조음 특성에 직접적으로 영향을 미친다.

말 산출을 위해서는 신경계도 성숙해야 한다. 신경계는 생후 1년 동안 수초화가

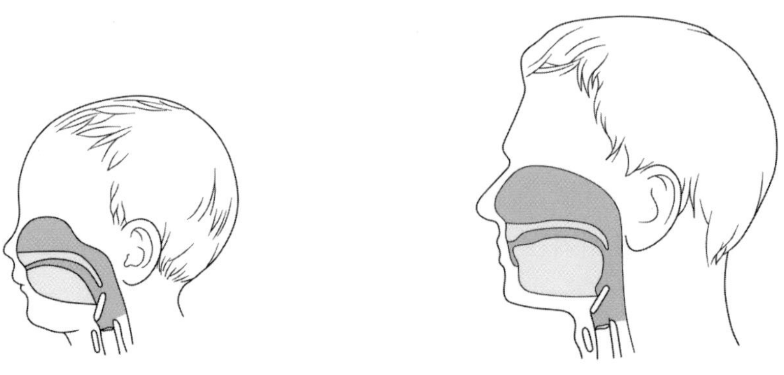

그림 6-2 유아(좌)와 성인(우)의 성도 모양 차이

급속도로 이루어지고, 말소리 산출과 관련된 운동 정보가 감각 정보와 통합된다. 말 산출에는 다음과 같은 다양한 감각 정보가 관여한다(Kent, Martin, & Swfit, 1990). 첫째, 청각 정보이다. 말 산출 결과로 생성된 음향 특성은 청각기관을 통해 중추신경계에 전달된다. 말 산출의 목적이 이해 가능한 청각 신호의 산출에 있으므로 청각적 피드백은 조음 과정의 통제에 매우 중요하다. 둘째, 운동 감각 정보이다. 말 산출 시 근육의 길이 변화, 근육 신장의 정도와 속도, 관절의 움직임 방향과 속도 등의 정보가 이에 속한다. 턱의 높낮이나 혀의 위치를 조정하는 단순한 동작에서도 다양한 운동감각 정보가 생성된다. 셋째, 촉각 정보이다. 말 산출 시 어느 부위가 어디에 어느 정도의 압력으로 얼마나 오랫동안 닿는지에 대한 정보가 중추신경계에 전달된다. 길게 발음하는 것은 감각 정보를 충분히 확보하는 데 도움이 된다.

(2) 말소리의 변화

말 산출 기제가 성숙하고 모국어에 대한 경험이 쌓이면서, 생후 1년 동안 아기가 내는 소리에는 질적인 변화가 일어난다. Stark는 이 시기의 소리 변화를 5단계로 세분화하였다(Nathani, Ertmer, & Stark, 2006). 첫 번째는 0~2개월에 나타나는 반사적 발성(reflexive vocalization) 단계이다. 이 시기에는 울음, 보채는 소리, 기침, 트림, 딸꾹질, 재채기 등 불편한 상황에서 나오는 반사적인 발성이 많다. 이 시기의 발성은 성문하압 없이 매우 낮은 음도로 걸걸거리는 소리, 발성은 되었으나 공명이 불충분한 소리이다.

두 번째는 1~4개월에 나타나는 발성 조절(control of phonation) 단계이다. 이때 아동은 웃거나 편안한 상태에서 발성을 조절할 수 있다. 이 시기의 초반에는 주로 누워 있어서 혀 뒷부분이 연인두에 닿아서 [으, ㅇ]에 가까운 소리를 내는데, 이를 '쿠잉(cooing)' 또는 '구잉(gooing)'이라고 한다. 이 시기의 후반에는 조음기관을 움직이며 성대를 진동시켜서 모음 같은 소리를 내고, 혀 차기나 입술 떨기를 하면서 자음 같은 소리를 내며 논다. 이 시기에는 성문하압이 동반된 큰 소리의 발성이 나타나기 시작한다.

세 번째는 3~8개월에 나타나는 확장(expansion) 단계이다. 학자에 따라서는 음성놀이(vocal play) 단계라고도 한다. 모음, 모음과 모음의 연결, 활음과 모음의 연결, 음절 비슷한 소리를 내지만, 아직 명확한 음절 반복 형태의 소리는 아니다. 높은 음도의 발성이 나타나기 시작한다.

네 번째는 5~10개월에 나타나는 배블링(basic canonical babbling) 단계이다. 배블링을 음절성 발성이라고도 하는데, 이는 배블링에서 가장 중요한 요소가 자음과 모음을 결합한 음절 특성이기 때문이다. 아직 의미가 있는 소리는 아니지만, 같은 음절이 반복되는 중첩적 배블링을 말하기도 하고(reduplicated babbling, [빠빠빠]), 모음이나 자음이 바뀌어 다른 음절이 반복되는 변형적 배블링을 말하기도 한다(variegated babbling, [뻐빠바방]). 양순음, 치경음, 연구개음의 다양한 조음위치에서 소리를 내고, 파열음, 비음, 마찰음의 다양한 조음방법으로 소리를 낸다.

다섯 번째는 9~18개월에 나타나는 발전된 형태(advanced form) 단계이다. 이 시기에는 좀 더 복잡한 음절이 나타나고, 서로 다른 구조의 음절들이 연속되어 나타난다. 그리고 음절을 같은 길이와 음도로 반복하는 것이 아니라 다양한 길이와 음도로 산출하기 때문에 마치 어른의 긴 문장을 흉내 내는 듯한, 성인어에 가까운 운율 패턴을 포함하는 자곤(jargon)이 나타난다. [그림 6-3]은 월령별 발성 단계의 비율을 나타낸 그림인데, 5개월에서 20개월로 갈수록 1단계와 2단계의 발성은 점차 줄어드는 반면 4단계와 5단계의 발성은 점차 느는 것을 확인할 수 있다(하승희, 설아영, 배소영, 2014).

부모는 아동이 내는 모든 발성을 옹알이라고 하겠지만, 전문가의 관점에서 진정한 옹알이는 배블링이다. 배블링은 말소리 발달에서 다음 세 가지 중요한 의미가 있다. 첫째, 음절의 출현이다. 음절은 우리가 단독으로 소리를 낼 수 있는 최소 단위로서, 음절을 산출하기 위해서는 발성이 뒷받침되어야 하고 성대에서의 기류 조절과

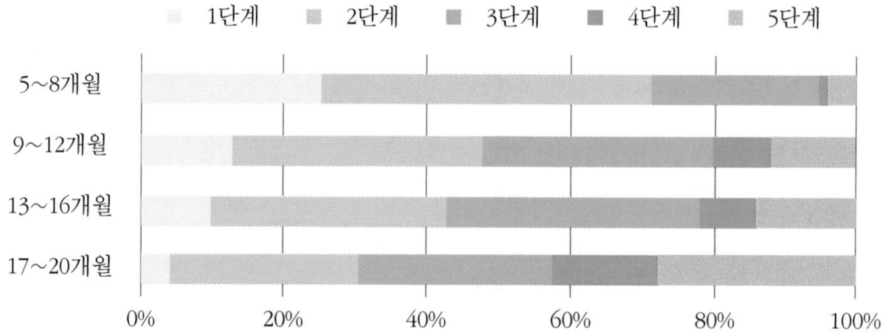

그림 6-3 월령별 발성 단계의 비율

구강에서의 기류 변형을 조화롭게 할 수 있어야 한다. 아직 타이밍이나 강도 조절이 더 필요하지만, 이 시기의 음절 산출은 앞으로의 말소리 발달에 바탕이 된다.

둘째, 모국어로의 조율이다. 배블링 이후로 아기의 말소리는 모국어에 가까워진다(Boysson-Bardies & Vihman, 1991). 배블링 이전에 내는 소리는 어느 나라 아동이건 모두 비슷하다. 그러나 배블링 단계부터 영어권 아동은 영어 음운으로, 한국어권 아동은 한국어 음운으로 옹알이를 한다. 배블링은 모국어 특성이 반영된 언어학적 소리이며, 앞으로 있을 말소리 산출에 발판이 된다. 모국어에 대한 청각적 노출이 없는 농 아동에게서는 배블링이 나타나지 않는 것도 이러한 이유 때문이다.

셋째, 개인차의 시작이다. 아동의 음운 선호는 배블링에서도 나타난다. 똑같은 언어에 노출되어도 배블링에 포함되는 음소는 아동마다 다르고, 선호 음소가 첫 단어에도 영향을 미칠 수 있다. 예를 들어, [마마마마]를 선호하는 아동은 '엄마'를, [빠빠빠빠]를 선호하는 아동은 '아빠'를 먼저 표현할 가능성이 있다.

언어 이전기의 말소리 발달은 '음절'의 발달이라고 해도 과언이 아니다. Kent(2017)는 음절 발달의 과정을 ① 한 호흡에 지속적으로 발성하기, ② 한 호흡에 간헐적으로 발성하기, ③ 발성 행동과 조음 행동을 따로 또는 같이 하기, ④ 발성과 조음 행동을 조절하여 음절 비슷한 소리를 산출하기, ⑤ 음절을 산출하고 성인어와 연결하기, ⑥ 음절을 반복하면서 운율과 조음의 순서를 경험하기로 정리하였다. 이를 언어 이전기의 말소리 변화와 연관 지어 보면, ①과 ②와 ③은 반사적 발성과 발성 조절, ④와 ⑤는 확장, ⑥은 배블링 단계의 말소리와 유사하다.

음절 발달의 마지막 과정인 음절 반복, 즉 배블링이 출현하기 위해서는 먼저 발성 행동이 발달해야 한다. 그리고 거기에 조음 행동이 가미되어 음절 비슷한 소리가 만들어져야 한다. 가장 쉽게 인식되는 말소리 단위가 음절이기 때문에, 아동이 음절 비슷한 소리를 내야 성인이 이 소리를 모국어 음절로 모방해 줄 수 있고, 이 말을 들은 아동은 자신의 소리와 성인의 소리를 연결하여 점차 모국어에 가까운 소리를 내게 된다. 음절의 반복을 위해서는 무엇보다도 턱의 상하 움직임이 원활해야 한다. 음절의 반복 횟수는 턱의 상하 움직임 횟수와 비슷하다. 턱을 위아래로 움직이면서 입술이나 혀의 움직임을 추가하고 세분화하여 다양한 종류의 음절을 산출하게 된다.

언어 이전기 말소리 발달은 삼킴의 발달과도 밀접하게 관련된다. 특히 4개월경부터 시작하는 이유식을 위해서는 숟가락을 입에 넣기 위해 턱을 내려야 하고, 숟가락을 입에 담기 위해 혀를 내리고 혀 중앙을 오목하게 해야 하며, 음식을 흘리지 않기 위해 입술을 붙여야 한다. 즉, 턱과 혀와 입술의 협응을 경험하기 시작한다. 또한 씹으면서 턱의 수직 움직임과 혀의 상하 움직임이 나타나고, 삼키면서 혀의 뒤쪽과 연구개의 움직임이 나타난다. 7개월경부터는 다양한 음식을 경험하면서 다양한 턱 개방의 정도가 자동화되고, 턱과 혀의 운동 범위가 넓어지며, 턱과 혀와 입술의 움직임이 조화를 이루게 된다. 다양한 이유식과 삼킴의 경험은 구강 기능을 향상시켜 말 산출을 위한 턱과 혀와 입술의 동작을 쉽게 하도록 도와준다.

임상 노트 6-2 **발성이 적은 표현언어지체 아동의 언어치료**

발성이 적은 표현언어지체 아동은 간단한 지시를 적절히 수행하고 의사표현도 활발하지만 주로 몸짓으로 의사를 전달한다. 원하는 것을 주지 않으면 "으~." 발성을 하며 짜증을 내기도 하고 기분이 좋으면 소리를 지르며 놀기도 하지만, 의도적인 발성은 거의 나타나지 않는다. 다음은 언어 이전기의 말소리 산출을 촉진해야 하는 아동의 일반적인 치료 과정이다.

제일 먼저 시도해야 할 목표는 의도적인 발성의 빈도를 증진시키고, 발성의 상황을 다양화하며, 기류의 조절 능력을 키우는 것이다. 발성의 형태는 '으~' '어~' 'ㅁ~' 등 무엇이든지 상관없다. '어~' 발성이 편한 아동이라면 '어~'로 요구하거나 거부하기, '어~'를 모방하기, '어~'로 대답하기 등을 연습한다. 처음에는 발성이 지연되기도 하고 길이가 불충분하기도 하며 강도나 음도가 비정상적이기도 하지만, 의도적인 발성을 강화해 주고 좀 더 정상에 가까운 발성을 촉구하면 다양한 상황에서 충분한 길이의 정상적인 발성이 자동화될 수 있다.

다음으로 시도해야 할 목표는 발성에 조음 동작을 추가하여 다양한 음절을 만들고 턱을 움직여 음절을 반복하는 등, 다양한 조음기관으로 다양한 방법의 기류 변형 능력을 키우는 것이다. 턱을 내리고 발성하기, 턱을 올리고 발성하기, 입술을 붙이거나 오므리고 발성하기, 혓몸을 앞으로 하고 발성하기 등을 연습한다. 그리고 발성 중에 턱을 상하로 반복해서 움직이도록 한다. 처음에는 치료사의 다양한 단서가 필요하지만, '이아이아……' '우아우아……' '마마……' '떼떼……' '꺼꺼……' 등 발성을 유지하면서 음절을 반복하는 경험을 쌓도록 해야 한다. 음절 반복 경험이 쌓이면, 말 산출 기관을 어떻게 움직일 때 어떤 말소리가 산출되는지가 자동화되어, 소리를 듣고 언어를 모방할 수 있게 된다.

임상 노트 6-3

무발화 아동의 다양한 접근

만 2세가 넘어 3세를 향해 가는데도 아동이 말을 못 하면 많은 부모가 불안해하면서 이런저런 치료실을 찾아 다닌다. 이때 무발화 아동에게 무조건 '말'을 가르치는 경우가 있다. 그러나 아동이 말을 못 하는 건지 또는 안 하는 건지, 그리고 그 이유가 무엇인지를 잘 따져서 치료 방향을 정해야 한다.

무발화 아동의 첫 번째 유형은 세상에 별 관심이 없는 아동이다. 사물을 기능적으로 사용하기보다는 감각적으로 사용하고, 사람에 관한 관심도 별로 없어서 치료사를 의식하지도 않는다. 이런 아동은 의사소통하려는 의도 자체가 많지 않아서, 구어 의사표현뿐만 아니라 눈짓이나 몸짓 의사표현도 드물다. 이 아동에게는 사물과 사람에게 관심을 갖게 하는 치료가 필요하다. 세상에 관심이 생기고 소통에 의도가 생기면 상대방의 말에 집중하게 되고 말을 배우게 된다. 만약 소통 의도 자체가 없는 아동에게 무조건 단어 모방만 무한 반복시키면, 상대방의 입모양을 쳐다보고 똑같이 따라 하는 것을 유일한 소통 방법으로 학습한다. 기계적으로 모방은 하지만, 모방 이외의 상황에서는 배운 내용을 잘 사용하지 않는다.

두 번째는 몸짓 의사표현은 활발한데 발성 의사표현은 거의 없는 아동이다. 이 중에는 언어 표현(특히 음운)을 모르는 아동도 있고, 언어 표현은 아는데 발성이 어려운 아동도 있다. 언어 표현을 모르는 아동이라면 상황에 맞는 언어 표현을 인식하기 쉽게 알려 주고 효과적으로 기억시켜야 한다. 하지만 발성만 어려운 아동이라면 언어 표현 전에 의도적 발성의 자동화를 연습해야 한다. 발성 동작이 어려운 아동에게 상황에 맞는 언어를 들려주기만 한다면, 이해력과 몸짓 표현력은 향상되어도 언어 표현력이 좋아지기는 어렵다.

세 번째는 몸짓 및 발성 의사표현은 활발한데 단어 표현은 거의 없는 아동이다. 이 중에는 상황에 맞는 언어 표현을 모르는 아동도 있고, 언어 표현은 아는데 조음만 어려운 아동도 있다. 조음만 어려운 아동이라면 조음을 하면서 발성을 하는 훈련이 필요하며, 기본적인 음소나 음절의 연쇄 훈련을 해야 하고 조음 난이도를 체계적으로 높여 가야 한다. 만약 조음과 발성의 협응이 어려운 아동에게 조음 난이도의 고려 없이 의미 난이도만 고려한 언어 표현을 모방하게 하면, 발성 동작이 약화하거나 한 음절씩 끊어서 말하거나 성문이나 연인두문에서 기류를 변형하는 증상이 유발될 수 있다.

마지막으로 심리적 문제나 환경적 문제로 말을 잘 안 하는 아동이다. 의사소통 의도도 있고, 언어 표현도 알고, 발성이나 조음도 그리 어렵지 않지만, 눈짓만 해도 아동의 요구가 관철되는 환경에 있거나 불안 등의 심리적인 문제 때문에 말을 안 하는 아동도 있다. 이 경우에는 부모 교육을 통해 환경을 바꾸거나 심리 전문가에게 의뢰할 필요가 있다.

4. 첫 50단어 시기의 말소리 발달

옹알이를 통해 말소리 산출 경험을 쌓은 아동은 같은 목적을 달성하기 위해 일관된 말소리 패턴을 사용하기 시작한다. 처음에는 성인어와 다른 형태를 사용하기도 하지만 점차 성인어와 비슷한 형태로 바뀐다. 성인어 형태와 다소 차이가 있지만 특정 상황에서 일관되게 사용하는 말 산출 형태를 원시 단어(protowords, invented words)라고 부르기도 한다.

첫 단어 출현 이후 1세 후반이나 2세 전반까지는 단어로 의사소통을 한다. 이 시기에 아동은 말소리를 단어단위로 취급하는 경향이 있다. 이 시기의 말소리 특징은 표현언어가 몇 개 되지 않는 언어발달지체 아동의 평가와 치료에 유용한 정보를 제공해 준다. 이 시기 말소리 산출의 특징은 제한성과 변이성으로 요약할 수 있다.

1) 말소리 산출의 특징

(1) 제한성

첫 50단어 시기에는 말소리 산출이 제한된다. 이러한 제한성은 말소리 목록(inventory), 말소리 위치(position), 말소리 연쇄(sequence) 모두에서 나타난다. 말소리가 제한된 아동에게는 동음이의어(homonyms)가 많다. 예를 들어, '할아버지, 아저씨, 같이'를 모두 [아찌]로 발음한다. 그러므로 우리는 상황을 보고 아동이 무슨 말을 하는지 파악해야 한다.

말소리 목록의 제한성 이 시기의 아동은 대체로 단모음을 자유로이 산출한다. 1세 이전에는 /아, 어, 으/의 산출이 주를 이루지만 점차 전설모음인 /이, 에/와 원순모음인 /오, 우/의 산출로 확대되어 1세 후반이 되면 거의 성인의 음소빈도와 비슷한 비율로 단모음을 산출한다(안미리, 김홍모, 김태경, 2004).

이 시기의 아동은 자음의 산출이 제한된다. 배블링과 단어에서 2회 이상 산출한 자음은 대략 9개월에 5개, 12개월에 7개, 15개월에 9개, 18개월에 10개였다(하승희, 박보라, 2015). 구체적으로 9개월에 빈번한 음소는 /ㅂ,ㅃ,ㅁ,ㄴ,ㅎ/로, 양순음과 치경음, 파열음과 비음의 산출이 많았다. 12개월에는 연구개음이 추가되어 /ㅂ,ㄷ,ㄱ,ㅃ,ㄸ,ㅁ,ㄴ,ㅎ/가 빈번하였고, 15개월에는 파찰음이 추가되어 /ㅂ,ㄷ,ㄱ,ㅃ,ㄸ,ㄲ,ㅁ,ㄴ,ㅇ,ㅈ,ㅎ/가 빈번하였다. 그러나 18개월까지도 마찰음과 유음인 /ㅅ,ㅆ,ㄹ/의 산출은 제한되었다.

1세 아동은 표현 어휘 수가 많지 않기 때문에 빈번한 자음은 표현 어휘에 크게 좌우된다. 12~24개월 아동 90명의 자발화 자료(배소영, 김민정, 2005)에서 표현 어휘 수가 10개 정도인 아동 20여 명이 공통으로 표현한 어휘는 '으, 엄마, 아빠, 네, 이거'였다. 비록 5개밖에 되지 않는 어휘이지만, 여기에는 다양한 높이와 위치의 평순모음이 모두 포함되어 있고, 자음은 비음, 경파열음, 평파열음의 세 가지 조음방법과 양순음, 치경음, 연구개음의 세 가지 조음위치가 포함되어 있다.

아동의 초기 단어에는 유난히 양순음이 많다. 성인어의 음소빈도에는 양순음이 그리 많지 않기 때문에, 아동의 양순음 선호는 성인 언어의 영향은 아니다. 가장 먼저 떠오르는 양순음의 특징은 시각적으로 명확하다는 점이다. 그 밖에 조음운동 측면에서 모음 조음의 영향을 적게 받는 특성도 있다. 예를 들어, '엄마'나 '아빠'의 /ㅁ,ㅃ/는 입술로 발음하기 때문에 혀는 계속 /아/ 위치에 있으면 되지만, '안아'나 '아가'의 /ㄴ,ㄱ/는 혀로 발음하기 때문에 앞뒤의 /아/ 모음 동작을 위해 혀가 상하전후로 민첩하게 움직여야 한다. 이러한 조음운동의 편의성 때문에 아동의 초기 단어에는 양순음이 포함된 단어가 많다.

또한 아동의 초기 단어에는 파열음의 경우 경음이 많고, 비음의 경우 겹자음이 많다. 예를 들어, 첫 단어인 '아빠'나 '엄마'의 발음은 [아바]나 [어마]가 아니고 [아빠]와 [엄마]이다. 아동은 조음기관의 움직임이 민첩하지 못해서 말속도가 성인보다 느리고 구강의 폐쇄 시간이 두 배나 길다. 구강의 폐쇄 구간이 길면 파열음은 경음으로, 비음은 겹자음으로 산출된다([그림 6-4] 참조).

그림 6-4 자음의 길이 비교: (좌) 평음과 경음, (우) 비음과 겹비음

음절 구조의 제한성 아동은 언어 보편적으로 CV 음절 구조를 선호한다. 똑같은 모음과 자음의 결합이라도 VC보다 CV를 더 쉽게 산출한다. 예를 들어, 같은 /ㅂ/와 /이/의 결합이라도 '비'보다 '입'의 발음을 어려워해서, '비'는 정확히 발음해도 '입'은 [이]로 발음할 수 있다.

초성과 종성이 모두 있는 CVC 음절 구조는 CV나 VC 음절 구조보다 발음하기가 더 어렵다. CVC 단어에서 초성과 종성을 모두 산출하기 어려운 아동은 주로 종성을 생략한다. 예를 들어, '무, 네'에서 초성 /ㅁ,ㄴ/는 정확히 산출하지만 '뱀, 돈'에서 종성 /ㅁ,ㄴ/는 생략하여 [배, 도]로 발음하는 경우가 많다.

다음절어를 한 음절씩 분리하여 음절 구조를 분석한 연구를 보면, 9~18개월 아동의 배블링과 단어에서 CV 음절 구조가 50% 이상을 차지하였고 V 음절 구조가 20%를 차지하였으나, VC 음절 구조와 CVC 음절 구조는 각각 15%와 5%에 불과하였다(하승희, 박보라, 2015). 12개월과 24개월 아동의 음절 구조 비교에서도 V 음절 구조는 70%에서 30%로 감소하는 반면, CV 음절 구조는 18%에서 45%로, VC 음절 구조는 10%에서 18%로, 그리고 CVC 음절 구조는 1%에서 9%로 증가하였다(정경희, 배소영, 김기숙, 2006).

이 시기의 아동은 단어단위로 말소리를 습득하는 경향이 있으므로 단어단위의 음절 구조를 살펴볼 필요가 있다. 단어의 음절 구조를 분석한 연구를 보면(배소영, 김민정, 2015), 초기 단어에는 CV('빼, 또, 코'), VCV('아빠, 아니, 이거'), 동일음절 반복의 CVCV('빠빠, 닫아, 까까, 나나') 음절 구조가 많았다. 우리말에서는 첫 낱말이 주로 '아빠, 엄마'인 것에서 알 수 있듯이, VCV 음절 구조나 동일자음의 VCCV 음절 구조도 일찍 발달한다. 즉, 턱을 올려 자음 동작을 먼저 하는 것보다 턱을 내려 발성 동작을 먼저 하는 것을 선호한다. 종성이 초성보다 생략되기 쉬운 음절 위치이기는 하지만, 우리말 특성상 '엄마, 언니'처럼 같은 자음이 연쇄되는 겹자음에서의 종성은 일찍부터 정확히 산출할 수 있다.

말소리 연쇄의 제한성 표현 어휘 수가 몇 개 되지 않는 아동은 자음과 모음의 연쇄에도 제한이 따른다. 앞에서 설명했듯이 음절 산출 시 조음 동작의 기본 틀은 턱의 상하 움직임이기 때문에 양순음은 중설모음과 결합하기 쉽고, 치경음은 전설모음과 결합하기 쉬우며, 연구개음은 후설모음과 결합하기 쉽다(MacNeilage, 1998).

표현 어휘 수가 10개 정도인 아동의 대표적인 표현 어휘인 '으, 엄마, 아빠, 네, 이거'에도 이러한 제한이 정확히 드러나 있어서, /ㅁ,ㅃ/는 /아/와, /ㄴ/는 /에/와, /ㄱ/는 /어/와 결합하여 있다. 표현 어휘 수가 10개 이상이 되면 다양한 자음과 모음의 결합으로 확대된다.

이 시기 아동에게 길이가 긴 단어의 산출은 매우 어려운 과제이다. 이 시기의 아동은 1~2음절어 산출은 쉽지만 3~5음절어 산출은 어려워하여 '아이스크림'을 [아낌]으로 줄여서 발음한다.

단어의 길이가 짧더라도 말소리 연쇄가 복잡할 수 있다. 이 시기에는 이러한 복잡한 말소리 연쇄도 제한된다. 첫 번째가 CGV의 연쇄이다. 예를 들어, 이 시기의 아동은 '별'을 [벌]로 발음하기도 한다. 이는 활음의 발음이 어려워서가 아니라 자음+활음+모음의 연쇄가 어렵기 때문이다. 감탄사 '이야'나 '우와'처럼 활음 앞에 자음이 없을 때는 활음을 정확히 산출하는 아동이 많다. 일반적으로 1세 전반에 /j/계 이중모음이 출현하기 시작하여 1세 후반에 /w/계 이중모음으로 확대된다(안미리, 김융모, 김태경, 2004; 홍경훈, 심현섭, 2002).

또 다른 복잡한 말소리 연쇄로 서로 다른 자음이 연이어 오는 CC 연쇄를 들 수 있다(같은 자음이 연쇄되는 겹자음은 제외). 모음 사이에 서로 다른 두 자음이 연쇄되면 발음이 무척 어려워진다. 그래서 이 시기의 아동은 '김'의 종성 /ㅁ/를 정확히 산출할 수 있음에도 '김치'는 [기치]나 [긴치]로 발음한다.

(2) 변이성

이 시기 말소리 산출의 두 번째 특징은 변이성(variability)이다. 변이성은 두 가지 차원에서 관찰된다. 우선 개인 내에서 말소리 산출에 변화가 많다. 그래서 같은 단어를 매번 다르게 발음한다. 예를 들어, '사탕'을 어떤 때는 [아따]로, 어떤 때는 [아탕]으로, 또 어떤 때는 [따따]로 발음한다. 아직 음성 계획 및 운동 조절 능력이 미숙하기 때문이다. 그뿐만 아니라 같은 음소를 단어마다 다르게 발음한다. 예를 들어, '네'는 [네]로, '누나'는 [우나]로, '나무'는 [마무]로 발음한다. 단어에 따라서 /ㄴ/를 바르게 산출하기도 하고, 생략하기도 하며, 다른 음으로 대치하기도 한다. 음소 산출이 단어마다 다른 것은 이 시기 아동의 말 산출 단위가 음소가 아닌 단어 전체이기 때문이다.

이 시기에는 개인 간에도 말소리 산출에 차이가 크다. 아동마다 학습속도가 달라서 개월 수가 같아도 몇 개 말소리밖에 산출하지 못하는 아동이 있고 여러 말소리를 산출하는 아동이 있다. 학습 스타일도 다르다. 체계적이고 안정적인 학습 스타일의 아동은 분절음을 강조하고 단어마다 안정된 발음을 보이기 때문에 명료도가 높다. 반면, 탐험적이고 가변적인 학습 스타일의 아동은 초분절음을 강조하고 단어마다 가변적 발음을 나타내기 때문에 명료도가 낮다(Vihman & Greenlee, 1987).

(3) 단어단위 분석

Ingram(2002)은 이 시기의 말 산출 특징인 제한성과 변이성을 나타내는 수치로 단어단위 분석을 제안하고, 단어단위 분석으로 단어단위 정확률(proportion of whole-word correctness: PWC), 평균음운길이(phonological mean length of utterances: PMLU),[3] 단어단위 근접률(proportion of whole-word proximity: PWP), 단어단위 변화율(proportion of whole-word variability: PWV)을 제안하였다. 단어단위 정확률이란 단어 중에서 정확하게 발음한 단어의 비율이고, 평균음운길이란 단어마다 산출 음운 수와 정조음 자음 수를 더하여 평균한 값이며, 단어단위 근접률이란 단어마다 산출해야 하는 음운길이 중 아동이 산출한 음운길이의 비율이고, 단어단위 변화율이란 정조음 여부와 상관없이 단어마다 반복 횟수에 따른 다른 형태 수의 비율이다.[4] Ingram은 1세 아동 4명의 발화를 분석하여 단어단위 정확률이 평균 12%이고, 평균음운길이가 3.2이며(범위 2.5~3.5), 단어단위 근접률이 평균 64%라고 하였다.

본래 단어단위 분석은 단단어 발화를 주로 사용하는 1세 아동의 음운 능력을 나타내는 지표로 제안되었으나 우리말 연구에서는 주로 2세 이상의 아동을 대상으로 하였다. 연구마다 결과는 조금씩 다르지만 2세 아동의 단어단위 정확률은 단어 검사의 경우 40%대, 자발화의 경우 50%대였다. 자발화에는 아동에게 친숙한 단어가 많지만, 단어 검사에는 아동에게 익숙하지 않은 단어도 포함되어 있으므로 자발화

---

3) '단어단위' 분석임을 강조하기 위해 '단어단위 복잡률'이라는 용어가 사용되기도 하였으나, 단어단위 분석 중 유일하게 그 수치가 비율이 아니므로 평균음운길이라는 용어를 사용하기로 한다.

4) '이거'라는 단어를 [거, 이어, 이어, 이더]로 발음했다면 총 4회 반복 중에 세 가지 유형의 발음이 나타났으므로 '단어단위 변화율'은 3/4=75%이다. 단어단위 변화가 심할수록 수치가 커진다. 단어단위 분석의 구체적인 계산법은 10장에서 다루기로 한다.

에서의 정확률이 더 높을 수 있다. 그리고 2세 아동의 평균음운길이는 6 이상이었고,[5] 단어단위 근접률은 80%대였다(박희정, 황하정, 박현, 2011; 윤미선, 김정미, 김수진, 2013; 하승희, 설아영, 소정민, 배소영, 2016). 변이성과 관련해서는 2세의 단어단위 변화율은 약 40%였고, 2세 전반에 50%대에서 2세 후반에 30%대로 줄어들었다(박희정, 황하정, 박현, 2011; 김희윤, 하승희, 2016).

2) 말소리 산출의 오류

아동은 자신이 산출할 수 없는 말소리에 대해 자신이 산출할 수 있는 방법으로 단순화(simplification)하여 발음한다. 그 결과 생략(deletion), 반복(repetition) 및 동화(assimilation), 대치(substitution) 등의 오류가 나타난다. 그런데 이러한 오류는 무작위가 아니라 패턴으로 반복해서 나타난다. 아동에게서 관찰되는 오류패턴은 크게 단어단위(whole-word) 오류패턴과 분절음 변화(segment-change) 오류패턴으로 나뉜다(Bernthal & Bankson, 2004). 단어단위 오류패턴은 단어나 음절의 구조 또는 단어 내 분절음의 대조를 단순화하기 위하여, 음절이나 음소를 생략하거나 반복하는 현상을 일컫는다. 분절음 변화 오류패턴은 단어나 음절의 구조 또는 단어 내 다른 분절음과 상관없이 특정 분절음을 생략, 대치, 왜곡하는 현상을 일컫는다. 단어로 의사소통을 하는 1세부터 2세 전반까지의 시기에 관찰되는 변동은 다음과 같다. 실제 발화 예는 〈부록 6-1〉의 연구에서 발췌하였다.

(1) 단어단위 오류패턴

생략 및 축약 이 시기의 아동은 길거나 복잡한 구조의 단어를 산출하기 어렵다. 이때 사용하는 첫 번째 단순화 전략이 생략이다. 즉, 긴 음절의 단어는 음절을 생략하거나 축약하고, 복잡한 구조의 단어는 활음이나 자음을 생략한다. 만약 초성과 종성 중 하나를 생략한다면 종성을 생략하는 것이 일반적이다. 이 시기에 초성 생략은 드물게 나타나지만 음절 생략, 활음 생략, 종성 생략은 빈번하며, 이 시기의 빈번

5) 평균음운길이 6 이상이라는 수치는 정확한 자음 한두 개가 포함된 다양한 구조의 2~3음절을 산출하는 정도의 수행률을 나타낸다(예: 포도 → [포도], 단추 → [단투], 자동차 → [다도타]).

한 음절 생략, 활음 생략, 종성 생략은 3세나 4세 아동에게도 특정 문맥에서 종종 나타난다(김태경, 백경미, 2010). 다음은 자발화에서 1~2세 아동에게서 관찰된 생략 및 축약의 예이다.

• 음절 생략 및 축약	아저씨 → [아찌], 할머니 → [안니], 아이스크림 → [아낌]
• 활음 생략(단모음화)	여기 → [어기], 과자 → [가자], 의자 → [이자]
• 종성 생략	물 → [무], 옷 → [오]

반복 및 동화 이 시기의 아동이 복잡한 구조의 단어 산출을 단순화하는 두 번째 전략은 반복이다. 어린 아동은 한 단어에서 여러 음소를 서로 다르게 취급하는 것을 어려워한다. 그래서 같은 음절을 반복하거나 같은 음소를 반복한다. 음절을 반복하는 현상은 음절 반복(reduplication)이라고 하고, 모음이나 모음 자질을 반복하는 현상은 모음 조화(vowel harmony)라고 하며, 자음이나 자음 자질을 반복하는 현상은 자음 조화(consonant harmony)라고 한다. 이 중에서 모음 조화는 이 시기에만 드물게 나타나고, 음절 반복이나 자음 조화는 이 시기에 빈번하게 나타나다가 3세가 되면 거의 사라진다. 다음은 자발화에서 1~2세 아동에게서 관찰된 반복 및 조화의 예이다.

• 음절 반복	책 → [치치], 포비 → [포포], 짝짜꿍 → [꼬꼬꼬]
• 모음 조화	안녕 → [안냥], 아저씨 → [아자찌], 빨래 → [빠따]
• 자음 조화	나비 → [마비], 고추 → [고꾸], 가방 → [가강, 바방]

자음 연쇄 단순화 서로 다른 두 개의 자음을 연이어 산출해야 하는 어중 위치에서도 두 분절음의 대조를 단순화하는 현상이 빈번하다. 이는 단어단위 오류의 일종으로, 단순화 방법 또한 음소를 생략하거나 반복하는 것이다. 자음 연쇄에서 주로 단순화되는 위치는 종성으로, 종성이 생략되거나 종성이 초성의 조음위치에 역행 동화된다. 인접한 두 자음에서 관찰되는 이러한 직접 동화를 떨어진 두 자음에서 관찰되는 자음 조화와 구분하여 어중 자음 연쇄 단순화(median simplification)라고

부른다. 이 오류는 3세까지 빈번하고 4세에도 종종 관찰된다(김민정, 2006; 김수진, 2012). 다음은 1~2세 아동의 자발화에서 관찰된 자음 연쇄 단순화의 예이다.

- 어중 자음 연쇄 단순화
  - 생략 김밥 → [기빱], 양파 → [야파]
  - 조음위치 역행 동화 침대 → [친대], 양파 → [얌파], 책상 → [채(쵇)쌍][6]

기타 빈번하지는 않지만 자음의 첨가, 특정 음운 구조의 선호가 나타나기도 하고, 두 음절이나 자음을 서로 바꾸어 말하는 도치(metathesis)나 이동(migration) 오류가 관찰되기도 한다. 이러한 오류는 단어 출현기에만 드물게 나타난다. 다음은 자발화에서 1~2세 아동에게 관찰된 기타 오류의 예이다.

- 자음 첨가
  - 초성 첨가 우산 → [무단], 여우 → [녀우], 피아노 → [피나노]
  - 종성 첨가(겹자음화) 나무 → [남무], 누나 → [눈나]
- 특정 음운 구조 선호
  - VCV 선호 배, 코코, 안녕 → [이바, 이고, 으네]
  - 동일 종성 첨가 사슴 → [탐틈], 단추 → [단쭌]
- 도치 및 이동
  - 음절 도치 및 이동 사과 → [과다], 스티커 → [까띠], 트렁크 → [렁크덩]
  - 자음 도치 및 이동 빨대 → [딸빼, 빠땔], 장갑 → [장박], 축구 → [꾸쭈]

6) 이 현상은 '생략' 범주에 포함되기도 한다. 장애음에서 어중 종성의 조음위치가 어중 초성의 조음위치로 역행 동화되면 동일위치 장애음 탈락 현상이 적용되어 어중 종성이 생략된다.

임상 노트 6-4 **'아동용 발음평가(APAC)'에서 관찰된 2세 후반 아동의 단어단위 오류의 예**

'아동용 발음평가'는 1~3음절 단어 37개로 다양한 음운 환경에서 모음 및 자음의 발음을 알아보는 검사이다. 2세 후반 아동에게 자주 관찰되다가 3세에는 거의 나타나지 않은 단어단위 오류 패턴은 자음 조화와 종성 생략이었다. 검사어의 최대 길이가 3음절이라서 음절 생략이나 축약은 빈번하지 않았다. 그리고 종성 생략은 다양한 음소에서 관찰되었지만, 자음 조화는 양순음 조화와 연구개음 조화가 많았다.

(ㄱ) 단모음화: 안경 → [앙겅], 병원 → [벙언], 바퀴 → [바끼], 화장실 → [하자실]

(ㄴ) 음절 반복: 사탕 → [탕탕]

(ㄷ) 자음 조화
- 양순음 조화: 빗 → [빕], 나무 → [마무], 햄버거 → [해버버], 포도 → [포보]
- 연구개음 조화: 꽃 → [꼭], 딸기 → [가끼], 토끼 → [꼬끼], 거북이 → [거구기]
- 치경음 · 경구개음 조화: 포도 → [또도], 단추 → [잔추]

(ㄹ) 종성 생략
- 양순음 생략: 뱀 → [배], 눈사람 → [눈따야], 장갑 → [장가]
- 치경음 생략: 우산 → [우다], 병원 → [버여], 꽃 → [꼬], 빗 → [비]
- 연구개음 생략: 사탕 → [타타], 안경 → [앙거], 책 → [채]

(2) 분절음 변화 오류패턴

모음 모음 관련 오류는 주로 1세 아동에게서 관찰된다. 혀의 높낮이와 관련해서는 저모음을 고모음으로, 혀의 위치와 관련해서는 후설모음을 전설모음으로 대치한다. 그러나 원순성과 관련해서는 평순모음을 원순모음으로 대치하기도 하고, 원순모음을 평순모음으로 대치하기도 한다. 다음은 자발화에서 관찰된 1~2세 아동의 모음 관련 분절음 변화 변동의 예이다(안미리 외, 2004).

- 중모음의 고모음화 할머니 → [함믄니], 책 → [치], 배꼽 → [배꿉]
- 전설모음화 끝 → [끼], 무서워 → [무데워]
- 원순모음화 어깨 → [오께], 아퍼 → [아포]
- 평순모음화 곰 → [금], 뿔 → [쁘]

자음　자음 관련 분절음 변화 오류패턴이란 단어나 음절의 구조나 구성과 상관없이 특정 자음을 생략하거나 대치하거나 왜곡하는 현상을 일컫는다. 자음 변화 오류는 비음, 파열음, 파찰음, 유음, 마찰음 순서로 빈도가 높다. 늦게 발달하는 파찰음, 마찰음, 유음은 조음방법 오류에 집중되어 있으며 5세까지도 계속된다.

/ㅈ,ㅉ,ㅊ/의 경우 1세와 2세 모두 파열음으로의 대치가 주를 이룬다. /ㅅ,ㅆ/의 경우 1세에는 파열음이나 파찰음으로 대치하는 오류가 모두 관찰되지만, 2세에는 파열음으로 대치하는 오류가 주를 이루고, 파찰음으로의 대치는 고모음 앞에서만 나타난다. /ㄹ/의 경우 1세와 2세 모두 생략과 활음으로의 대치가 주를 이루고 파열음으로의 대치가 종종 나타나지만, 비음으로의 대치는 드물게 관찰된다. 다음은 자발화에서 1~2세 아동에게 관찰된 파찰음, 마찰음, 유음 변화 변동의 예이다(김태경, 안미리, 2004).

- /ㅈ,ㅉ,ㅊ/ 오류
  - 파열음화　　이쪽 → [이똑], 책 → [태]
- /ㅅ,ㅆ/ 오류
  - 파열음화　　손 → [똔], 무서워 → [무터어]
  - 파찰음화　　수박 → [추박], 글씨 → [글찌]
- /ㄹ/ 오류
  - 생략　　물 → [무], 우리 → [우이]
  - 활음화　　싫어 → [시여], 꿀꿀 → [꾸이꾸이]
  - 파열음화　　싫어 → [시더], 호랑이 → [호당이]
  - 비음화　　몰라 → [몬나], 파란 → [파난]

비음과 파열음에는 조음위치, 조음방법, 발성유형에 오류가 나타날 수 있다. 그러나 비음과 파열음의 오류는 빈도가 그리 높지 않으며 3세에는 거의 관찰되지 않는다. 조음위치 측면에서는 연구개음을 경구개음으로 대치하는 오류가 가끔 관찰되는데, /이/ 모음 앞에서만 나타나는 경향이 강하다. 조음방법 측면에서는 비음을 파열음으로 대치하기도 하고, 파열음을 비음이나 파찰음으로 대치하기도 하는데, 비음의 파열음 대치는 초성 양순음 /ㅁ/에서만 나타나고 파열음의 비음 대치는 종성 양순음 /ㅂ/에서만 나타나는 경향이 강하다. 발성유형 측면에서는 1세에는 다양한 대치가 나타나지만 2세에는 평음이나 격음을 경음으로 대치하는 현상과 어두에서 평음을 격음으로 대치하는 현상이 주로 관찰된다. 다음은 1~2세 아동의 자발화에서 관찰된 파열음 및 비음 변화 변동의 예이다(김태경, 안미리, 2004).

- 조음위치 변화
  - 연구개음의 경구개음화 여기 → [여지], 토끼 → [또찌]
- 조음방법 변화
  - 비음의 파열음화 나무 → [나부], 물 → [부]
  - 파열음의 비음화 밥 → [밤], 배꼽 → [배꼼]
  - 파열음의 파찰음화 달 → [잘], 두개 → [주개]
- 발성유형 변화
  - 평음의 경음화 공 → [꽁], 어부바 → [어부빠]
  - 격음의 경음화 팔 → [빠], 친구 → [찐구]
  - 평음의 격음화 귀 → [키], 배 → [패]

3) 운율의 발달

1~2세 아동도 동음이의어를 감소시키기 위해, 그리고 의사소통 기능을 변별하기 위해 억양을 사용한다. 억양은 발화의 끝음절의 음높이 변화로 실현된다. 처음 말을 배울 때는 음도의 변화가 적다. 끝음절의 음도 변화도 적고, 마지막 두 음절의 음도 차이도 적어서 평탄조로 말하는 비율이 높다. 그리고 상승 억양보다는 하강 억양이 더 일찍 발달한다. 상승 억양을 위해서는 발화 끝까지 성문하압을 유지하고 발성 근육을 긴장시켜야 하기 때문이다(김태경, 김명희, 2004).

아동은 성인보다 말속도가 느리다. 특히 구강의 폐쇄 구간이 성인보다 길어서 평음의 긴장음화(예: 포도 → [포또])나 비음의 겹자음화가 일어나기도 한다(예: 안아 → [안나]). 또한 아동은 자신의 말속도와 동일한 속도의 문장을 더 잘 따라 한다. 그러므로 언어치료사는 상황에 맞게 자신의 말속도를 자유자재로 바꿀 수 있어야 한다.

부록 6-1 우리말 음운 습득 연구

저자	연도	아동 수	나이[1]	제공된 정보	자료 유형
권경안 외	1979	33	3;3~6;0	자음의 발달 및 음운변동	자발화 및 단어
권경안	1981	20	3;3~5;5	모음의 발달 및 음운변동	자발화
엄정희	1986	150	3~5세	자음의 습득연령	단어
김영태	1992	48	2;0~6;5	음운변동률	단어
김영태, 신문자	1992	50	2;0~6;5	음운변동률	단어
배소영	1994	10	1;4~3;11	출현 자음 및 음절 유형, 음운변동	자발화
엄정희	1994	150	3~5세	/ㄹ,ㅅ,ㅆ/의 오류패턴, 모음의 습득	단어
배소영	1995	320	0;5~7;1	자음의 습득연령	자발화
김영태	1996	155	2~6세	자음의 정확도 및 습득연령	단어
전희정, 이승환	1999	286	2~7세	/ㅅ,ㅆ/의 정확도 및 오류패턴	단어
박애경, 이승환	2000	176	2~5세	/ㅈ,ㅅ,ㄹ/의 정확도	무의미음절
김민정, 배소영	2000	24	2~4세	자음의 음운변동	단어
전희숙, 신명선, 권대도	2002	60	3~5세	/ㄹ/의 정확도	무의미음절
홍진희, 배소영	2002	50	2~5세	종성의 정확도	단어
홍경훈, 심현섭	2002	1	1;6부터 6개월간	출현 자음 및 음절 유형	자발화
안미리, 김태경	2003	22	0;4~2;10부터 1년간	자음의 습득	자발화
안미리, 김응모, 김태경	2004			모음의 습득	
김태경, 안미리	2004			음운변동	
김태경, 김명희	2004			운율의 발달	
배소영, 김민정	2005	90	1;0~1;11	출현 자음 및 음절유형, 음운변동	자발화
김민정, 배소영	2005	220	2;6~6;5	자음의 정확도, 습득연령	단어
김민정	2006	220	2;6~6;5	음운변동	단어
정경희, 배소영, 김기숙	2006	30	12, 18, 24개월	출현 자음 및 음절 구조	자발화
김태경, 백경미	2010	96	3~6세	음운변동	자발화
배재연, 고도홍	2010	88	1~18개월	음성	자발화
박상희	2011	57	3;0~4;11	이중모음의 발달	단어 및 문장
박희정, 황하정, 박현	2011	40	2;0~2;11	단어단위 음운 특성	단어
김미진, 하승희	2012	40	24~48개월	말 명료도	단어

김수진	2012	32	3;0~4;11	어중 종성의 발달	3음절 고유명사
박현, 석동일	2012	120	2~4세	단어단위 음운 특성	단어
김수진, 김정미, 윤미선	2013	30	2~4세	말 명료도	자발화
김수진, 김정미, 윤미선	2013	60	2;0~4;11	단어단위 음운 특성	자발화
최민실, 김수진	2013	32	3;0~4;11	형태소 유형별 /ㄹ/ 발달	자발화
김수진	2014	40	2세, 4세	음운 오류패턴	자발화
하승희, 설아영, 배소영	2014	38	5~20개월	초기 발성	자발화
하승희, 박보라	2015	10	9개월부터 18개월까지	초기 발성, 출현 자음 및 음절 구조	자발화
김희윤, 하승희	2016	22	2;1~2;11	단어 변이성, 음소 변이성	자발화
박은희, 윤미선	2016	5	2;2~3;4부터 2년간	분절음 및 단어단위의 다양한 지표	자발화
하승희, 설아영, 소정민, 배소영	2016	44	24~36개월	출현 자음 및 음절 구조, 단어단위 분석, 자음정확도	자발화
신원영, 강은희, 이지윤	2017	45	2;6~3;11	이중모음 발달 특성	단어
Kim, Kim, & Stoel-Gammon	2017	60	2~4세	자음의 습득연령	자발화
송인미, 성철재	2018	102	2;1~4;1	단모음 및 이중모음의 산출	음절 및 단어 모방
류은주, 김미진, 하지완	2019	398	2~7세	발성 유형 정확도 및 오류패턴	단어
하승희, 피민경, 김민정	2019	251	5;6~6;11	자음정확도, 습득연령	1음절 단어
신문자, 하지완, 김영태, 김수진	2019	620	2;6~7;11	자음정확도, 단어단위 분석	단어

[1]1년 단위의 연구는 '○세'로 표시하고, 1년 이하 단위의 연구는 '○;○(세;개월)' 또는 '○개월'로 표시하였다.

제7장

후기 말소리 발달

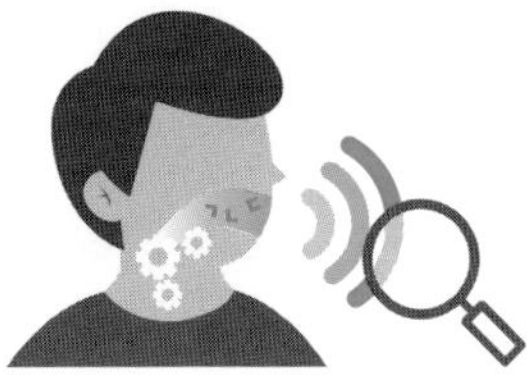

어떤 광고에서 어린 아동이 "엄마! 어드메더 냄태나!"라고 말하는 것을 들은 적이 있다. 하지만 시청자 누구도 그 발음을 문제 삼지 않는다. 초등학생이 그렇게 말했다면 이상하게 여겼겠지만, 이 또래 아이들은 그렇게 말할 수도 있기 때문이다. 발음 문제를 진단해야 하는 언어치료사에게 음운 발달에 대한 정보는 자세히 알고 있어야 하는 중요한 것이다.

2~5세 아동은 언어 발달 측면에서 단어 수가 기하급수적으로 늘어나고 문법 규칙을 습득하여 문장으로의 의사소통이 가능해진다. 또한 음운 발달 측면에서 다양한 음운을 일관되게 산출하게 되고 점차 정확한 말소리로 의사를 전달할 수 있게 된다. 학령기가 되면 아동은 대부분의 말소리를 정확하게 산출할 수 있다. 그러나 말 산출의 시간적 · 공간적 협응 능력은 청소년기까지도 발달하여, 학령기 아동은 학령전기 아동보다 더욱 빠르고 정확한 말 산출이 가능해진다.

이 장에서는 음운 습득기의 말소리 산출을 다양한 측면으로 살펴볼 것이다. 우선 연령별로 상대방이 아동의 말소리를 얼마나 이해할 수 있는지, 아동은 말소리를 얼마나 정확히 산출하는지 알아보겠다. 그리고 우리말 음운은 각각 몇 세쯤 습득되고,

발달 과정에서 어떤 오류패턴이 흔히 관찰되는지를 알아보겠다. 그리고 마지막으로 글자와 소리의 관계를 학습하는 데 중요한 음운 인식 능력의 발달에 대해서도 살펴보겠다.

1. 말소리 지각 능력

2~5세 아동의 말소리 오류는 지각의 문제가 아닌 운동 통제 또는 음운 표상의 문제일 가능성이 더 높다. 이 시기의 아동은 단어의 말소리를 대체로 정확하게 지각하고 인지한다. 그러나 상황에 따라 말소리 지각에 오류를 보이기도 한다. 예를 들어, 익숙하지 않은 상황에서 익숙하지 않은 단어를 듣게 되면, 아동은 자신이 알고 있는 익숙한 단어로 잘못 지각하기도 한다. 빠른 말을 듣는 경우나 흥미가 없거나 집중력이 떨어진 경우에도 정확한 말소리 지각이 어려울 수 있다.

말소리 지각은 연속 발화에서의 단어 인지로 확대되어야 한다. 연속 발화에서 단어를 인지할 때는 상향식(bottom-up) 정보처리와 하향식(top-down) 정보처리가 모두 사용된다. 상향식 정보처리란 말소리를 듣고 나서 음향 정보를 해석하여 무슨 단어인지를 알아내는 방식이고, 하향식 정보처리란 대화 상황이나 앞에 나온 말의 의미나 통사 정보에 근거하여 앞으로 어떤 말소리가 나올 것인지 예측하는 방식이다. 음운 습득기의 아동은 성인보다 상향식 정보처리 과정에 더 많이 의존하여 단어를 인지하는 경향이 있다. 언어 능력이 발달하면 점차 성인과 비슷한 방식으로 상향식 정보처리와 하향식 정보처리를 적절히 동원하여 음향 신호를 해석하게 된다.

2. 말 명료도 및 정확도

1) 말 명료도의 발달

말 명료도(speech intelligibility)는 이해가능도(comprehensibility)라고도 하는데, 듣는 사람(청자, listener)이 말하는 사람(화자, speaker)의 말을 이해한 정도를 의미한다.[1] 개인의 음운 상태를 결정할 때 가장 중요하게 고려해야 할 사항이 바로 말 명료도이다. 상대방이 내가 한 말을 이해하지 못해서 "뭐라고요?"라고 되묻거나 잘못 이해해서 엉뚱하게 반응했다면, 내가 한 말이 명료하지 못해서 이해가능도가 떨어진 것이다.

말 명료도에는 다양한 요인이 영향을 미칠 수 있다. 말 명료도에 영향을 주는 요인은 크게 화자 요인, 청자 요인, 환경 요인으로 나눌 수 있다. 말 명료도에 영향을 미치는 화자 요인도 매우 다양하다. 우선 화자의 발음이 정확하고 운율이 자연스러우며 음성이 듣기 좋고 흐름이 유창할수록 명료도가 높을 것이다. 또한 화자가 상황과 문맥에 맞는 어휘와 문장을 구사한다면 되묻는 일이 적을 것이다. 결국 화자가 한 말의 분절음과 초분절음, 화자가 표현한 언어의 의미와 형태와 사용 측면이 모두 말 명료도에 영향을 미친다. 한편, 말 명료도는 청자 요인에도 영향을 받는다. 청자가 화자의 말소리에 친숙하고 화자에 대해 많이 알고 있을수록 명료도가 높아진다. 그래서 일반인은 거의 알아듣지 못하는 말을 보호자는 다 알아듣기도 한다. 마지막으로, 말 명료도는 환경 요인에 의해서도 영향을 받는다. 주변 환경이 조용하면 청자는 화자의 말을 더 잘 알아들을 수 있다.

명료도에 영향을 주는 요소가 다양한 만큼 연령별 구체적인 명료도 수치는 연구 대상이나 연구 방법에 따라 크게 달라진다. 청자가 아동에게 친숙한 주 양육자인지 또는 낯선 사람인지, 연구 자료가 단어인지 또는 대화인지, 연구 방법이 대화 전체를 들려줬는지 또는 아동 발화만 들려줬는지 등에 따라서 결과가 달라진다. 예를 들어, 대화 전체를 듣고 아동의 발화를 받아 적게 한 연구에서는 2세 발화의 86%를, 3세 후반 발화의 97%를 이해할 수 있었다(하승희, 황진경, 2013). 이는 맥락이 제공된 상황이므로 발화의 전달력에 초점을 둔 수치이다. 반면, 대화 중 아동의 발화만을 편집하여 들려주고 받아 적게 한 연구에서는 2세, 3세, 4세 발화를 각각 49%, 51%, 57%밖에 이해할 수 없었다(김수진, 김정미, 윤미선, 2013). 이는 맥락이 제공되지 않은 상황이므로 화자의 발음 명료성에 초점을 둔 수치라고 할 수 있다.

해외 연구에 의하면 낯선 사람이 아동과 일상적인 대화를 했을 때 성인은 1세, 2세,

---

1) 말 명료도라는 용어는 분야마다 강조하는 측면이 다르다. 아동의 경우 화자 발음의 명료성보다 화자 발음의 전달력이 더 중요하기 때문에 아동의 말 명료도는 이해가능도의 의미에 더 가깝다.

3세, 4세 아동의 말을 대략 각기 25%, 50%, 75%, 100% 이해하며(Gordon-Brannan, 1994), 3세 후반이 되면 90% 이상의 이해가능도를 보인다(Flipson, 2006). 그러나 주 양육자는 아동이 어떤 상황에서 무슨 말을 하는지를 잘 알고 있기 때문에, 2세 아동의 말이라도 90% 가까이 이해할 수 있다.

2) 모음정확도의 발달

정확도(correctness)란 목표 말소리의 수에서 정확하게 발음한 말소리의 수를 백분율로 나타낸 값이다. 모음정확도의 연구는 자음에 비해 많지 않다. 너무 이른 나이에 습득이 끝나기도 하지만, 방언에 따라 모음의 산출이 다르며 검사자 간 신뢰도도 높지 않기 때문이다(Goldman & Fristoe, 2000). 2~3세 아동 100여 명에게 음절 및 단어 모방 검사를 진행한 최근 연구에 따르면(송인미, 성철재, 2018), 연령별 평균 단모음 정확도는 2;1~2;8집단이 80%, 2;9~3;4집단이 92%였다. 이중모음의 정확도는 이보다 더 떨어져서 초성 없는 문맥에서의 연령별 평균 이중모음 정확도는 2;1~2;8집단이 약 50%, 2;9~3;4집단과 3;5~4;1집단이 약 80%였다. 3~5세의 이중모음 정확도 연구에서는 초성 없는 문맥의 단어와 문장에서 3세에는 85%였고 4세 이후에는 95% 이상이었다(박상희, 2011).

3) 자음정확도의 발달

모음은 첫 50단어 시기에 이미 대부분을 정확하게 산출하므로 음운 습득기에는 주로 자음의 정확도로 음운 발달을 측정한다. 자음정확도는 조음 검사에서의 연령별 규준으로도 제시되었다(〈표 7-1〉 참조). 검사마다 구체적인 수치는 다르지만 3세 후반부터의 자음정확도 평균은 거의 비슷하여, 3세 후반에는 80% 후반대, 4세에 90% 초반대, 5세 이후에 90% 후반대였다. 그러나 2세 전후반과 3세 전반 아동의 정확도는 연구마다 60% 중반에서 80% 초반까지 다양하였다.

표 7-1 연령별 평균 자음정확도

(단위: %)

	김영태 (1996)	김민정 외 (2005)	최민실 외 (2014)	하승희 외 (2016)	하승희 외 (2019)	하지완 외 (2019)
	U-TAP의 25개 단어	APAC의 37개 단어	자발화	자발화	K-APP의 18개 1음절 단어	UTAP2의 30개 단어
	166명	220명	20명	44명	251명	620명
2;0~2;5	77.33		73.22	72.09		
2;6~2;11		64.64	83.25	74.81	83.36	73.4
3;0~3;5	88.94	83.29			86.05	77.2
3;6~3;11		87.62			87.35	88.6
4;0~4;5	92.72	91.62			90.78	90.8
4;6~4;11		93.00			91.93	92.0
5;0~5;5	96.41	94.52			97.65	96.6
5;6~5;11		96.76			97.83	98.4
6;0~6;5	97.14	97.24				99.2
6;6~6;11						
7;1~7;11						99.1

3. 음운의 습득연령

음운 습득에는 언어 보편적인(language universal) 순서가 있다. 모음은 자음보다 먼저 습득하고, 모음은 모음사각도 극단에 있는 모음을 먼저 습득한다. 자음은 조음방법 측면에서 비음과 파열음을 유음과 마찰음보다 먼저 습득하고, 조음위치 측면에서 양순음과 치경음을 연구개음보다 먼저 습득한다. 우리말 습득 순서도 언어 보편적인 순서와 상당 부분 일치한다. 습득연령의 연구 방법에 대해서는 논란의 여지가 있지만, 75%를 기준으로 습득연령을 살펴보겠다.

1) 모음의 습득연령

3세 이상의 아동에게 단어 검사를 실시한 권경안(1981)과 엄정희(1994)의 연구에 따르면 단모음은 3세에 이미 90% 이상 아동이 정확히 산출하였다. 그러나 2~3세 아동에게 음절 및 단어 모방 검사를 실시하고 지각적・음향적으로 분석한 송인미와 성철재(2018)의 연구에서는 앞의 연구보다 정확도가 더 낮았다. 2;1~2;8 아동이 90% 이상 정확하게 산출한 단모음은 /이/와 /아/뿐이었고, 70% 이상이 정확하게 산출한 모음도 /이, 아, 에/뿐이었다. 2;9~3;4 아동은 90% 이상이 /이, 아, 에, 어, 우/를 정확히 산출하였고, /오, 으/는 70% 이상만 정확히 산출하였다.

단모음의 습득을 종합하면, 사각도 극단에 있는 모음을 일찍 습득하고 2세 후반에는 대부분의 단모음을 습득한다. 2세 아동은 단모음에 오류를 보일 수 있지만 3세 아동은 오류를 거의 보이지 않는다.

이중모음의 습득은 초성이 없는 문맥이 초성이 있는 문맥보다 더 빨랐고, /j/계 이중모음의 습득이 /w, ɰ/계 이중모음보다 더 빨랐다(송인미, 성철재, 2018). 초성

임상 노트 7-1 일반 아동의 모음 발달과 말소리장애 아동의 모음 오류

안미리, 김응모, 김태경(2004)의 자발화 연구에서는 1세도 모음 오류가 많지 않았다. 그러나 송인미와 성철재(2018)의 실험 연구에서는 2세에도 모음 오류가 높은 비율로 나타났다. 자발화를 분석한 연구는 의미를 생각하며 채점하므로 소리에 허용적이지만, 무의미음절 및 모방 발화를 분석한 연구는 소리에만 집중하므로 채점이 엄격해지기 때문이다. 저자도 모음 치료가 필요한 아동을 경험하기 전까지는 자발화에서의 모음 오류에 상당히 허용적이었던 것 같다.

송인미와 성철재(2018)의 연구 결과는 임상적으로 흥미로웠다. 모음 중 /아/와 /이/가 가장 먼저 발달한 것처럼, 표현언어지체 아동도 모음을 [아]와 [이]부터 산출하는 경우가 많다. 턱을 내리고는 [아]를 산출하고 턱을 올리고는 [이]를 산출하는 것이다. 자발화 연구에서는 /으/도 일찍 산출된다는 보고가 있지만, 이는 모음의 조음을 한 것이 아니라 조음은 생략하고 발성만 한 것일 가능성이 높다.

그리고 모음 오류를 치료했던 아동 중에는 /으/를 [이]로 대치하는 아동이 가장 많았고, /오/를 [우]로 또는 /우/를 [오]로 대치하는 아동과 /어/를 [아]로 대치하는 아동이 종종 있었다. 이러한 임상 경험은 모음 중 /아, 이, 에/의 정확도가 가장 높고 /오, 으/의 정확도가 가장 낮았다는 위 연구 결과와 일치하였다. 즉, 말소리장애 아동은 발달적으로 정확도가 낮은 모음에 오류를 더 많이 보인다.

없는 문맥에서 이중모음 각각의 습득연령을 살펴보면, 2;1~2;8에는 대부분의 이중모음을 50%의 아동만이 정확히 산출하였지만, 2;9~3;4에는 10개 중 6개의 이중모음을 75% 이상의 아동이 정확히 산출하였다. 구체적으로 /야, 와/는 90% 이상의 아동이, /여, 요, 예, 외/는 75% 이상의 아동이 정확히 산출하였지만, /유, 워, 위, 의/는 75%의 기준에 도달하지 못하였다.

초성에 대한 고려 없이 이중모음 단어를 3~5세 아동에게 검사한 엄정희(1994)의 연구에서도 /j/계 이중모음은 3세에 이미 90% 이상의 정확도를 보였으나, /w, ɰ/계 이중모음은 5세가 되어도 75%의 기준에 도달하지 못하였다. 자발화 100개를 분석한 김태경과 백경미(2010)의 연구에서도 /w/계 이중모음은 3~4세에도 오류가 빈번하였다.

이중모음의 습득을 종합하면, /j/계 이중모음은 대체로 3세 전반에 습득하지만 /w, ɰ/계 이중모음은 더 늦게 습득하며, 초성 있는 문맥에서 /w, ɰ/계 이중모음은 3~4세에도 종종 오류를 보인다.

임상 노트 7-2 이중모음 검사어의 음운 환경

이중모음 발달의 초기 연구는 초성 유무에 대한 고려 없이 검사어를 선정한 경우가 많았다. 따라서 기저에는 이중모음이 있지만 표면적으로는 단모음으로 발음할 수 있는 단어가 많이 포함되어 있었다. 예를 들어, 검사어 '계단, 시계, 흰색, 무늬'의 /예/나 /의/는 [게단, 시게, 힌색, 무니]처럼 단모음 [에]나 [이]로 발음할 수 있기 때문에 이중모음 검사어로는 부적절하며, 아동이 이 단어의 /예/나 /의/를 단모음 [에]나 [이]로 발음하더라도 검사자는 정조음으로 판단했을 가능성이 높다.

또한 어떤 이중모음 검사어는 경구개음 검사어와 겹친다. 경구개음 뒤에 중모음이나 저모음이 오면 활음 /j/가 뒤따르기 때문이다. 예를 들어, '샴푸, 사냥, 색연필([생년필]), 공룡([공뇽]), 경찰, 교회, 귤'과 같은 검사어는 /야, 여, 요, 유/의 이중모음 동작이 아니라 경구개 좁힘 동작을 알아본 것일 수 있다. 이중모음과 경구개음 산출이 모두 어려운 아동은 /j/계 이중모음을 모두 단모음화한다. 그러나 이중모음 산출은 미숙해도 경구개음 산출이 가능한 아동은 선행 자음에 따라 /j/계 이중모음을 단모음화할 수도 있고 정조음 할 수도 있다. 예를 들어, '별, 면'의 /여/는 단모음화하여 [벌, 먼]으로 발음하면서 '안녕, 샤워, 겨울'의 /여/는 정확히 발음할 수 있다.

2) 자음의 습득연령

음운 발달 연구에서 적어도 100명 이상의 아동을 대상으로 자음 전체의 습득연령을 제시한 연구와 그 결과는 〈표 7-2〉와 같다. 엄정희(1986)는 86개의 단어를, 김영태(1996)는 '우리말 조음음운평가(U-TAP)'의 25개 단어를, 김민정과 배소영(2005)은 '아동용 발음평가(APAC)'의 37개 단어를, 하승희, 김민정, 피민경(2019)은 '조음음운 프로파일(K-APP)'의 18개 1음절 단어를, 배소영(1995)은 자발화를 분석하여 습득연령을 제시하였다.

〈표 7-2〉를 보면, 자음은 부류마다 유사한 습득연령을 보인다. 그리고 우리말 자음 습득도 언어 보편적인 순서에 따라 비음과 파열음보다 유음과 마찰음이 늦게 발달하고, 양순음과 치경음보다 연구개음이 늦게 발달한다. 구체적인 습득연령은 경파열음 /ㅃ,ㄸ,ㄲ/가 1세로 가장 빨랐다. 격파열음 /ㅍ,ㅌ,ㅋ/와 /ㅎ/의 습득연령은 2세였고, 평파열음 /ㅂ,ㄷ,ㄱ/와 비음 /ㅁ,ㄴ,ㅇ/의 습득연령은 3~4세였다. 평파열음과 비음의 습득이 늦은 것은 종성 문맥 때문이다.

파찰음 /ㅈ,ㅉ,ㅊ/는 대체로 3세 후반에 습득되었는데, 종성 연구개음보다 습득연령이 더 빠르다는 결과도 있다. 우리말 파찰음의 이른 습득은 언어 특징적인(language specific) 현상이다. /ㄹ/의 습득연령은 5세 전반으로 연구마다 결과가 동일하지만, /ㅅ,ㅆ/의 습득연령은 3세라는 연구부터 6세 이후라는 연구까지 편차가 컸다. /ㅅ,ㅆ/의 습득연령이 연구마다 다른 이유는 뒤에서 논의하겠다.

자음의 습득을 종합하면, 비음, 파열음, 파찰음, 유음, 마찰음 순서로 습득되고, 비음, 파찰음, 마찰음은 4세 이전에, 유음과 마찰음은 4세 이후에 습득된다. 파열음의 발성유형 중에서는 경음의 습득이 빠르고, 비음과 파열음의 조음위치 중에서는 연구개음의 습득이 늦다.

표 7-2 자음의 습득연령(75% 기준)

		엄정희 (1986)	배소영 (1995)	김영태 (1996)	김민정 외 (2005)	하승희 외 (2019)
		3~5세	0;5~6;1	2~6세	2;6~6;5	2;6~5;11
		150명	320명	155명	220명	251명
		86개 단어	자발화	U-TAP의 25개 단어	APAC의 37개 단어	K-APP의 18개 1음절 단어
		음소당 5회		음소당 2~3회	음소당 2~7회	음소당 1~2회
비음, 파열음, /ㅎ/	/ㅃ/	<3세	1세	<2세	<2세 후반	<2세 후반
	/ㄸ/	<3세	1세	<2세	<2세 후반	<2세 후반
	/ㄲ/	<3세	1세	<2세	3세 전반	<2세 후반
	/ㅎ/	<3세	2세	<2세	<2세 후반	<2세 후반
	/ㅍ/	<3세	2세	<2세	<2세 후반	<2세 후반
	/ㅌ/	<3세	2세	<2세	3세 전반	<2세 후반
	/ㅋ/	<3세	2세	<2세	4세 전반	<2세 후반
	/ㅂ/	<3세	4세	<2세	3세 전반	<2세 후반
	/ㄷ/	<3세	4세	<2세	3세 후반	<2세 후반
	/ㄱ/	<3세	4세	<2세	4세 전반	3세 전반
	/ㅁ/	<3세	4세	<2세	3세 전반	<2세 후반
	/ㄴ/	<3세	4세	<2세	3세 전반	<2세 후반
	/ㅇ/	<3세	4세	<2세	4세 전반	<2세 후반
파찰음	/ㅈ/	<3세	3세	3세	3세 후반	<2세 후반
	/ㅉ/	<3세	3세	3세	3세 전반	4세 전반
	/ㅊ/	<3세	3세	3세	3세 전반	4세 전반
유음	/ㄹ/	5세	5세	5세	5세 전반	5세 전반
치조 마찰음	/ㅅ/	–[1]	–	4세	–	5세 전반
	/ㅆ/	–	–	3세	–	5세 전반

[1] '–'는 대상 아동들이 습득연령에 도달하지 못한 것을 나타낸다.

3) 문맥에 따른 자음 습득연령의 차이

어떤 자음은 음운 문맥 즉, 단어 내 위치나 후행 모음에 따라 습득연령에 큰 차이를 보이기도 한다. 문맥에 따른 습득연령의 차이는 말소리 평가에 중요한 정보를 제공한다. 전문가라면 오류가 나타나는 문맥까지 파악하여 정확한 진단을 내릴 수 있어야 한다. 특히 같은 음소라도 문맥에 따라 습득연령의 차이가 큰 음소는 반드시 그 내용을 알아 두어야 한다. 문맥에 따른 습득연령의 차이는 평가뿐만 아니라 치료에도 유용한 정보를 제공해 준다. 특정 자음의 산출이 전혀 나타나지 않을 때 일찍 발달하는 문맥에서 목표 말소리가 쉽게 유도되는 경향이 있기 때문이다.

(1) 비음과 파열음

〈표 7-2〉의 비음과 파열음 습득연령은 연구마다 1세에서 4세까지 다양하다. 비음과 파열음은 초성과 종성에서 습득연령이 달라서, 초성은 1~3세에 습득되는 반면 종성은 2~4세에 습득된다. 초성과 종성의 습득을 분리해서 좀 더 살펴보자.

초성 파열음에는 다양한 발성유형이 포함된다. 발성유형 중에서는 경음의 습득이 빠르고 격음의 습득이 늦어서, 경음은 습득연령이 1~2세이지만 격음은 2~3세였다(배소영, 1995). 또한 초성 파열음에는 다양한 조음위치가 포함된다. 조음위치의 정확도는 양순음, 치경음, 연구개음 순서로 낮으며, 양순음의 습득연령은 1~2세이지만 연구개음의 습득연령은 2~3세였다(김민정, 배소영, 2005).

종성은 어말 종성보다 뒤에 다른 자음이 연쇄되는 어중 종성의 습득이 늦었다. 홍진희와 배소영(2002)에 따르면 단어에서 어말 종성의 정확도는 2세에 이미 90%를 넘지만, 어중 종성의 정확도는 4세가 되어야 90% 이상이 되었다. 어중 종성 자음의 습득연령은 대체로 3~4세로, 양순음이나 치경음보다 연구개음의 습득연령이 더 늦었다.

어말 종성 자음의 습득연령은 연구마다 대체로 2~3세였다. Kim, Kim과 Stoel-Gammon(2017)의 자발화 연구에서는 연구개 비음 /ㅇ/의 습득연령이 가장 빨라서, /ㅇ/의 습득연령은 2세 이전이고 나머지는 3세였다. 반면에 하승희, 김민정, 피민경(2019)의 1음절어 연구에서는 연구개 파열음 /ㄱ/의 습득연령이 가장 늦어서, /ㄱ/의 습득연령은 3세이고 나머지는 2세였다.

(2) 파찰음

〈표 7-2〉를 보면 파찰음의 습득연령은 대체로 만 3세이다. 다른 모음 앞에 오는 파찰음보다 /이/ 앞에 오는 파찰음의 발달이 더 빠르다(박애경, 이승환, 2000). 이 때문에 같은 계열의 자음인 /ㅈ,ㅉ,ㅊ/라도 습득연령에 차이가 날 수 있다. 예를 들어, /ㅈ,ㅉ,ㅊ/의 검사어가 '집, 쨈, 총'이라면 /이/ 환경에 있는 /ㅈ/의 습득연령이 /ㅉ, ㅊ/보다 빠를 수밖에 없고(하승희, 김민정, 피민경, 2019), /ㅈ,ㅉ,ㅊ/의 검사어가 '장갑, 모자, 침대, 단추, 찢어, 색종이'라면 /이/ 환경을 포함한 /ㅊ/와 /ㅉ/의 습득연령이 /ㅈ/보다 빠를 수밖에 없다(김민정, 배소영, 2005). 또한 파찰음은 저모음보다 고모음에서의 발달이 더 빠른 경향이 있다. 턱을 움직이지 않으면 혀 동작에만 집중해서 지연개방을 만들기가 쉽기 때문이다.

(3) 유음

〈표 7-2〉를 보면 유음의 습득연령은 대체로 만 5세이다. 그러나 유음도 비음과 파열음처럼 초성과 종성 발달에 차이를 보인다. 유음 중에서 탄설음으로 실현되는 초성의 습득연령은 5세이지만, 설측접근음으로 실현되는 종성이나 겹자음의 습득연령은 그보다 2년이나 빠른 3세이다. 유음은 우리말 자음 중에서 유일하게 초성보다 종성이 먼저 발달하는 자음이다.

설측접근음과 탄설음을 나누어 문맥에 따른 습득 차이를 살펴보면, 설측접근음은 '알'처럼 어말에 올 때가 가장 쉽고, '알라'처럼 어중에 겹자음으로 올 때, '알바'처럼 어중에 다른 자음과 연쇄될 때의 순서로 습득이 늦었다. 그리고 탄설음은 '얼어'처럼 단모음 앞에 올 때보다 '어려'처럼 이중모음 앞에 올 때 정확도가 더 떨어졌다. 유음 발달에서 모음의 영향은 단어 내 위치의 영향만큼 크지 않다. 설측접근음과 탄설음 모두 전설모음 /이, 에/ 앞에서의 정확도가 낮은 편이었다(박애경, 이승환, 2000; 전희숙, 신명선, 권대도, 2002).

유음은 문법 형태소에서 활발하게 사용되는 음소이다. 음절이나 단어에서는 유음의 조음이 정확해도 문장에서는 조사 '을/를, 랑, 로'나 어미 'ㄹ, 을/를, 러, 라, ㄹ래'와 같은 문법 형태소에서 유음에 오류를 보이는 사례가 많다. 최민실과 김수진(2013)이 3~4세의 자발화를 분석하여 실질 형태소와 문법 형태소에서 유음의 산출을 비교한 결과, 일찍 습득되는 설측접근음의 3세 전반 정확도가 실질 형태소에서는 약 90%인 데 비해 문법 형태소에서는 약 60%에 불과하였다. 늦게 습득되는 탄설음의 4세 후반 정확도도 실질 형태소에서는 약 90%인 데 비해 문법 형태소에서는 약 70%로 차이가 컸다.

(4) 마찰음

마찰음의 습득연령은 조음위치에 따라 차이가 크다. 성문 마찰음인 /ㅎ/의 습득연령은 2세로, 기식 자질을 공유한 /ㅍ,ㅌ,ㅋ/의 습득연령과 동일하다. 마찰음 /ㅅ, ㅆ/ 중에서는 /이/ 앞에 오는 경구개 마찰음이 치경 마찰음보다 습득이 빠르고, 평음보다 경음의 습득이 빠르다. 자발화를 분석한 배소영(1994)의 연구에서는 /시, 씨/가 3세부터 출현하였다. 경구개음에 해당하는 파찰음과 마찰음과 /j/계 이중모음은 모두 비슷한 시기인 3세경에 발달한다. 이 소리들은 혓날이나 앞쪽 혓등을 경구개에 근접시켜 만드는 자음이라는 공통점이 있다. 2~7세 아동에게 50개의 /ㅅ, ㅆ/ 단어 검사를 실시한 전희정과 이승환(1999)의 연구에서도, 정확도가 75% 이상이 되는 시점이 경구개 마찰음 /시, 씨/는 4세 전반이었지만, 치경 평마찰음 /ㅅ/는 6세 후반, 치경 경마찰음 /ㅆ/는 7세 전반으로 2년 이상 차이가 났다.

그런데 〈표 7-2〉의 치경 마찰음 습득연령을 비교해 보면, 다른 연구와 달리 김영태(1996)의 연구에서는 '싸움, 눈썹'의 /ㅆ/가 3세에, '사탕, 풍선'의 /ㅅ/가 4세에 습득되었다. 영어 문헌에서도 다른 자음에 비해 /s/의 습득연령은 연구마다 차이가 컸다. 그 이유로는 연구 대상, 채점 기준, 음운 발달의 후퇴 현상이 논의되었다(Smit, Hand, Freilinger, Bernthal, & Bird, 1990). 즉, 연구 대상에 발음이 좋은 어린 아동이 많았거나, 나이 어린 아동에게 채점 기준이 허용적이었거나, 표현 언어가 단순할 때는 마찰음 오류가 없다가 표현 언어가 복잡해지면서 마찰음 오류가 많아졌다면, 마찰음의 습득연령이 앞당겨질 수도 있다.

4) 음운의 습득연령 해석 시 생각할 문제

(1) 검사어의 대표성

공식검사는 주로 두세 단어에서의 발음으로 습득연령을 제시한다. 그러나 앞서 살펴본 바와 같이 자음의 습득은 문맥에 따라 크게 달라지기 때문에 특정 공식검사에서 제시한 습득연령은 그 검사에 포함된 단어에서의 습득연령임을 잊지 말아야 한다. 예를 들어, '아동용 발음평가'에서 /ㅈ/의 습득연령이 3세라는 것은 3세 아동이 '장갑, 모자'의 /ㅈ/를 정확히 산출한다는 의미일 뿐이다. '지지'처럼 고모음 환경의 단어에서는 2세 아동도 /ㅈ/를 정확히 산출할 수 있고, '전철'처럼 복잡한 음절 구조의 단어에서는 4세 아동도 /ㅈ/를 오조음할 수 있다. 특정 단어 검사에서의 습득연령을 맹목적으로 외우고 일반화하지 말아야 한다.

(2) 습득연령의 계산법

습득연령은 정확한 산출을 보인 아동이 일정 비율 이상이 되는 시점을 의미한다. 그런데 이는 평균 정확도가 일정 비율 이상이 되는 시점과는 차이가 있다. 만약 10명의 3세 아동을 대상으로 5개의 /ㅈ/ 단어를 검사하였는데, 다음과 같이 100점이 6명, 40점이 4명이라고 하자. 평균 정확도는 76%이고 정확한 산출을 보인 아동은 60%이다. 75%를 기준으로 한 /ㅈ/의 습득연령은 평균 정확도로 계산하면 3세이지만, 아동 비율로 계산하면 3세가 아니다.

(예) 습득연령의 계산

- 3세 10명의 점수: 100점, 100점, 100점, 100점, 100점, 100점, 40점, 40점, 40점, 40점
- 평균 정확도: {(100점×6명)+(40점×4명)}/10명 = 76점, 76%
- 75% 이상인 아동 수: 6명/10명 = 60%

그렇다면 어떤 계산 방식이 음운 발달을 더 잘 나타낼 수 있을까? 음운 발달은 언어병리학 외에도 아동 발달, 국어 교육 등 다양한 분야에서 연구된다. 언어병리학에서는 일반 아동 중에서 음운 발달에 문제가 있는 아동을 진단해야 하므로 각 연령대에서 특정 말소리를 정확하게 산출하는 아동이 얼마나 되는지가 중요하다.

또한 연령별 자음정확도는 오른쪽으로 치우친 분포를 보인다. 이러한 현상은 연령이 증가할수록 더욱 두드러져서, 4세부터는 자음정확도가 90~100%인 아동이 대부분이고, 일부 아동은 20~80%에 폭넓게 분포해 있다([그림 7-1] 참조). 이런 분포에서는 평균이 자료를 대표하는 값으로 적절하지 않다. 평균이라는 수치는 점수 분포가 평균 주변으로 모여 있어야 의미가 있다. 더욱이 언어치료사는 각 그룹에서 비

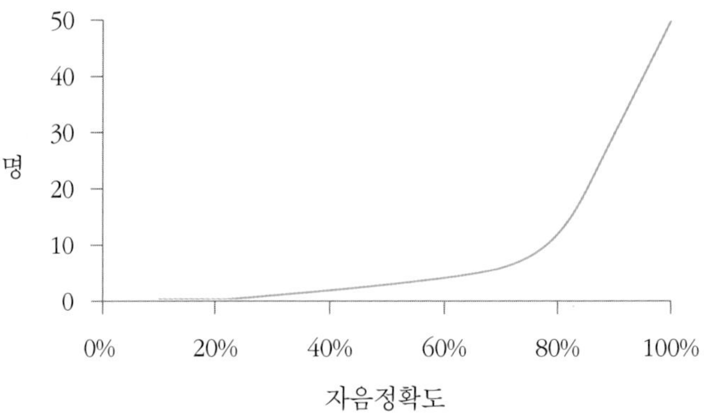

그림 7-1 4세 아동의 자음정확도 분포

정상으로 분류될 수 있는 아동을 감별해 내야 하므로 개인차가 중요하다. 그러므로 언어병리학 분야에서는 오류 수를 평균한 계산 방식보다는 특정 점수에 도달한 아동 수를 계산한 방식이 더 가치가 있다.

계산법과 관련해서 추가적으로 언급하고 싶은 내용은 '정확한 산출'의 기준이다. 만약 모든 음소의 기회가 1회로 동일하면 100%의 정확도가 기준이 되고, 모든 음소의 기회가 4회로 동일하면 기준으로 100%의 정확도나 75%의 정확도 중 선택이 가능하다. 그러나 음소마다 기회가 다르다면 이 기준이 모호해진다. 즉, 75%의 정확한 산출을 기준으로 정했어도 검사 기회가 3회 이하인 음소는 100%의 정확한 산출이 요구된다. 습득연령의 연구 방법은 여러모로 논란의 여지가 많다.

(3) 습득 기준

이번에는 몇 명이나 정확히 산출해야 습득한 것으로 간주할 것인지 그 기준에 대해서 생각해 보자. Sander(1972)는 습득연령을 아동 50~74%에 해당하는 관습적 산출 연령, 아동 75~89%에 해당하는 숙달 연령, 아동 90% 이상에 해당하는 완전습득연령의 세 가지로 나누었다. 일반적인 발달 현상을 논할 때는 75%를 기준으로 삼는 것이 타당해 보인다. 그러나 정상과 지체를 구분할 때는 90% 기준인 완전습득연령을 근거로 해야 하지 않을까?

아동 비율이 75%냐 또는 90%냐의 기준은 대상 아동의 범위와 함께 논의되어야 한다. 음운의 일반적인 발달 경향을 살펴볼 때는 자음정확도가 또래보다 현저히 떨어지는 아동을 연구 대상에서 제외하고 75% 시점을 기준으로 음운 발달을 연구한다. 그러나 정상과 지체를 진단하기 위해서는 자음정확도가 또래보다 떨어지더라도 모든 아동을 연구 대상에 포함시키고 90% 시점을 제시해 주는 것이 중요할 수 있다.

(4) 채점 기준

채점 기준도 생각해 볼 문제이다. 늦은 습득을 보이는 /ㅅ,ㅆ,ㄹ/는 정확한 음성 산출이 되기 전에 왜곡 오류를 보이기도 한다. 김민정과 배소영(2005)은 생략과 대치 오류만을 고려한 습득연령과 왜곡 오류도 고려한 습득연령을 각각 제시하였는데, /ㅅ,ㅆ,ㄹ/는 두 습득연령 간에 1년 이상의 차이를 보였다. 생략과 대치만을 오류로 간주한다면, /ㄹ/의 습득연령은 4세, /ㅅ,ㅆ/의 습득연령은 5세였지만, 왜곡까지 오류로 간주한다면 /ㄹ/의 습득연령은 5세, /ㅅ,ㅆ/의 습득연령은 6세 이후였다. 이는 5세 이후 아동은 /ㅅ,ㅆ/를 왜곡할지언정 대치하지는 않는다는 것을 의미한다.

채점 기준에 따른 습득연령의 차이는 임상적으로 간과할 수 없는 내용이다. 보통 음운 발달 연구에서는 대치뿐만 아니라 왜곡까지도 오조음으로 간주하고 습득연령을 계산한다. 그러나 /ㅅ,ㅆ,ㄹ/ 문제로 치료실을 찾는 학령전기 아동은 주로 대치 오류를 보인다. 이들을 진단할 때 왜곡까지 오조음으로 간주한 습득연령을 기준으로 한다면 장애를 정상이라고 진단할 수 있다. 예를 들어, /ㅅ,ㅆ/를 [ㄷ,ㄸ,ㅌ]로 대치하는 5세 아동에게 /ㅅ,ㅆ/의 습득연령이 6세 이후라는 규준을 내세워 정상이라고 진단하는 것은 정확한 진단이 아니다.

4. 발달적인 오류패턴

아동은 자신이 발음할 수 없는 말소리를 자신이 발음할 수 있는 방식으로 단순화하여 산출한다. 단순화 전략에는 크게 두 가지가 있다. 첫 번째 단순화 전략인 단어단위 오류패턴은 단어나 음절의 구조나 구성이 길고 복잡할 때 이를 단순화하기 위하여 음절이나 음소를 생략하거나 반복하는 것이다. 두 번째 단순화 전략인 분절음 변화 오류패턴은 특정 분절음의 산출이 어려울 때 이를 약화하거나 대치하거나 왜곡하는 것으로, 단어나 음절의 구조나 구성과 관계없이 관찰된다. 이 두 가지 단순화 전략은 첫 50단어 시기에서도 언급했다. 여기서는 2세 이후에 빈번한 오류패턴과 그 패턴이 사라지는 시점에 대해서 살펴보겠다.

1) 단어단위 오류패턴

여러 연구를 종합해 보면, 초성 생략, 첨가, 도치 · 이동은 2세에 거의 관찰되지 않는 음운패턴이지만, 음절 축약, 단모음화, 어말 종성 생략, 자음 조화, 자음 연쇄 단순화[2)]는 2세에도 빈번한 음운 오류패턴이다. 이 중에서 음절 축약, 어말 종성 생략, 자음 조화는 3세에는 거의 관찰되지 않지만, 단모음화와 자음 연쇄 단순화는 4세 전반까지도 종종 나타난다. 3세에 음절 축약은 4음절 이상의 단어에서 가끔 관찰되고 어말 종성 생략이나 자음 조화도 복잡한 음절 구조의 단어에서만 가끔 나타난다. 4세까지도 종종 관찰되는 자음 연쇄 단순화는 다양한 문맥에서 관찰되지만, 단모음화는 주로 초성이 있는 /w/계 이중모음에서만 관찰된다. 다음은 자발화에서 2~4세 아동에게 빈번하게 관찰된 단어단위 오류패턴의 예이다.

• 음절 생략	만들었어요 → [만드써요], 주시겠습니까 → [주시게까]
• 어말 종성 생략	보라색 → [보라새], 초콜릿 → [쪼꼴레]
• 자음 조화	돌고래 → [골고래], 숲속반 → [숙쏙빤]
• 단모음화	화장실 → [하장실], 괴물 → [게물]
	병원 → [병언], 주사위 → [주사이], 바퀴 → [바키]
• 자음 연쇄 단순화	공룡 → [곤뇽], 장난감 → [잔낭깜], 엉망 → [엄망]
	없어 → [어떠], 폭탄 → [포탄], 칙칙폭폭 → [치치포포]

2) 5장에서 설명했듯이 자음 연쇄 단순화란 어중에 종성과 초성이 연쇄될 때 종성이 생략되거나 종성이 초성의 조음위치에 역행 동화되는 현상을 의미한다.

임상 노트 7-3 **'아동용 발음평가'에서 관찰된 2~4세 아동의 자음 연쇄 단순화 예**

자음 연쇄 단순화 오류에 해당하려면 그것이 자음이 연쇄되었기 때문에 나타나는 현상이어야 한다. 그러므로 어말 종성에서는 정조음이 되는데 자음 연쇄에서의 어중 종성에서만 오류를 보여야 진정한 자음 연쇄 단순화이다. 다음은 '뱀, 우산, 사탕, 컵, 책'의 어말 종성은 정조음을 하는데, 자음 연쇄에서 어중 종성의 오류를 보였던 예이다.

- 비음의 생략: 단추 → [다추], 눈사람 → [누따얌], 화장실 → [화자실]
- 비음의 조음위치 역행 동화: 침대 → [친대], 양말 → [얌말], 화장실 → [하잔실]
- 장애음의 조음위치 역행 동화 = 장애음의 생략: 없어 → [얻떠 = 어떠], 옥수수 → [옫뚜두 = 오뚜두], 색종이 → [샏쫑이 = 새쫑이]

2) 분절음 변화 오류패턴

(1) 비음, 파열음, /ㅎ/

비음과 파열음에는 양순음, 치경음, 연구개음이라는 세 가지 조음위치가 있다. 2세에는 연구개음의 조음위치를 치경음이나 경구개음으로 전방화하여 발음하는 경우가 가끔 있다. 이러한 연구개음의 전방화는 주로 전설모음 /이/ 문맥에서만 나타난다(김민정, 이성은, 2010; 김효재, 1999; 안미리, 김태경, 2003).

- 연구개음의 전방화 여깄어 → [여디떠], 개구리 → [대구이]
  강아지 → [가나지], 호랑이 → [호라니]

초성 파열음에는 평음, 경음, 격음이라는 세 가지 발성유형이 있다. 2세에는 격음을 경음으로 대치하거나 /ㅎ/를 생략하는 탈기식음화를 보이는 경우가 종종 있다. 그러나 파열음을 대체로 바르게 산출하는 2세 아동이라도 상황에 따라 미세한 기류 조절의 실패로 발성유형 오류를 보이기도 한다. 어두에서 평음을 산출할 때, 조금 크게 말하거나 모음 발성이 조금 늦으면 평음이 격음으로 대치되고(예: 뱀 → [팸]), 모음의 발성이 조금 빨리 시작되면 무성음이 유성음으로 왜곡된다(예: 뱀 → [b̌em]).

이러한 오류는 2세 아동에게서 가끔 비일관적으로 관찰되기도 하는데, 일관된 패턴으로 빈번하게 나타내는 아동은 흔하지 않다.

- 탈기식음화 컵 → [껍], 이층 → [이쯩]

임상 노트 7-4 '아동용 발음평가'에서 자음정확도 약 60%인 2세 후반 아동의 발음 분석

다음은 자음정확도 60%대인 2세 아동의 단어 발음 및 음소 분석표이다. 늦게 발달하는 파찰음, 마찰음, 유음의 발달적 오류와 함께, 비음 및 파열음의 조음위치 오류인 연구개음의 전방화와 파열음의 발성유형 오류인 탈기식음화가 빈번하였다.

단어	아동 발음	단어	아동 발음	단어	아동 발음	단어	아동 발음
포도	또도	머리	버이	나무	+	뱀	+
딸기	따지	양말	담마	꽃	+	호랑이	우아니
사탕	따땅	단추	딴쭈, 단쭈	바퀴	따띠, 다티	고래	고애
햄버거	햄머거	모자	보다	그네	+, 뜨네	찢어	+
옥수수	오쭈쭈	장갑	당갑	시소	지조	싸워요	따워요
컵	껍	빗	+	눈사람	우따얌	아파	아빠
빨대	빠때	우산	우당	토끼	또띠	병원	버영
책	태	침대	진대	이빨	이빠	안경	안덩
색종이	태똥이	화장실	안나지	거북이	더부지, 거부지	없어요	오떠요
						올라가	우아까

(ㄱ) 연구개음의 전방화: 정조음 문맥은 후설모음 앞이지만 변이성이 있음

/ㄱ/									/ㄲ/		/ㅋ/	
어두			어중						어두	어중	어두	어중
그네	고래	거북이	장갑	딸기	안경	햄버거	거북이	올라가	꽃	토끼	컵	바퀴
ㄸ,+	+	ㄷ,+	+	ㅈ	ㄷ	+	ㅈ	(ㄲ)[1]	+	ㄸ	(ㄲ)	ㅌ,ㄸ

[1] 음소는 오조음하였으나 해당 자질은 정확히 산출한 경우 괄호 안에 넣어 표시한다.

/ㅇ/				
어중			어말	
병원	호랑이	색종이	사탕	안경
ø	ㄴ	+	+	+

(ㄴ) 탈기식음화

/ㅎ/			/ㅍ/		/ㅌ/		/ㅋ/	
어두			어두	어중	어두	어중	어두	어중
햄버거	호랑이	화장실	포도	아파	토끼	사탕	컵	바퀴
+	∅	∅	ㄸ	ㅃ	ㄸ	ㄸ	ㄲ	(ㅌ),ㄸ

(ㄷ) 파찰음의 파열음화: 정조음 문맥은 고모음 앞

/ㅈ/				/ㅉ/		/ㅊ/		
어두	어중			어두	어중	어두		어중
장갑	모자	찢어	화장실	찢어	색종이	책	침대	단추
ㄷ	ㄷ	+	ㄴ	+	ㄸ	ㅌ	(ㅈ)	(ㅉ)

(ㄹ) 마찰음의 파찰음화(고모음 앞에서) 및 파열음화

/ㅅ/							/ㅆ/			
어두			어중				어두	어중		
사탕	시소	색종이	우산	시소	화장실	옥수수	싸워	없어	옥수수	눈사람
ㄸ	ㅈ	ㅌ	ㄷ	ㅈ	ㅈ	ㅉ	ㄸ	ㄸ	ㅉ	ㄸ

(ㅁ) 유음의 단순화

어중 초성					어중 종성			어말 종성		
머리	고래	호랑이	눈사람	올라가	올라가	딸기	빨대	이빨	양말	화장실
∅	∅	∅	j	∅	∅	∅	∅	∅	∅	∅
← 탄설음 →				← 설측접근음 →						

(ㅂ) 자음 연쇄 단순화

ㅁ		ㄴ		ㅇ			ㅂ	ㄱ	
햄버거	침대	단추	눈사람	양말	화장실	장갑	없어	옥수수	색종이
+	ㄴ	+	∅	ㅁ	∅	+	∅	∅	∅

그 밖에 2~3회 관찰된 오류패턴은 다음과 같다.

- 모음 오류: 호랑이 → [우아니], 없어요 → [오떠요]
- 단모음화: 화장실 → [안나지], 바퀴 → [다띠], 병원 → [버영]
- 치경음 조화: 포도 → [또도], 바퀴 → [다띠]
- 어두 /ㅁ/의 탈비음화: 머리 → [버이], 모자 → [보다]
- 어말 종성 연구개음화: 우산 → [우당], 병원 → [버영]

임상 노트 7-5

초성 연구개음의 전방화와 종성 연구개음화

앞서 제시한 아동의 발음을 분석해 보면 재미있는 현상을 발견할 수 있다. 초성에서는 전설모음 앞에서 /ㄱ,ㄲ,ㅋ/를 [ㄷ,ㄸ,ㅌ] 또는 [ㅈ,ㅉ,ㅊ]로 대치하는 연구개음의 전방화가 나타났지만(예: 토끼 → [토띠], 거북이 → [가부디]), 종성에서는 /ㄴ/를 [ㅇ]으로 대치하는 연구개음화가 나타났다(예: 우산 → [우당], 병원 → [버영], 이거는 → [이거능]). 이렇게 상반된 두 현상이 동시에 나타날 수 있을까?

만약 아동이 연구개음 산출 시 모음을 중심으로 혀를 상하로만 움직이고 대각선으로 움직이지 못한다면 이 두 오류패턴이 동시에 나타날 수 있다. 즉, 전설모음 앞에 오는 자음은 치경음이나 경구개음으로 산출되기 때문에 연구개음의 전방화가 나타나고, 후설모음 뒤에 오는 자음은 연구개음으로 산출되기 때문에 종성의 연구개음화가 나타난다.

Kim, Kim과 Stoel-Gammon(2017)의 연구에서 어말 종성과 어중 종성을 통틀어서 가장 먼저 습득한 음소가 어말 종성 /ㅇ/이었다. 그 이유는 발화가 끝나면 조음기관(입술, 혀, 연구개)에 힘을 빼고 비강 호흡으로 넘어가게 되는데, 이때 어말 종성에 해당하는 조음을 하지 않고 발성만 하면 /ㅇ/이 산출되기 때문이다. 연구개음이 늦게 습득되는 음소이기는 하지만 어말 종성 /ㅇ/은 일찍 출현하기도 한다.

(2) 유음

유음은 2~3세에 조음방법 오류가 빈번하다. 1세에는 활음, 비음, 파열음으로의 대치나 생략 등 다양한 오류가 나타나지만 2세부터는 활음으로의 대치가 주를 이룬다(김민정, 2006; 안미리, 김태경, 2003). 그런데 활음으로의 대치를 생략이나 왜곡 오류로 오해하는 경우가 종종 있다. 유음이 활음으로 바뀌면서 재음절화가 일어나서 후행 모음이 이중모음으로 변하는 현상은 /ㄹ/를 [j]로 대치한 것으로 해석해야 한다. 재음절화의 문제가 아니더라도 활음으로의 대치를 생략이나 왜곡이라고 오해하기 쉬운 음운 환경이 있다. /이/ 앞에서 유음을 활음으로 대치하면 활음 [j]가 /이/에 묻혀 들리지 않게 된다. 또한 /으/ 앞 유음이나 종성 유음을 활음으로 대치한 때도 한글 전사가 어려운 왜곡된 소리처럼 들린다. 활음이 음성학적으로 과도기적인 소리라서 왜곡 같은 느낌이 들 수 있지만, 활음도 엄연한 우리말 음소이므로 왜곡이 아닌 대치 오류로 해석해야 한다. 한편, 유음과 같이 늦게 발달하는 말소리는 왜곡 오류도 종종 관찰된다. 발달적으로 빈번한 유음의 왜곡은 탄설음의 겹자음화이다 (예: 고래 → [골래]).[3]

- 생략 그런데 → [그언데]
- 활음화 바로 → [바요]
- 탄설음의 겹자음화(왜곡) 다른 거 → [달른거]

(3) 파찰음 및 마찰음

파찰음 및 마찰음도 2~3세에 조음방법 오류가 빈번하다. 파찰음과 마찰음의 오류패턴을 함께 살펴보는 이유는 두 조음방법에 파열음으로의 대치라는 동일한 오류패턴이 나타나기 때문이다. 단, 경구개 마찰음으로 실현되는 /시, 씨/는 같은 위치인 경구개 파찰음 [지, 찌, 치]로 대치되는 것이 일반적이다.

전희정과 이승환(1999)은 2~7세 아동 286명을 대상으로 마찰음이 포함된 50단어를 검사하여 오류패턴을 자세히 분석하였다. 그 결과, 파열음화, 파찰음화와 같은 조음방법 외에 성문음화, 구개음화, 치간음화와 같은 조음위치 오류도 관찰되었다. 성문음 [ㅎ]로의 대치는 /ㅅ/에서만, 어두 초성에서만, 2세에만 나타나는 현상이었다(예: 사과 → [하과]). 구개음화는 2~3세 평음 /ㅅ/에서 빈번한데, 이 시기에는 파찰음으로의 대치도 빈번하였다(예: 옥수수 → [옥쭈슈], 시소 → [치쇼]). 가장 빈번한 조음위치 오류는 치간음으로의 왜곡으로, 3세부터 7세까지의 상당수 아동에게서 꾸준히 관찰되었다. 일반 아동의 치간음화는 경구개 마찰음인 /시, 씨/에서는 나타나지 않고 치경 마찰음에서만 나타나며, 평음보다 경음에서 더 빈번하였다.

- 성문음화 사과 → [하과]
- 파열음화 자동차 → [다동타], 샀어요 → [타떠요]
- 파찰음화 버스 → [뻐쯔], 했어요 → [해쩌요]

3) 이 현상은 /ㄹ/ 첨가, 장음화 등으로 해석되기도 하고, /ㄹ/가 길어지면서 음성학적으로 조음방법이 탄설음에서 설측음으로 바뀌므로 설측음화라는 용어를 사용하기도 한다. 그러나 비발달적인 오류패턴인 설측음화와의 구분을 위해 탄설음의 설측음화로 구체화하여 부를 필요가 있으며, 여기서는 겹자음화라는 용어로 기술하겠다.

- 구개음화(왜곡) 수박 → [슈박]
- 치간음화(왜곡) 사탕 → [사̪탕], 싸워 → [싸̪워]

여기서 한 가지 주목할 사항은 평음 /ㅅ/가 파찰음이나 파열음으로 대치될 때 격음 [ㅌ,ㅊ]로 대치된다는 점이다. 이러한 현상은 /ㅆ/보다 /ㅅ/에서, 어중 /ㅅ/보다 어두 /ㅅ/에서 더욱 두드러진다. 어두 /ㅅ/를 고조로 산출하는 운율 특징이 반영되어 [ㄷ,ㅈ]가 아닌 [ㅌ,ㅊ]로 대치되는 것으로 여겨지며, 결과적으로 마찰 기류 대신 기식 기류를 산출함으로써 음향적으로 목표음에 좀 더 가깝게 들리는 효과를 가져온다. 파열음이나 파찰음에서 평음의 기식음화는 비발달적인 현상이지만, /ㅅ/의 [ㅌ,ㅊ] 대치는 매우 발달적인 현상이다.

임상 노트 7-6 '아동용 발음평가'에서 자음정확도 약 70%인 3세 아동의 발음 분석

다음은 자음정확도 70%대인 3세 아동의 단어 발음 및 음소 분석표이다. 아동은 늦게 발달하는 파찰음, 마찰음, 유음, 자음 연쇄에서 발달적 오류를 보였다. 임상 노트 7-4의 2세 아동의 발음과 비교하면 초성 비음과 파열음의 조음위치나 발성유형 오류는 없어졌고, 파찰음과 마찰음과 유음과 자음 연쇄에서의 오류는 여전히 남아 있지만, 유음과 자음 연쇄 오류는 특정 문맥에서만 나타났다. 유음의 경우 2세 아동은 모두 오조음하였으나 3세 아동은 탄설음에서만 오조음하였다.

단어	아동 발음	단어	아동 발음	단어	아동 발음	단어	아동 발음
포도	+	머리	머이	나무	+	뱀	+
딸기	+	양말	얌말	꽃	+	호랑이	호양이
사탕	타탕	단추	단투	바퀴	+	고래	고애
햄버거	+	모자	모다	그네	+	찢어	찌더
옥수수	오뚜두	장갑	당갑	시소	치도	싸워요	따워
컵	+	빗	+	눈사람	눈따얌	아파	+
빨대	+	우산	우탄	토끼	+	병원	+
책	택	침대	친대	이빨	+	안경	+
색종이	태똥이	화장실	하양찔	거북이	+	없어요	엄떠요
						올라가	+

(ㄱ) 파찰음의 파열음화: 정조음 문맥은 /이/ 모음 앞

/ㅈ/				/ㅉ/		/ㅊ/		
어두	어중			어두	어중	어두		어중
장갑	모자	찢어	화장실	찢어	색종이	책	침대	단추
ㄷ	ㄷ	ㄷ	j	+	ㄸ	ㅌ	+	ㅌ

(ㄴ) 마찰음의 파찰음화(/이/ 앞에서) 및 파열음화

/ㅅ/							/ㅆ/			
어두			어중				어두	어중		
사탕	시소	색종이	우산	시소	화장실	옥수수	싸워	없어	옥수수	눈사람
ㅌ	ㅊ	ㅌ	ㅌ	ㄷ	ㅉ	ㄷ	ㄸ	ㄸ	ㄸ	ㄸ

(ㄷ) 유음의 단순화: 정조음 문맥은 설측접근음

어중 초성					어중 종성			어말 종성		
머리	고래	호랑이	눈사람	올라가	올라가	딸기	빨대	이빨	양말	화장실
ø	ø	j	j	+	+	+	+	+	+	+
← 탄설음 →				← 설측접근음 →						

(ㄹ) 자음 연쇄 단순화: 정조음 문맥은 동일위치 자음 연쇄

ㅁ		ㄴ		ㅇ			ㅂ	ㄱ	
햄버거	침대	단추	눈사람	양말	화장실	장갑	없어	옥수수	색종이
+	ㄴ	+	+	ㅁ	+	+	+	ø	ø

임상 노트 7-7

'아동용 발음평가'에서 /ㅅ, ㅆ/만 오조음한 4세 아동의 발음 분석

다음은 /ㅅ,ㅆ/에 다양한 종류의 오조음이 나타난 4세 아동의 단어 발음과 음소 분석표이다. 파찰음으로의 대치가 주된 오류패턴이지만, 경구개음으로의 왜곡도 관찰되었다.

단어	아동 발음	단어	아동발음	단어	아동발음
사탕	타탕	우산	우샨, +	눈사람	눈짜람
옥수수	옥쭈주	화장실	하장칠	싸워요	짜워요
색종이	+	시소	치쇼	없어요	업쩌요

/ㅅ/							/ㅆ/			
어두			어중				어두	어중		
사탕	시소	색종이	우산	시소	화장실	옥수수	싸워	없어	옥수수	눈사람
ㅌ	ㅊ	+	$ㅅ^j$, +	$ㅅ^j$	ㅊ	ㅈ	ㅉ	ㅉ	ㅉ	ㅉ

(4) 분절음 변화 변동의 정리

분절음 변화 변동을 설명할 때는 [그림 7-2]와 같은 도식이 도움이 된다. 우리말 19개 자음은 크게 조음방법이 단순한 자음과 조음방법이 복잡한 자음으로 나뉜다. 조음방법이 단순한 자음에는 연구개를 내리고 발음하는 비음과 연구개를 올리고 발음하는 파열음이 있으며, 입술, 혀 앞부분, 혀 뒷부분의 세 곳에서 발음한다. 반면, 조음방법이 복잡한 자음은 혀의 앞부분에서만 조음한다.

아동은 조음방법이 단순한 자음을 조음방법이 복잡한 자음보다 먼저 습득한다. 조음방법이 단순한 비음, 파열음, /ㅎ/는 1~3세에 습득하는 반면, 조음방법이 복잡한 파찰음, 마찰음, 유음은 3~5세에 습득한다. 조음방법이 단순한 자음 중에서 늦

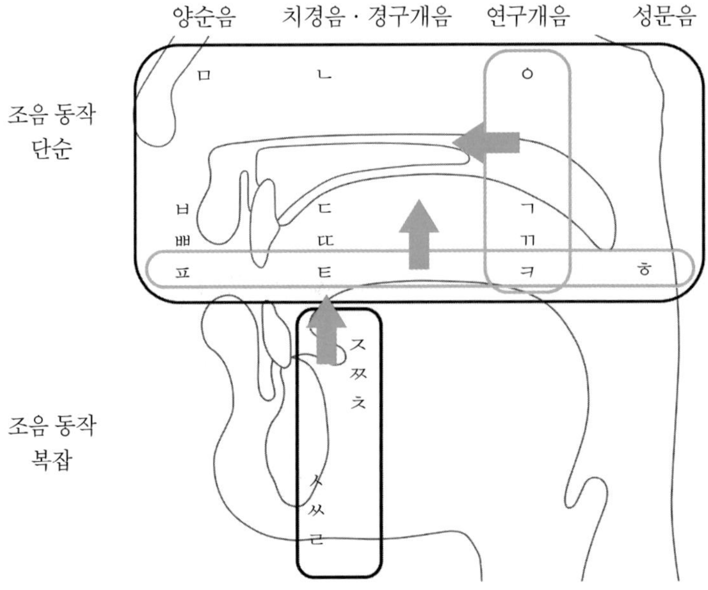

그림 7-2 분절음 변화 변동의 도식

게 습득하는 자음은 연구개음과 격음인데, 연구개음은 전방화하고 격음은 경음으로 대치하는 오류가 일반적이다. 조음방법이 복잡한 자음은 비슷한 위치의 단순한 조음방법의 음소로 대치하는 오류가 일반적이고, 양순음, 연구개음, 성문음과 같이 다른 위치로의 대치는 일반적인 현상이 아니다.

3) 발달적 오류패턴의 종류 및 출현 시기 정리

김민정(2006)은 2세 6개월~6세 5개월 아동을 대상으로 '아동용 발음평가'의 단어 검사를 실시하여, 〈표 7-3〉과 같이 연령대별로 나이에 적절한 오류패턴을 10개로 요약하고 각각의 오류패턴이 사라지는 시기를 제시하였다. 여기서 '오류패턴'은 단어 검사에서 3회 이상 반복적으로 나타난 음운 변화로만 한정하였고, '나이에 적절하다'는 기준은 각 연령대에서 15% 이상의 아동에게서 나타나는 오류패턴으로 정의하였다.

한편, 김수진(2014)은 2세와 4세 아동을 대상으로 자발화를 수집하고 50발화를 분석하여 20명 중 5명(25%)에게 2회 이상 관찰되는 음운패턴을 살펴보았다. 이를

표 7-3 '아동용 발음평가' 단어 검사에서 각 오류패턴이 3회 이상 나타난 아동 비율

			2;6~2;11 (20명)	3;0~3;5 (20명)	3;6~3;11 (30명)	4;0~4;5 (30명)	4;6~4;11 (30명)	5;0~5;5 (30명)	5;6~5;11 (30명)	6;0~6;5 (30명)
단어단위 오류패턴		음절 반복 · 자음 조화	30%	5%	0%	0%	0%	0%	0%	0%
		종성 생략	35%	5%	0%	0%	0%	0%	0%	0%
		전형적 자음 연쇄 단순화	95%	25%	27%	17%	0%	0%	0%	0%
분절음 변화 오류 패턴	파열음, ㅎ, 비음	긴장음화 · 탈기식음화	40%	0%	0%	0%	0%	0%	0%	0%
		연구개음의 전방화	25%	0%	3%	0%	0%	0%	0%	0%
	유음 오류	비음화 · 파열음화	15%	5%	3%	7%	0%	0%	3%	3%
		생략 · 활음화	40%	25%	20%	7%	10%	7%	0%	0%
	파찰음, 마찰음 오류	파찰음화 · 경구개음화	55%	25%	23%	17%	10%	7%	0%	0%
		파열음화	80%	30%	20%	13%	23%	3%	3%	0%
		치경 마찰음의 치간음화	15%	20%	23%	33%	23%	43%	30%	20%

*15% 이상을 음영으로 표시하였다.

단어단위 오류패턴과 분절음 변화 오류패턴으로 나누어 일찍 출현하는 음운패턴과 늦게까지 남아 있는 오류패턴을 정리하면 〈표 7-4〉와 같다.

표 7-4 자발적 발화에서 25% 이상의 아동에게 2회 이상 나타난 오류패턴

	2세에 빈번한 오류패턴(20명)	4세에 빈번한 오류패턴(20명)
단어단위 오류패턴	음절 생략 어말 종성 생략 어중 종성 생략	 어중 종성 생략
분절음 변화 오류패턴(자음)	연구개음의 전방화 경음화 유음의 파열음화, 활음화, 생략 파찰음의 파열음화 마찰음의 파열음화, 파찰음화	 경음화 유음의 생략 파찰음의 파열음화 마찰음의 파열음화
분절음 변화 오류패턴(모음)	단모음화 평순모음화	단모음화 평순모음화

임상 노트 7-8

영어의 발달적 오류패턴인 탈경구개음화와 탈파찰음화

영어에서 발달적으로 빈번한 오류패턴에는 '탈경구개음화(depalatalization)'와 '탈파찰음화(deaffricate)'가 포함된다. '탈경구개음화'란 경구개 마찰음 /ʃ/를 치경 마찰음 [s]로 대치하는 현상(예: fish → [fis])으로, 마찰음이라는 동일한 조음방법에서 경구개음 조음위치를 치경음으로 대치하는 오류를 의미한다. 그리고 '탈파찰음화'란 경구개 파찰음 /tʃ/를 경구개 마찰음 [ʃ]로 대치하는 현상(예: church → [ʃarʃ])으로, 경구개음이라는 동일한 조음위치에서 파찰음 조음방법을 마찰음으로 대치하는 오류를 의미한다.

이 두 용어를 우리말 경구개 파찰음이 치경 파열음으로 대치되는 현상에 적용하는 것은 적절하지 않다. 영어에서는 /s/가 /ʃ/보다 일찍 발달하고 /ʃ/가 /tʃ/보다 일찍 발달하지만, 우리말에서는 이와 반대로 /스/가 /시/보다 늦게 발달하고 /ㅅ/가 /ㅈ/보다 늦게 발달한다. 그러므로 영어에서는 '탈경구개음화'나 '탈파찰음화' 현상이 빈번하지만, 우리말에서는 이와 반대로 '구개음화'나 '파찰음화' 현상이 빈번하다.

5. 음운 인식의 발달

학령기에 습득해야 할 중요한 과업 중 하나는 읽기이다. 글을 읽으려면 글자를 소리에 대응시킬 수 있어야 하는데, 이 능력은 단어를 소리 단위인 음운으로 인식하는 능력과 밀접하게 연관된다. 음운 인식은 읽기와 쓰기 발달에 중요한 요소이며, 읽기 성취도를 알 수 있는 예측 인자 중 하나이다. 나아가 읽기 성취도는 학습에도 지대한 영향을 미친다.

음운 인식(phonological awareness)은 단어를 인식할 때 의미가 아닌 소리 단위로 인식하는, 일종의 상위음운(metaphonology) 지식이다. "'김밥'에서 '김'을 빼면 무슨 소리가 남지?"라는 질문에 "밥알이 흩어져요."라고 대답하거나, "'나비'에서 '나'를 빼면 무슨 소리가 남지?"라는 질문에 "나비"라고 대답한다면, 이 아동은 단어를 의미단위로만 인식하고 아직 말소리 단위로 인식하지 못하는 것이다.

음운 인식에는 두 수준이 있다(Justice & Schuele, 2009). 하나는 표면적(shallow) 수준이고 다른 하나는 심층적(deep) 수준이다. 음운을 표면적 수준으로 인식하는 아동은 단어마다 반복적으로 나타나는 말소리 패턴에 민감하여 두 단어의 소리가 비슷한지 다른지를 인식할 수 있고, 단어를 두 부분으로 나누거나 두 음절을 합성할 수 있다. 음운을 심층적 수준으로 인식하는 아동은 단어가 일련의 음소들로 이루어져 있음을 인식할 수 있고, 이를 비교하고 조작하여 음소를 변별하고 합성하고 분리할 수 있다. 음운 인식은 표면적 수준에서 심층적 수준으로 발달한다. 초기 음운 인식은 단어나 음절과 같은 단위에 민감하지만, 후기 음운 인식은 그보다 작은 음소 단위에도 민감해진다.

〈표 7-5〉에는 음운 인식을 검사하는 다양한 과제가 제시되어 있다. 과제 유형에는 변별, 합성, 탈락/분리가 있다. 변별은 여러 소리 중에 무엇이 다른지 알아내는 과제이고, 합성은 어떤 소리와 어떤 소리를 붙여서 말하는 과제이며, 탈락은 어떤 소리에서 어떤 소리를 빼고 말하는 과제이다. 그리고 각 과제는 언어학적 단위를 달리하여 음절, 음절체, 각운, 음소 수준으로 검사할 수 있다.

구어의 음운 구성에 대한 인식은 아동기, 학령기에 걸쳐 꾸준히 발달한다. 영어 연구를 보면 2~3세 아동은 단어 간에 음운적 유사성이 있는지 없는지를 안다. 구체

표 7-5 음운 인식 검사의 과제 유형과 예

	음절 수준	음절체 수준	각운 수준	음소 수준
변별	'거위, 거미, 오리' 중에서 앞소리가 다른 하나는? (답: 오리)	'발, 밤, 공' 중에서 첫소리가 다른 하나는? (답: 공)	'발, 곰, 칼' 중에서 끝소리가 다른 하나는? (답: 곰)	'코, 배, 비' 중에서 첫소리가 다른 하나는? (답: 코)
합성	'양'하고 '말'을 붙여서 말해 보세요. (답: 양말)	'파'하고 [ㄹ]를 붙여서 말해 보세요. (답: 팔)	[ㅍ]하고 '알'을 붙여서 말해 보세요. (답: 팔)	[ㅋ]하고 [ㅗ]를 붙여서 말해 보세요. (답: 코)
탈락/분리	'김치'에서 '김'을 빼고 말해 보세요. (답: 치)	'팔'에서 [ㄹ]를 빼고 말해 보세요. (답: 파)	'팔'에서 [ㅍ]를 빼고 말해 보세요. (답: 알)	'코'에서 [ㅋ]를 빼고 말해 보세요. (답: 오)

적으로 각운(rhyme)의 인식은 2세부터 출현하기 시작하고, 더 작은 단위인 음소(초성, 중성, 종성)의 인식은 3세부터 시작한다. 구체적으로 음절이나 단어에서 특정 음소를 분리하고, 특정 음소들을 합성하여 단어를 만드는 능력은 6~10세에 걸쳐 점차 발달한다.

홍성인, 전세일, 배소영, 이익환(2001)은 4~6세 아동을 대상으로 음소, 음절, 단어 수준에서 합성, 탈락, 변별 과제를 실시하여 음운 인식 발달을 연구하였다. 합성, 탈락, 변별 과제에서 4세, 5세, 6세 아동의 음운 인식 정도는, 음소단위의 경우 8%, 13%, 51%였고, 음절단위의 경우 34%, 67%, 96%였으며, 단어단위의 경우 50%, 75%, 99%였다. 음운단위가 커질수록 음운 인식을 잘하였고, 합성, 탈락, 변별 과제 순서로 음운 인식 점수가 높아졌다.

제8장

말소리장애의 유형 및 관련 요인

부모에게 아동의 말소리 증상을 설명해 드리고 난 후 치료사가 제일 먼저 듣게 되는 질문은 "왜 그런 건가요?"이다. 혀가 짧아서 그런지, 아빠가 말이 늦었는데 발음 나쁜 것도 유전이 되는지, 엄마의 발음이 부정확한데 그 영향 때문인지, 지능이 떨어지는 건 아닌지, 어렸을 때 경기를 한 번 했는데 그 때문인지 등, 정말 구체적이고 다양하다. 우리는 부모님의 이런 궁금증을 얼마나 풀어 드릴 수 있을까?

겉으로 드러난 아동의 말소리 증상을 설명하는 것이 가능해도, 왜 그런 증상이 나타나는지 원인을 알아내기는 쉽지 않다. 그렇다고 해서 원인을 찾으려는 노력을 소홀히 해서도 안 된다. 분명한 원인 요인이 있는데 그것을 제거하거나 고려하지 않고 치료하는 것은 시간과 돈과 노력을 낭비하는 심각한 문제이다. 반대로 섣불리 원인을 단정 짓는 것도 경계해야 한다. 말 산출 자체가 매우 복잡한 과정이고 말 산출에 영향을 미치는 요인이 아주 많을 뿐만 아니라 원인과 결과가 복잡하게 얽혀 있기 때문이다. 이 장에서는 말소리장애의 유형, 말소리장애와 관련된 요인, 말소리장애와 흔히 동반되는 문제에 대해서 알아보겠다. 이 내용은 Flipsen, Bankson과 Bernthal(2009)을 기초로 작성되었으므로, 자세한 내용은 이 자료를 참조하기 바란다.

1. 말소리장애의 유형

1) 기질적 말소리장애

말소리장애는 크게 원인이 명백한 기질적 말소리장애와 원인을 모르는 말소리장애로 나눌 수 있다. 기질적 말소리장애를 유발하는 원인으로는 조음기관의 심각한 구조 이상, 유전 질환, 청각장애, 신경운동장애로 나눌 수 있다. 이러한 원인 질환은 선천적일 수도 있지만, 후천적으로 발생할 수도 있다.

(1) 조음기관의 심각한 구조 이상

말 산출기관에 심각한 구조적 이상이 있으면 정확한 말 산출이 어렵다. 가장 흔한 선천적 구강 질환으로는 입술이나 입천장이 갈라진 채로 태어나는 구순구개열을 들 수 있다. 후천적 구강 질환으로는 사고나 암으로 구강 및 안면의 일부를 제거한 경우를 들 수 있다.

조음기관 중 입술은 수술 등으로 크기가 작아지거나 움직임이 제한되더라도 다른 조음기관을 이용하여 명료도를 유지하기 때문에 심각한 말 문제를 일으키지는 않는다. 혀 또한 적응력이 강한 근육 조직이어서 수술 등으로 일부를 절제하더라도 시간이 지나면 말 명료도가 유지되는 경우가 많다. 혀 절제술이 말 명료도에 미치는 영향은 절개한 정도와 절개한 부분에 따라 다르다. 부분 절제의 경우 구개보조장치(palatal augmentation prosthesis: PAP)로 경구개의 높이를 낮추면 혀 운동을 크게 하지 않아도 자음 산출이 가능해져서 말 명료도가 향상될 수 있다(Bressmann, Sader, Whitenill, & Samman, 2004).

반면에 뼈로 구성된 경구개에 구조적 결함이 있어서 비강과 구강을 분리할 수 없으면 심각한 말 문제를 초래한다. 그러므로 구개열 아동에게는 갈라진 입천장을 봉합하는 수술을 통해 비강과 구강을 분리해 주어야 하며, 수술 후 아동이 성장하여 치경이나 경구개에 구멍(fistula)이 생길 때도 뼈 이식술을 통해 구멍을 메워야 한다. 사고나 암 등으로 위턱을 절제한 환자는 보철 장치로 입천장을 만들어 주게 되는데, 보철 장치를 이용하면 말 명료도, 말속도, 비음도, 의사소통 효율성이 모두 향상된다(Sullivan et al., 2002).

연구개에 구조적 결함이 있어서 연인두폐쇄가 어려울 때도 심각한 말 문제가 발생한다.[1] 연인두폐쇄가 안되면 구강 공명음에 과다한 비강 공명이 발생하고(과다비성), 장애음 산출 시 구강 압력을 형성하지 못하여 기류가 코로 빠져나가며(비강누출), 기류의 비강누출을 보상하기 위해 성문에서 파열을 만들거나 인두에서 마찰을 만드는 등의 오조음이 나타날 수 있다(보상조음). 또한 연구개가 갈라진 채로 태어난 아동은 이관의 구조가 정상과 달라서 중이염이 자주 발생하여 이로 인한 청력 저하가 말소리 습득에 부정적인 영향을 줄 수도 있다. 연구개의 구조적 문제로 연인두폐쇄가 어렵다면 수술이나 보철 장치 등을 통해 연인두폐쇄를 쉽게 해 주어야 한다.

임상 노트 8-1

점막하 구개열이 있는 것으로 밝혀진 말소리장애 사례

만 3세 후반 아동이 말이 이상하다는 문제로 언어치료실을 내원하였다. 보호자는 아동이 선천적 심장 질환으로 여러 번 수술을 받았고 심한 중이염으로 세 번이나 튜브 시술을 받았다고 하였다. 검사 결과, 아동은 대화 시 일상적인 어휘를 조합한 다양한 형태의 단문을 적절히 사용하였다. 그러나 모음 연장발성 시 중등도의 과다비성이 있었고 언어 표현 시 음절마다 성문 파열음이 나타나 정확한 의사전달이 어려웠다. 그리고 구강을 살펴본 결과 연구개 중앙에 패임이 관찰되었다. 이에 구개열 수술로 특화된 병원에 의뢰한 결과, 아동은 점막하 구개열이 있는 것으로 진단되었고, 보상조음을 제거하는 조음 치료 후 내시경으로 연인두 기능을 확인하고 수술 여부를 결정하도록 권고받았다.

점막하 구개열은 연구개 근육은 갈라져 있으나 갈라진 근육이 점막으로 덮여 있어서 언뜻 봐서는 모르고 지나칠 수 있다. 점막하 구개열의 직접적인 증거는 목젖의 갈라짐, 연구개 중앙의 패임, 경구개 끝의 뼈 결손이지만, 모든 아동에게 이러한 증상이 있는 것은 아니다. 점막하 구개열의 간접적인 증거는 중이염과 구개열 특유의 발음인데, 3~4세에 발음 문제로 언어치료실을 방문하였다가 언어치료사에 의해 점막하 구개열이 발견되는 경우가 종종 있다. 그러므로 언어치료사가 점막하 구개열 문제를 놓치지 않으려면 구개열 특유의 발음에 대해 잘 알고 있어야 한다.

1) 근육 조직으로 구성된 연구개는 구조적 이상이 있다고 해서 무조건 말 산출에 문제가 생기는 것은 아니다. 구조가 비정상이어도 연인두개폐의 기능이 좋으면 말 문제가 없을 수 있고, 반대로 구조가 정상이어도 마비가 있거나 기능이 떨어져서 연인두개폐가 원활하지 않으면 다양한 말 문제를 보일 수 있다.

(2) 유전 질환

말소리 지각과 산출에 문제를 초래하는 유전 질환은 아주 많다. 가장 잘 알려진 유전 질환은 다운증후군과 취약X증후군이다. 다운증후군은 21번 염색체가 정상인과 달리 세 개인 유전 질환으로, 지적장애가 있으며 혀가 크고 근긴장도가 낮고 중이염을 자주 앓기 때문에 언어와 말소리 습득이 지체된다. 취약X증후군은 X염색체 이상으로 특정 단백질을 만들어 내지 못하는 유전 질환으로, 다운증후군처럼 지적장애가 있으며 이로 인해 말소리 습득이 지체된다.

그 밖에 과다발육 장애의 일종으로 혀가 점점 커지는 베크위트-비데만 증후군(Beckwith-Wiedemann syndrome)은 대설증으로 인해 구강 앞쪽에서 발음되는 자음의 산출에 어려움이 있다. 유당을 포도당으로 바꾸지 못하는 갈락토스 혈증(galactosemia)도 지능 저하와 함께 말실행증이 나타날 수 있다.

(3) 청각장애

청각장애는 말소리장애의 주요 원인 중 하나이다. 청각장애 아동은 말소리를 청각적으로 바르게 인식하지 못하므로 정확한 말소리를 학습하기가 어렵다. 청각장애가 말소리 인식 및 산출에 미치는 영향은 청력 손실의 정도, 청력도의 형태, 말 지각 능력에 따라 다르며, 청력 손실의 시작 및 발견 시기에 따라서도 다르다.

선천적 심도의 청각장애는 심각한 말 문제를 초래한다. 자음과 모음 같은 분절음 차원의 오류뿐만 아니라 말속도, 음도, 강도 같은 초분절음 차원의 오류가 함께 나타나서 일반인은 거의 알아듣지 못한다. Calvert(1982)가 정리한 농 아동의 일반적 말소리 오류는 다음과 같다.

- 생략: 어두 초성 생략, 어말 종성 생략, /s/ 생략
- 대치: 무성 자음을 유성 자음으로 대치, 구강음을 비음으로 대치, 감각 정보가 적은 말소리를 감각 정보가 많은 말소리로 대치, 모음 대치
- 왜곡: 장애음의 힘 조절 오류, 모음의 과다비성, 부정확한 모음, 모음의 길이 증가, 이중모음에서 두 모음의 적절한 길이 비율 오류
- 첨가: 자음군 사이에 모음 삽입, 종성 불파음의 파열음화, 불필요한 조음 동작의 첨가, 모음 앞 과도한 기식

그러나 이제 이러한 말 문제를 보이는 청각장애 아동은 많지 않다. 내이에 전극을 이식하는 인공와우 시술이 개발되고 보편화됨에 따라 90% 이상의 매우 높은 명료도로 말 산출이 가능한 청각장애 아동이 많아졌다. 최근에는 신생아 청각 검사를 통해 청각장애를 조기에 발견해 내고 청각장애가 있으면 12개월이 되기도 전에 양쪽 귀에 인공와우 시술을 하므로, 이들에게서 발견되는 조음 오류는 농 아동과 달리 정상 아동에게서 발견되는 발달적인 말소리 오류가 많다.

임상 노트 8-2 청각장애가 있는 것으로 밝혀진 말소리장애 사례

만 4세 후반의 아동이 말이 늦고 발음이 나쁘다는 문제로 언어치료실을 내원하였다. 보호자는 아동이 미숙아로 태어나 두 달간 인큐베이터에 있었다고 하였다. 그리고 이후 신체 발달은 또래와 비슷하였으나 말귀를 잘 알아듣지 못하고 언어 표현이 부족하며 발음도 좋지 않다고 하였다.

언어 검사 결과, 공식검사에서 또래보다 다소 지체된 수행력을 보였고, 비공식적인 발화 분석에서도 2~4어절의 단문으로 대화 주고받기는 가능하였으나 단어 설명하기 등의 논리적인 언어 표현은 어려워서 경도의 언어지체가 확인되었다. 조음 검사 결과, 공식검사에서 또래보다 지체된 수행력을 나타내었고, 동일한 언어 수준의 아동에게서 빈번한 파찰음, 치조마찰음, 유음의 발달적 오류뿐만 아니라 언어 수준에 맞지 않게 자음조화 현상이 빈번하여(예: '나무' → [마무], '장갑' → [강갑], '포도' → [토도]) 언어 능력보다 조음 능력이 더 떨어지는 것으로 파악되었다. 아동에게 청각 검사를 실시한 결과, 양쪽 귀 모두 저주파에서의 경도 난청과 고주파에서의 심도 난청이 있는 것으로 진단되었다.

자음조화 현상은 말소리를 단어단위로 처리하는 첫 50단어 시기 아동에게 빈번한 현상이다. 이 아동은 문장으로 의사표현을 하지만 경도의 청각장애로 인해 단어 내 분절음 대조가 어려워서 자음조화가 빈번했던 것으로 보인다.

(4) 신경운동장애

뇌혈관 질환, 외상, 감염 등으로 말 산출과 관련한 신경 계통에 손상이 생기면 말 운동에 어려움이 있을 수 있다. 운동신경의 문제로 발생하는 말소리장애를 말운동장애(motor speech disorders)라고 하는데, 이 장애에는 마비말장애(dysarthria)와 말실행증(apraxia)의 두 종류가 있다.

마비말장애는 말 산출 근육에 마비, 약화, 불협응이 있어서 말운동의 실행(execution)에 어려움을 겪는 장애이다. 이로 인해 말 명료도가 저하되고, 호흡, 발성, 조음, 공명, 운율에 문제가 생긴다. 마비말장애의 말소리 증상은 병변에 따라 다르지만, 약하거나 기식이 많이 들어가거나 쥐어짜거나 거친 음성, 지속적인 또는 간헐적인 과다비성, 부정확하거나 왜곡된 조음, 빠르거나 느리거나 가변적인 말속도, 단조로운 운율이나 과도한 강세 등이 있다. 마비말장애는 후천적으로 뇌손상을 입은 성인에게 많이 발생하지만, 뇌성마비와 같이 선천적 뇌손상이 있는 아동에게 발생하기도 한다.

말실행증은 말 산출 근육의 마비, 약화, 불협응은 없지만 말운동을 프로그래밍(programming)하고 일련의 말운동을 체계적으로 수행하는 데에 어려움이 있어 조음 및 운율에 문제를 보이는 장애이다. 말실행증의 증상으로는 왜곡이 동반된 대치와 첨가, 말속도 증가 시 음소정확도의 감소, 음소 경계에서 조음 오류를 고치려는 시도, 조음 동작의 모색(groping) 행동, 자동 구어보다 의도적 구어에서 어려움 증가, 교대운동 과제보다 일련운동 과제에서 어려움 증가, 1음절어보다 다음절어에서 어려움 증가 등이 있다(Duffy, 2005). 말실행증도 후천적으로 뇌손상을 입은 성인에게 많이 발생하지만, 후천적인 뇌손상 없이 발달기에 말실행증 증상을 보일 수도 있다. 이러한 아동 말실행증은 신경학적 원인을 모르는 경우가 대부분이어서, 원인이 있는 말소리장애에 포함되지 않아 따로 살펴보기로 한다.

2) 아동 말실행증

후천적 뇌손상 없이 발달기에 말실행 증상을 보이면 이를 아동 말실행증(childhood apraxia of speech: CAS)이라 부른다. 그러나 아동 말실행증은 다른 장애와 구별되는 특징에 일치된 견해가 없어서, 단순히 원인 모를 심한 말소리 장애에 해당한다고 여겨지기도 하였다. 2007년에 미국말언어청각협회에서(American Speech Language-Hearing Association)는 아동 말실행증에 대해 다음과 같이 밝혔다(ASHA, 2007). 첫째, 아동 말실행증은 신경학적 소아 말소리장애로 비정상 반사 같은 신경운동의 결함 없이 말운동의 정확성과 일관성에 문제를 보인다. 둘째, 신경학적 원인이 있을 수도 있고 그 원인을 모를 수도 있다. 셋째, 이 장애의 핵심은 연속운동에서 공간적 변수와 시간적 변수를 계획하기 어렵다는 것인데, 이로 인해 조음과 운율에 오류가 생긴다.

2007년의 ASHA 보고서에서는 아동 말실행증의 주된 말소리 특징으로 다음의 세 가지를 언급하였다. 첫째, 비일관성이다. 동일한 단어를 매번 다르게 산출한다. 둘째, 운율의 문제이다. 음절마다 과도한 강세를 준다. 셋째, 음절이나 음소 사이의 연결 시간이 길고 비정상적이다. 이는 예기적 동시조음이 강하게 나타나 음절이나 음소의 진행을 방해하기 때문이다. 이에 더하여 도치, 모음 오류, 발성유형 오류, 음소 왜곡, 조음 모색 행동, 의도적 구어 운동의 문제, 음소 목록의 제한, 이해 언어에 비해 표현 언어의 부족도 아동 말실행증의 진단 기준으로 꼽히고 있다(Grigos, Moss, & Lu, 2015).

그런데 아동 말실행증의 주요 증상인 비일관성은 음운 표상이 부정확할 때도 나타날 수 있다. 운율 문제도 말소리들의 위계적 구성에 대한 기저 표상이 부족해서 나타난 것일 수 있다. 말실행증 아동이 읽기와 쓰기에 어려움을 보이는 것도 말소리의 기저 표상의 문제와 관련이 있다. 즉, 아동 말실행증의 일차적 문제는 말운동의 프로그래밍과 조직이지만, 이들에게는 음운 표상의 문제도 함께 내재되어 있을 수 있다. 아동 말실행증은 시간이 지나면서 기능적 말소리장애, 언어발달지체, 학습장애로 변화될 수 있다. 그러므로 아동 말실행증 진단 시에는 발달적 관점을 가져야 하며, 위험 신호들이 감지되더라도 너무 어린 시기에 아동 말실행증 진단을 내리기보다는 다양한 길이와 복잡도의 발화를 모방할 수 있을 때까지 모니터할 필요가 있다(Strand, 2003).

3) 원인을 모르는 말소리장애

대부분의 말소리장애는 그 원인을 알지 못한다. 1970년대까지 원인을 모르는 말소리장애는 잘못된 운동 습관에 기인한다고 여기고 기능적 말소리장애로 불렀다. 그러나 원인을 모르는 말소리장애에도 겉으로 드러나지 않는 구조적 · 인지적 · 심리적 결함이 있을 수 있으며, 기질적 요인과 환경적 요인이 상호작용하여 문제를 일으켰을 수 있으므로, 최근에는 '기능적'이라는 용어 대신 '원인을 모른다'라는 용어를 사용하고 있다.

이들의 원인을 밝혀보고자 조음교대운동 속도, 혀의 힘 등 여러 변인을 조사하였으나 공통된 원인을 찾는 데는 실패하였다. 이에 따라 원인을 모르는 말소리장애를 단일 집단으로 보지 않고 하위 집단으로 세분화하려는 시도가 이루어졌다. 첫 번째 시도는 심각도에 따른 분류이다. 그러나 심각도 판단의 기준이 모호하고, 같은 심각도에 속한 아동이 매우 이질적일 뿐만 아니라, 심각도에 따라 치료 유형이나 치료 효과가 구분되는 것도 아니다. 원인을 모르는 말소리장애의 하위 분류에 대해 아직 일치된 견해는 없으나 이론적·임상적으로 받아들일 만한 분류 기준은 다음과 같다.

(1) 잠재된 원인에 따른 분류

Shriberg 등(2005)은 말소리장애가 시작된 사전 또는 촉발 요인(distal cause), 말소리장애를 지속시키는 지속 요인(proximal cause), 각 집단의 독특한 말소리 특징(diagnostic markers)을 고려하여 원인을 모르는 말소리장애에 대해 일곱 가지 하위 유형을 추정하였다(〈표 8-1〉 참조). 말소리장애 유형은 크게 말소리 지체 집단과 말

표 8-1 Shriberg가 추정한 원인을 모르는 말소리장애의 일곱 가지 하위 유형

유형		비율	사전 요인	지속 요인	진단 표지
말소리 지체 (Speech Delay)	유전 관련	56%	유전/환경	인지·언어 처리 과정 문제	생략 오류
	중이염 관련	30%	유전/환경	청지각 처리 과정 문제	후방화 오류 명료도/정확도 차이
	사회심리 관련	12%	유전/환경	정서·기질 문제 (공격성 또는 위축)	
	말실행증 관련	?	유전	말운동 조절 문제	어휘 강세의 문제, 변화비율 계수가 큼
	마비말장애 관련	?	유전	말운동 조절 문제	
말소리 오류 (Speech Errors)	/s/ 관련	?	환경	음운 조정 문제	음향적 차이: 첫 번째 스펙트럼 모멘트가 큼
	/r/ 관련	?	환경	음운 조정 문제	음향적 차이: 포먼트 3과 포먼트 2의 차이가 적음

소리 오류 집단으로 나뉜다. 말소리 지체 집단은 다시 언어 · 인지 요인과 관련된 유형, 청지각 처리 과정과 관련된 유형, 공격적이거나 위축된 정서와 관련된 유형, 말 운동 조절 문제와 관련된 말실행증 유형과 마비말장애 유형으로 나뉜다. 말소리장애 집단은 마찰음에 오류가 남아 있는 집단과 유음에 오류가 남아 있는 집단으로 나뉘며, 모두 음운 조정의 문제를 요인으로 꼽았다. 이 중 가장 높은 비율을 차지하는 유형은 언어 · 인지 유형으로, 원인을 모르는 말소리장애의 56%가 이에 속하였고, 그다음이 청지각 처리 과정 유형으로 30%가 이에 속하였다.

(2) 심리언어학적 손상에 따른 분류

심리언어학적 분류에서는 말소리 처리 과정을 제시하고, 어떤 과정에서 문제가 야기되었는지에 따라 말소리장애의 유형을 분류한다. Stackhouse와 Wells(1997)는 [그림 8-1]과 같이 말소리 처리 모델을 제시하고 음운의 문제와 음운 처리(processing)의 문제를 구분하였다. 음운의 문제란 말소리 산출의 어려움을 의미하고, 음운 처리의 문제란 말소리 산출이나 읽기에 어려움을 야기하는 기저 인지 과정의 손상을 의미한다.

이 모델에 따르면 말소리를 처리하는 기저의 인지 과정에는 음성 변별 및 음운 인식 과정, 의미 및 음운 표상 과정, 운동 프로그램 및 조직 과정, 운동 실행 과정이 있으며, 각 과정의 문제가 음운 산출의 문제를 가져올 수 있다. 예를 들어, 음성 변별과 음운 인식에 문제가 있어서 부정확하고 경계가 불분명한 음운 표상이 저장되어 있다면 잘못된 발음으로 말하게 된다. 음운 표상이 정확하더라도 이를 구어로 산출하기 위한 조음기관의 운동 패턴이 잘못되었거나 프로그램을 구체화는 운동 계획에 문제가 있다면 잘못된 발음으로 말하게 된다. 이처럼 심리언어학적 모델에서는 어떤 음운 처리 과정의 문제로 말소리 오류가 발생했는지에 따라 말소리장애를 분류한다.

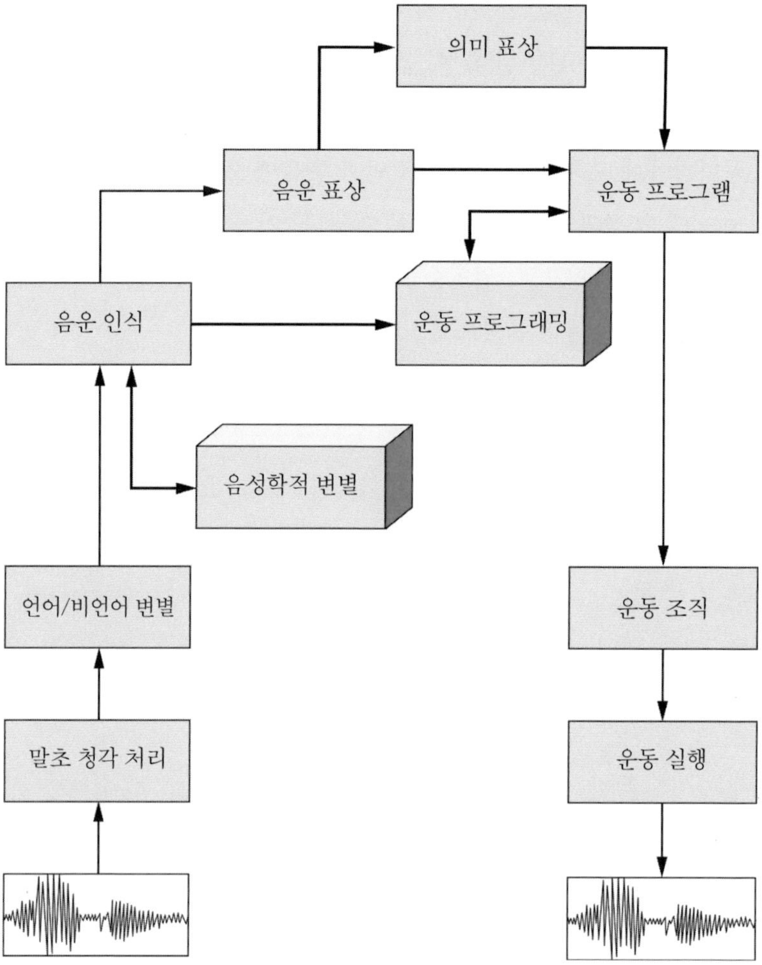

그림 8-1 Stackhouse와 Wells(1997)의 말소리 처리 모델

(3) 증상에 따른 분류

Dodd, Holm, Crosbie와 McComack(2005)은 겉으로 드러나는 말소리 증상으로 말소리장애를 분류하는 것이 장애 특성을 가장 잘 설명할 수 있다고 하였다. 이들은 말소리장애를 네 가지의 유형으로 분류하였다. 첫째, 조음장애(articulation disorder)이다. /s/나 /r/에 지속적인 대치나 왜곡 오류를 보이는 유형으로, 말소리장애 아동 중 12.5%가 여기에 해당한다. 둘째, 음운지체(phonological delay)이다. 어린 아동에게서 나타나는 음운 오류패턴을 보이는 유형으로, 말소리장애 아동의 57.5%가 이에 해당한다. 셋째, 일관적인 음운장애(consistent phonological disorder)이다. 비발달

표 8-2 아동 말실행증과 비일관적 말소리장애의 감별진단

아동 말실행증	비일관적 말소리장애
오류가 비일관적임	오류가 비일관적임
길이가 증가하면 오류가 증가함	길이가 증가하면 오류가 증가함
말소리를 순서적으로 배열하지 못함(예: 도치)	배열의 오류라기보다 음소 선택의 오류임
대체로 말운동 문제가 있음	말운동 기술이 정상 범주임
모색 행동이나 막힘이 있음	모색 행동이나 막힘이 없음
말소리의 연장과 반복이 있음	말소리 연장과 반복이 없음
말속도와 교대운동 속도가 느림	말속도와 교대운동 속도가 정상임

적인 오류패턴이 일관되게 나타나는 유형으로, 말소리장애 아동 중 20.6%가 이에 해당한다. 넷째, 비일관적인 음운장애(inconsistent phonological disorder)이다. 발달적인 오류패턴이 비일관적으로 나타나는 유형으로, 말소리장애 아동의 9.4%가 이에 해당한다.

비일관적인 음운장애는 아동 말실행증과 증상이 비슷하여 감별진단이 쉽지 않다. 두 집단 모두 오류가 비일관적이고 길이가 증가함에 따라 오류가 증가한다. 그러나 아동 말실행증은 비일관적인 음운장애와 다르게 구강운동에 문제가 있어서, 말 산출 시 모색 행동과 같은 부적절한 구강 움직임이 있고 운율이나 말속도에도 문제가 있다. Holm, Crosbie와 Dodd(2005)는 아동 말실행증과 비일관적 말소리장애의 증상을 〈표 8-2〉와 같이 비교 정리하였다.

이 분류 체계의 타당성 검증을 위해 하위 집단별로 효과적인 치료법이 있는지가 연구되었다. Dodd와 Bradford(2000)의 사례 연구에 따르면, 일관된 음운장애 아동에게는 음운대조 접근법이 효과적이지만, 비일관된 음운장애 아동에게는 핵심어휘 접근법이 더 효과적이었다. 각각의 치료법은 14장 '치료 접근법'에서 다루도록 하겠다.

2. 말소리장애의 관련 요인

앞에서 살펴본 바와 같이 원인을 모르는 말소리장애에 대한 가설과 연구는 다양하지만, 현재의 말소리 행동은 다양한 요인이 상호작용한 결과이기 때문에 그 인과관계를 밝히기란 쉽지 않다. 말소리장애와 관련된 요인을 밝히기 위하여 상관 연구나 집단 간 평균 차이 연구가 흔히 사용되지만, 요인 간의 상관이나 집단 간의 평균 차이가 인과관계를 의미하지는 않는다. 이러한 연구는 어떠한 경향성만 나타내 줄 뿐 개개인의 특성을 반영하지는 못하므로 해석에 주의해야 한다. 예를 들어, 지적장애 아동은 정상 아동과 평균적인 조음 능력에 유의미한 차이가 있고 지능과 조음 간에 상관이 있지만, 지능 70 이상인 아동만 보면 이러한 상관이 없어진다. [그림 8-2]의 (ㄱ)을 보면 지능이 낮은 아동이 대체로 자음정확도가 낮아서 지능과 자음정확도에 정적인 상관이 있지만, 같은 그래프에서 지능이 80 이상인 아동만 남기면 (ㄴ)처럼 지능이 낮은 아동 중에 자음정확도가 높은 아동도 있고, 지능이 높은 아동 중에 자음정확도가 낮은 아동도 있다. 여기서는 원인을 모르는 말소리장애와 관련된다고 거론되는 요인들을 청각 기제의 구조 및 기능 요인, 말 기제의 구조 및 기능 요인, 인지 및 언어적 요인, 사회 및 심리적 요인으로 나누어 살펴보겠다.

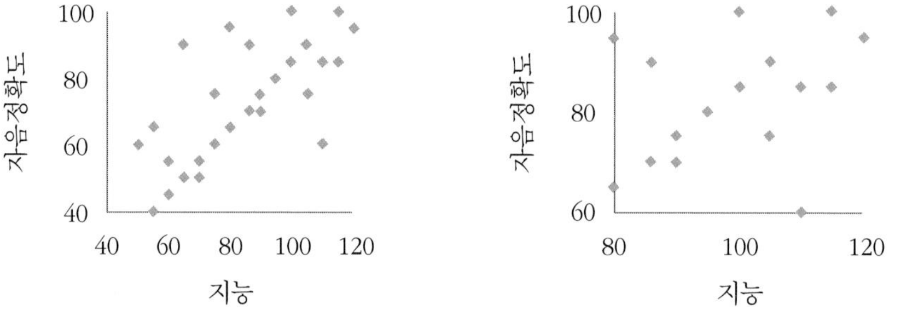

(ㄱ) 지능 범위를 40 이상으로 할 때 (ㄴ) 지능 범위를 80 이상으로 할 때

그림 8-2 지능과 자음정확도의 상관관계

1) 청각 기제의 구조 및 기능 요인

(1) 중이염

말소리장애와 관련되는 청각 기제의 구조 요인으로는 중이염을 꼽을 수 있다. 잦은 중이염 병력, 특히 12~18개월 때의 잦은 중이염은 언어 및 말소리 발달을 저해할 수 있다. 중이염을 경험한 아동은 그렇지 않은 아동보다 어두 초성 생략과 탈비음화를 더 많이 보인다(Shriberg & Smith, 1983).

그러나 메타분석 결과 중이염과 말·언어발달지체는 관련성이 없거나 미약하였다(Roberts, Rosenfeld, & Zeisel, 2004). 연구마다 결과가 다른 것은 '잦은'의 기준을 정하기 어렵고, 부모 보고에 의한 '중이염' 병력에 신뢰도가 떨어지며, 중이염이 당시 실제로 청력 저하로 이어졌는지도 확인할 수 없고, 사회경제적 지위와 관련 높은 치료 서비스의 여부에 따라서 결과가 달라지기 때문이다.

(2) 말소리 지각

말소리장애와 관련되는 청각 기제의 기능 요인으로는 말소리 지각 능력의 저하를 들 수 있다. 말소리장애 아동의 말소리 지각 능력은 대상자의 특성, 변별 과제의 유형이나 검사 문항 등에 따라 달라지지만, '전반적인' 말소리 변별 능력은 말소리장애 아동과 정상 아동 간에 유의미한 차이가 없다는 연구 결과가 많다. 오류를 보이는 말소리 및 말소리 문맥에 '국한하여' 변별 능력을 살펴보더라도 아동의 70%는 정조음과 오조음을 정확히 변별하였다(Locke, 1980).

한편, 타인의 말소리에 대한 외적 변별(external discrimination) 능력은 정상 아동과 말소리장애 아동 간에 차이가 없다고 할지라도, 자신의 말소리에 대한 내적 변별(internal discrimination) 능력은 정상 아동보다 말소리장애 아동이 더 떨어질 수 있다. 자신의 말소리를 모니터링하는 내적 변별 능력은 조음 일관성과 상관이 높고, 자발화에서의 반응 일반화에도 중요한 역할을 한다.

2) 말 기제의 구조 및 기능 요인

(1) 경미한 구조적 요인

말소리장애와 관련되는 말 기제의 구조 요인으로 경미한 구조적 이상을 들 수 있다. 부정교합이나 치아 결손은 정확한 말소리 산출을 방해하는 요인이 될 수 있다. 부정교합이나 치아 결손은 기류가 치아에 부딪혀 마찰 소음을 내야 하는 치찰성 자질의 말소리 산출에 영향을 준다. 그러나 부정교합은 발음이 나쁜 사람이나 좋은 사람 모두에게서 발견되고, 앞니가 없어도 /s/를 정확히 산출할 수 있다. 일부 아동에게는 부정교합이나 치아 결손이 말소리 오류에 결정적 역할을 하지만, 대부분은 그렇지 않다.

혀가 짧으면 발음이 나쁘다고 생각하기 쉽다. 하지만 어느 정도로 짧아야 문제가 되는 것일까? 출생 시에는 혀가 짧은 편이라도 나이가 들면서 혀가 길어진다. 그런데 혀 밑에 있는 설소대(frenulum)가 혀끝까지 붙어 있으면 혀의 운동 범위를 제한하게 된다. 혀를 내밀어 보라고 하면 설소대가 혀의 중앙을 뒤로 잡아당겨 하트 또는 W 모양이 만들어진다([그림 8-3] 참조). 이러한 설소대 단축증(ankyloglossia, tongue-tie)은 주로 /ㄹ/ 조음이 활음 [j, w]로 대치되는 오류와 관련되고, 그 정도가 심할 때는 발음에 부정적 영향을 미친다. 설소대 단축증이 있어도 혀의 운동성이 좋으면 정확한 발음을 구사할 수 있기 때문에 설소대를 잘라 주는 수술에 대해서는 찬반 의견이 분분하지만, 수술 후 많은 사례에서 말 산출이 향상되었다고 한다(Heller, Gabbay, O'Hara, Heller, & Bradley, 2005; Messner & Lalakea, 2002).

혀의 크기 또한 말 산출을 방해하는 요인으로 지목될 수 있다. 대설증 증상을 보

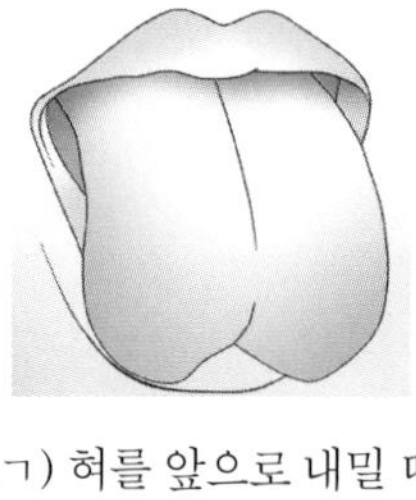

(ㄱ) 혀를 앞으로 내밀 때

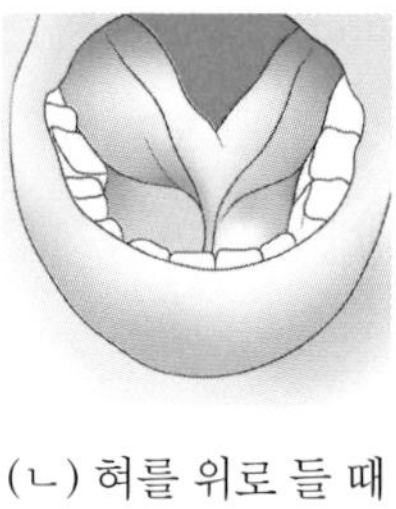

(ㄴ) 혀를 위로 들 때

그림 8-3 설소대 단축증

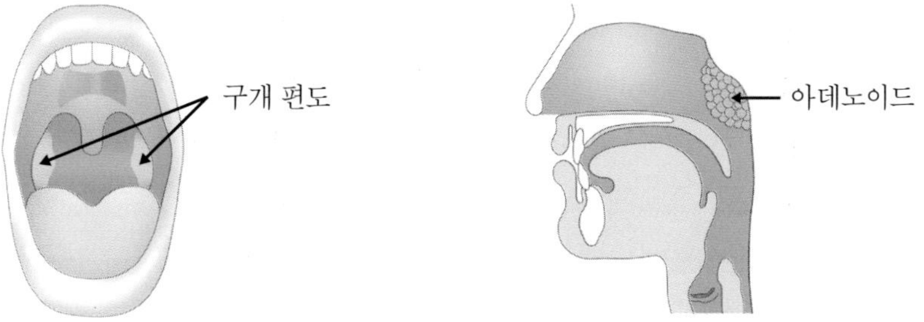

그림 8-4 구개 편도와 아데노이드

이는 대표적인 유전 질환으로 혀가 점점 커지는 베크위트-비데만 증후군과 구강 공간이 작아서 상대적으로 혀가 크게 느껴지는 다운증후군이 있다. 그러나 대설증(macroglossia)이나 소설증(microglossia) 같은 혀의 크기는 조음 능력과 상관이 거의 없다. 혀는 길이와 폭을 다양하게 할 수 있는 근육 조직이기 때문이다.

편도 비대증도 말소리장애와 연관될 수 있다. 일반적으로 편도는 면역 작용이 증가하는 1~4세에 커졌다가 사춘기 이후 서서히 퇴화하지만, 인두 편도인 아데노이드가 과도하게 비대하면 비강 호흡을 방해하여 수면 중 호흡 곤란의 문제를 야기하거나 만성적인 구강 호흡으로 얼굴형에 변화를 가져올 수 있어서, 필요한 경우 수술로 일부를 제거하기도 한다([그림 8-4] 참조). 말소리와 관련해서 편도 비대증 아동은 과소비성과 같은 공명 문제가 동반될 수 있고, 치경 마찰음의 조음 위치를 치아 쪽으로 전방화시키는 치간음화 증상을 일반 아동보다 더 많이 나타내는 경향이 있다(송윤경, 2014). 그러나 편도 비대증이 연구개음이나 비음의 조음에까지 영향을 주는 경우는 드물다.

임상 노트 8-3 설소대 단축증의 수술

말이 늦는 아동에게 설소대 수술을 해 주면 말이 트일까? 혀가 짧다고 말을 못하는 것은 아니다. 설소대 단축증, 즉 설단증이 있어서 발음이 나쁘더라도 언어 표현은 자유롭게 할 수 있다. 극단적인 예로 '엄마, 아빠, 응가'밖에 산출하지 못하고 설단증을 동반한 초등학교 1학년 지적장애 아동이 내원하였다. 한 달간의 언어치료로 표현 어휘가 늘자 설단증을 없애 주면 말이 더 빨리 늘 것으로 생각한 보호자는 언어치료를 중단하고 아동에게 설소대 수술을 단행하였다. 6개월 후 다시 언어치료실을 찾은 어머니는 수술 후 언어 표현이 전혀 늘지 않았다며 다시 치료를 원하셨다. 언어발달장애 아동에게 설소대 수술을 한다고 해서 언어 표현이 느는 것은 아니다.

설소대 단축증의 수술 여부는 설단증의 정도, 말소리 증상, 본인 및 가족의 신념 등 다양한 사항을 고려하여 결정할 문제이다. 설단증의 정도가 심하면 말소리 문제와 상관없이 심미적 이유로라도 수술을 권할 수 있다. 설단증의 정도가 심하지 않고 말소리에 별 이상이 없더라도 본인이 설단증을 인식하고 있고 이로 인해 말하기가 불편하다고 느끼면 수술을 권할 수 있다. 발음에 문제가 없는 초등학교 고학년 학생이 설단증 수술을 받고 말하기가 편해졌고 어머님이 듣기에 발음도 좋아진 것 같다고 하는 사례를 종종 경험한다. 그러나 설단증의 정도가 심하지 않은데 말소리에 문제가 있는 경우라면 수술 여부와 상관없이 언어치료를 권해야 한다. 이 경우에는 본인이나 가족이 원해서 수술을 받더라도 말소리 문제가 저절로 개선되는 경우는 드물며, 조음기관의 말운동 능력을 향상시키는 노력이 필요하다.

(2) 구강의 감각 기능

말소리장애와 관련되는 말 기제의 기능 요인으로 구강의 감각 기능을 들 수 있다. 말소리장애 아동은 조음 치료를 받을 때 혀가 어디에 닿아야 한다거나 혀를 어떻게 움직이라는 등의 지시에 반응해야 한다. 이때 구강의 감각 기능이 떨어져서 촉각이나 운동 감각에 대한 피드백을 잘 받지 못하면 말소리장애가 지속될 가능성이 높아진다. 그러나 구강 감각 피드백이 음운 습득에 어떠한 역할을 하는지는 밝혀져 있지 않다.

(3) 구강 운동 능력

말소리장애와 관련되는 말 기제의 기능 요인으로 구강의 운동 능력을 들 수 있다. 구강의 운동 능력을 대표하는 측정치로, /퍼/나 /터/ 또는 /퍼터커/를 빠르고 정확하게 반복하여 측정하는 교대운동 속도가 있다. 음절의 연결이 어려운 말실행증 아동, 삼킴 문제가 동반될 정도로 구강 운동 기능이 심하게 떨어지는 아동, 근육의 긴장도에 문제가 있는 아동은 교대운동 속도가 느릴 수 있다. 그러나 분절음 차원의 오류를 보이는 말소리장애 아동은 교대운동 속도가 정상인 경우가 많다. 조음운동에는 길항 작용을 하는 근육 운동의 단순 '반복'이 아니라 여러 근육을 동시에 사용하는 정교한 '협응'이 필요하기 때문에, 특정 음절을 반복하는 측정치는 이들의 구강 운동 능력을 대변하기에 충분하지 않다.

구강의 운동 능력을 알아보기 위해 혀의 힘을 측정하기도 한다. 특정 수준으로 혀 압력 유지하기와 같이 미세한 혀 운동 조절이 필요한 과제에서는 말소리장애 아동이나 말실행증 아동이 정상 아동보다 유의하게 덜 안정적이다. 그러나 말 산출 시에는 혀의 힘을 20%만 사용하기 때문에 말소리장애 아동과 정상 아동 간에 최대 혀의 힘에는 차이가 없다(Forrest, 2002).

(4) 혀 내밀기

말소리장애와 관련되는 또 다른 말 기제의 기능 요인으로 혀 내밀기(tongue thrust) 증상이 있다. 혀 내밀기는 구강근육기능장애(oral myofunctional disorders: OMD) 중 가장 흔한 증상으로, 삼킬 때 혀가 치아 밖으로 나오고, 심하면 평소에도 혀가 치아 밖으로 나와 있는 증상을 말한다. 태어날 때는 혀에 비해 상대적으로 구강이 좁아서 혀가 입 밖으로 나오지만, 5세 전에 구강 안쪽으로 들어간다. 그러나 편도 비대증과 같은 구조적 문제로 구강 공간이 적거나 혹은 단순히 어릴 적 습관이 남아서 혀 내밀기 상태가 유지되는 아동이 있다.

혀 내밀기 증상은 치경음 조음에 영향을 미칠 수 있다. 이들에게는 조음 훈련을 하기 전에 구강 인식, 혀의 위치 조절, 유연성 훈련을 통해 휴식 시의 혀와 입술의 자세를 바로잡아 주어야 한다. 평소에도 혀가 입 밖으로 나온다면 치열에도 영향을 미쳐 위아래의 앞니가 다물어지지 않는 개방교합(open bite)을 초래할 수 있다. 치열 문제가 동반되었다면 소아 치과 전문의와 협력해야 하며, 구조적인 문제로 어쩔 수 없이 혀 내밀기가 지속되는 경우에도 의학적 처치가 먼저 이루어져야 한다.

3) 인지·언어적 요인

(1) 지능

말소리장애는 지능과 상관이 있다. 지적장애 아동은 대체로 정상 아동보다 말 산출 능력이 떨어진다. 그러나 IQ 70 이상이면 지능으로 조음 능력을 예측할 수 없으며, 말 산출 능력이 떨어진다고 지능이 떨어지는 것은 아니다. 지적장애 아동에게는 분절음 변화 오류보다 단어단위 오류가 빈번하며, 특이한 오류보다 발달적 오류가 많이 관찰된다.

(2) 언어 발달

말소리장애와 언어 발달은 밀접하게 관련되어 있다. 언어의 한 요소인 음운 습득이 어렵다면 언어 이해와 표현이 지체될 수밖에 없기 때문에 언어발달장애 아동 중에는 말소리장애를 동반한 경우가 많다. 학령전기 말소리장애 아동의 60%가 언어지체를 동반하고, 말소리장애가 심하면 언어장애의 동반 가능성이 더 높아진다 (Shriberg & Austin, 1998).

(3) 학업 성적

말소리장애는 학습에도 영향을 미칠 수 있다. 말소리장애가 음운 지식의 문제로 발생했다면, 낮은 음운 인식 능력이 읽기에 영향을 미쳐서 학업 성취도를 떨어뜨릴 수 있다. 많은 연구에 의하면 음운장애 아동, 특히 언어장애를 동반한 음운장애 아동은 후에 읽기 성취도가 떨어지고 학습장애를 겪게 될 위험이 높다.

4) 심리·사회적 요인

(1) 연령 및 성별

연령의 증가는 발달적 성숙을 가져오고, 약 8세까지는 발달적 성숙이 조음 능력에 영향을 미친다. 그러나 그 이후에는 발달적 성숙이 조음 능력의 향상에 미치는 영향이 크지 않다. 성별의 경우 어린 나이에는 여아보다 남아의 음운 습득이 다소 늦고, 조음장애의 출현도 여아보다 남아에게서 더 많다.

(2) 가족 요인

가족의 낮은 사회경제적 지위가 말소리장애와 연관될 가능성은 크지 않다. 그러나 중이염 등 다른 요인이 함께 있으면 말소리장애를 일으킬 위험성이 매우 높아진다. 가족 중 음운장애가 있는 아동에게서 음운장애의 발생률이 높고, 이란성 쌍둥이보다 일란성 쌍둥이가 조음 능력에 상관이 더 높다. 또한 환경적으로 가정에서 아동보다 나이가 많은 동기나 다른 쌍둥이로부터 부정확한 말 모델을 제공받은 경우에는 형제자매가 함께 음운 수행력이 낮을 수 있다.

(3) 성격

말소리장애에는 성격 요인이 관련될 수 있다. 그러나 어떤 성격이 얼마나 어떻게 영향을 미치는지는 아직 밝혀지지 않았다. 말소리장애에 부정적인 영향을 미치는 두 가지 정서로는 공격적이고 화를 잘 내며 본인이 상황을 통제하려는 성향, 그리고 위축되고 부끄러움을 많이 타며 겁이 많은 성향이 있다(Hauner, Shriberg, Kwiatkowski, & Allen, 2005). 이러한 성향을 가진 이들은 본인의 미숙한 발음을 고수하려고 하므로 말소리장애가 지속되기 쉽다.

3. 말소리장애와 동반되는 장애

말소리장애는 다른 의사소통장애와 함께 나타날 수 있다. 말소리장애와 흔히 동반되는 의사소통장애로는 언어장애, 유창성장애, 음성장애가 있고, 주의력결핍 과잉행동장애(ADHD)나 불안장애와 같은 정서장애를 동반한 말소리장애도 많다. 임상에서 여러 동반 증상이 관찰된다면 언어치료사는 이를 적절히 해석하고 다룰 수 있어야 한다. 즉, 말소리 오류 증상의 본질을 파악하고 무엇을 먼저 치료할지를 결정해야 한다. 부정확한 발음이 언어발달지체를 유발했다면 발음을 먼저 고쳐 주어야 하고, 형태소나 화용 오류가 명료도 저하의 주범이라면 발음보다는 언어 능력을 먼저 향상시켜 주어야 한다. 또한 말소리 오류와 다른 의사소통장애와의 관련성을 이해하고 적절히 대처해야 한다. 예를 들어, 유창성장애와 조음장애가 모두 있는 아동은 조음 수정에 대한 부담량이 증가할 때마다 유창성 문제가 증가할 수 있으므로, 조음 수정에 대한 부담이 덜한 상호작용 방식을 이용하여 조음 치료를 진행해야 한다.

말소리장애와 다른 장애가 동반되는 이유는 무엇일까? 첫째, 하나의 장애가 다른 장애를 유발했을 수 있다. 말소리장애가 있어 상대방이 못 알아들을 때 목에 힘을 주어 더 크게 말한다면 음성장애가 유발되고, 핵심 어휘만을 짧게 말한다면 언어발달 지체가 유발될 수 있다. 둘째, 기저에 여러 의사소통장애가 동시에 나타날 유전적 소인을 가지고 있을 수 있다. 말운동에 문제가 있다면 말소리장애, 음성장애, 유창성장애가 동시다발적으로 발생할 수 있다. 셋째, 언어 영역들이 상호작용하기 때문에 두 장애가 동시에 나타날 수 있다. '아기에게 우유를 먹여요'에서 '먹여요'를 '먹어요'로 말하지 않으려면, 이중모음 조음도 가능해야 하고 주동과 사동의 문법 관계도 알아야 한다. 마지막으로, 두 장애가 아무런 상관없이 독립적으로 발생했을 수 있다.

언어발달장애는 말소리장애 아동의 동반장애로 가장 많이 언급된다. 동반 비율은 연구마다 차이가 있지만 학령전기 말소리장애 아동 중 60%까지 언어발달장애를 동반할 수 있으며, 최근에는 말소리장애가 구어(spoken language)뿐만 아니라 문어(written language)와 관련한 읽기 문제와 어떻게 연관되는지로 관심이 확대되고 있다.

또한 말소리장애 아동은 음성장애나 유창성장애를 동반할 수 있다. 학령기 아동에 대한 미국의 조사 연구에 의하면(St. Louis, Ruscello, & Lundeen, 1992), 말소리장애 아동이 약 9%였고, 그중에서 동반장애가 없는 말소리장애 아동은 41%에 불과하였다. 말소리장애 아동 중 57%가 음성장애를 동반하였고, 1%가 유창성장애를 동반하였다. 말소리장애와 음성장애가 동반되는 이유는 발음이 나빠서 큰 소리로 정확히 말하려고 해서 음성장애가 발생했을 수도 있고, 음성장애가 있어서 비강공명음이나 다양한 발성유형의 산출이 어려워서 말소리장애가 발생했을 수도 있으며, 기저에 말운동에 영향을 미치는 공통된 문제가 있을 수도 있다. 청각장애, 구개열, 다운증후군에서는 말소리장애와 음성장애가 함께 나타나는 경우가 흔하다.

말소리장애 아동 중에는 주의력결핍 과잉행동장애, 품행장애, 불안장애와 같은 정서 문제를 동반한 경우도 많다. 주의집중을 잘 못하거나 불안이 있다면 상대방과 상호작용이 원활하게 이루어질 수 없고 이에 따라 부정확한 말소리에 대한 외적·내적 피드백을 받을 수 없어 말소리를 개선할 기회를 놓치게 되므로 말소리장애가 지속할 수 있다. 반대로 말소리장애가 있으면 의사전달이 되지 않아 한 주제에 대해 오랫동안 이야기할 수가 없고, 이에 따라 주의집중력이 떨어지는 아동으로 오해받거나 집중력 저하 문제를 심화시킬 수 있다. 하지만 두 장애에 공통으로 영향을 미치는 기저의 유전 요인이 있을 수도 있다.

임상 노트 8-4

심한 말소리장애가 동반된 언어장애 아동의 언어치료

심한 말소리장애 아동에게서 언어 표현력만 증진시키면 구체적으로 어떤 일이 벌어질까? 두 사례를 살펴보자. 첫 번째 사례는 4세 언어발달장애 아동이다. 어머니 보고에 의하면 6개월간 화용 중심의 언어치료를 받았는데 '주세요'를 [우,에,오]로 말하던 아동이 '빨간 자동차 주세요'를 [아,아, 아,오,아, 우,에,오]로 말하게 되었으며 발음은 더 나빠진 것 같다고 하였다. 평가 결과, 이 아동은 자기중심적인 말이 많아서 대화가 어려웠지만 다양한 기능으로 언어를 사용하였고, 2~3어절 문장 표현이 가능하였지만 모든 비음과 파열음을 성문 파열음으로 대치하여 내용 전달이 어려웠다. 1음절에서 /ㅃ/와 /ㄲ/의 정조음이 확인되어, 이를 토대로 양순 파열음 그리고 연구개 파열음이 들어간 1~2음절 발화를 성문음 없이 정확히 산출하기부터 시작하여 점진적으로 발화 길이를 늘려 나갔고, 몇 개월 후 아동은 성문음 없이 문장으로 대화가 가능해졌다.

두 번째 사례는 6세 언어발달장애 아동이다. 어머니 보고에 의하면 대화 시 언어 이해는 가능하나 언어 표현을 거의 하지 않아 몇 년째 심리치료와 언어치료를 받고 있다고 하였다. 평가 결과, 구강에서 기류 변형이 가능한 소리는 [아], [마], [나], [암마], [안나]뿐이었고, 나머지는 성문이나 연인두문에서 기류를 변형하여 성문음이나 후비강음으로 발음하였다. 아동이 언어 표현을 하였지만 부정확한 발음으로 의사전달이 안 되면 입을 다무는 것으로 보아, 아동이 언어 표현을 잘 하지 않은 것은 부정확한 발음 때문이라고 판단되었다. 산출 가능한 소리로 발화 길이를 늘려 가면서 구강에서의 기류 변형 방법을 알려 주었고, 몇 개월 후 아동은 다양한 모음과 자음을 산출하며 정상적인 언어 표현을 하기 시작하였다.

이 두 사례는 모두 구어 의사소통에 대한 의지도 있고, 어떤 언어 표현을 해야 하는지도 알고 있지만, 구강에서 기류 변형을 할 수 없을 정도로 말 산출 능력이 떨어지는 아동이었다. 이들에게 어휘나 문장을 확장하는 일반적인 언어치료를 하면 비정상적인 기류 변형 방식만 심화되어 발음이 더욱 이상해지고 이로 인해 아동이 구어 의사소통을 회피할 수 있다. 아동에게 구어 표현을 확장하기 전에 아동이 이미 알고 있는 표현을 의사소통 상황에서 사용하는지, 그리고 사용한 표현이 상대방에게 전달되는지를 먼저 확인해야 한다. 만약 알고 있는 표현조차 잘 사용하지 않고 사용한 표현이 잘 전달되지 않는다면 어휘 종류나 문장 길이를 늘여 줄 것이 아니라 그 이유를 찾아 문제를 해결해 주는 것이 우선되어야 한다.

임상 노트 8-5

말소리장애 아동이 언어발달지체 아동이 된 사연

'눈사람 만들기' 이야기를 하는 4세 아동이 두손으로 동그라미를 그리며 [츠끄하고 ****]라고 했지만 내용을 이해하기가 어려웠다. 검사자는 아동의 손동작이 공이라고 생각되어 "축구했다고?"라고 되물었다. 아동은 비슷한 손동작과 말소리를 반복하며 더 길게 설명하였고, 이를 알아듣지 못한 검사자는 "축구를 어디서 했어?"라고 질문하며 대화를 이어 갔다. 결국 이 아동은 진단보고서에 '질문에 상관없이 자기 관심사만을 이야기하는 화용 문제의 언어발달지체 아동'으로 기술되었다. 그러나 실제로 아동은 '친구하고 눈사람 만들었다'는 표현을 한 것이었다. 아동에게 비음을 파열음으로 대치하는 오류와 모음 오류가 있어서 '친구'를 [츠끄]로 발음하였는데, 검사자가 이를 '축구'로 오해한 것이다.

모음, 비음, 파열음과 같이 일찍 발달하는 말소리에 오류가 있는 말소리장애 아동은 치료사가 아동의 언어 표현을 알아듣지 못하여 아동의 언어 능력이 과소평가되는 경우가 종종 있다. 상대방이 자신의 말을 알아듣지 못하는 경험을 반복한 이들은 언어적 상호작용에 소극적이다. 그리고 대화 중에는 상대방의 반응을 살피며 말끝을 흘리거나 상대방이 알아듣는 짧은 말로만 반응하기도 하고, 회피 반응으로 대화 중 딴짓을 하거나 부산한 행동을 나타내기도 한다. 그러므로 언어치료사는 아동이 보이는 문제의 본질이 무엇인지를 알아차리기 위해 아동의 행동을 다각도로 살피고 신중하게 결론을 내려야 한다.

임상 노트 8-6

유창성 문제를 심화시키지 않고 말소리 문제에 접근하기

유창성장애와 조음장애가 함께 있으면 참으로 난감하다. 유창성장애가 동반된 아동에게 말소리장애를 치료하면 유창성장애가 더 심해질 것이 두렵기 때문이다. 그러나 두 장애가 서로에게 부정적인 영향을 미친다는 근거는 분명하지 않다. 만약 조음 문제가 비발달적인 패턴이라서 이를 수정해야만 의사전달이 가능한 상황이라면 내키지 않아도 조음 치료를 해야 한다. 유창성 문제를 심화시키지 않고 말소리 문제에 접근하는 방법에는 무엇이 있을까?

조음에 대한 부담을 갑자기 높이면 유창성 문제가 심화할 가능성이 크다. 조음 부담은 음절보다 문장에서, 단순한 형태보다 복잡한 형태에서, 모방보다 자발적 산출에서, 느린 속도보다 빠른 속도에서 더 커진다. 그러므로 느린 속도의 단순한 무의미음절 모방부터 충분히 연습한 이후에 형태의 복잡성이나 자발성이나 속도를 체계적으로 높여야 한다. 또한 상호작용에 압박이 생기면 유창성 문제가 심화되므로, 아동의 반응을 압박하지 않는 이완된 분위기에서 치료가 진행되어야 하며, 후속 반응을 할 때에도 반응 시간을 조금 늦춰서 여유 있게 진행된다는 느낌이 들도록 해야 한다. 운동 복잡성을 최소화하고 언어적 부담을 줄여 주면서 편안하게 모델링해 주고 압박을 주지 않는 분위기에서 치료를 진행한다면, 유창성 문제를 심화시키지 않고 조음 문제에 접근할 수 있을 것이다.

제9장

말소리 평가를 위한 자료 수집

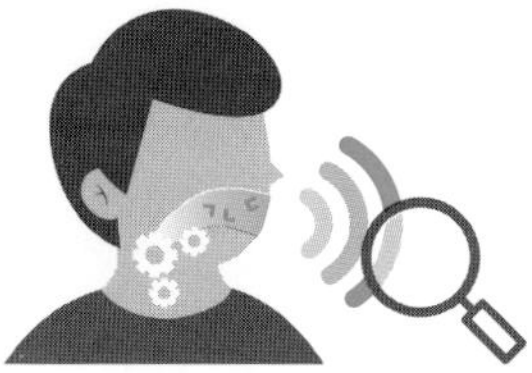

평가는 여러 시점에서 다양한 목적으로 실시한다. 장애의 유무와 특성과 원인 등을 알아보는 진단평가가 핵심이지만, 진단평가 전에 선별평가를 실시할 수도 있고, 진단평가 후에 치료와 관련된 평가를 실시할 수도 있다. 치료와 관련해서는 치료 전에 목표에 대한 기초 능력을 알아보거나, 치료 중에 목표에 대한 진전 정도와 개선점을 파악하거나, 치료 후에 전반적인 변화를 확인하기 위하여 평가를 실시할 수 있다.

말소리 진단평가의 주요 대상자는 의사소통장애의 요인이 부정확한 발음에 있다고 의심되는 아동이나 성인이다. 말소리 진단평가에서는 다음과 같은 내용을 파악해야 한다. 내원자의 발음이 또래 아동 또는 일반인과 다른가? 다르다면 어떤 말소리가 어떻게 다른가? 말소리가 달라서 의사전달을 방해하는가? 부정확한 말소리 산출에 원인이 될 만한 요인이 있는가? 부정확한 말소리 산출이 내원자의 삶에 어떠한 영향을 미치는가? 치료가 필요한가? 치료 여부에 따른 예후(prognosis)는 어떠한가? 최종적으로 어떤 권고사항(recommendation)을 제시할 것인가?

이러한 질문에 답하기 위해서 제일 먼저 해야 할 일은 자료의 수집이다. 말소리를 분석하기 위해서 다양한 말소리 표본(speech sample)을 수집해야 하고, 원인 요인, 예후, 권고사항의 판단을 위해서는 관련 요인(related factors)에 대한 정보도 필요하다. 이 장에서는 자료 수집에 대해 알아보고, 다음 장에서는 자료 분석에 대해 살펴보겠다.

1. 말소리 표본의 수집

1) 선별검사

진단평가를 실시하기 전에 진단평가가 필요한지를 가려내기 위해 선별검사(screening test)를 실시하기도 한다. 선별검사는 5~10분 이내로 짧게 검사를 마치는 것이 보통이다. 학교나 유치원에서 일반 아동 수십 명을 대상으로 말소리 평가가 필요한지를 알아보거나, 언어발달장애를 주된 호소로 치료실에 내원한 아동에게 자세한 말소리 평가가 필요한지를 알아볼 때 선별검사를 시행한다.

선별검사는 비공식적인 방법으로도, 공식적인 방법으로도 실시할 수 있다. 비공식적인 방법은 아동에게 늦게 발달하는 음소가 들어간 짧은 문장을 개발하여 이를 따라 말하라고 하는 것이다. 검사자가 기대하는 수준 이하의 수행을 보이면 자세한 말소리 평가를 실시한다. 예를 들어, 초등학생이 숫자를 셀 때 [하나둘, 쳇넫, 다전녀쩝]이라고 발음하거나 '날아라 새들아 푸른 하늘을'을 따라 말할 때 [나야야 새드야 푸은 하느을]이라고 발음한다면 자세한 말소리 평가가 필요할 것이다. 그리고 '선별'이라는 이름이 붙은 공식검사를 이용하여 평가할 수도 있다. 그러나 검사 항목 수가 많지 않은 일반적인 단어 공식검사를 선별검사로 활용하기도 한다.

2) 자발적인 연결 발화

부정확한 발음을 주된 호소로 치료실을 방문하였거나 선별검사에서 자세한 말소리 평가가 필요하다고 판단되면, 내원자에게 말소리장애가 있는지, 어떤 문제가 어느 정도 있는지 등을 알아보기 위해 다양한 말소리 자료를 수집해야 한다. 이를 위해 수집해야 하는 가장 중요한 자료는 자발적인 연결 발화(spontaneous connected speech sample)이다.

자발적인 연결 발화는 대화나 이야기를 나누면서 수집한다. 이렇게 수집된 발화는 내원자의 실제 말소리를 잘 반영한 가장 타당한 말소리 표본이다. 그러나 아동이 낯선 사람과의 대화를 꺼린다면 충분한 자료를 수집하기가 어렵고, 발화의 명료도가 많이 떨어지면 자료를 분석하기가 쉽지 않다. 무엇보다도 아동이 몇 가지 말만 반복하면 우리말의 모든 음소에 대한 자료를 수집할 수가 없다. 특정 음소만 반복하는 현상도 아동의 말소리 능력 및 말소리 선호를 나타내는 중요한 자료이지만, 발음을 못 한 것인지, 아니면 할 수 있는데 안 한 것인지를 판단하기 위해서는 모든 음운에 대한 정보가 필요하다. 그리고 자료 전사와 분석에 많은 시간이 소요되고, 아동마다 의도한 말이 다 다르므로 분석 결과를 다른 사람과 직접 비교하기도 어렵다.

연결 발화는 정해진 문장을 듣고 따라 말하기, 그림 보고 설명하기, 들은 이야기 다시 말하기, 글 자료 보고 읽기를 통해서도 수집할 수 있다. 그러나 따라 말하기나 읽기 시의 공식적 어투와 자연스러운 대화에서의 비공식적인 어투에는 발음에 차이가 있을 수 있고, 대상자에게 제시된 그림이나 이야기가 본인에게 친숙하지 않다면 자신에게 친숙한 내용의 자발적인 발화에서와 발음이 다를 수 있음을 감안해야 한다. 또한 읽기로 말소리를 평가하려면 대상자의 읽기가 자동화되어 있어야 한다. 떠듬떠듬 읽기 시작한 아동이라면 읽기 오류를 조음 오류로 오해할 수 있다.

3) 단단어 유도발화

단단어 유도발화(single-word elicitation)는 임상가가 가장 선호하는 말소리 수집 방법으로, 주로 공식적인 단어 검사로 수집한다. 공식적인 단어 검사의 종류에는 말소리 목록 검사, 음운패턴 검사, 변이성 검사, 무의미단어 검사 등이 있는데, 가장 대표적인 단어 검사는 말소리 목록 검사(sound inventory test)이다. 말소리 목록 검사는 모든 모음과 자음을 다양한 단어 내 위치에서 검사할 수 있도록 단어가 선정되어 있으며, 단어에 해당하는 그림을 보여 주고 자발적으로 그 단어의 이름을 말하도록 하여 자료를 수집한다. 짧은 시간 내에 검사를 마치기 위해 한 단어에서 두세 개의 말소리를 동시에 검사한다. 우리말의 말소리목록 검사는 자음을 어두 초성, 어중 초성, 어중 종성, 어말 종성의 네 위치에서 각각 1회 이상씩 검사할 수 있도록 구성한다.

단어 검사는 짧은 시간 내에 많은 음운 정보를 수집할 수 있고, 분석 결과를 다른 사람과 객관적으로 비교할 수 있어서 자발적인 연결 발화를 보완하는 유용한 말소리 표본으로 인정받고 있다. 그러나 단어 검사에서의 반응이 아동의 실제 발음을 대표하지 않을 수가 있다. 예를 들어, 대화에서는 종성 /ㅇ/에 한 번도 오류가 없었는데 단어 검사에서는 '가방'을 [가바]로 발음할 수 있다. 또한 단어 검사에서는 정해진 한두 단어에서만 발음을 수집하기 때문에, 선정된 단어의 음운 복잡도나 의미 친숙도가 결과에 영향을 미칠 수 있다. 그리고 운율이나 말속도에 대한 정보도 얻을 수가 없다.

일반 아동은 대체로 단어 검사에서의 발음과 일상 대화에서의 발음이 비슷하다. 그러나 장애 아동을 개별적으로 만나 보면 두 자료의 발음에 상당한 차이를 보이는 경우가 종종 있다. 단어 검사에서는 연구개음이나 유음을 정조음하지만, 대화에서는 문법 형태소 부분의 연구개음이나 유음을 오조음하기도 한다. 단어 검사에서는 발음이 거의 틀리지 않는데 자발화에서는 말속도가 빨라지고 음절 축약이나 자음 생략이 빈번해서 매번 "뭐라고?"라고 되물어야 하는 아동도 있다. 이와는 반대로 대화에서의 말소리 능력이 단어 검사에서보다 월등히 높은 아동도 있다. 자발화에서는 아동 자신이 정확히 알고 발음하기 쉬운 단어로 의사표현을 하지만, 단어 검사에서는 자신이 잘 모르거나 발음하기 어려운 단어도 표현해야 하기 때문이다. 그러므로 아동의 말소리 능력을 정확히 파악하려면 단단어 유도발화와 자발적인 연결 발화를 모두 수집해야 한다.

4) 문맥 검사

문맥 검사(contextual testing)란 음소를 다양한 문맥에서 검사하여, 정조음이 가능한 음운 문맥이나 음운 문맥에 따른 반응의 차이를 알아보는 검사이다. 선별검사와 대조되는 용어를 사용하여 심화검사(deep test)라고도 한다. 대표적인 음운 문맥은 단어 내 위치와 인접 음운이지만, 단어의 음운 복잡성, 의미 친숙도, 형태소나 구문 유형 등도 발음에 영향을 미치는 중요한 문맥이다.

문맥 검사는 공식검사를 이용할 수도 있고 비공식적으로 실시할 수도 있다. 만약 단어 검사가 다양한 음운 문맥을 포함하고 있다면 단어 검사로도 정조음 또는 오조

표 9-1 무의미음절 모방검사의 예

ㅅ	스	시	세	사	서	소	수
	으스	이시	에세	아사	어서	오소	우수
ㅆ	쓰	씨	쎄	싸	써	쏘	쑤
	으쓰	이씨	에쎄	아싸	어써	오쏘	우쑤

ㄹ	을	일	엘	알	얼	올	울
	을르	일리	엘레	알라	얼러	올로	울루
	르	리	레	라	러	로	루
	으르	이리	에레	아라	어러	오로	우루

음 문맥을 파악할 수 있다. 그러나 공식검사에 다양한 문맥을 포함하려면 항목 수가 너무 많아지므로 모음 문맥이나 음절 수와 같은 한 가지 문맥만을 고려한 공식검사가 대부분이다. 비공식적 문맥 검사는 아동의 자발적인 연결 발화에서 정조음 또는 오조음 문맥을 파악하는 것이다. 자발화에는 음운 문맥뿐만 아니라 의미 친숙도나 형태소 유형도 다양하게 포함되어 있으므로 오조음이 빈번한 자발화 문맥을 분석하여 이를 치료에 반영할 수 있다.

임상에서 흔히 사용하는 무의미음절 모방검사도 일종의 문맥 검사이다. 이 검사는 단어 검사에서 오조음이 많았던 자음에 대하여 실시하는데, 단어보다 더 작은 단위인 음절에서 의미를 배제하고 소리와 움직임에만 집중하여 아동의 반응을 면밀하게 살펴볼 수 있다. 〈표 9-1〉은 마찰음 /ㅅ,ㅆ/와 유음 /ㄹ/의 무의미음절 모방검사 예이다. 마찰음은 어두 초성과 어중 초성의 두 위치에서, 유음은 어말 종성과 어중 종성까지 포함한 네 위치에서 7개의 단모음을 붙여 검사를 시행한다.

5) 자극반응도 검사

자극반응도 검사(stimulability test)란 아동이 틀리게 산출한 말소리에 대해 검사자가 바른 발음을 들려주고 따라 말하게 할 때 틀리게 산출했던 말소리를 바르게 수정할 수 있는지를 알아보는 검사이다. 처음에는 자연스럽게 들려주고 따라 말하게 한다. 자연스럽게 들려주었을 때 정조음이 가능한 말소리는 그렇지 않은 말소리보다 더 쉽게 치료될 수 있을 것이다. 자연스러운 모델링에 발음이 수정되지 않으면 시각적 · 청각적 · 촉각적으로 목표음을 강조하거나, 발음을 설명하는 언어적 단서를 제공하거나, 아동이 발음할 수 있는 말소리를 이용하여 점진적으로 접근하는 등의 방법으로 정확한 산출이 유도되는지를 파악해야 한다. 만약 어떤 단서에서 아동의 반응이 향상되었다면 그 단서를 이용하여 치료를 시작할 수 있다. 이 검사는 학습 잠재력을 알아보는 일종의 역동적 평가이다.

자극반응도 검사는 문장, 단어, 음절, 음소 단위에서 모두 실시할 수 있다. 문장을 웅얼거리며 말한다면, 문장 전체 또는 일부분을 명료하게 들려주고 따라 말하게 하여 명료도가 얼마나 상승하는지 알아볼 수 있다. 단어에 생략이나 조화와 같은 오류가 있다면, 단어 전체 또는 일부분을 명료하게 들려주고 따라 말하게 하여 정확도가 얼마나 향상하는지 알아볼 수 있다. 특정 음소가 모든 또는 일부 문맥에서 정확한 산출이 어렵다면, 음절이나 음소에서의 자극반응도를 살펴볼 수 있다. 음절에서의 자극반응도는 문맥 검사에서 소개한 무의미음절 모방검사를 이용하여 알아볼 수 있다. 예를 들어, 단어 검사에서 /ㄹ/를 모든 문맥에서 오조음한다면, 무의미음절 모방검사를 시행하여 음절에서 /ㄹ/를 자연스럽게 들려줄 때의 자극반응도를 알아본다. 만약 자극반응도가 없다면, 다양한 단서를 제공하여 정조음을 유도해 보고, 자극반응도가 전혀 없는지, 특정 단서에서 자극반응도가 생기는지를 파악한다.

자극반응도는 음소의 치료 여부를 결정할 때 고려되는 사항 중 하나이다. 청각적으로 강조된 모델링만으로도 정조음이 가능하면 치료를 하지 않아도 언젠가 말소리 산출이 정확해질 가능성이 크다. 그러나 자극반응도가 있더라도 오류 빈도가 높아서 말 명료도가 떨어진다면 직접적인 중재를 통해 그 시기를 앞당겨 줄 필요가 있다.

2. 말소리의 전사

1) 생략 및 대치 오류의 전사

말소리를 분석하려면 음성 언어를 문자 언어로 바꿔 놓아야 한다. 우리말은 표음문자이므로 한글 모음과 자음을 이용하여 대치 말소리를 전사할 수 있다. 그러나 한글로 전사할 때 주의해야 할 사항이 있다. 첫째, 우리는 형태소를 밝혀 적는 맞춤법에 너무 익숙해서 소리 나는 대로가 아니라 맞춤법에 따라 전사하는 잘못을 범할 수 있다. 원칙적으로 말소리 오류는 음운 기저형이 아니라 표면형을 기준으로 분석한다. 5장의 정상적인 음운 현상에서 살펴보았듯이 우리말은 형태소 결합 시 다양한 음운 변화가 발생하기 때문에 글자와 말소리가 다르게 실현되는 예가 허다하다. 그러므로 음운 기저형과 표면형이 다를 때는 분석에 특별히 주의해야 한다.

둘째, 우리말은 쓰기 체계가 독특해서 초성에 소리가 없으면 'ㅇ'을 채워 적고, 활음은 모음과 함께 적으며, 종성은 음절체 밑에 적기 때문에 오류음과 대치음을 혼돈하기 쉽다. 예를 들어, '나무'를 [아무]로 발음했다면 이는 /ㄴ/를 생략한 것이지 [ㅇ]으로 대치한 것이 아니다. '호랑이'를 [호양이]로 발음했다면 이는 /ㄹ/를 [j]로 대치한 것이지 생략한 것이 아니며, '호랑이'를 [호라니]로 발음했다면 이는 /ㅇ/을 [ㄴ]로 대치한 것이지 생략한 것이 아니다. 더구나 '나무'의 /ㄴ/를 [ㅇ]으로 대치하면 [웅아무]처럼 발음되기 때문에 음절을 첨가한 것으로 오해할 수 있다.

이러한 혼돈을 줄이기 위해서 한글 전사가 아닌 국제음성기호(IPA) 전사를 선택하기도 한다. '호랑이'를 [hoɾaŋi]로 전사한 후 [호양이]를 [hojaŋi]로 전사하거나 [호라니]를 [hoɾani]로 전사하여 비교하면, 각각에 /ɾ/가 [j]로 대치된 오류와 /ŋ/이 [n]로 대치된 오류가 있음을 쉽게 파악할 수 있다. 그리고 '나무'를 [namu]로 전사한 후 [아무]를 [amu]로, [웅아무]를 [ŋamu]로 전사하여 비교하면, 각각에 /n/이 생략된 오류와 /n/이 [ŋ]으로 대치된 오류임을 쉽게 이해할 수 있다.

그렇다고 IPA 전사가 능사는 아니다. 대학에서 IPA 전사를 배우고 공들여 훈련했어도 임상에서 이를 사용하는 치료사는 거의 없다. 아동의 발음을 IPA로 전사해 놓으면 아동의 오류를 한눈에 알아보기가 어렵기 때문이다. 예를 들어, '거북이' 옆에 [kʌbudʑi]가 적혀 있는 것을 보고 아동의 반응이 [거부지]라는 것이 쉽게 떠오르지 않는다. 더욱이 [k] 전사를 보면 [ㅋ]가 생각되기 때문에 첫 음소가 틀린 것 같은 혼돈도 준다. 즉, IPA 전사는 [거부지]라고 듣고 [kʌbudʑi]라고 부호화하고, [kʌbudʑi]를 보고 [거부지]라고 해독하는 여러 번의 변환 과정을 거쳐야 하므로 사용이 불편하다. 어차피 임상에서 IPA 전사가 아닌 한글 전사를 주로 사용하게 된다면, 음운 기저형을 표면형으로 바꾸는 훈련 시 IPA 전사보다 한글 전사에 익숙해지도록 할 필요가 있다. 그리고 단어 반응 외에 음소별로도 반응을 적을 수 있는 기록 방식을 제시해 준다면, 대치 오류를 한글로 전사할 때 실수를 줄일 수 있을 것이다. 이에 대해서는 뒤의 '공식검사의 사용'에서 자세히 다루도록 하겠다.

2) 왜곡 오류의 전사

왜곡 오류는 한글로 전사가 불가능하므로 특별한 기호가 필요하며, 주로 IPA를 이용한다. 그런데 IPA의 임상 적용에는 두 가지 방법이 있다(Ball, 2008). 하나는 산출에 근거하여 전사하는 방법이고, 다른 하나는 목표 음소를 밝혀서 전사하는 방법이다. 전자는 IPA 음소 기호를 사용하는 반면, 후자는 IPA 구별기호를 사용한다. 예를 들어, /ㅅ/를 치간음으로 발음하면 이를 전자에서는 [θ]로 표시하지만, 후자에서는 [s]에 치간음화 왜곡 기호인 [̪]를 덧붙여 [s̪]로 표시한다. 초성 /ㅂ/를 유성음으로 발음하면, 산출에 근거한 방법에서는 이를 [b]로 표시하지만, 목표음에 근거한 방법에서는 [p]에 유성음화 기호인 [ˇ]를 덧붙여서 [p̌]로 표시한다.

치료사의 입장에서는 후자처럼 목표음을 함께 적어 주는 방식이 더 효율적이다. 오류 말소리를 치료하는 언어치료사라면 말소리의 절대적인 음가를 듣는 것보다 우리말 음소를 기준으로 하여 상대적인 음가를 듣는 것이 중요하다. 그러므로 왜곡 전사 시 목표 음소에 왜곡 양상을 위첨자나 아래첨자로 첨가하는 방법을 권하는 바이다. 구체적인 기호는 2장에 제시한 IPA 구별기호를 활용할 수도 있고, 국제음성협회에서 제안한 [그림 9-1]의 장애 말소리를 위해 확대된 국제음성기호(extended IPA)를 참고할 수도 있다. 또한 기존의 말소리 기호를 첨자로 사용할 수도 있다. 파찰음 산출 시 파열 부분이 너무 강해서 파찰음과 파열음의 중간으로 들릴 때는 [ㅈ^{ㄷ}]처럼 왜곡 경향을 위첨자로 표시할 수 있고, 양순음과 성문 파열음과의 이중조음은 [ㅃ^{ʔ}]처럼 표기할 수 있다. 말소리장애 아동에게 흔히 나타나는 왜곡 오류와 그에 해당하는 구별기호는 〈표 9-2〉와 같다.

extIPA SYMBOLS FOR DISORDERED SPEECH

(Revised to 2015)

CONSONANTS (other than those on the IPA Chart)

	Bilabial	Labio-dental	Labio-alveolar	Dento-labial	Bidental	Linguo-labial	Inter-dental	Alveolar	Retroflex	Palatal	Velar	Velo-pharyngeal	Upper pharyngeal
Plosive		p̪ b̪	p͇ b͇	p͆ b͆		t̼ d̼	t̪͆ d̪͆						Q ɘ
Nasal			m̥͇ m͇	m̥͆ m͆		n̥̼ n̼	n̪̊͆ n̪͆						
Trill						r̼	r̪͆					ʩ ʩ̬	
Fricative, median			f͇ v͇	f͆ v͆	h̪͆ ɦ̪͆	θ̼ ð̼	θ̪͆ ð̪͆	θ͇ ð͇				ʩ ʩ̬	
Fricative, lateral						ɬ̼ ɮ̼	ɬ̪͆ ɮ̪͆		ꞎ 𝼅	𝼆 𝼆̬	𝼄 𝼄̬		
Fricative, lat. + med.								ʪ ʫ					
Fricative, nasal	m̥͋ m͋	ɱ̥͋ ɱ͋						n̥͋ n͋	ɳ̥͋ ɳ͋	ɲ̥͋ ɲ͋	ŋ̥͋ ŋ͋		
Approxt., lateral						l̼	l̪͆						
Percussive	ʬ				ʭ								

DIACRITICS

◌͍	labial spreading:	s͍	◌͊, ◌̾	denasal, partial denasal:	m͊ n̾	◌͔	main gesture offset right:	s͔
◌͈	strong articulation:	f͈	◌͋	fricative nasal escape:	v͋	◌͕	main gesture offset left:	s͕
◌͉	weak articulation:	v͉	◌͌	velopharyngeal friction:	s͌ ʒ͌	◌͎	whistled articulation:	s͎
\	reiteration:	p\p\p	↓	ingressive airflow:	p↓	◌͢◌	sliding articulation:	θ͢s

CONNECTED SPEECH, UNCERTAINTY ETC.

(.) (..) (...)	short, medium, long pause
f, *ff*	loud(er) speech: [{*f* laʊd *f*}]
p, *pp*	quiet(er) speech: [{*p* kwaɪət *p*}]
allegro	fast speech: [{*allegro* fast *allegro*}]
lento	slow speech: [{*lento* sloʊ *lento*}]
crescendo, *ralentando* etc. may also be used	
◯, Ⓒ, Ⓥ	indeterminate sound, consonant, vowel
Ⓕ, ⓟ etc.	indeterminate fricative, probably [p] etc.
( )	silent articulation, e.g. (ʃ), (m)
(( ))	extraneous noise, e.g. ((2 sylls))

VOICING

ˬ◌	pre-voicing:	ˬz
◌ˬ	post-voicing:	zˬ
₍◌̥₎	partial devoicing:	₍z̥₎ ʒ
₍◌̥	initial partial devoicing:	₍z̥ ʒ
◌̥₎	final partial devoicing:	z̥₎ ʒ
₍◌̬₎	partial voicing:	₍s̬₎
₍◌̬	initial partial voicing:	₍s̬
◌̬₎	final partial voicing:	s̬₎
◌⁼	unaspirated:	p⁼
ʰ◌	pre-aspiration:	ʰp

OTHER SOUNDS

ɹ̺	apical-r
ɹ̈	bunched-r (molar-r)
s̻ z̻	laminal fricatives (incl. lowered tongue tip)
kꞎ etc.	[k] with lateral fricated release etc.
tʪ dʫ	[t, d] with lateral and median release
tθ̪͆ etc.	[t] with interdental aspiration etc.

t͡θ̼	linguolabial affricate etc.
ʞ ɡ̴ ŋ̴	velodorsal oral and nasal stops
¡	sublaminal lower alveolar percussive
ǃ¡	alveolar click with sublaminal percussive release
ʘ͡r̪͆	buccal interdental trill (raspberry)
*	sound with no available symbol

그림 9-1 장애 말소리를 위해 확대된 국제음성기호

표 9-2 왜곡 양상과 IPA 구별기호

왜곡 양상		설명	기호
조음 위치 관련	순설음화	두 입술로 혀를 물며 발음한다.	̼
	원순음화	평순모음 문맥에서 입술 오므리는 동작을 한다.	ʷ
	순치음화	아랫입술을 윗니에 대고 발음한다.	͆
	치간음화	치아 사이로 혀를 내밀며 발음한다.	͆
	치음화	경구개음을 치아에 대고 발음한다.	=
	설첨음화	혓날은 내리고 혀끝을 올리거나 혀를 말면서 발음한다.	̺
	설단음화	혀끝은 내리고 혓날만 올려서 발음한다.	̻
	구개음화	치경음을 경구개에서 발음한다.	ʲ
	인두음화	연구개음을 인두에서 발음한다.	ˤ
조음 방법 관련	설측음화[1]	혀의 정중을 입천장에 붙이고 기류를 구강의 측면으로 방출한다.	ˡ, ⁀
	겹자음화	모음 사이 /ㅁ,ㄴ,ㄹ/를 길게 발음한다(장음화).	ː
	흡착음화	기류를 구강으로 빨아들이고 혀를 차면서 발음한다.	!
	약화	파열이나 마찰 기류를 약하게 한다.	˺
	비음화	구강 공명음에서 비강 공명을 동반한다.	̃
	탈비음화	비강 공명음에서 비강 막힘을 동반한다.	͊
	비누출	구강 장애음에서 기류를 비강으로 방출한다.	͋
	유성음화	어두 장애음에서 성대 울림을 동반한다.	̬

* 국제음성기호(IPA)의 구별기호와 장애 말소리를 위해 확대된 국제음성기호(extended IPA)를 참조하였다.

[1] IPA의 구별기호에서 설측음은 'ˡ'의 위첨자 모양이지만, 언어병리학에서는 혀의 정중이 불룩한 모양을 형상화한 '⁀'가 널리 사용되고 있다.

3) 전사의 신뢰도

말소리 반응의 전사는 검사자의 청지각적 판단에 근거하기 때문에 신뢰도가 매우 중요하다. 이를 검증하기 위해 검사자의 청지각적 분석치와 기계의 음향적 분석치의 상관을 연구하기도 한다. 예를 들어, 귀로 판단한 비음도(nasality)를 비음측정기라는 기계로 측정한 비음치(nasalance score)와 비교하는 것이다. 그러나 이 둘이 항상 일치하는 것은 아니며, 일치해야 하는 것도 아니다. 음향 분석치는 보통 한 변수에 대한 객관적 수치이지만, 말소리 분석에는 다양한 변수를 고려한 인간의 해석이 필요하다. 즉, 객관적 수치에 차이가 있어도 인간이 동일한 소리로 듣는다면 수치 차이는 의사소통에서 크게 중요하지 않다. 그러므로 전사에는 언어치료사의 듣기 능력이 중요하며, 언어치료사는 듣기 능력의 향상을 위해 꾸준히 노력해야 한다.

말소리 반응을 정확히 들었는지를 검증하는 대표적인 방법은 검사자 간 신뢰도를 계산하여 제시하는 것이다. 말소리 반응의 신뢰도는 두 사람이 전사한 모든 말소리 중 동일하게 전사한 말소리의 비율, 즉 문항 일치율로 계산한다. 다음의 예를 보면, 총점은 7점으로 똑같지만, 동일하게 전사한 말소리는 8개이므로 일치율은 80%이다.

(예) 전사

• 문항번호:	1	2	3	4	5	6	7	8	9	10	총점
• 전사자 1:	+	+	+	+	+	+	−	−	−	+	7점
• 전사자 2:	+	+	+	+	+	+	−	−	+	−	7점

• 일치율: 8/10=80%

3. 관련 요인의 평가

말소리 문제의 원인과 예후를 파악하기 위해서는 말 산출과의 관련 요인을 평가해야 한다. 8장에서 살펴본 바와 같이, 말 산출과 관련된 요인으로는 청력이나 말소리 지각 능력, 조음기관의 구조나 운동 능력, 언어 · 인지 요인, 사회 · 심리 요인을 들 수 있다. 이러한 요인에 문제가 없어도 말소리장애가 발생할 수 있고, 이러한 요인에 문제가 있어도 말소리는 정상일 수 있다. 그러나 특정 요인 때문에 말소리장애가 지속한다고 의심되면 전문가와의 협진을 통해 이 문제를 제거하거나 고려하면서 치료를 진행해야 한다. 그리고 다른 의사소통장애의 동반 여부를 확인하기 위하여 언어발달장애, 유창성장애, 음성장애가 있는지도 살펴봐야 한다.

1) 사례력 조사

내원자나 보호자와의 면담을 통해 사례력을 조사한다. 사례력에 들어가는 내용은 주된 호소, 원인이 될 만한 병력이나 건강 상태, 가족력 여부, 신체 및 언어 발달 정보, 방언 사용 여부나 해외 거주 경험, 평가나 치료를 받은 경험, 기질이나 심리 상태, 사회성에 관한 정보 등이다.

면담을 통해 얻어야 하는 중요한 정보 중 하나는 부정확한 말소리가 내원자의 삶에 어떠한 영향을 미치는지, 그리고 내원자나 보호자가 말소리 문제에 대해 어떠한 인식을 하고 있는지이다. 경도의 말소리장애가 있을 때, 말소리 문제가 내원자의 삶에 별다른 영향을 미치지 않거나 이에 대한 문제의식이 크지 않다면 치료 여부를 내원자와 함께 논의해야겠지만, 말소리 문제가 내원자의 삶에 부정적인 영향을 미치거나 이를 큰 문제로 생각한다면 치료를 권고할 필요가 있다.

2) 조음기관의 구조 및 기능 검사

눈으로 관찰 가능한 조음기관인 입술, 턱, 치아, 경구개, 연구개, 혀, 구강 및 인두강의 구조와 운동성을 검사한다. 구조 측면의 검사는 휴식 상태에서 관찰한다. 전체적인 자세가 불안정한지, 얼굴이나 입술 모양이 비정상이고 좌우 비대칭인지, 아래턱이 앞으로 돌출되어 있는지, 혀가 너무 크거나 작은지, 혀를 내밀었을 때 설소대 단축증이 있는지, 입천장에 갈라짐이나 구멍이 있는지, 경구개가 너무 높은지, 점막하 구개열의 징후인 구개 중앙의 푸른 선이나 갈라진 목젖이 있는지, 편도가 과도하게 큰지 등을 살펴본다.

기능 측면의 검사는 동작의 수행력으로 평가한다. 턱 내리기와 올리기, 입술 오므리기와 펴기, 혀 내밀기와 상하좌우로 움직이기 등을 실시하여 운동 범위에 제한이 있는지 확인한다. 또한 /퍼/, /터/, /커/를 하나씩, 또는 두세 개를 연결하여 최대한 빨리 반복하게 하여 반복속도와 규칙성과 정확성을 측정한다. 그러나 개별 조음기관의 경미한 구조 이상, 운동 범위의 제한, 동일 음절의 빠른 반복 능력이 말소리 문제나 능숙도에 얼마나 영향을 미치는지는 명확히 밝혀진 바가 없으므로 해석에는 주의를 요한다. 자세한 내용은 8장을 참조하기 바란다.

공식검사를 이용하면 좀 더 체계적인 조음기관 검사가 가능하고 규준과 비교할 수도 있다. '조음기관 구조 · 기능 선별검사(Speech Mechanism Screening Test: SMST)'(신문자, 김재옥, 이수복, 이수영, 2010)에는 성인의 조음기관 구조와 기능의 정상 범위가 제시되어 있으며, '아동용 조음기관 구조 · 기능 선별검사'(김재옥, 신문자, 송윤경, 2018)가 준비 중이다. '조음음운 프로파일(Korean Articulation Phonology Profile, K–APP)'(하승희, 김민정, 서동기, 피민경, 2021)의 하위 검사 중 '조음기관 구조와 기능 검사'에는 아동의 규준이 제공되어 있다. 조음기관을 검사할 때는 대상자의 구강 높이에 검사자의 눈높이를 맞추어야 한다. 대상자에게 고개를 들고 지시사항을 수행하도록 하면 조음기관의 움직임이 제한될 수 있으므로 주의한다.

3) 청력 및 말소리 지각 검사

청력 선별검사를 실시하여 청력에 문제가 없는지 확인한다. 적어도 한쪽 귀에서 20dB HL의 500Hz, 1kHz, 2kHz, 4kHz 순음에 반응을 보이는지 확인할 필요가 있다. 저주파수대에 청력 저하가 있으면 단어나 문장에서 인접한 말소리 간의 구분이 어려워서 음운 습득이 늦고 자음 조화 현상이 빈번할 수 있다. 높은 주파수대의 소리를 잘 듣지 못하면 음향에너지가 고주파수에 있는 마찰음이나 파찰음을 파열음으로 대치하거나 왜곡할 수 있다.

청력이 정상이어도 말소리 지각 능력이 저하되면 발음이 부정확할 수 있다. 그러므로 부정확한 산출을 보인 말소리에 대하여 말소리 지각 검사를 실시해야 한다.[1] 만약 아동이 '손'을 [촌]으로 발음하였다면, /ㅅ/와 /ㅊ/ 소리를 구분하여 들을 수 있는지 확인해 볼 필요가 있다. 첫 번째 방법은 산출지각 검사이다. 이 방법은 그림(예: '손' 그림)을 제시하고 바른 발음(예: [손]), 아동의 오류 발음(예: [촌]), 비슷한 다른 발음(예: [톤])을 들려주면서, 매번 아동에게 검사자의 발음이 맞았는지 틀렸는지를 판단하게 하는 것이다.

그러나 이 방법은 단어를 소리로 구분하지 못하고 의미로만 구분하는 나이 어린 아동에게는 부적절할 수 있다. 이들은 '손'을 [촌]이나 [톤]으로 들려주어도 '발'로 말하지 않았기 때문에 모두 맞았다고 생각한다. 이때는 음운대조 검사를 실시할 수 있다. 즉, 음소가 바뀌면 의미도 바뀌는 최소대립쌍을 이용하여 지각 능력을 확인하

1) 청각장애로 인해 말소리 감지에 어려움이 있을 때는 말소리 전반에 대한 지각 검사를 시행하고, 특정 말소리에서만 산출 오류를 보일 때는 그 말소리에 대한 지각 검사만 시행한다.

는 것이다. 예를 들어, /ㅅ/를 [ㅊ]로 대치하면, '소'와 '초' 그림을 제시하고 검사자가 말하는 그림을 고르게 한다. 어떠한 지각 검사를 시행하든 간에 우연 확률보다 낮은 정반응률을 보이면 청지각 능력의 저하를 의심해 봐야 한다.

4. 자료 수집 절차

말소리 검사를 위해서는 조용한 장소가 필요하고, 말소리 분석을 위해서는 성능이 좋은 기기로 녹음이나 녹화를 해 두어야 한다. 부정확한 발음을 주된 호소로 내원한 아동에게는 선별검사 없이 곧장 단어 검사를 시행한다. 자발적인 연결 발화 수집 전에 단어 검사부터 시행하면 자발화를 예측하는 데 도움이 되고 경직되어 있던 아동이 검사자가 물어보는 단어가 어렵지 않다고 느끼고 협조적으로 바뀌는 경우가 많다. 아동이 단어 표현을 잘 모르면 자연스럽게 단어를 알려 주고 발음하도록 한다. 예를 들어, '색종이' 그림을 보고 이름대기를 머뭇거린다면, 검사자가 "이건 색종이예요, 색종이. 뭐라고요?"라고 간접적으로 표현을 알려 주고 말자료를 수집한다. "선생님 말 따라 하세요. 색종이!"라는 식으로 즉각 모방을 시키는 것은 부자연스러운 발화가 유도될 수 있으므로 지양한다.

공식검사의 문장 검사는 협조가 가능한 아동에게만 시행한다. 한 어절씩 모방시켜야 한다면 문장에서 말소리 능력을 수집한 것이 아니므로, 억지로 검사를 마치더라도 진단에 그리 유용한 자료가 되지 못하고, 검사 진행이 지지부진해져서 비협조적인 태도를 조장할 수 있다.

자발적인 연결 발화는 반드시 수집해야 한다. 자세한 말소리 분석을 위해서는 최소한 서로 다른 50~100개의 어절을 수집하는 것이 좋다. 특정 주제에 대해 자연스럽게 대화할 수도 있고, 공식검사에서 제공하는 그림을 보면서 이야기할 수도 있으며, 놀잇감을 가지고 놀면서 표현되는 자연스러운 발화를 수집할 수도 있다. 자발화 수집 시에는 아동이 가사를 잘 아는 노래 부르기나 숫자 세기와 같은 자동 구어를 포함하기를 권한다. 상당히 자연스러운 발화가 유도될 뿐만 아니라 검사자가 목표음을 알고 있어서 말소리 분석도 쉬워진다.

단어 검사에서 오조음이 많았던 말소리에 대해서는 무의미음절 모방검사로 음절에서의 정조음 문맥과 자연스러운 청각 모델에 대한 자극반응도를 파악한다. 그리고 자극반응도가 없는 음절에 대해서는 다양한 단서를 제공하면서 시도치료를 해본다.

관련 요인 검사도 실시한다. 조음기관의 구조와 기능을 관찰하고, 청각 및 청지각 능력을 파악하며, 다른 의사소통장애가 없는지 선별평가를 하고, 보호자와의 면담을 통해 다양한 정보를 확인해야 한다.

만약 공식검사에 비협조적인 아동이라면 놀이 중 발화만 수집해도 된다. 공식적인 단어 검사만으로는 아동의 말소리 능력을 충분히 파악하기 어렵지만, 대표성이 높은 자연스러운 연결 발화는 아동의 말소리 능력을 파악하기에 충분한 자료가 될 수 있다. 검사자와의 상호작용을 거부한다면 보호자와 상호작용하도록 하여 말소리 자료를 수집할 수도 있다.

빈번하지는 않아도 초등학교 고학년이나 청소년이나 성인의 말소리를 검사할 때가 있다. 이때 아동용 발음 검사의 사용은 참으로 쑥스러운 일이다. 내원자는 검사 단어나 문장의 내용 때문에 본인이 무시당하고 있다고 느끼기 쉽다. 차라리 성인에게 적절한 내용의 자료를 주고 읽게 하거나 대화를 하면서 자료를 수집하길 권한다. 마비말장애 진단에 사용하는 '여행'(김향희, 2012) 문단이나 '조음기관 구조 · 기능 선별검사'의 읽기 카드를 이용할 수 있다.

5. 공식검사의 사용

1) 개발된 공식검사

말소리 능력을 파악하기 위한 공식검사의 대표적인 유형은 '말소리 목록 검사'와 '오류패턴 검사'이다. 말소리 목록 검사는 우리말 모음과 자음을 다양한 단어 내 위치에서 정조음할 수 있는지 알아보는 것이 목적이고, 오류패턴 검사는 발달적 또는 비발달적 오류패턴이 있는지 알아보는 것이 목적이다. 우리나라에서 개발된 공식검사는 모두 말소리 목록 검사이지만, 같은 단어를 이용하여 오류패턴도 분석한다. 말소리 목록 검사에는 다양한 음운이 포함되어 있으므로 오류패턴을 대략적으로 살펴볼 수는 있지만, 음절 생략과 같은 단어단위 음운패턴을 파악하기 위해서는 길거나 복잡한 음절 구조의 단어를 포함해야 하고, 특정 음운 부류의 검사 횟수가 오류패턴을 파악하기에 충분해야 한다.

우리나라 최초의 조음 관련 공식검사는 '우리말 조음음운평가(Urimal Test of Articulation and Phonology: U-TAP)'(김영태, 신문자, 2004)로, 최근 '우리말 조음음운검사2(UTAP2)'(김영태, 신문자, 김수진, 하지완, 2020)가 출시되었다. UTAP2는 단어 검사와 문장 검사로 구성되어 있다. 단어 검사는 1~4음절의 30개 단어로 19개의 자음을 어두 초성, 어중 초성, 어중 종성, 어말 종성의 네 위치에서 1회 이상 검사하고, 7개의 단모음도 1회 이상 검사한다. 문장 검사는 총 47개의 어절, 11개의 문장이 포함된 하나의 문단으로 구성되어 있으며, 문장 전체를 따라 말하게 한다. 단어 검사와 문장 검사 각각의 정확도, 단어단위 음운지표, 오류패턴에 대해 다양한 지역의 2~7세 아동 650여 명의 규준이 6개월 혹은 1년 단위로 제시되어 있다.

다음으로 개발된 공식검사는 '아동용 발음평가(Assessment of Phonology and Articulation for Children: APAC)'(김민정, 배소영, 박창일, 2007)이고, APAC-2가 개발되어 개정 작업 중에 있다.[2] APAC도 단어 검사와 문장 검사로 구성되어 있다. 단어 검사는 1~3음절의 37개 단어로 19개의 자음을 어두 초성, 어중 초성, 어중 종성, 어말 종성의 네 위치에서 1회 이상 검사한다. 문장 검사에는 총 9개의 문장으로 구성된 겨울 이야기와 대화를 유도할 수 있는 네 개의 그림 자료(눈 오는 풍경, 바닷가 풍경, 컴퓨터 게임, 치과 풍경)가 포함되어 있다. 겨울 이야기에는 모든 자음이 초성에 2회 이상씩 포함되어 있다. 단어 검사의 자음정확도 및 오류패턴에 대해 서울 지역 2세 6개월~6세 5개월 아동 220여 명의 규준이 6개월 단위로 제시되어 있다.

'한국어 표준 그림 말소리 검사(Korean Standard Picture Articulation and Phonological Test: KS-PAPT)'(석동일, 박상희, 신혜정, 박희정, 2008)는 선별검사와 정밀검사를 목적으로 개발되었다. 선별검사는 30개의 단어로 50개의 말소리를, 정밀검사는 75개의

2) APAC-2의 단어 검사는 기존 검사에서 단어 하나가 추가되고 단어 하나가 변경되었다. 그리고 자음정확도, 모음정확도, 자질정확도, 오류패턴에 대한 규준이 제공될 예정이다. APAC-2의 문장 검사는 기존 검사와 다른 형태로 새롭게 개발되었다. 총 12개의 문장으로 구성되어 있고, 문장마다 특정 조음위치, 조음방법, 발성유형, 모음 및 자음 연쇄를 검사하며, 모방을 통해 자료를 수집한다.

단어로 122개의 말소리를 검사한다. 정밀검사는 1음절, 2음절, 다음절 단어에서 말소리 능력을 파악할 수 있도록 구성되어 있다. 선별 및 정밀 검사의 자음정확도에 대한 규준이 제시되어 있다.

가장 최근에 개발된 공식검사는 '한국 조음음운 프로파일(Korean Articulaton and Phonology Profile: K-APP)'(하승희, 김민정, 서동기, 피민경, 2021)이다. K-APP는 조음음운 능력과 관련된 요인을 종합적이고 체계적으로 평가하기 위해 개발되었다. 이 검사는 ① 조음기관 구조 검사, ② 조음기관 기능 검사, ③ 낱말 검사, ④ 무의미낱말 검사, ⑤ 연결 발화 검사로 구성되어 있고, 낱말 검사도 CVC 1음절 낱말 검사, 다양한 길이의 낱말 검사, 1 · 2 · 3음절 낱말 검사, 낱말 산출의 일관성 검사의 총 네 부분으로 세분화되어 있다. 모든 하위 검사마다 다양한 지역의 2~7세 아동 300여 명의 규준이 6개월 단위로 제시되어 있다.

공식검사를 시행하는 목적은 규준과의 비교를 통해 말소리장애의 유무를 판단하는 것이다. 공식검사 선택 시에는 검사 항목의 적절성과 대표성, 아동의 흥미도, 분석에 걸리는 시간과 분석의 질, 표준화 표본 등을 고려한다.

2) 오류 반응 기록의 실제

최근에 개발된 공식검사는 오류 반응을 입력하면 말소리목록과 오류패턴이 자동으로 분석되어 나온다. 단어 반응을 동일하게 들었더라도 오류 반응 입력 단계에서 다른 판단을 하면 검사 결과가 달라진다. 예를 들어, '고래'를 [골래]로 발음했을 때, 오류 반응을 종성 /ㄹ/ 첨가로 입력할 때와 초성 /ㄹ/의 왜곡으로 입력할 때 자음정확도가 달라진다. 첨가는 정확도에 반영되지 않기 때문이다.

말소리장애 아동의 다양한 말소리 오류를 적절히 해석하기 위해서는 아동의 오류 반응을 단어 반응과 음소 반응으로 나누어 생각해 볼 필요가 있다. 단어 반응은 단어단위 오류를 파악하는 데, 음소 반응은 분절음 변화 오류를 파악하는 데 유용하다. 〈표 9-3〉과 〈표 9-4〉는 생략 오류를 'ø'로, 대치 오류를 한글 음소로, 왜곡 오류를 괄호 안의 구별기호로 나타낼 때, 단어 반응과 음소 반응의 기록 예이다.

〈표 9-3〉은 단어 반응에 생략이나 첨가 오류가 있을 때 오류 음소의 기록 예이다. 음절 생략은 음절에 포함된 모든 음소에 생략 표시를 한다. 음절 축약은 생략된

표 9-3 단어 반응에 생략이나 첨가가 있을 때 오류 음소의 기록 예

검사 단어	아동의 오류 반응							오류 내용
	단어 반응	음소 반응						
바나나	나나	ㅂ	ㅏ	ㄴ	ㅏ	ㄴ	ㅏ	음절 /바/를 생략
		ø	ø					
거북이	거비	ㄱ	ㅓ	ㅂ	ㅜ	ㄱ	ㅣ	/북/의 /우/와 /ㄱ/를 생략
					ø	ø		
포도	오도	ㅍ	ㅗ	ㄷ	ㅗ			어두 초성 /ㅍ/를 생략
		ø						
그네	그에	ㄱ	ㅡ	ㄴ	ㅔ			어중 초성 /ㄴ/를 생략
				ø				
옥수수	오(옥)꾸구	ㅗ	ㄱ	ㅆ	ㅜ	ㅅ	ㅜ	/ㅆ,ㅅ/를 [ㄲ,ㄱ]로 대치, 어중 종성 /ㄱ/는 오류 없음
				ㄲ		ㄱ		
없어	어(얻)써	ㅓ	ㅂ	ㅆ	ㅓ			어중 종성 /ㅂ/를 생략 또는 [ㄷ]로 대치
			ø,ㄷ					
모자	모야	ㅁ	ㅗ	ㅈ	ㅏ			/ㅈ/를 [j]로 대치
				j				
고래	고왜	ㄱ	ㅗ	ㄹ	ㅐ			/ㄹ/를 [w]로 대치
				w				
딸기	따이기	ㄸ	ㅏ	ㄹ	ㄱ	ㅣ		/ㄹ/를 [j]로 대치
				j				
호랑이	호야니	ㅎ	ㅗ	ㄹ	ㅏ	ㅇ	ㅣ	/ㄹ/를 [j]로 대치, /ㅇ/을 [ㄴ]로 대치
				j		ㄴ		
그네	긍에	ㄱ	ㅡ	ㄴ	ㅔ			/ㄴ/를 [ㅇ]으로 대치
				ㅇ				
우산	무산	ㅜ	ㅅ	ㅏ	ㄴ			어두 초성에 [ㅁ] 첨가 또는 /우/를 [무]로 대치
		무						
양말	남말	ㅑ	ㅇ	ㅁ	ㅏ	ㄹ		/j/를 [ㄴ]로 대치, /ㅇ/을 [ㅁ]로 대치
		나	ㅁ					

음소에 생략 표시를 한다. 자음 생략은 해당하는 단어 내 위치에 생략 표시를 하는데, 초성의 'ㅇ'은 연구개 비음 /ㅇ/이 아니라 소리 없음을 나타냄에 주의해야 한다. 자음 연쇄에서의 어중 종성 생략은 대치나 정조음의 가능성을 고려해야 한다. 예를

들어, '옥수수, 없어'의 단어 반응이 [오꾸구, 어뻐]일 때는 [옥꾸구, 업뻐]로 해석하고 음소 반응에 /ㄱ,ㅂ/를 정조음으로 기록해야 한다. 또한 단어 반응이 [오뚜두, 어떠]일 때는 음소 반응에 /ㄱ,ㅂ/의 생략으로 기록할 수도 있고 [옫뚜두, 얻떠]로 해석하여 /ㄱ,ㅂ/의 [ㄷ] 대치로 기록할 수도 있다. 단어 반응에서 모음이 이중모음으로 바뀔 때도 오류 음소에 대한 숙고가 필요하다. 초성을 활음으로 대치하면 단어 반응에서는 초성을 생략하고 모음을 이중모음으로 대치한 듯이 보이고, 종성을 활음으로

표 9-4 우리말에 없는 음소로의 대치나 오류 음소 판단에 주의를 요하는 왜곡의 기록 예

검사 단어	아동의 오류 반응							오류 내용
	단어 반응	음소 반응						
컵	~	ㅋ	ㅓ	ㅂ				/어/를 후비강음으로 대치
		∅	~[1]	∅				
모자	ㅁ가	ㅁ	ㅗ	ㅈ	ㅏ			/오/를 후비강음으로 대치
			~	ㄱ				
빨대	ʔ빠ʔ애	ㅃ	ㅏ	ㄹ	ㄸ	ㅐ		/ㅃ/는 성문음과 동시조음,
		(ʔ)		∅	∅ (ʔ)			/ㄸ/는 생략하고 성문음 첨가
머리	멀리	ㅁ	ㅓ	ㄹ	ㅣ			/ㄹ/를 겹자음으로 왜곡
				(:)				
그네	근네	ㄱ	ㅡ	ㄴ	ㅔ			/ㄴ/를 겹자음으로 왜곡
				(:)				
시소	시쇼	ㅅ	ㅣ	ㅅ	ㅗ			/ㅅ/를 구개음으로 왜곡
				(j)				
거북이	겨부기	ㄱ	ㅓ	ㅂ	ㅜ	ㄱ	ㅣ	/ㄱ/를 구개음으로 왜곡
		(j)						
호랑이	호뢍이	ㅎ	ㅗ	ㄹ	ㅏ	ㅇ	ㅣ	/ㄹ/를 원순음으로 왜곡
				(w)				
올라가	올라가	ㅗ	ㄹ	ㄹ	ㅏ	ㄱ	ㅏ	/ㄹ/를 설단음으로 왜곡
			(̺)	(̺)				
나무	남부	ㄴ	ㅏ	ㅁ	ㅜ			/ㅁ/에 [ㅂ]를 첨가
				(ㅂ)				
단추	단튜	ㄷ	ㅏ	ㄴ	ㅊ	ㅜ		/ㅊ/를 구개음화된 [ㅌ]로
					ㅌ(j)			대치
사진	차진	ㅅ	ㅏ	ㅈ	ㅣ	ㄴ		/ㅅ/는 치간음화된 [ㅊ]로 대
		ㅊ(̪)		(̪)				치, /ㅈ/는 치간음으로 왜곡

[1] 후비강음을 편의상 '~'로 표시하였다.

대치하면 단어 반응에서는 종성을 생략하고 모음을 첨가한 듯이 보이므로 주의해야 한다. 특히 아동에게 흔한 증상인 /ㄹ/의 활음 대치를 왜곡으로 해석하면 안 된다. '호랑이'를 [호양이]나 [호왕이]로 발음했다면 /ㄹ/를 각각 [j]와 [w]로 대치한 것이고, '호랑이'를 [호량이]나 [호뢍이]로 발음했다면 /ㄹ/를 각각 구개음과 원순음으로 왜곡한 것이다.

/ㅇ/ 관련 오류나 자음 첨가가 있을 때도 오류 음소를 잘 따져봐야 한다. /ㅇ/을 다른 자음으로 대치하면 단어 반응에서는 종성을 생략하고 초성을 첨가한 듯이 보이고, 자음을 /ㅇ/으로 대치하면 단어 반응에서는 초성을 생략하고 종성을 첨가한 듯이 보이므로 단어 반응에 해당하는 오류 음소 판단에 주의해야 한다. 또한 모음 앞에 자음이 첨가된 현상은 모음의 대치 오류로도 해석할 수 있다. '이빨'을 [디빨]로 발음하거나 '우산'을 [무단]으로 발음한 것은 모음에 구강 막음 동작을 첨가한 일종의 모음 오류로도 볼 수 있다. 이러한 오류가 V와 GV 음절 구조 모두에서 관찰되는 아동도 있고(예: 우유 → [구듀]), GV 음절 구조에서만 관찰되는 아동도 있다(예: 우유 → [우듀]).

〈표 9-4〉는 우리말에 없는 음소로의 대치나 오류 음소 판단에 주의를 요하는 왜곡 반응의 기록 예이다. 모음을 후비강음으로 발음하거나 자음을 성문음으로 발음하면, 각각 모음과 자음의 대치로 기록한다. '~'로 표기한 후비강음은 두 입술을 붙이거나 혀로 입천장을 붙이는 동작을 함께 해서 [ㅁ~]이나 [ㅇ~]으로 산출되기도 한다. 'ʔ'로 표기한 성문음은 자음을 생략하고 성문음만 산출할 수도 있고 자음과 성문음을 동시에 조음할 수도 있다. 왜곡 오류 중에서 장음화와 구개음화는 단어 반응에서 음소가 첨가된 듯이 들리므로 오류 음소를 기록할 때 주의해야 한다.

제 10 장

말소리 자료의 분석

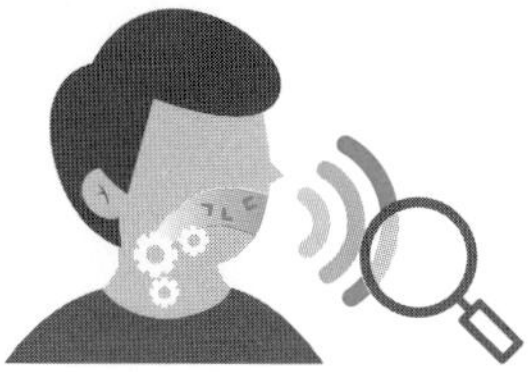

수집된 말소리는 정상 성인의 발음과 상관없이 독립 분석(independent analysis)을 할 수도 있고, 정상 성인의 발음과 비교하여 관계 분석(relational analysis)을 할 수도 있다. 아동이 이해 가능한 문장으로 의사소통을 한다면 아동의 말이 얼마나 정확한지, 정확하지 않다면 어떤 말소리가 어떻게 틀리는지를 성인 발음과 비교하여 분석한다. 그러나 아동이 이해할 수 없는 말을 많이 하거나 몇 개의 단어로 의사표현을 한다면 그러한 비교분석이 어려울 수 있다. 이때는 아동이 어떤 말소리를 산출하고 이 말소리를 어떤 결합으로 산출할 수 있는지를 독립적으로 분석한다.

1. 말 명료도

아동의 말소리장애에서 말 명료도(speech intelligibility)란 청자(listener)가 화자(speaker)의 말을 이해한 정도로, 이해가능도(understandability)를 의미한다. 의사소통의 궁극적인 목적이 서로의 의사를 주고받는 것이므로, 이해가능도는 치료 여부를 결정하거나 치료 효과를 입증하는 결정적인 기준이 된다.

자발화에서 이해가능도를 측정하는 방법에는 척도 평정법(rating scale)과 단어 식별법(word identification)이 있다(Gordon-Brannan, 1994). 척도 평정법은 이해 가능 정도를 주관적 인상에 따라 평가하는 것으로, 범주(categorical)로, 등간(equal-interval scale)으로, 직접 등급(direct magnitude)으로 평가할 수 있다. 범주 척도에서는 이해가능도가 어느 범주에 해당하는지를 표시한다. 등간 척도에서는 양쪽 끝을 '이해 불가능함'과 '이해 가능함'으로 하고, 그 사이를 동일한 간격으로 나누어 어디에 해당하는지를 표시한다. 직접 등급 척도에서는 양쪽 끝을 이해가능도 0%와 100%로 하고, 그 사이 중 어디에 해당하는지를 직접 표시한다. 척도 평정법은 간단하고 시간이 절약되지만, 평정자의 직관에 의존하므로 말소리장애에 대한 상당한 경험이나 평정과 관련한 교육이 필요하다.

(예) 범주 척도

☐ 대부분의 발화를 이해할 수 없다.
☐ 이해할 수 없는 부분이 많아서 자주 되물어야 한다.
☐ 종종 되물어야 하지만 어느 정도는 이해할 수 있다.
☐ 주의해서 들으면 대체로 이해할 수 있다.
☐ 대부분의 발화를 이해할 수 있다.

(예) 등간 척도

이해 불가능함 0점 -- 1점 -- 2점 -- 3점 -- 4점 이해 가능함

(예) 직접 등급 척도

이해가능도 0% -- -- -- -- -- -- -- -- -- 이해가능도 100%

단어 식별법은 내원자가 말한 단어 중에서 이해할 수 있는 단어를 백분율로 나타내는 것이다. 우리말에서는 단어 대신 띄어쓰기 단위인 어절로 계산하는 것이 일반적이다. 예를 들어, 아동이 말한 어절이 100개였는데, 그중에서 알아들은 어절이 90개이고 10개의 어절은 이해하지 못했다면, 이 자료의 이해가능도는 90%이다. 그러나

어절 단위는 띄어쓰기에 혼돈이 있고 길이도 1음절에서 5음절까지 다양하기 때문에, 경계가 분명하고 길이가 동일한 음절단위로 명료도를 측정하는 방법도 고려해 볼 만하다. 자발화를 단어 식별법으로 분석한 이해가능도는 아동의 실제 말소리 능력을 반영한 타당한 수치이지만, 아동 말소리나 오류 말소리에 대한 전사자의 친숙도에 따라 값이 크게 달라질 수 있으므로 해석 시 주의해야 한다.

(예) 단어 식별법으로 분석한 자발화의 이해가능도
- 화자의 발음: [엄마랑 다치 찌지망에 가떠요]
- 청자가 예측한 내용: 엄마랑 같이 ***[1]에 갔어요.
- 이해가능도: 3/4어절=75%, 5/6단어=83%, 9/12음절=75%

단어 식별법은 공식 검사에서도 사용되는 이해가능도 측정 방법이다. '아동 말 명료도 평가(Children's Speech Intelligibility Measures)'(Wilcox & Morris, 1999)는 음운적으로 비슷한 단어 12개씩을 묶어 50세트를 제공하고 있다. 이 검사는 내원자에게 50세트 중 한 단어씩 말하게 하여 녹음하고, 검사에 참여하지 않은 제삼자에게 그 녹음 자료를 들려주고 12개의 보기 단어 중에서 예측되는 단어를 하나씩 고르게 하여 명료도를 점수화한다. 이 방법은 대화를 전사하는 번거로움 없이 객관적인 수치를 얻을 수 있지만, 단어에서의 말 명료도라는 한계가 있으며 검사자와 채점자가 달라야 하는 번거로움이 있다.

(예) 단어 식별법으로 분석한 공식 검사의 이해가능도
- 화자가 표현한 목표단어: 말, 손, 공, 밤, 컵, 책
- 보기 중 청자가 고른 단어: 말, 돈, 곰, 밤, 코, 책
- 이해가능도: 3/6 단어=50%

이해가능도는 다양한 요인에 영향을 받는다. 검사자는 아동의 말을 거의 알아듣지 못해도, 아동의 말소리에 익숙하고 아동의 관심사를 잘 알고 있는 보호자는 거의

1) '*'는 이해하지 못한 음절을 표기한 것이다.

다 알아듣기도 한다. 단어에서는 이해가능도가 높은데 문장에서는 음절이 축약되고 자음이 생략되어 이해가능도가 낮아지기도 한다. 질문과 상관없는 엉뚱한 대답을 하거나 부적절한 어휘를 조합할 때도 이해가능도가 떨어져서 자꾸 되묻게 된다. 이해가능도에는 화자의 말소리 이외에 언어 능력도 영향을 미치므로, 이해가능도를 떨어뜨리는 주된 요인을 판단하려면 다양한 측면을 고려해야 한다.

참고로 말 용인도(speech acceptibility)라는 용어도 알아두자. 말 명료도와 말 용인도는 모두 청자의 주관적인 판단으로 측정하지만, 말 명료도는 메시지의 전달이나 의사소통의 성공 정도를 의미하는 반면, 말 용인도는 말의 자연스러움이나 호감도를 의미한다. 말소리장애 중에는 말의 의미는 대체로 전달 가능하지만 이상한 음성이나 부자연스러운 억양으로 말이 이상한 것을 주된 문제로 내원하는 경우도 있다.

임상 노트 10-1

자발화에서 이해가능도의 측정 및 해석

구체적인 이해가능도 수치를 얻기 위해 자발화를 전사하고, 예측 가능한 단어나 음절의 수를 세는 것은 생각만큼 쉽지 않다. 일반 아동처럼 특정 단어만 알아듣지 못하면 그 단어가 몇 개이고 몇 음절인지를 쉽게 파악할 수 있다. 그러나 말소리장애 아동 중에는 발화 전체의 이해가능도가 떨어지거나 이해가능도가 떨어지는 부분이 몇 어절이고 몇 음절인지 알기 어려운 경우도 많다. 이때는 명료도 측정 단위를 발화로 하여, 전체 이해가능 발화, 부분 이해가능 발화, 전체 이해불가 발화의 비율을 나타내 줄 수 있다.

임상적으로는 이해가능도 수치만큼 이해가능도가 떨어지는 발화의 특성을 알아내는 것이 중요하다. 만약 아동이 '빨대' 그림을 보며 "나 ** [핀트] 빨대 좋아하는데"라고 말해서 검사자가 "무슨 빨대?"라고 되묻자 옆에 있던 엄마가 '핑크 빨대'라고 알려 주었다면, 이는 연구개음 오류로 인해 알아듣지 못한 것이다. 만약 아동에게 되물었던 부분이 '놀라같애' '맛인데요' '뭐하노까?'였고, 각각 그 내용이 '놀랄 거 같아' '맛있는데요?' '뭐하고 놀까?'였다면, 이는 문법 형태소 부분의 생략으로 알아듣지 못한 것이다. 우리가 상대방의 말을 이해하지 못하는 이유는 음절 축약, 자음 생략, 특정 음소 오류, 문법 형태소 오류, 부적절한 어휘, 설명이 논리적이지 않음, 빠른 말속도, 단조로운 운율, 쉼이 없거나 부적절함, 갑작스러운 주제 변경과 뜬금없는 문장 표현 등 실로 다양하다. 그리고 이해가능도가 떨어지는 발화라도, 주의해서 듣거나 되물으면 이해가 가능한지 또는 주의해서 듣거나 되물어도 이해가 어려운지도 중요한 정보가 될 수 있다.

이해가능도가 떨어지는 이유를 알아내는 것이 임상적 판단에 매우 중요 함을 보여 주는 한 사례를 들어 보자. 발음이 부정확하다는 문제로 내원하였고, 단어 검사에서는 파찰음과 마찰음을 치간음으로 왜곡하고 유음을 겹자음으로 왜곡하여 자음정확도가 떨어졌고, 자발화에서는 긴 문장에서 어절이나 문장의 끝부분을 얼버무리며 말하는 증상이 빈번하였다. 어머님은 파찰음, 마찰음, 유음의 발음 문제로 내원하였으나, 무슨 말인지 몰라서 한참을 생각했거나 되묻는 상황은 주로 아동이 얼버무리며 말할 때라고 하였다. 이 아동은 특정 음소의 왜곡 오류가 수정되어도 여전히 이해 불가능한 발화가 많아서 의사소통이 어려울 것이므로, 어절이나 문장의 끝부분을 명확히 말하는 치료가 우선되어야 한다.

2. 정확도

정확도(correctness)란 목표음 중에서 정확하게 발음한 말소리의 수를 백분율로 나타낸 값이다. 가장 널리 사용되고 있는 정확도는 자음정확도(percentage of consonants correct: PCC)이다. 자음정확도는 아동이 산출한 자음 말소리 중에서 생략(omission, 예: '우산' → [우사])하거나, 대치(substitution, 예: '우산' → [우탄])하거나, 왜곡(distortion, 예: '우산' → [우샨])하지 않은 자음 말소리의 수를 백분율로 계산한다.

(예) 단어에서의 자음정확도 측정
- 목표단어: 꽃, 모자, 사탕, 호랑이
- 화자의 발음: [꼭, 오다, 샤탕, 호양이]
- 목표단어에 포함된 자음의 갯수: 10개
- 정확하게 발음한 자음의 개수: 5개
- 자음정확도: 5/10=50%

자음정확도 지표를 처음으로 소개한 Shriberg와 Kwiatkowski(1982)는 연결 발화에서 자음정확도를 측정할 때의 여러 기준을 제시하였다. 이해 불가능한 부분은 제외하고 이해 가능한 부분만 분석하는데, 첨가 오류는 고려하지 않으며, 조음 변화가 없는 반복은 두 번까지만 분석에 포함한다. 채점은 표준 발음(formal speech)보다 일반 발음(casual speech)을 기준으로 한다. 그런데 우리말에는 수의적인 음운 현상이 있어서 표준 발음과 일반 발음이 다른 경우가 많으며, 어떤 발음을 기준으로 하는지에 따라 자음정확도 수치가 달라지므로, 자발화에서의 자음정확도 측정에는 주의가 필요하다.

(예) 문장에서의 자음정확도 측정
- 목표 문장: 안 받아, 좀 있다가 전화할게.
- 화자 발음: [암바다, 쪼미따가 더나아께]
- 표준 발음: [안바다, 조미따가 전화할게]
- 일반 발음: [암바다, 쪼미따가 저나아께]
- 표준 발음 기준의 자음정확도: 6/13=69%
- 일반 발음 기준의 자음정확도: 9/10=90%

Shriberg, Austin, Lewis, McSweeny와 Wilson(1997)은 자음정확도 이외에 모음정확도(percentage of vowels correct: PVC)나 음운정확도(percentage of phonemes correct: PPC), 왜곡을 오류에 포함하지 않는 개정 자음정확도(PCC-revised: PCC-R)나 조정 자음정확도(PCC-adjusted: PCC-A)도 소개하였다. 개정 자음정확도는 생략과 대치만을 오류로 계산하고 모든 왜곡은 오류로 계산하지 않는다. 반면, 조정 자음정확도는 생략과 대치에 설측음과 같은 비발달적인 왜곡은 오류로 계산하지만 치간음과 같은 발달적인 왜곡은 오류로 계산하지 않는다.

일반 자음정확도는 말소리 발달이 지체된 3~6세 아동의 진단에 유용하고, 개정 자음정확도는 다양한 연령대의 다양한 환자 진단에 유용하다고 한다. 일반 자음정확도가 말소리장애 아동을 감별해 내지 못하는 사례를 생각해 보자. /ㅅ,ㅆ/의 경우 3~4세 아동은 파열음으로의 대치 오류가 빈번하지만 5세 이후에는 대치 오류가 거의 사라지고 치간음으로의 왜곡 오류가 빈번하다. 만약 5세 아동이 /ㅅ,ㅆ/를 치간음으로 왜곡한다면 이는 정상이다. 그러나 [ㄷ,ㄸ,ㅌ] 또는 [ㅈ,ㅉ,ㅊ]로 대치하거나 설측음으로 왜곡한다면 이는 정상이라고 볼 수 없다. 그런데 일반 자음정확도를 계산하면 /ㅅ,ㅆ/를 치간음화하는 아동이나 파열음화하는 아동이나 설측음화하는 아동의 점수가 모두 같다. 그러므로 일반 자음정확도보다 개정 또는 조정 자음정확도가 정상과 그렇지 않은 아동의 구분에 더 민감하다고 할 수 있다.

(예) 6세 아동의 '색종이, 옥수수, 싸워, 없어' 발음과 다양한 자음정확도 비교

	일반	개정	조정
• /ㅅ,ㅆ/를 모두 파열음화(지체)	5/10=50%	5/10=50%	5/10=50%
• /ㅅ,ㅆ/를 모두 설측음화(장애)	5/10=50%	10/10=100%	5/10=50%
• /ㅅ,ㅆ/를 모두 치간음화(정상)	5/10=50%	10/10=100%	10/10=100%

정확도를 자질 측면에서 측정한 자질 정확도도 진단과 치료 방향 설정의 근거가 될 수 있다. '거북이'를 [커부디]라고 발음하면 자음정확도는 1/3이지만, 파열음 정확도는 3/3, 연구개음 정확도는 1/2, 발성유형 정확도는 2/3로 다 다르다. 4세 아동

임상 노트 10-2

자발화에서 자음정확도의 측정 및 해석

자발화의 자음정확도 측정에는 많은 시간이 소요된다. 목표 문장을 전사하고 오류가 있는 부분을 판단하는 것 외에도 목표 문장의 기저형 발음을 표면형 발음으로 바꿔서 전사하고 표면형 발음과 실제 발음을 맞춰 보는 작업도 추가해야 한다. 더욱이 정상적인 음운변동에는 생략과 축약이 포함되어 있고 수의적으로 적용되는 음운변동도 있어서, 아동의 실제 발음을 확인하면서 수의적인 음운변동의 적용 여부까지 생각하여 자음정확도를 계산해야 한다.

시간이 걸리더라도 오조음한 부분은 정상 음운변동의 적용 여부를 따져 가면서 실제 발음을 확인해야 한다. 그러나 정조음한 부분이라면 실제 발음을 확인하는 데 시간을 들일 필요가 없다. 자발화 표본이 충분하다면 수의적 음운변동 적용 여부에 따른 자음정확도 차이는 생각보다 크지 않다.

자발화의 자음정확도는 해석에도 주의해야 한다. 단어에서의 자음정확도 측정과 달리 자발화에서의 자음정확도는 이해 가능한 발화에서만 측정이 가능하다. 만약 아동의 발음 오류가 심해서 자음정확도가 낮은 단어는 거의 알아듣지 못하고 자음정확도가 높은 단어만 알아들었다면, 아동의 말소리 능력이 매우 떨어짐에도 불구하고 자음정확도는 높게 측정된다. 그러므로 자발화에서의 자음정확도는 이해가능도와 함께 해석해야 한다.

의 자음정확도가 90%로 정상 범주에 속하더라도, 마찰음이나 유음의 정확도가 떨어지는 아동은 정상으로 진단할 수 있지만, 연구개음이나 비음의 정확도가 떨어지는 아동은 정상으로 진단할 수 없다.

3. 오류패턴

오류패턴이란 어떤 음운에 규칙적인 오류가 나타나는 현상을 말한다. 20세기 초반에는 한두 음소의 오류를 유형(error type)으로 분석하였다. 즉, 오류 유형이 생략인지, 대치인지, 왜곡인지를 분석하였다. 20세기 중반 이후에는 언어병리학에 언어학적 분석 방법이 도입되면서 여러 음소의 공통된 오류를 패턴(error pattern)으로 분석하게 되었다. 즉, 여러 음소가 동일한 오류를 보이는 경우가 많으므로 여러 오류를 하나의 패턴으로 묶어서 기술하는 것이다. 자음의 오류를 조음위치, 조음방법, 발성유형으로 나누어 분석하는 위치 · 방법 · 발성 분석(place-manner-voicing analysis: PMVA), 자질 측면에서 분석하는 변별자질 분석(distinctive feature analysis), 음운변동 측면에서 분석하는 음운변동 분석(phonological process analysis)이 모두 오류패턴 분석에 해당한다.

위치 · 방법 · 발성 분석은 음운 분류 체계에 근거하여 조음위치, 조음방법, 발성유형의 변화를 분석하는 것이다. 다음은 위치 · 방법 · 발성 분석의 예이다. '꽃'의 /ㄲ/를 [ㄸ]로 대치한 것은 조음위치 변화이고, '사탕'의 /ㅌ/를 [ㄸ]로 대치한 것은 발성유형 변화이며, '시소'의 두 번째 /ㅅ/를 [ㄷ]로 대치한 것은 조음방법 변화이다. '이거'의 /ㄱ/를 [ㄴ]로 대치한 것은 조음위치와 조음방법의 변화를, '사탕'의 /ㅅ/를 [ㄸ]로 대치한 것은 조음방법과 발성유형의 변화를, '포크'의 /ㅋ/를 [ㄸ]로 대치한 것은 조음위치와 발성유형의 변화를 모두 포함한다.

(예) 위치 · 방법 · 발성 분석

- 목표단어: 이거, 꽃, 사탕, 포크, 시소
- 아동 반응: [이너, 또, 따땅, 포뜨, 시도]

	변화 내용	출현 횟수/가능 횟수
조음위치 변화	연구개음 → 치경음	3/4
조음방법 변화	마찰음 → 파열음	2/3
	파열음 → 비음	1/5
발성유형 변화	격음 → 경음	2/3
	평음 → 경음	1/4

변별자질 분석은 음운에 포함된 여러 자질 중에 오류를 보이는 자질을 분석하는 것이다. 변별자질 분석은 자질 체계가 학자마다 다르고 복잡하여 임상적으로 인기 있는 분석법은 아니며, 음운의 분류가 변별자질에 근거하기 때문에 위치 · 방법 · 발성 분석과 비슷한 부분이 많다. 그러나 여러 조음방법이나 여러 조음위치에 공통으로 포함된 자질도 있으므로, 이를 평가에 적용하면 위치 · 방법 · 발성 분석보다 더 경제적으로 오류를 설명하고 치료에 적용할 수 있다. 주요 분류와 관련하여 모음과 유음과 비음에 공통으로 포함된 공명성 자질, 조음위치와 관련하여 치경음과 경구개음에 있는 설정성 자질, 조음방법과 관련하여 파찰음과 마찰음에 있는 치찰성 자질, 발성유형과 관련하여 격음과 /ㅎ/에 있는 기식성 자질, 그 밖에 말 산출에 기반한 다양한 자질을 이용하여 오류를 분석할 수 있다. 이와 관련된 내용은 4장의 임상 노트 4-3과 4-4에 자세히 설명되어 있으니 참조하기 바란다.

위치 · 방법 · 발성 분석과 변별자질 분석은 음소 차원의 오류를 분석할 수는 있지만, 단어 차원의 오류는 분석이 어렵다. 예를 들어, '뱀, 컵, 우산, 수박'을 [배, 커, 우사, 수바]로 발음하는 현상은 분절음 차원에서 본다면 /ㅁ,ㅂ,ㄴ,ㄱ/의 생략으로 오류음의 공통점을 찾을 수 없다. 그러나 단어 차원으로 본다면 '종성'이라는 공통점이 있고, 종성 생략이라는 오류패턴으로 설명할 수 있다. '침대, 양말, 공주'를 [친대, 얌말, 곤주]로 발음하는 현상도 분절음 차원에서 본다면 /ㄴ/의 [ㅁ] 대치와 /ㅇ/의 [ㅁ,ㄴ] 대치이지만, 단어 차원으로 본다면 '자음 연쇄에서 종성이 초성의 조음위치에 역행 동화된다'는 공통점이 있다.

이러한 위치 · 방법 · 발성 분석과 변별자질 분석의 제한점이 보완된 분석 방식이 음운변동 분석이다. 음운변동이란 어떤 말소리 부류나 말소리 연쇄가 체계적으로 변하는 현상이며, 음운변동 분석이란 아동의 발음을 예측할 수 있도록 이러한 변화를 체계적으로 기술하는 것이다. 음운변동은 단어 차원의 오류인 단어단위 변동(whole-word process)과 분절음 차원의 오류인 분절음 변화 변동(segment-change process)으로 나누어 분석한다. 단어단위 변동이란 단어의 음절 구조나 단어 내 분절음 대조가 길고 복잡해서 소리를 생략하거나 반복하는 변화를 의미하며, 이는 말소리 연쇄에 영향을 미친다. 분절음 변화 변동은 단어의 음절 구조나 단어 내 다른 분절음과 상관없이 특정 음소의 산출이 어려워서 이를 생략하거나 대치하거나 왜곡하는 현상으로, 이는 말소리 부류에 영향을 미친다.

음운변동 분석의 가장 큰 장점은 분절음 차원의 음소 변화와 단어 차원의 음소 변화를 구분하여 분석할 수 있고, 분절음 차원의 오류도 자질을 고려하여 분석한다는 점이다. 이러한 이유로 임상에서는 오류패턴 분석법으로 음운변동 분석이 가장 널리 사용되고 있다.

(예) 음운변동 분석

- 목표단어: 이거, 끼워, 양말, 없어, 모자, 나무, 사탕, 책
- 아동 반응: [이더, 찌어, 암마, 어떠, 오다, 아무, 탕탕, 치치]

음운 변동	예	출현 횟수/가능 횟수
음절 반복	사탕 → [탕탕], 책 → [치치]	2/8
어두 초성 생략	모자 → [오다], 나무 → [아무]	2/5
자음 연쇄 단순화	양말 → [암마], 없어 → [어떠]	2/2
연구개음의 전방화	이거 → [이더], 끼워 → [찌워]	2/5
파열음화	없어 → [어떠], 모자 → [오다]	2/4

그러나 음운변동 분석법이 모든 사례에 유용한 것은 아니다. 음운변동 분석은 변하는 말소리를 기준으로 기술하는 것이 아니라 변화된 말소리를 기준으로 기술하기 때문에, 한 자음에 다양한 오류가 나타난다면 음운변동 분석이 부적절하다. 대표적인 예가 늦게 발달하는 /ㄹ/ 또는 /ㅆ/에 다양한 오류가 나타나는 경우이다. 예를 들어, /ㄹ/를 생략하기도 하고 [ㄴ, ㄷ, j]로 대치하기도 한다면, 음운변동 분석에서는

'생략, 비음화, 파열음화, 활음화'가 나타난다고 기술하게 된다. 또한 /ㅆ/를 [ㄸ,ㅉ]로 대치하기도 하고 구개음이나 치간음으로 왜곡하기도 한다면, 음운변동 분석에서는 '파열음화, 파찰음화, 구개음화, 치간음화'가 나타난다고 기술하게 된다. 그러나 원래 오류패턴 분석은 다양한 음운에 오류가 있을 때 실시하는 분석법으로, 한 음소에 오류가 있을 때는 전통적인 방법으로 오류를 설명한다. 즉, '/ㄹ/를 생략하거나 [j,ㄴ,ㄷ]로 대치한다'고 기술하고, '/ㅆ/를 [ㄸ,ㅉ]로 대치하거나 구개음이나 치간음으로 왜곡한다'고 기술하는 것이 더 명확하다.

음운변동은 아동의 내적 표상이 아니라 겉으로 드러난 증상의 공통점을 설명한 것이다. 그러므로 왜 그런 오류패턴이 나타났는지는 설명해 주지 못한다. 성인의 말을 잘못 지각한 것인지, 음운 표상이 잘못 저장된 것인지, 음운 산출 시 잘못된 규칙을 적용한 것인지, 조음운동상의 문제가 있는지는 알 수 없다.

지금부터는 임상에서 가장 많이 사용하는 음운변동 분석에 대해서 자세히 알아볼 것이다. 음운변동은 크게 단어단위 음운변동과 분절음 변화 음운변동으로 나누고, 분절음 변화 음운변동은 모음과 자음으로 나누며, 자음은 대치와 왜곡으로 나누어서 정리하였다. 일반인에게도 정상적인 음운변동이 나타나므로(예: 국물 → [궁물]), 여기서 소개하는 음운변동은 발달적이거나 병리적인 오류임을 나타내기 위해 음운 오류패턴이라는 용어를 사용하겠다.

1) 단어단위 오류패턴

단어단위 오류패턴에는 생략, 첨가, 반복, 도치가 있으며, 각각의 변화는 음절단위와 음소단위로 일어날 수 있다. 음소단위의 변동은 모음과 활음과 자음의 변화로 세분화할 수 있고, 자음의 변동은 초성과 종성의 변화로 세분화할 수 있다. 〈표 10-1〉에는 단어단위 오류패턴의 분류, 정의, 예를 정리하였다. 이 표에서 일반 아동에게 빈번한 발달적인 음운패턴을 나타낼 필요가 있을 때는 음소단위의 변동을 초성, 활음, 종성으로 세분화하였으나, 그렇지 않으면 음소로 묶어서 분류하였다.

자음 연쇄의 단순화를 위한 생략이나 반복 오류도 단어단위 오류패턴에 포함하였다. 자음 연쇄에서의 단순화는 종성이 변하는 전형적인 단순화와 초성이 변하는 비전형적인 단순화로 나눌 수 있다.

표 10-1 단어단위 오류패턴의 분류, 정의 및 예(발달적 패턴은 음영으로 표시함)

오류패턴			정의	예
첨가	음절 첨가		음절을 첨가한다.	여자 → [여그자], 고맙습니다 → [고마쓰니니다]
	음소 첨가[1]		모음 또는 활음 또는 자음을 첨가한다.	조금만 → [조그마니], 넣어 → [너워], 우산 → [무산], 햄버거 → [햄버건]
생략	음절 생략 · 축약		음절을 생략하거나 축약한다.	아이스크림 → [아낌], 할아버지 → [하버지]
	음소 생략[2]	초성 생략	어두 초성 또는 어중 초성을 생략한다.	포도 → [오도], 할머니 → [할머이]
		활음 생략	(=단모음화) 활음을 생략한다.	영어 → [엉어], 병원 → [버언]
		종성 생략	어말 종성 또는 어중 종성을 생략한다.	장갑 → [장가], 전철 → [더터]
반복	음절 반복[3]		동일한 음절을 반복한다.	책 → [치치], 사탕 → [탕탕]
	음소 반복[4]	모음 조화	동일한 모음을 반복한다.	아저씨 → [아지씨], 그만해 → [그매내]
		자음 조화	동일한 자음 또는 자질을 반복한다.	빗 → [빕], 거북이 → [거구기]
도치 이동	음절 도치 · 이동		음절의 위치가 서로 바뀌거나 이동한다.	사다리 → [사이다], 트렁크 → [렁크덩]
	음소 도치 · 이동		음소의 위치가 서로 바뀌거나 이동한다.	뚜껑 → [꾸떵], 장갑 → [장박], 빨대 → [딸빼, 빠땔]
자음 연쇄 오류[5]	전형적 자음 연쇄 단순화[6]		어중 종성을 생략하거나, 어중 종성을 어중 초성의 조음위치에 역행 동화시킨다.	옥수수 → [오쑤수], 침대 → [친대]
	비전형적 자음 연쇄 단순화		어중 초성을 생략하거나, 어중 초성을 어중 종성에 순행 동화시킨다.	없어 → [어뻐], 침대 → [침배, 침매]

[1] 자음을 활음으로 대치하거나(고래 → [고외]), 구개음으로 왜곡하거나(사 → [샤]), 공명 자음이 길어져서 같은 자음을 첨가한(오리 → [올리]) 오류는 음소 첨가가 아니라 왜곡으로 분석한다.

[2] /ㅎ/만 생략하면 탈기식음화로, /ㄹ/만 생략하면 유음의 단순화로, 어중 종성만 생략하면(손 → [+], 단추 → [다추]) 자음 연쇄 단순화로 분석한다.

[3] 음절이 반복되더라도(포도 → [도도]) 반복된 음절의 모음이 원래 같았다면 음절 반복이 아닌 자음 조화로 분석한다.

[4] 분절음 변화 변동의 결과로 단어에 있는 모음이나 자음이 같아졌다면, 조화로 분석하지 않는다. 예를 들어, /ㅅ/를 [ㅌ]로 대치하는 아동이 '사탕'을 [타탕]으로 발음하면, 이는 자음조화가 아니다.

[5] 떨어진 자음에서 일어나는 간접동화는 자음조화로 분석하고(나무 → [마무]), 인접한 자음에서 일어나는 직접동화는 자음 연쇄로 분석한다(양말 → [얌말]).

[6] 모든 연구개음을 전방화한다면 '공주'를 [곤주]로 발음한 오류는 자음 연쇄 단순화가 아니라 연구개음의 전방화로 분석한다. 마찬가지로 모든 비음을 파열음화한다면 '단추'를 [다추]로 발음한 오류는 자음 연쇄 단순화가 아니라 탈비음화로 분석한다.

2) 분절음 변화 오류패턴: 모음

분절음 차원의 모음 오류패턴에는 높낮이 변동, 혀위치 변동, 원순성 변동이 있다. 〈표 10-2〉에 모음 관련 분절음 변화 오류패턴의 분류, 정의, 예를 정리하였다. 저모음에는 평순 후설모음만 있으므로 저모음화는 평순음화와 후설음화를 내포하고, 전설모음에는 평순모음만 있으므로 전설모음화는 평순음화를 내포한다([그림 10-1] 참조). 그 밖에 말소리장애 아동에게 관찰되는 모음 오류로는 모음의 조음 동작이 약화되어 조음점이 구강의 중앙으로 모이는 중앙화 패턴, 극단의 세 모음만 산출하는 극모음화 패턴, 구강을 막고 연인두문을 열어서 조음하는 후비강음화 패턴이 있다.

표 10-2 모음 관련 분절음 변화 오류패턴의 분류, 정의 및 예

오류패턴		정의	예
혀 높이 변동	고모음화	저모음이나 중모음을 고모음으로 대치한다.	다됐어 → [다디떼], 고래 → [구애]
	중모음화	저모음이나 고모음을 중모음으로 대치한다.	이거 → [애거], 육십 → [욕십]
	저모음화	고모음이나 중모음을 저모음으로 대치한다.	벌레 → [발라], 얼굴 → [알굴], 베개 → [바가], 돼요 → [다요]
혀 위치 변동	전설모음화	후설모음을 전설모음으로 대치한다.	버스 → [빼씨], 엄마 → [엠마]
	후설모음화	전설모음을 후설모음으로 대치한다.	이불 → [어불]
원순성 변동	평순모음화	원순모음을 평순모음으로 대치한다.	포도 → [프드], 누나 → [느나믈라]
	원순모음화	평순모음을 원순모음으로 대치한다.	그래 → [구래], 악어 → [아고]
기타	중앙화	조음점을 구강의 중앙으로 모은다.	삐뽀 → [쁘쁘]
	극모음화	모든 모음을 /아, 이, 우/ 중 하나로 산출한다. 보통 /어/를 [아]로, /으/를 [이]로, /오/를 [우]로 대치한다.	없어, 시소, 그네 → [아빠, 티두, 긍아]
	후비강음화	구강은 막고 연인두문을 열어 기류를 비강으로 보낸다.	모자 → [ㅁ~다], 뜨거 → [ㄴ~거], 그네 → [ㅇ~에]

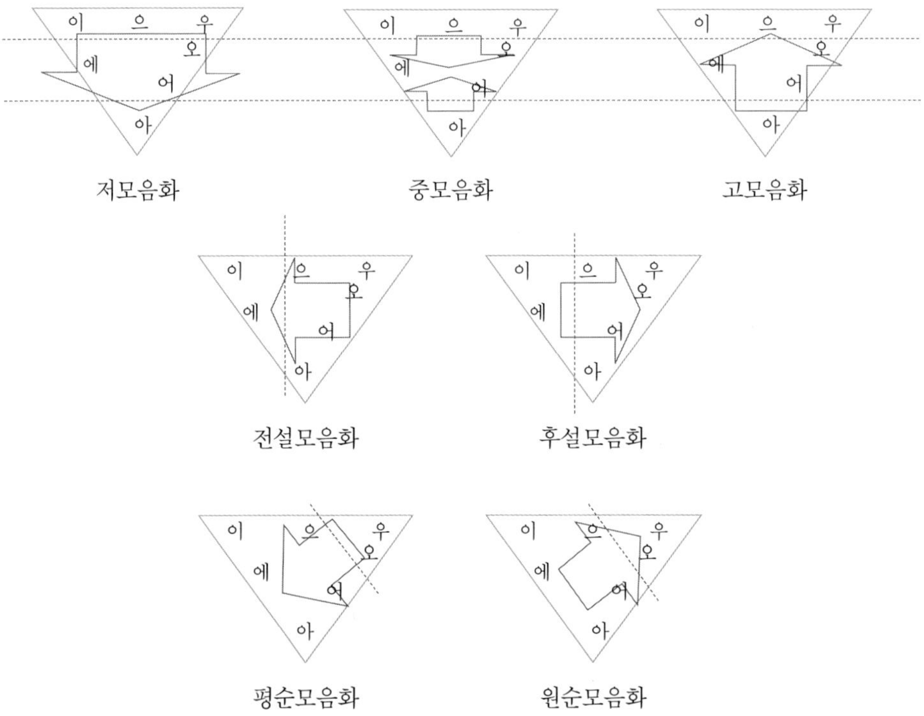

그림 10-1 모음 관련 분절음 변화 오류패턴의 도식

3) 분절음 변화 오류패턴: 자음 대치

분절음 차원의 자음 대치 오류패턴에는 조음위치 변동, 조음방법 변동, 발성유형 변동이 있다. 〈표 10-3〉, 〈표 10-4〉, 〈표 10-5〉에는 조음위치 오류패턴, 조음방법 오류패턴, 발성유형 오류패턴의 분류, 정의, 예가 정리되어 있다.[2] 분절음 변화 오류패턴은 음소의 자질을 고려하면 쉽게 정리할 수 있다.

조음위치 오류패턴은 〈표 10-3〉과 같이 총 5개로 나뉘는데, 앞으로 가는 변동과 뒤로 가는 변동이 있고, 조음위치를 순음성, 설정성, 설배성, 설근성 자질로 구분하여 도식으로 나타내면 [그림 10-2]와 같다. 일반 아동에게 빈번한 연구개음의 전방

2) 이 책에서는 'OO음화'를 'OO음이 OO음이 아닌 소리로 변하는 현상'으로 정의하지 않는다. 이러한 정의는 아동에게 언어 보편적인 음운 과정이 있다는 자연음운론의 가정과 맞지도 않고, 발달적 음운패턴을 그렇지 않은 음운패턴과 구분할 수도 없다.

표 10-3 조음위치 오류패턴의 분류, 정의 및 예(발달적 패턴은 음영으로 표시함)

오류패턴		정의	예
앞으로 가기	연구개음의 전방화[1]	연구개음을 치경음이나 경구개음으로 대치한다.	거북이 → [더부지], 호랑이 → [호라니], 빵 → [빤]
	양순음화	연구개음이나 경구개음이나 치경음을 양순음으로 대치한다.	두개 → [부개], 셋넷 → [셈메], 고래 → [고배]
뒤로 가기	치경음 · 경구개음화[2]	양순음을 치경음이나 경구개음으로 대치한다.	삐뽀 → [띠뽀, 찌뽀], 매미 → [매니]
	연구개음화	양순음이나 치경음이나 경구개음을 연구개음으로 대치한다.	바지 → [가기], 우산 → [우상]
	성문음화[3]	양순음이나 치경음이나 경구개음이나 연구개음을 성문음으로 대치한다.	사탕 → [하탕], 있어 → [이허], 먹어 → [머?어]

[1] 연구개음을 경구개음으로 왜곡하는 오류도 설배성 자질이 설정성 자질로 변화되었기 때문에 연구개음의 전방화로 분석한다(가위 → [갸위]).

[2] 연구개음의 전방화와 치경음 · 경구개음화는 정의가 다르다. 조음위치가 앞으로 가는 연구개음의 전방화는 발달적 오류패턴이고 조음위치가 뒤로 가는 치경음 · 경구개음화는 비발달적 오류패턴이다.

[3] 성문음화는 생략과 함께 관찰되는 경우가 많다(사탕 → [하탕, 아탕]).

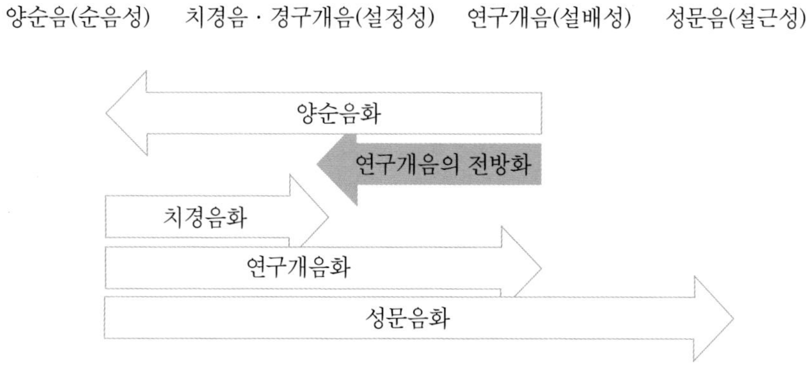

그림 10-2 조음위치 오류패턴의 도식[3)]

3) 이 도식에는 성문음이 치경음이나 경구개음으로 대치되는 현상이 빠져 있다. 이 오류는 성문음에 구강 좁힘이 '첨가'된 현상으로 해석할 수 있다.

화는 목표음이 연구개음으로 한정되지만, 비발달적인 오류패턴인 양순음화, 연구개음화, 성문음화는 목표음이 다양하다. 예를 들어, 양순음화를 보이는 아동 중에는 치경음만 양순음화하는 아동도 있고, 연구개음만 양순음화하는 아동도 있으며, 모든 자음을 양순음화하는 아동도 있다. 조음위치 오류패턴 중에서 주의해야 할 정의는 치경음 · 경구개음화이다. 치경음 · 경구개음화는 양순음을 치경음 또는 경구개음으로 대치하는 현상에 국한한다. 연구개음을 치경음 또는 경구개음으로 대치하는 현상은 연구개음의 전방화로 분리하여 정의하는데, 비발달적인 패턴인 치경음 · 경구개음화와 발달적인 패턴인 연구개음의 전방화를 구분하기 위함이다.

조음방법 오류패턴은 〈표 10-4〉와 같이 나뉘는데, 비음과 장애음 간의 변동, 장애음 내의 변동, 유음의 변동으로 세분화하며, 이를 도식으로 나타내면 [그림 10-3]과 같다. 조음방법 오류패턴의 분류에서도 발달적 패턴은 따로 분리하여 정의해야 한다는 점에 유의해야 한다. 예를 들어, 파열음화는 마찰음이나 파찰음을 파열음으로 대치하는 현상으로 국한한다. 비음을 파열음으로 대치하는 현상은 탈비음화로, 유음을 파열음으로 대치하는 현상은 유음의 파열음화로 구분하여 분석한다. 파찰음과 마찰음을 파열음으로 대치하는 현상은 치찰성 자질과 관련되는 발달적 패턴이

표 10-4 조음방법 오류패턴의 분류, 정의 및 예(발달적 패턴은 음영으로 표시함)

오류패턴		정의	예
비음과 장애음 간 변동	탈비음화[1]	비음을 장애음으로 대치한다.	엄마 → [어빠], 문 → [부], 상어 → [사거], 안 돼 → [아때]
	비음화	장애음을 비음으로 대치한다.	포도 → [모노], 바지 → [바니], 밥 → [밤]
장애음 내 변동	파열음화	마찰음이나 파찰음을 파열음으로 대치한다.	색종이 → [택똥이]
	파찰음화	마찰음을 파찰음으로 대치한다.	시소 → [치조], 없어 → [업쩌]
	파열음의 파찰음화	파열음을 파찰음으로 대치한다.	달 → [잘], 두 개 → [주개]
	마찰음화	파열음이나 파찰음을 마찰음으로 대치한다.	자동차 → [사송사]

유음 변동	유음의 비음 · 파열음화[2]	유음을 비음이나 파열음으로 대치한다.	로켓 → [노케트], 고래 → [고내, 고대]
	유음의 단순화[3]	유음을 생략하거나 활음으로 대치한다.	이빨 → [이빠j], 고래 → [고애, 고얘]
기타	활음화	유음 외 자음을 활음으로 대치한다.	머리 → [여이], 모자 → [모야], 장갑 → [자야]

1 탈비음화는 파열음화와 정의가 다르다. 장애음 내의 변동인 파열음화는 발달적 음운패턴이지만 비음과 장애음 사이의 변동인 탈비음화는 비발달적 음운패턴이다.

2 파열음과 파찰음 모두 파열 특징을 갖고 있으므로, 구강공명음인 유음을 구강장애음인 파찰음으로 대치한 현상(링 → [징])도 파열음화 범주에 넣어 분석할 수 있다.

3 고모음 앞에서 유음을 활음 [j]로 대치하면 생략과 구분하기 어렵기 때문에, 생략과 활음 대치는 유음의 단순화라는 하나의 패턴으로 묶어서 분류하는 것이 효율적이다.

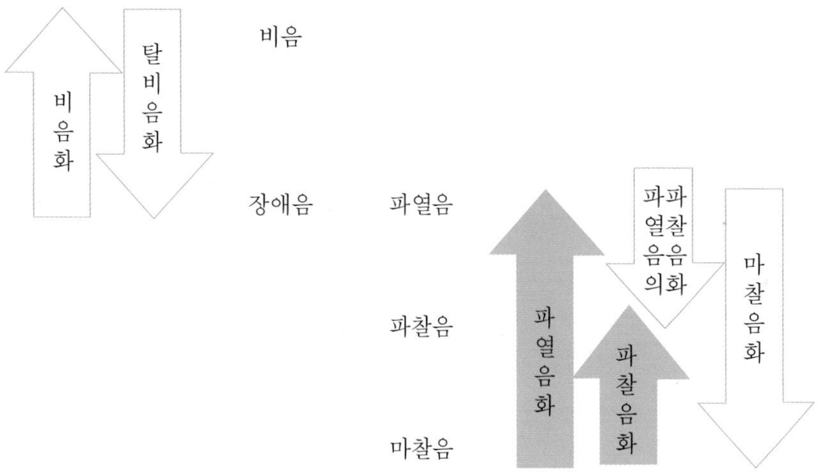

그림 10-3 조음방법 오류패턴의 도식

지만, 비음을 파열음으로 대치하는 현상은 비음성 자질과 관련되는 비발달적 패턴이고, 유음을 파열음으로 대치하는 현상은 설측성 자질과 관련되는 패턴이다. 파찰음화도 발달적 패턴인 마찰음의 파찰음 대치로 국한하고 파열음의 파찰음화와 구분한다.

발성유형 오류패턴은 〈표 10-5〉와 같이 총 4개로 나뉘는데, 긴장성 자질 변동과 기식성 자질 변동으로 세분화하며, 이를 도식으로 나타내면 [그림 10-4]와 같다. 여기서 주의해야 할 변동은 기식음화이다. 마찰음은 다른 장애음과 달리 평음과 경음

표 10-5 발성유형 오류패턴의 분류, 정의 및 예(발달적 패턴은 어둡게 표시함)

오류패턴		정의	예
긴장성 자질 변동	긴장음화	/ㅂ,ㄷ,ㅈ,ㄱ/를 [ㅃ,ㄸ,ㅉ,ㄲ]로 대치한다.	포도 → [포또], 공 → [꽁]
	이완음화	/ㅍ,ㅌ,ㅊ,ㅋ/나 /ㅃ,ㄸ,ㅉ,ㄲ/를 [ㅂ,ㄷ,ㅈ,ㄱ]로 대치한다.	빨대 → [발대]
기식성 자질 변동	기식음화[1]	/ㅂ,ㄷ,ㅈ,ㄱ/나 /ㅃ,ㄸ,ㅉ,ㄲ/를 [ㅍ,ㅌ,ㅊ,ㅋ]로 대치한다.	빨대 → [빨태], 찢어 → [치저]
	탈기식음화[2]	/ㅍ,ㅌ,ㅊ,ㅋ/를 [ㅃ,ㄸ,ㅉ,ㄲ]로 대치하거나 /ㅎ/를 생략한다.	포도 → [뽀도], 하나 → [아나]

[1] /ㅅ/를 [ㅌ,ㅊ]로 대치한 것은 기식음화의 범주에 포함하지 않는다.
[2] /ㅎ/ 생략도 자질로 보면 탈기식음화에 포함된다.

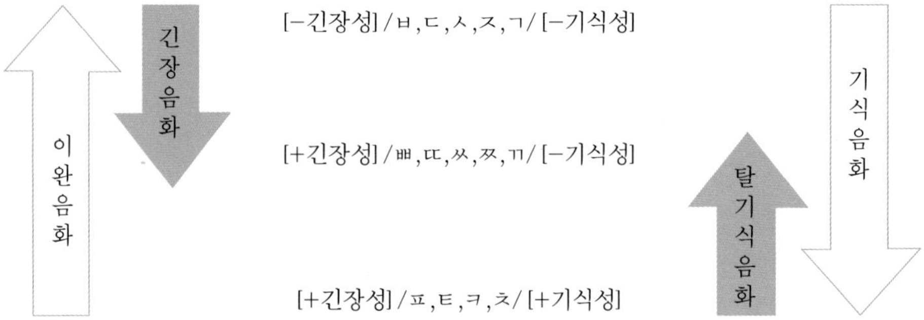

그림 10-4 발성유형 오류패턴의 도식

의 이중대립을 이루고 있고, 평음인 /ㅅ/를 격음인 [ㅌ]나 [ㅊ]로 대치하는 현상은 다른 평음을 격음으로 대치하는 현상과 달리 자연스러운 변동이다. 그러므로 /ㅅ/의 [ㅌ,ㅊ] 대치는 비발달적인 오류패턴인 기식음화 범주에 포함하지 않는다.

4) 분절음 변화 오류패턴: 자음의 왜곡

왜곡 오류패턴도 분절음 변화 변동의 일종이다. 왜곡 오류패턴을 조음위치, 조음방법, 발성유형의 왜곡으로 나누어 〈표 10-6〉에 정리하였다. 이 중에서 치경음의 치(간)음화, 구개음화, 겹자음화가 발달적 패턴에 속한다.

표 10-6 자음의 왜곡 오류패턴의 분류, 정의 및 예(발달적 패턴은 음영으로 표시함)

오류패턴		정의
조음위치 왜곡	순설음화	혀를 치아 밖으로 내밀고 입술로 문다. 치경음을 순설음으로 왜곡한다.
	원순음화	입술을 오므리는 동작을 추가한다. 평순모음에 /w/를 추가한다.
	순치음화	아랫입술을 윗니에 댄다. 양순음이나 치경 마찰음을 순치음으로 왜곡한다.
	치(간)음화 (frontal lisp)	혀를 치아에 대거나 치아 사이로 내민다. 파찰음이나 마찰음 산출 시 치경음을 치(간)음으로 왜곡하거나 치경음과 경구개음을 모두 치(간)음으로 왜곡한다.
	설첨음화, 권설음화	혀끝은 올리고 혓날은 내려서 혀를 오목하게 한다. /ㄹ/ 외의 설정성 자음을 설첨음으로 왜곡하거나 연구개음 산출 시 혀올림 동작을 추가한다.
	설단음화	혀끝은 내리고 혓날만 올린다. /ㄴ,ㄷ,ㄸ,ㅌ,ㄹ/를 설단음으로 왜곡하여 모음에 /j/를 추가한다.
	구개음화[1]	앞쪽 혓등을 경구개로 올린다. 치경 마찰음을 구개음으로 왜곡하여 모음에 /j/를 추가한다.
	목젖음화, 인두음화	연구개음의 조음위치를 목젖음이나 인두음으로 왜곡한다.
	성문음 첨가	성문에서의 조음을 추가한다.
조음방법 왜곡	설측음화 (lateral lisp)	혓날의 정중면을 올려 치경에 대거나, 혓등의 정중면을 올려 구개에 댄다. 유음 외 치경음을 설측음으로, 또는/그리고 경구개음과 전설모음을 설측음으로, 또는/그리고 연구개음과 후설모음을 설측음으로 왜곡한다.
	겹자음화	모음 사이의 공명음 /ㅁ,ㄴ, ㄹ/를 길게 해서 앞 음절 종성에 같은 자음을 첨가한다.
	흡착음화	기류를 입안으로 빨아들이고 혀를 차면서 발음한다.
	약화	기류의 터트림이나 좁힘이 약하다. 장애음을 약화한다.
	비음화, 비누출	구강 공명음 산출 시 비강을 함께 울리거나, 장애음 산출 시 비강으로 기류를 방출한다.
발성유형 왜곡	유성음화	무성음 산출 시 성대를 진동시킨다. 어두 초성 평음을 유성음으로 왜곡한다.

[1] 구개음화와 설단음화는 양상이 비슷하지만, 치경 마찰음의 구개음화는 발달적 패턴이라서 따로 분리한다. 설배성 자음인 연구개음을 설정성 자음인 경구개음으로 왜곡한다면 구개음화가 아닌 연구개음의 전방화로 분석한다(가위 → [갸위]).

임상 노트 10-3 오류와 오류패턴의 차이

오류패턴이란 규칙적이고 반복적으로 나타나는 음운 변화를 의미한다. 그러므로 1회 관찰된 음운 변화는 오류패턴이라고 할 수 없다. 즉, 모든 오류가 패턴으로 설명되는 것은 아니며 어떤 오류는 정확도에만 반영된다. 그리고 오류패턴은 그 패턴이 어느 정도 나타나는지, 어떤 문맥에서 출현하는지도 함께 분석해야 한다.

오류패턴 분석을 잘 했는지를 확인하려면, 분석된 오류패턴이 아동의 발음을 예측할 수 있는지 보면 된다. '전설모음 앞에서 연구개음을 100% 전방화한다'고 분석되었다면 '개구리'는 [대구리]로 발음해야 한다. '다른 자음 2개가 포함된 2음절 이상의 단어에서 어두 초성을 70% 생략한다'고 분석되었다면 '치마'를 [이마]로 발음할 가능성이 70%여야 한다. 아동의 발음을 제대로 예측하려면, 규칙적이고 반복적인 변화만을 오류패턴으로 제시하고 문맥이나 빈도를 함께 제시해야 한다.

임상 노트 10-4 대치 오류: 단어단위 오류패턴? 분절음 변화 오류패턴?

오류패턴 분석 시 오류 유형이 대치이고 대치음이 단어에 포함되어 있을 때는 그것이 단어단위 오류인지 분절음 변화 오류인지에 대한 판단이 필요하다. 즉 '토끼'를 [토띠]로 발음했을 때 /ㄲ/의 [ㄸ] 대치가 /토/의 영향인지 아닌지를 확인해야 한다. 가장 확실한 방법은 오류 음절인 '끼'만 따로 떼어서 말하게 하여 정조음 여부를 알아보는 것이다. 정조음을 하면 이 오류는 '토'의 영향이므로 단어단위 변동인 자음 조화이지만, 오조음을 하면 '토' 영향이 아니므로 분절음 변화 변동인 연구개음의 전방화이다. 그러나 매번 음절 반응을 확인할 수는 없는 노릇이다. 대치 오류가 단어단위 오류인지 분절음 변화 오류인지를 판단하는 데에는 다음과 같은 기준을 참조할 수 있다.

첫째, 늦게 발달하는 파찰음, 마찰음, 유음의 발달적 대치 오류라면 일회성이라도 분절음 변화 오류로 판단한다. '단추'를 [단투]로, '사탕'을 [타탕]으로, '라면'을 [나면]으로 발음하면 각각 파열음 조화와 비음 조화가 아니라 파열음화와 유음의 비음화로 판단한다. 둘째, 일찍 발달하는 비음과 파열음의 발달적 대치 오류라면, 일회성일 때는 단어단위 오류로 판단하고 반복적일 때는 분절음 변화 오류로 판단한다. '토끼'를 [토띠]로 발음할 때 '딸기, 거북이'도 [딸디, 거부디]로 발음하면 연구개음의 전방화이지만, 다른 단어에서 연구개음의 전방화가 없다면 이는 자음 조화이다. 셋째, 비발달적인 대치 오류도 일회성일 때는 단어단위 오류로 판단하고 반복적일 때는 분절음 변화 오류로 판단한다. '나무'를 [마무]로 발음한 /ㄴ/의 [ㅁ] 대치는 정상 아동이라면 자음 조화겠지만, 말소리장애 아동이라면 양순음화일 수도 있다. 즉, 양순음이 없는 '안아, 나가'도 [아마, 마가]로 발음한다면 '나무'의 [마무] 발음은 자음 조화가 아닌 양순음화이다.

4. 독립 분석

독립 분석이란 지금까지 살펴본 말 명료도, 자음정확도, 오류패턴 분석과 달리 아동의 말소리가 맞는지 틀리는지를 고려하지 않고 아동이 산출한 말소리 목록, 음절 구조 목록, 말소리 배열 제약을 알아보는 분석법이다. 이 분석은 언어 이전기나 단어로 의사소통하는, 말소리 능력이 제한된 아동의 발화 분석에 유용하다. 말소리 목록에서는 아동이 산출한 모음과 자음을 자질로 분석한다. 음절 구조 목록에서는 아동이 산출한 단어의 길이와 음절 구조를 분석한다. 말소리 배열 제약에서는 산출한 말소리의 배열을 분석한다. 다음은 독립 분석의 예이다. 독립 분석에서는 예 2처럼 목표 발화를 알더라도 그와 상관없이 아동이 산출한 말소리만 분석한다.

(예 1) 독립 분석

아동 발화	[아], [에], [이], [우], [아우], [오이], [으마], [이떼], [뻐뻐], [나나]			
모음 목록	이✓✓✓ 에✓✓	으✓ 어✓ 아✓✓✓✓✓	우✓✓ 오✓	
자음 목록	ㅁ✓ ㅂ ㅃ✓ ㅍ	ㄴ✓ ㄷ ㄸ✓ ㅌ	ㅇ ㄱ ㄲ ㅋ	
음절 구조 목록	V✓✓✓✓	VV✓✓	VCV✓✓	CVCV✓✓

- 모음 목록은 [아, 이, 에, 우, 으, 어, 오]로 모든 단모음을 산출하였다.
- 자음 목록은 [ㅁ,ㄴ,ㅃ,ㄸ]로 입술과 치경에서의 비음과 경 파열음을 산출하였다.
- 산출한 단어의 길이는 최대 2음절이고 음절 구조는 V, VV, VCV, CVCV였다. 서로 다른 두 모음을 연결하고 어두와 어중에서 초성을 산출하지만 종성은 산출하지 않았다.
- 양순음은 [아, 어]와의 결합이고, 치경음은 [아, 에]와의 결합이며, CVCV는 동일 음절 반복이었다.

(예 2) 독립 분석

아동 발화	엄마 [암마], 아빠, 빵 [ʔ아], 타 [ʔ아], 네 [에], 아니 [아이], 이거 [이아]			
모음 목록	이✓✓ 에✓	으 어 아✓✓✓✓✓✓✓✓		우 오
자음 목록	ㅁ✓ ㅂ ㅃ✓ ㅍ	ㄴ ㄷ ㄸ ㅌ	ㅇ ㄱ ㄲ ㅋ	ʔ✓✓
음절 구조 목록	V✓	VV✓✓	CV✓✓	VCV✓✓

- 모음 목록은 [아, 이, 에]로, 다양한 전설모음은 산출하였지만 후설모음이나 원순모음의 산출은 제한되었다.
- 자음 목록은 [ㅁ,ㅃ]로, 입술에서의 비음과 경 파열음만 산출하였다.
- 산출한 단어의 길이는 최대 2음절이고, 음절 구조는 V, VV, CV, VCV였다. 서로 다른 두 모음을 연결하고 어두와 어중에서 초성을 산출하지만 종성은 산출

임상 노트 10-5 **표현언어지체 아동의 독립 분석 예**

구조	발음	단어
V	이	이, 일
GV	유	육
VV	이어 애이	이거 애기
VGV	이요 이유 이여 으예 우와	뽀로로 이불 안녕 그네 우와
VC	암	삼

구조	발음	단어
CV[1]	네 너 따 듀 타 셰 쇼 시 쉬 저 추	네 넣어 됐다 둘 타 셋 손 집, 아저씨, 할아버지 쉬 줘 추워

구조	발음	단어
	꼬 코 해	꽃 코 해
VCV	아빠 아퍼 으나 아치 이차 으차 으추 우슈 으까	아빠 아퍼 누나 같이 기차 유모차 친구 박수 웅까

구조	발음	단어
VCCV	엄마 안네	엄마 안 돼
CVV	무이 시어 치우	물 싫어 친구
CVCV	빠빠 뿌뿌 머머 또또 해저	빵빵 부릉 멍멍 똑똑 해 줘

[1] [듀]는 구개음화된 [ㄷ]와 [우]의 결합, [셰]는 구개음화된 [ㅅ]와 [에]의 결합, [쇼]는 구개음화된 [ㅅ]와 [오]의 결합으로 보고, CGV가 아니라 CV 음절 구조로 분석하였다.

위 발화는 단어로 의사소통하는 표현언어지체 아동의 발화 표본을 음절 구조에 따라 분류하여 정리한 것이다. 이 아동의 모음 및 자음 목록은 매우 다양하다. 앞의 표에서 보듯이 모든 단모음과 치경 마찰음 /ㅅ,ㅆ/와 유음 /ㄹ/를 제외한 모든 자음을 다양한 위치에서 산출한다. 그러나 아동이 산출 가능한 단어의 음절 구조는 제한된다. 아동은 최대 2음절까지만 산출할 수 있고, 한 번에 한 종류의 자음만 산출할 수 있어서, 음절 생략, 초성 생략, 종성 생략이 빈번하다.

하지 않았다.

- VV는 [아]와 [이]의 결합이고 CV는 성문 파열음과 [아]의 결합이며, VCV는 양순음과 [아]의 결합이었다.

5. 단어단위 음운 분석

말소리를 분절음 단위가 아닌 단어 단위로 습득하는 아동에게는 평가에 단어단위 접근이 필요할 수 있다. Ingram(2002)은 단어단위로 아동의 말소리 능력을 평가하는 측정치로 다음의 네 가지를 제시하였다. 각 측정치의 정의와 계산방법 그리고 계산 예는 다음과 같다.

〈단어단위 음운 분석〉

① 단어단위 정확도(proportion of whole word correct: PWC)

- 정의: 정확하게 발음한 단어의 비율
- 계산법: 정확하게 발음한 단어의 수 / 전체 단어의 수
- 예: 10개 낱말을 표현했는데, '엄마, 아빠'만 정확하게 발음했다면 PWC는 20%

② 평균음운길이(phonological mean length of utterance: PMLU)

- 정의: 발화당 음운의 평균 길이
- 계산법: (산출한 모음과 자음의 수 + 정조음한 자음의 수) / 발화 수
- 예: '가방'을 [앙] → [빵] → [아방] → [바방] → [가방]으로 발음했다면 PMLU의 변화는 2+1=3 → 3+1=4 → 4+2=6 → 5+2=7 → 5+3=8로 증가

③ 단어단위 근접도(proportion of whole word proximity: PWP)

- 정의: 목표단어에 근접한 정도
- 계산법: 아동의 PMLU / 목표단어의 PMLU
- 예: '가방'을 [앙] → [빵] → [아방] → [바방] → [가방]으로 발음했다면 PWP의 변화는 3/8 → 4/8 → 6/8 → 7/8 → 8/8로 증가

④ 단어단위 변이도(proportion of whole word variability: PWV)

- 정의: 동일한 단어를 다르게 발음한 정도
- 계산법: 서로 다른 형태 수 / 같은 단어를 반복한 횟수
- 예: '가방'을 세 번 표현했는데 [가감, 가갑, 가갑]으로 발음했다면 PWV는 2/3

Ingram(2002)은 PMLU가 평균발화길이(mean length of utterance: MLU)처럼 초기 음운 발달 단계를 나타낼 수 있다고 가정하고, PMLU 발달 단계를 1단계 2~3.5, 2단계 3.5~4.5, 3단계 4.5~5.5, 4단계 5.5~6.5, 5단계 6.5~7.5, 6단계 7.5 이상으로 분류하였다. 각각의 수치가 의미하는 정도를 구체적으로 살펴보면, 정확한 자음 하나가 포함된 CV 구조의 1음절을 주로 산출하면 평균음운길이가 약 3이 되고(예: 빵 [빠], 가 [가]), 정확한 자음 하나가 포함된 CVV 또는 VCV 구조의 2음절을 주로 산출하면 평균음운길이가 약 4가 되며(예: 이거 [이거], 포도 [오도]), 정확한 자음 한두 개가 포함된 CVCV 2음절을 주로 산출하면 평균음운길이가 약 5가 된다(예: 모자 [모다], 딸기 [따디]). 정확한 자음 한두 개가 포함된 다양한 구조의 2~3음절을 산출하면 평균음운길이는 약 6 이상이 된다(예: 포도 [포도], 단추 [단투], 자동차 [다도타]).

PMLU는 심한 음운지체가 있는 아동의 치료목표를 세우거나 진전을 알아보는 데 타당한 측정치가 될 수 있다. 심한 음운지체 아동의 초기 목표로 특정 자음의 정확도 향상은 매우 어렵다. 그것보다도 이들에게는 산출할 수 있는 음소를 다양하게 결합하며 음절 구조를 확장하는 치료를 해야 한다. 〈표 10-7〉은 음절 구조 확장을 목표로 치료한 음운지체 아동의 진전을 PMLU로 나타낸 것이다. 단어에 포함된 모음 하나만 산출하던 아동은 두 달마다 모음 앞에 자음이나 모음을 하나씩 추가하였다. 자음 추가 시 처음에는 단어마다 동일한 자음을 추가하였지만, 두 달 후에는 단어 내 다른 자음을 변별적으로 산출하면서 자음정확도도 증가하였다.

표 10-7 음절 구조 확장을 목표로 치료한 음운지체 아동의 평균음운길이 및 자음정확도 변화

단어	아동 발음				
	2개월 시점	4개월 시점	6개월 시점	8개월 시점	10개월 시점
이거	어	이어	이거	이거	이거
됐다	아	따	애따	대따	대따
덮어	어	퍼	어퍼	버퍼	더퍼
뽀로로	오	뽀	뽀뽀	뽀뽀오	뽀뽀오
가방	앙	빵	아방	바방	가방
평균음운길이 (PMLU)	7/5 = 1.4	15/5 = 3.0	23/5 = 4.6	29/5 = 5.8	31/5 = 6.2
자음정확도 (PCC)	9%	36%	55%	64%	82%

임상 노트 10-6

단어단위 분석과 음소단위 분석

단어단위 분석법이 발표된 이후, 2~4세 일반 아동을 대상으로 단어 이름대기나 자발화에서의 단어단위 평가를 주제로 많은 연구가 쏟아졌다. 그런데 단어단위 평가는 단어로 의사소통하는 만 1세 아동의 음운 특성을 반영하기 위해 개발되었다. 1세 아동은 단어단위로 음운을 습득하고, 음소뿐만 아니라 음절 구조에도 제한이 있으며, 단어 산출에 음소 변이성이 크다는 특성이 있다. 비록 음소단위로 음운을 습득하는 2~4세 아동에게서도 이러한 특성이 남아 있기는 하지만, 2~4세 아동에게 두드러진 음운 특성은 자음의 산출이 점차 정확해진다는 것이다. 그러므로 2~4세 아동의 조음음운 능력을 비교하려면 단어단위 평가보다 자음정확도가 더 적절하다.

단어로 의사소통하는 아동의 발화를 단어단위로 평가할 때도 최초 개발자에 의해 제안된 몇 가지 규칙이 있다. 과잉평가를 막기 위해 같은 음절이 반복되는 의성어 · 의태어, 복합어, 문법 형태소가 붙은 발화는 분석에서 제외해야 하고, 활음이나 오류로 추가된 음운에는 추가점수를 주지 않는다. 그 밖에 우리말에서 겹자음도 두 개의 자음으로 보고 두 번의 추가점수를 주면 과잉평가의 가능성이 있으므로 한 번의 추가점수만 줄 필요가 있다.

단어단위 평가 지표는 기존의 음소단위 평가 지표와 밀접한 관계가 있다. 같은 자료의 단어정확도, 자음정확도, 단어근접률의 수치는 단어정확도, 자음정확도, 단어근접률 순서로 커진다. 단어 전체가 정확하지 않더라도 일부 자음이 맞으면 자음정확도가 높아지고, 자음이 정확하지 않더라도 자음을 산출만 하면 단어근접률이 높아지기 때문이다. 또한 평균음운길이는 평균발화길

이와도 밀접한 관련이 있다. '이거 그네'와 '이거는 그네야'를 비교해 보면, 문장 표현을 어절단위로 나누어 평균음운길이를 분석할 경우, 형태소 단위의 평균발화길이가 길어지면 평균음운길이도 길어질 수밖에 없다. 다양한 분석치의 관계를 이해하고 있으면, 평가 결과를 좀 더 쉽게 파악할 수 있다.

제 11 장

말소리장애의 진단 및 진단보고서 작성

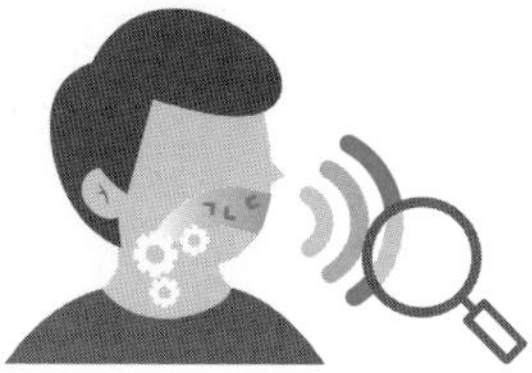

말소리 자료를 수집하여 다각도로 분석하고, 말소리장애와 관련된 다양한 자료를 수집하고 나면, 치료가 필요한지, 필요하다면 어떤 치료를 권고할지 등을 판단해야 한다. 그리고 검사 결과와 임상가의 판단을 상담이나 보고서를 통해 대상자나 보호자 그리고 관련 전문가에게 알려 주어야 한다.

1. 치료의 권고

1) 치료 대상자 선정 시 고려사항

치료가 필요한지에 대한 임상적 판단을 하려면 다양한 요소를 고려해야 한다. 가장 먼저 살펴봐야 할 내용은 말 명료도이다. 특히 자발적 발화의 명료도는 전반적인 구어 의사소통 능력을 반영하므로 중재 여부를 결정할 때 가장 중요한 요소이다. 만 3세가 지나서 4세가 다가오는데도 아동의 말을 잘 알아들을 수 없다면 명료도 저하의 원인을 찾아 치료를 고려해야 한다.

어느 정도 말을 알아들을 수 있다면 자음정확도, 오류패턴, 발달적 적합성, 자극반응도 등을 고려하여 치료 여부를 결정해야 한다. 자음정확도는 말 명료도와 밀접한 관련이 있어서 자음정확도가 낮으면 이해 불가능한 발화도 많아지지만, 자음정확도가 높아도 말 명료도가 낮을 수 있으며 이때는 치료를 고려해야 한다. 한편, 자음정확도는 공식적인 단어 검사에서의 측정치 중 하나로, 단어 검사에서 자음정확도가 또래에 미치지 못하면 치료가 권고된다. 그러나 임상적 판단에서 정작 중요한 것은 자발화에서의 자음정확도이다. 대개는 단어 검사와 자발화에서의 자음정확도가 비슷하지만, 단어 검사보다 자발화에서의 자음정확도가 크게 떨어지는 경우도 있다. 그러므로 단어 검사 결과만 전적으로 의지하지 말고 자발화의 분석 결과도 함께 살펴봐야 한다.

오류패턴도 치료 여부를 결정하는 주요 요인 중 하나이다. 아동에게 빈번하게 관찰되는 오류패턴이 또래에게도 빈번한 나이에 적절한(age appropriate) 패턴인지, 또래에게는 빈번하지 않으나 어린 나이에서는 빈번한 지체된(delayed) 패턴인지, 일반아동에게 빈번하지 않은 특이한(unusual, idiosyncratic) 패턴인지를 파악하여, 모음오류, 연구개음화, 성문음화, 비누출과 같은 특이한 오류패턴이 빈번하면 나이가 어리더라도 치료를 고려해야 한다.

오류 음소의 습득연령도 생각해야 한다. 파열음화가 4세에 일반적인 패턴이지만, 오류 자음에 파찰음이 많이 포함되면 치료를 권고할 필요가 있고, 오류 자음이 마찰음에 한정되면 다른 요인을 고려하여 치료를 미룰 수도 있다.

자극반응도 또한 치료 여부 결정에 중요한 요인이다. 평상시 말속도로 자연스럽게 모델링해 줄 때 자극반응도가 있으면 치료 없이도 말소리를 습득할 가능성이 크다. 그러나 특정 문맥에서만 자극반응도가 있거나 말속도를 느리게 하고 목표음이 강조된 상황에서만 자극반응도가 있다면 빠른 시일 내에 말소리를 습득할 가능성이 낮다.

Van Riper의 고전적 정의에 의하면 비정상적인 말이란 "다른 사람들의 말과 매우 달라서, 말에 주의를 기울이게 되고 의사소통을 방해하여, 화자나 청자를 곤란하게 만드는 말"이다(Van Riper & Emerick, 1984). 여기서는 말소리장애의 성립 요건으로 세 가지를 강조하고 있다. 첫째, 말소리가 본인이 속한 공동체 사람들과 차이

(difference)가 난다. 둘째, 이러한 차이가 메시지 전달과 인식을 방해(disturbance)한다. 셋째, 이러한 차이가 대상자의 삶에 부정적 영향(handicap)을 끼친다. 즉, 발음이 부정확하다고 모두 치료가 필요한 것은 아니다. 말소리 차이가 표현된 언어의 내용 전달에 문제를 야기하는지가 중요하다. 치간음화나 설측음화와 같은 왜곡 오류만 남아 있으면 대체로 의사전달은 가능하다. 또한 발음 문제가 사회생활에 부담이 되는지도 참작해야 한다. 말소리장애가 있어도 아주 성공적이거나 만족하는 삶을 사는 유명인이 있고, 어떤 방송인이나 교사나 사업가는 직업적 기대로 인해 사소한 말소리 문제가 사회생활에 큰 핸디캡으로 작용하기도 한다. 그러므로 치료 여부를 결정할 때는 단순히 말소리가 정상과 다른지만 고려할 것이 아니라, 말소리장애로 인해 사회적 · 교육적 · 경제적으로 불리해지거나 심리 · 정서에 부정적 영향을 미치는지도 살펴봐야 한다.

2) 심각도

말소리장애의 중증도(severity), 즉 심각한 정도는 자음정확도와 상관이 높다. 연결발화에서 자음정확도가 85% 이상이면 경도, 50% 이하면 중도로 지각된다고 한다(Shriberg & Kwiatkowsk, 1982). 그런데 중증도 판단 시 몇 가지 주의할 사항이 있다. 연결발화에서의 자음정확도를 대신하여 단어 검사에서의 자음정확도로 심각도를 나타낼 때, 규준에 제시된 표준편차의 이용에 신중해야 한다. 6세 이후에는 대부분의 아동이 95%를 넘는 자음정확도를 보이고 표준편차도 3%를 넘지 않는다. 따라서 6세 아동의 자음정확도가 85%이면 −5 표준편차에 해당하여 문제가 매우 심각해 보이지만, 실제로는 경도의 장애로 지각된다.

또한 심각도는 연령을 고려하여 판단해야 한다. 3세 아동은 70~80%대의 정확도를 보이는 것이 정상이므로, 앞서 제시한 것과 같은 기준을 아동에게 적용하는 것은 문제가 있다. Hodson과 Paden(1991)은 3~8세 아동의 말소리장애 심각도에 대하여 광범위한 생략이 있으면 고도, 광범위한 대치가 있으면 중도, 일부 대치가 있으면 중등도, 마찰음이나 유음에 왜곡이 있으면 경도로 진단할 것을 제안하였다. 이 기준을 따르면 중등도의 범위가 굉장히 넓어지지만, 아동의 말소리 증상이 반영되어 있으므로 아동 말소리장애의 심각도 판단에 유용하다.

3) 예후에 영향을 미치는 요인

예후에 영향을 미치는 요인은 크게 아동 변인, 치료사 변인, 상황 변인으로 나눌 수 있다. 아동 변인에는 아동의 역량(capability)과 그 역량을 발휘할 때 요구되는 진원(focus)이 모두 포함된다(Kwiatkowski & Shriberg, 1998). 자극반응도, 자기감시 기술, 주의력, 동기, 노력, 치료 경험, 타인과의 상호작용 능력이 이에 포함되며, 음운에 대한 음향·지각적 지식, 조음·음성적 지식도 치료에 영향을 미칠 수 있다. 반대로 아동의 인지, 언어, 청력, 구강 구조 및 신경생리가 잠재적 위험 요인이 될 수 있다. 일반적으로 장애의 심각도가 너무 경하거나 너무 중하면 예후가 좋지 않을 수 있다. 대상자의 동기가 높거나 자극모방도가 있거나 오류가 비일관적이거나 치료 경험이 없을 때, 다른 장애를 동반하지 않았고 관련 요인에 문제가 없을 때 예후가 좋다.

치료사 변인도 예후에 중요한 부분이다. 치료사는 자신의 이론적 입장에 근거하여 치료 내용과 방법을 선택한다. 그런데 자신이 어떤 이론적 견해를 밝히고 있는지 구체화하지 못한 채 치료 기술만 익혔다면, 다양한 사례에 대처하지 못하기 때문에 치료가 원활하게 진행되기 어렵다. 치료에 대한 보호자의 태도와 적극성도 예후에 영향을 미친다. 치료사나 치료에 대한 신뢰가 두터울수록 치료에 긍정적인 영향을 미친다.

임상 노트 11-1 장애 등급의 판정 기준

치료의 필요성과는 별개로 복지 서비스 수혜 여부를 결정하는 국가적 기준이 있다. 조음장애의 장애 등급 판정은 단어에서의 자음정확도로 하며, 치료를 받아도 단어에서의 자음정확도가 기준치 이하에서 더 이상 진전이 없다고 판단되면 말소리장애 등급을 받을 수 있다. 2019년에 개정된 언어장애 등급 기준에 따르면, '장애의 정도가 심한 장애인'은 자음정확도가 30% 미만, '장애의 정도가 심하지 않은 장애인'은 자음정확도가 30~75%인 경우에 해당된다. 6개월 이상 충분히 치료받았음에도 불구하고 장애가 있다고 인정되는 경우는 만 3세 이상에서 판정할 수 있으며, 향후 장애 정도의 변화가 예상되는 경우에는 반드시 재판정을 받아야 한다. 재판정의 시기는 최초의 판정 시기로부터 2년 이상 지난 후로 하고, 2년 이내에 장애 상태의 변화가 예상될 때에는 장애의 판정을 유보해야 한다.

병원에 근무하다 보면 의사로부터 종종 장애 등급 판정을 위한 성인의 발음 평가를 의뢰받는다. 이때 성인을 위해 개발된 공식적인 단어 검사가 없어서 아동을 대상으로 개발된 검사를 사용하게 된다. 그러나 이러한 검사는 내용과 그림이 성인에게 사용하기에는 적절하지 않다. 수요가 많지는 않지만 성인 말소리장애를 위한 검사 도구의 개발을 기대해 본다.

2. 진단보고서의 작성

자료를 수집하여 분석하고 해석까지 하고 나면, 그 결과를 본인 또는 보호자에게 설명하거나 다른 전문가에게 알려 주어야 한다. 가장 공식적인 방법은 진단보고서를 작성하여 보여 주며 설명하는 것이다. 특히 다른 전문가는 진단 과정에 직접 참여하는 것이 아니므로, 보고서에 의존하여 아동의 능력을 가늠하게 된다. 그러므로 진단보고서는 아동의 능력을 쉽고 정확하게 유추할 수 있도록 신중하게 작성해야 한다.

진단보고서는 크게 두 가지 기능을 담당한다. 하나는 앞으로 제공될 서비스를 안내해 주는 기능으로, 이후에 대상자의 변화 여부에 대한 증거가 될 수 있다. 다른 하나는 타 전문가가 적절한 서비스를 계획할 수 있도록 대상자에 대한 정보를 제공하는 기능으로, 잘 준비된 보고서는 언어치료사에 대한 신뢰를 확고히 하는 역할도 한다.

진단보고서는 일반적으로 1~3쪽의 분량으로 작성하며, 배경 정보, 검사 절차 및 검사 태도, 검사 결과, 임상적 인상 및 권고사항으로 구성된다. 진단보고서의 가독성을 높이려면 무엇보다도 소제목이 체계적으로 짜여야 한다. 독자는 이미 읽은 내용을 토대로 앞으로의 내용을 예측하면서 글을 읽는다. 그러므로 배경 정보를 통해 예측되는 검사가 실시되었고, 검사 도구별로 주요 검사 결과가 잘 정리되어 있으며, 검사 결과를 보면서 자연스럽게 도출되는 임상적 인상과 권고사항이 제시되었다면 보고 내용이 잘 전달될 것이다. 또한 말소리 진단과 관련한 보고서라면 배경 정보, 검사 태도, 구강 구조나 기능, 관련 분야에 대한 내용보다 말소리를 분석한 내용이 주를 이루고 더 자세해야 한다.

배경 정보에는 먼저 주된 호소와 의뢰 경로를 적는다. 그다음은 병력이나 발달력을 적는데, 사례 면담지에 있는 내용을 모두 다 적는 것이 아니라 진단에 중요한 정보를 중심으로 적는다. 그리고 주 양육자나 다른 전문가에게 전해 들은 내용이라면 '~의 보고에 의하면 ~라고 한다'라고 출처를 밝혀 둔다.

검사 절차에는 실시한 공식검사의 이름을 먼저 나열하고 비공식검사의 종류를 나열한다. 무의미음절 검사나 청지각 검사는 어떤 음소에 대해 실시했는지, 자발화 수집 및 분석은 어떤 상황에서의 몇 발화를 분석했는지도 적어 준다. 검사 태도는 각각의 검사에 대해 태도가 어떠했는지를 종합하고(예: 협조적, 소극적, 산만함 등) 문제 행동은 구체적으로 기술한다. 말소리장애의 원인이나 예후 판단에 근거가 되는 행동이나 핸디캡 정도를 알려 주는 태도도 구체적으로 기술한다.

공식검사 결과는 원점수와 함께 백분위수, 표준편차, 등가연령과 같은 일반 아동과의 비교치를 적어 주며, 그 비교치에 대한 해석을 부연한다. 그런데 그 해석은 해당 공식검사에 대한 해석일 뿐이다. 공식검사에서 '지체'에 해당하는 점수가 나왔어도, 이 아동을 최종적으로 '지체'라고 진단하려면 실제 의사소통 능력을 반영한 자발화에서도 '지체'라는 증거가 있어야 한다. 의사가 엑스레이 결과만 보고 암이라고 진단하지 않듯이, 우리도 단어 검사 결과만으로 말소리장애를 진단하면 안 된다. 최종 진단을 위해서는 다양한 검사 결과를 종합해야 한다.

단어 검사에서의 말소리목록 반응은 표로 정리해서 삽입한다. 이 표를 통해 아동의 음소별 조음 능력을 한눈에 파악할 수 있다. 또한 빈번한 음운패턴은 증거가 되는 실제 발화의 예를 함께 적어 준다. 구체적인 발화 예는 어려운 전문용어를 대신할 수 있어서 결과 설명 시 매우 유용하다.

자발화 분석 결과는 조음이 주된 문제이면 말 명료도, 정확도, 오류패턴 순서로 기술한다. 자발화에서도 대략적인 수치를 제시하고, 오류패턴은 빈번한 오류를 중심으로 어떤 문맥에서 얼마나 자주 나타나는지(예: 빈번하게, 종종, 가끔) 분석하여 기술한다. 조음 이외에 호흡, 발성, 공명, 운율에도 문제가 있다면 해당 소제목을 추가하고 분석한 내용을 기술한다.

구강의 구조 및 기능은 말소리장애 진단평가에서 중요하게 다루어야 할 내용이다. 그러나 검사 기록지에 있는 내용을 다 적는 것이 아니라 진단에 중요한 정보를 중심으로 적는다. 또한 흔히 동반되는 음성, 유창성, 언어 발달, 심리정서 문제는 필요에 의해 공식검사나 자세한 행동 분석을 했다면 그 결과를 덧붙인다. 공식검사를 시행하지 않았더라도 파악한 대략적인 내용을 기타란에 언급하고 자세한 평가가 필요하면 권고사항에 추가한다.

임상적 인상에는 제일 먼저 진단명과 심각도를 적어 준다. 진단명에는 의학적 진단명과 함께 언어적 진단명을 적는다(예: 연인두폐쇄부전을 동반한 조음 및 공명 장애, 뇌병변을 동반한 발달성 마비말장애). 심각도는 정확도 수치와 관련이 높지만, 명료도, 오류패턴, 연령 등을 고려하여 종합적으로 판단한다. 그리고 그러한 진단을 내릴 때 근거가 된 검사 결과를 2~3문장으로 요약하고, 장애의 특성도 요약한다. 요약이란 앞의 검사 결과를 한 번 더 언급하는 것이 아니라 검사 결과를 바탕으로 아동의 문제점을 총괄하여 설명하는 것이다. 모든 검사 결과가 비슷하다면 임상적 판단이 어렵지 않다. 그러나 검사마다 결과가 조금씩 다르다면 어떤 이유로 어떤 검사 결과에 비중을 두고 최종 판단을 했는지를 설명해야 한다.

마지막으로 원인이 될 만한 요소가 있는지와 말소리 문제로 인한 핸디캡 정도를 정리하고, 이를 토대로 예후와 권고사항을 제시한다. 권고사항으로는 집중적인 치료를 권할 수도 있고, 부모 교육을 권할 수도 있으며, 다른 전문가의 평가를 권할 수도 있고, 몇 달 후 재검사를 권할 수도 있다. 말소리 치료를 권할 때 핵심적인 치료 목표를 간단하게 언급할 수도 있다.

보고서 작성 시 불필요한 문구의 삽입이나 문법 오류에 관해서도 확인해야 한다. 검사 결과를 나열할 때 굳이 소제목을 한 번 더 적을 필요는 없다. 또한 불필요한 문구의 사용을 지양해야 한다. '○○하는 모습이 관찰되었다, ○○하는 모습을 보였다'라는 표현은 '○○하였다'로, '빈번하게 나타났다'라는 문구는 '빈번하였다'로 적어도 무방한 경우가 많다. 소제목의 위계가 체계적인지, 기술한 내용이 소제목에 맞는지, 호응되지 않는 문장은 없는지, 오타는 없는지 확인한다. 지금부터는 다양한 사례에 대한 진단보고서 예를 제시하고자 한다. 그러나 진단보고서 양식은 기관이나 사례에 따라 중요하게 다루는 부분이 다르므로, 제시된 양식에 얽매일 필요는 없다.

1) 다양한 음소에 발달적 대치 오류가 있는 아동

다음은 단어 및 자발화에서 자음정확도가 60%대였고 연구개음, 파찰음, 마찰음에 발달적 대치 오류가 빈번하여 의사전달이 제한되고 이로 인해 정서적 위축이 있는 4세 초반 일반 아동의 진단보고서이다. 언어 발달은 대화 능력이 다소 부족하였으나 공식검사에서 정상 범주였고, 말소리장애와 관련된 다양한 요인에 특이사항은 발견되지 않았다. 일차적으로 연구개음에 대한 치료가 권고되었는데, 정조음 문맥과 자극반응도가 있고 치료에 협조적이어서 예후가 좋을 것으로 판단되었다.

I. 배경 정보

3세 11개월의 여아로, 부정확한 발음을 걱정한 어머니와 함께 본 기관을 방문하였다.
연령, 성별 / 주된 호소 / 의뢰 경로

어머니 보고에 의하면 임신 및 출산 중 특이한 사항은 없었고, 자라면서 큰 질병이나
보고자 / 출생력 / 병력

사고도 없었으며, 전반적인 발달사항에 문제가 있다고 느끼지는 않는다고 하였다.
발달력

그러나 최근 집에서 되묻는 일이 잦아졌고 짜증이 늘었으며, 유치원에서 또래와 잘
의사 전달력 / 심리적 영향

어울려도 발음 문제로 위축이 있는 것 같다고 하였다.
사회적 영향

II. 검사 도구

1. 아동용 발음평가(APAC)의 단어 및 연결 발화 검사
   말소리 공식검사
2. 취학전 아동의 수용언어 및 표현언어 발달척도(PRES)
   언어 공식검사
3. 연구개음에 대한 무의미음절 및 자극반응도 검사
   비공식검사 및 구체적인 내용
4. 구강의 구조 및 기능 검사

III. 검사 태도
검사 절차별로 기술

APAC 단어 검사 초반에는 /ㄱ/가 포함된 단어에서 엄마에게 "이게 뭐야?"라고 질문
정서적 위축을 보여 주는 태도

하며 대답을 회피하였으나, 검사자가 아동의 말을 잘 이해하자 이후로는 검사에 적극적으로 협조하였다. 연결발화 검사에서는 다양한 어휘와 문장으로 일상적인 대화가 가능하였으나 소극적이었고 논리적인 설명이 다소 부족하였다. PRES 검사는 지루해 하였으나 무의미음절 및 자극반응도 검사에서는 검사자의 지시에 집중하여 조음 동작을 조절할 수 있었다.

언어 능력 전반에 대한 설명(어휘, 구문, 화용 측면)

집중력 및 자기조절 능력

Ⅳ. 검사 결과

검사별로 정리

1. APAC 단어 검사

자음정확도와 오류패턴으로 나누어서 기술

1) 자음정확도: 대치 점수 30점으로 개정 자음정확도가 57.1%였다. 이를 또래와 비교하면 백분위수 1%ile 미만에 속한다. 파열음, 비음, 파찰음, 마찰음의 점수도 모두 −2표준편차 이하이다. 다음은 APAC 단어 검사의 반응 정리표이다.

분석 결과

결과에 대한 해석

말소리목록 정리표 첨부

('+'는 정조음, 'ø'는 생략을 의미함)

<table>
<tr><th></th><th colspan="4">양순음</th><th colspan="7">치경음</th><th colspan="3">경구개음</th><th colspan="4">연구개음</th><th></th></tr>
<tr><th></th><th>ㅁ</th><th>ㅂ</th><th>ㅃ</th><th>ㅍ</th><th>ㄴ</th><th>ㄷ</th><th>ㄸ</th><th>ㅌ</th><th>ㄹ</th><th>ㅅ</th><th>ㅆ</th><th>ㅈ</th><th>ㅉ</th><th>ㅊ</th><th>ㅇ</th><th>ㄱ</th><th>ㄲ</th><th>ㅋ</th><th>ㅎ</th></tr>
<tr><td>초성</td><td>+
++</td><td>+
++</td><td>+
+</td><td>+
+</td><td>+
++</td><td>+
++</td><td>+
+</td><td>+
+</td><td>ㄷ+ㄷ</td><td>ㅌㅊ
ㄷㅊㅌ</td><td>ㄸ
ㄸㄸ</td><td>ㄷ
ㄷ</td><td>+
ㄸ</td><td>ㅌ
+</td><td></td><td>ㄷㄷ
+ㄷ</td><td>ㄸ
ㄸ</td><td>ㅌ
ㅊ</td><td>++</td></tr>
<tr><td>종성</td><td>++
++</td><td>+
+</td><td></td><td></td><td>øø
++</td><td>++</td><td></td><td></td><td>+
+ㄴ</td><td></td><td></td><td></td><td></td><td></td><td>ㅁㄴㄴ
+ㄴ</td><td>ø+
ㄷ</td><td></td><td></td><td></td></tr>
</table>

2) 오류패턴: 연구개음의 전방화, 파열음화, 유음의 비음 · 파열음화, 자음 연쇄 단순화가 나타났다. 파열음화와 자음 연쇄 단순화는 나이에 적절한 패턴이지만, 유음의 비음 · 파열음화와 연구개음의 전방화는 2세 아동에게 빈번한 지체된 패턴이다. 다음은 오류패턴의 예이다.

분석 결과

결과에 대한 해석

결과에 대한 해석

- 연구개음의 전방화: /ㄱ,ㄲ,ㅋ,ㅇ/를 [ㄷ,ㄸ,ㅌ,ㄴ]로 20회 대치하였다.
  오류음 대치음 빈도

  (예) 거북이 → [더부지]
  입증 예
- 파열음화: /ㅈ,ㅉ,ㅊ/와 /ㅅ,ㅆ/를 [ㄷ,ㄸ,ㅌ]로 17회 대치하였다.

  (예) 색종이 → [태또니]
- 유음의 비음 · 파열음화: /ㄹ/를 [ㄷ] 또는 [ㄴ]로 4회 대치하였다.

  (예) 고래 → [고대]
- 자음 연쇄 단순화: 종성을 4회 생략하거나 초성에 동화시켰다.

  (예) 단추 → [다추]

2. APAC 연결 발화 검사
이해가능도, 자음정확도, 오류패턴으로 나누어서 기술

1) 이해가능도: 일상적인 대화에서 오류 말소리에 친숙한 검사자는 내용의 약 80%
분석 자료 친숙도 분석 결과
를 이해할 수 있었으나, 연구개음 오류 부분에서는 자주 되물어야 했다.
이해가능도가 떨어지는 발화에 대한 질적 분석

(예) 핑크 빨대 → [핀트 빨때], 맞게 → [마떼], 퀴즈짱 → [티드딴]
위 내용을 입증할 발화 예

2) 자음정확도: 문장 모방 시 단어 검사와 비슷하게 약 60%의 자음정확도를 보였다.
분석 자료 결과에 대한 해석 분석 결과

3) 오류자음 및 오류패턴

- 단어 검사와 비슷한 패턴: 연구개음의 전방화, 파찰음 · 마찰음의 파열음화가
  결과에 대한 해석 분석 결과

  빈번하였다. (예) 누가 가는지 → [누다 다는지], 먼저 손을 씻었어요 → [먼더 토늘 씨더떠요]
  빈도 위 내용을 입증할 발화 예
- 단어 검사와 다른 패턴: 유음의 활음화가 종종 나타났고, 탈기식음화가 가끔 있었다. (예) 동그랗게 → [또드야떼]

3. PRES

1) 수용 언어: 원점수 29점, 언어발달연령 46~48개월, 백분위수 44%ile의 수행을
채점 결과 결과에 대한 해석
보였다. 48개월까지의 문항 중에서 수개념, 복수의 이해에서 오반응하였다.
오반응 항목

2) 표현 언어: 원점수 23점, 언어발달연령 40~42개월, 백분위수 24%ile의 수행을 보였다. 48개월까지의 문항 중에서 '때' 질문에 대한 대답, 위치 부사어 사용, 조건 연결어미의 사용, 익숙한 이야기 재구성, 목적격 조사 사용, 사동사 사용, 비교급 사용에서 오반응하였다.

4. 연구개음의 무의미음절 모방 및 자극반응도 검사

1) 정조음 문맥: 초성은 어두와 어중 모두 [ㄷ]로 대치하였으나, 종성 [ㅇ]은 후설모
단어 내 위치에 따른 정조음 문맥 분석
음 문맥인 [앙, 엉, 옹, 웅]에서 정조음하였다.
후행 모음에 따른 정조음 문맥 분석

2) 자극반응도: 종성 [앙]을 이용하여 조음위치를 알려 준 후, 턱은 가만히 두고 혀
문맥 활용 내용 조음 지시 내용
만 내리라고 하자 초성 [가]를 쉽게 산출하였다.
자극반응도

5. 구강의 구조 및 기능 검사
주요 내용만 요약

1) 구강의 구조: 설소대 단축증, 편도비대증, 점막하 구개열 등의 특이사항은 없었다.
관찰 내용 이상 유무

2) 구강의 기능: 입술과 혀의 운동 범위에 제한은 없었다.
관찰 내용 이상 유무

3) 교대운동 속도: '퍼'와 '터' 반복 시 속도는 초당 4회 이상이었고 규칙적이었다.
검사 내용 검사 결과

6. 기타: 자발화에서 관찰한 내용

1) 언어: 검사자와의 대화에서는 소극적으로 단단어로 대답하였으나, 어머니와는
화용 능력
편안하게 대화하였다. 대화 중 검사자의 말을 이해하고 상황에 적절한 짧은 문장으로 표현하였지만 다양성은 떨어졌다.
구문 능력

(예) 어떻게 들어가는지 잘 모르겠네. 친구들이 눈을 막 던져요, 맞게.
위 내용을 입증할 발화 예

2) 청력: 검사 중 청력 저하가 의심되는 상황은 없었다.

3) 음성: 음도, 강도, 음질 모두 나이에 적절하였다.

4) 유창성: 상황을 길게 설명할 때 '어'와 같은 간투사를 삽입하였다.

V. 임상적 인상 및 권고사항

배경 정보, 검사 태도, 공식검사 및 비공식검사 결과를 종합

3세 11개월의 위 여아는 중등도의 음운지체가 있다. 공식검사에서 자음정확도 60%,

장애의 유무 공식검사상의 진단 근거

백분위 1%ile 미만의 수행을 보였고, 자발화에서도 60%의 낮은 자음정확도 때문에

자발화상의 진단 근거

의사전달이 되지 않아 자주 되물어야 했다. 언어 능력은 자발화에서 대화 및 논리적

말소리 능력과 관련이 높은 언어 능력 요약(공식검사 및 자발화)

설명 능력이 다소 부족하였지만 공식검사에서는 정상 범주였다.

주된 음운 오류패턴은 ① 연구개음 /ㄱ,ㄲ,ㅋ,ㅇ/의 조음위치를 [ㄷ,ㄸ,ㅌ,ㄴ]로 대치

장애의 특성

하는 것과 ② 파찰음과 마찰음 /ㅈ,ㅉ,ㅊ,ㅅ,ㅆ/의 조음방법을 [ㄷ,ㄸ,ㅌ]로 대치하는

것이었다. 이 중 연구개음의 오류는 2세 아동에게 종종 출현하는 지체된 음운패턴이

장애 특성에 대한 해석

고, 파찰음과 마찰음의 오류는 3~4세 아동에게 자주 출현하는 음운패턴이지만 또래

보다 빈도가 높다.

장애 특성에 대한 해석

발음 부정확으로 또래와의 원활한 의사소통이 어렵고, 발음 문제로 인한 정서적 위축

치료 권고 이유

이 있으므로 치료가 권고된다. 연구개음의 정확한 산출이 시급하며, 파찰음과 마찰음

치료해야 할 내용

의 자극반응도 향상도 필요할 수 있다. 구조적인 문제가 없고 치료사의 지시에 협조

예후 및 그 근거

적이며 정조음 되는 문맥과 자극반응도가 있으므로, 단기간의 조음 훈련으로 좋은 예

후가 기대된다. 주 2회 3~6개월의 조음 치료를 권한다.

구체적인 권고사항

2) 언어장애를 동반한 명료도 저하 아동

다음은 긴 문장을 빈번하게 표현하지만, 문장 명료도가 현저히 저하되어 대화가 어려운 음운지체 아동의 진단보고서이다. 음운 기억이 어렵고 문법 형태소의 발음이 더욱 부정확하였다. 일차적으로 속도나 운율을 이용하여 2어절 또는 3어절 문장에서 음절 및 자음을 인식하고 생략 없이 명료하게 모방하는 치료가 권고되었다.

I. 배경 정보

만 5세 5개월의 여아로, 언어발달지연과 부정확한 발음을 주된 문제로 어머니와 함께 본 기관에 방문하였다. 아동은 만 3세에 종합병원에서 실시한 발달평가에서 자폐는 아니나 사회적 상호작용과 언어 표현에 어려움이 있으므로 언어치료를 하라고 권고받았고 그 이후 1년째 주 1회 언어치료를 받고 있다. 어머니 보고에 의하면 임신 및 출산 중에 특이사항은 없었고, 큰 질병이나 사고도 없었으며, 건강한 편이라고 한다. 운동 발달은 또래와 비슷하였으나, 언어 발달은 옹알이가 적었고 두 돌 때 첫 낱말('엄마')을, 세 돌 때 첫 문장('엄마 물 줘.')을 표현하는 등 또래보다 늦었다고 한다.

현재 문장 표현은 많으나 웅얼거려서 알아들을 수가 없다고 한다. 어린이집에 다니는데 또래에게 다가가기는 하지만 소통이 안 되어 혼자서 노는 경우가 많다고 한다. 겁이 많고 예민하며 새로운 환경에 적응하는 데 시간이 걸리는 편이라고 한다. 6개월 전 타 기관에서 실시한 '수용 및 표현 어휘력검사(REVT)'에서 수용 및 표현 어휘력이 평균하에 속하였다고 한다(10~30%ile).

II. 검사 도구

1. '아동용 발음평가(APAC)'의 단어 검사
2. 대화 및 레고 집놀이 중 행동 관찰과 발화 분석

III. 검사 태도

거부감 없이 어머니와 함께 치료실에 들어왔다. APAC 단어 검사에는 협조적이었다. 그림과 관련하여 생각나는 상황을 짧은 문장으로 서술하였으나, 잘 모르는 그림이 나오면 딴 곳을 쳐다보거나 중얼거리는 등 상황을 회피하였다. APAC 문장 검사를 시도하였으나 문장 기억을 어려워하여 검사를 중단하였다. 자유 놀이에서는 상대방을 보지 않고 장난감을 향해 긴 혼잣말을 하였는데, 웅얼거리는 발화가 대부분이어서 옆에서 어머니가 해석을 해 주어야 이해할 수 있었다. 검사자가 아동의 놀이에 끼어들면 50%는 상호작용으로 이어졌지만, 50%는 검사자를 외면하고 자신의 놀이에만 집중하였다. 검사가 끝나자 스스로 장난감을 정리하였다.

IV. 검사 결과

1. APAC 단어 검사
   1) 자음정확도: 생략 및 대치 점수 25점으로 개정 자음정확도는 65%였다. 이를 또래와 비교하면 백분위수 1%ile 미만이다.

2) 오류 자음 및 오류패턴

- /ㅈ,ㅉ,ㅊ/: [ㄷ,ㄸ,ㅌ]로 8회 대치하였다.
  (예) 모자 → [모다], 찢어요 → [띠더요]
- /ㅅ,ㅆ/: [ㄷ,ㄸ,ㅌ]로 5회, [ㅈ,ㅉ,ㅊ]로 2회 대치하였다.
  (예) 시도 → [치도], 없어 → [업쩌]
- /ㄹ/: 생략, 활음 대치, 설측음 왜곡이 1회씩 있었다.
  (예) 머리 → [머이], 고래 → [고예]
- 자음 조화가 3회 관찰되었다.
  (예) 나무 → [마무], 거북이 → [거구기]
- 자음 연쇄 단순화가 4회 관찰되었다.
  (예) 양말 → [맘말], 옥수수 → [오뚜두]

('+'는 정조음, 'ø'는 생략을 의미함)

	양순음				치경음 및 경구개음										연구개음				
	ㅁ	ㅂ	ㅃ	ㅍ	ㄴ	ㄷ	ㄸ	ㅌ	ㄹ	ㅅ	ㅆ	ㅈ	ㅉ	ㅊ	ㅇ	ㄱ	ㄲ	ㅋ	ㅎ
초성	++ +	+ +ㄱ	+ +	+ +	ㅁ ++	+ ++	+ +	ㄸ +	+ ø jl	ㅌㅊ ㅌㄷㅈ	ㄸ ㅌㅉ	ㄷ ㄷ	ㄸ ㅌ	ㄸ ㅉ		++ ++	+ +	+ +	++
종성	+ㄴ ++	+ ø			+ø ++	++			+ ++						ㅁø+ ++	ø +			

2. 놀이 발화 분석

1) 문장 표현

- 자발적으로 3어절 이상의 긴 문장을 활발히 표현하였으나, 명사를 나열하거나 몇 개의 구문을 외워서 반복적으로 사용하는 등 문장의 형태가 다양하지 못하였다. (예) 나 이거 먹으면 안 되는데; 이런 거 집에 있는데; 나 작은 거 눈사람 만들었는데.
- 2어절 문장의 모방은 정확하였으나 3어절 문장의 모방은 "나 이런 거 어려운데."라며 과제 수행을 거부하였다.

2) 대화 기술

- 대화 기술이 문장 표현 능력보다 더 부족하였다. 상대방의 질문에 대답하지 않고 자신의 관심사만을 말하기도 하고, 상대방의 의도와 맞지 않게 엉뚱하게 대답하기도 하여, 주제 유지가 어려웠다.
  (예) 검사자: 눈에 뭐 썼어? 아동: 네.

(예) 검사자: 여기 어디야? 아동: 언니.

(예) 검사자: 자, 이제 간식 먹자. 아동: 자, 이제 자요.

- 명료화 요구에 제대로 대처하지 못하고 주의를 딴 곳으로 돌렸다.

(예) 검사자: 여기가 어디야? 아동: 친구 집에. 검사자: 어? 아동: 나 이건 오빤 없는데.

3) 조음음운 능력

- 이해가능도: 아동이 혼잣말을 할 때는 50%밖에 이해할 수 없었다. 검사자와 상호작용할 때는 상황의 도움으로 80% 정도 이해 가능하였다.
- 자음정확도: 단어에서보다 더 떨어졌다.
- 오류패턴: 단어 검사와 마찬가지로 파열음화, 유음의 단순화 오류가 빈번하였지만, 단어 검사와 달리 음절 반복, 자음 조화, 음소 첨가의 빈도가 매우 높았다. 특히 문장이 길어지면 문법 형태소 부분에서 모음 오류와 음절 및 자음의 생략이 빈번해졌다.

(예) 덮어 → [버퍼], 오빠 → [보빠], 친구가 내려와 → [내려라]

(예) 핑크색이야 → [핑크새야], 선생님 거랑 다른데 → [떠더니앙 다은데], 하면 안 되는데 → [하넌 안 댄대], 이거 좀 어려워 → [이히 타 어여어], 이거는 우윤데 → [이걸루는 우윤데]

4) 음성 및 유창성

- 음성: 긴 문장을 말할 때 자신이 없는 듯 음성이 작아졌다.
- 유창성: 비유창성은 거의 관찰되지 않았다.

V. 임상적 인상 및 권고사항

5세 5개월의 이 여아는 중등도의 언어발달지체와 말소리장애가 있다. 언어 측면에서 공식검사에서의 어휘력은 평균하에 속하였으나, 자발화에서는 제한된 어휘와 구문을 구사하고 대화 시 주제 유지가 어려웠다. 말소리 측면에서 단어 공식검사에서는 대체로 이해 가능하고 자음정확도가 60%대이며 발달적 오류패턴을 보였으나, 자발화에서는 이해가능도가 50% 이하로 현저히 떨어져서 아동의 말을 잘 알아들을 수가 없었다. 아동의 주된 말 · 언어 증상은 다음과 같다. ① 언어 표현 측면에서 3어절 이상의 문장을 활발히 구사하나, 어휘가 다양하지 못하고 몇 가지 외워진 문장 형태만을 구사한다. ② 대화 기술이 언어 표현력보다 더 부족하다. 상대방 발화를 부분적으로 인식하고 본인에게 친숙한 단어로 바꿔 생각하여 엉뚱한 반응을 하고, 대화 주제와 상관없이 본인의 관심사를 표현하기 때문에 주제 유지가 되지 않는다. ③ 말소리 측면에서 자발화의 명료도가 매우 떨어진다. 파찰음, 마찰음, 유음의 발달적 오류 이외에 모음 오류, 자음이나 음절의 생략, 동화 오류가 빈번하고, 문장 기억이 어렵고 문법 형태소에서 발음이 더욱 부정확한 것으로 보아 음운 능력의 지체가 의심된다.
주된 호소인 명료도 저하가 아동의 언어 표현력을 평가절하시키고 대화 기술에도 악영향을 미치고 있다. 이 문제를 해결하기 위해서 특정 발음을 집중적으로 훈련하는 것보다, 아동이 이해하고 있는 짧은 구나 문장에 대해 그 안에 포함된 말소리를 주의하여 듣고 음절과 음소 생략 없이 명료하게 모방하는 확인 훈련을 권한다. 말 명료도 증진 이후에도 새로운 어휘나 문장의 음운패턴 학습에 어려움이 예상되므로 꾸준한 언어치료가 필요하겠다.

3) 조음음운 문제가 있는 표현언어지체 아동

다음은 다양한 상황에서 발성 의사소통 의도는 빈번하지만, 자발적인 언어 표현이 제한되는 표현언어지체 아동의 진단보고서이다. 공식검사나 자발화 수집이 어려워서 놀이 중 모방 발화를 수집하고 독립 분석을 한 결과, 다양한 음운 산출은 가능하나 단어의 음절 구조가 제한되었다. 단어의 음절 구조와 음운 구성의 난이도를 고려하여 한자음 단어부터 체계적으로 단어 표현을 촉진하는 치료가 권고되었다.

I. 배경 정보

만 2세 11개월의 남아로, 말을 잘 하지 않고 한 음절씩은 모방할 수 있지만 음절 연결은 못 한다는 문제로 소아청소년과를 거쳐 어머니와 함께 본 기관에 내원하였다. 임신 및 출산 중에 특이사항은 없었고, 큰 질병이나 사고 없이 건강했다고 한다. 12개월에 걷고, 24개월에 숟가락질을 하며, 30개월경에 대소변을 가리는 등 대체로 또래와 비슷하게 발달하였으나, 언어 발달은 23개월에 첫 낱말인 '아빠'가 표현된 이후 아직 낱말 조합이 출현하지 않는 등 또래보다 늦다고 한다. 성격은 온순하고 가족과의 관계도 원만하지만, 말이 늦어서인지 최근 짜증이 늘었다고 한다. 주 양육자는 부모님이고, 아직 어린이집은 안 다니지만 타인과도 잘 어울린다고 한다. 누나(초1)도 언어 발달이 늦었는데 4세경에 놀이방을 다니면서 말이 트였다고 한다.

II. 검사 도구

1. 수용 및 표현 어휘력 검사(REVT)
2. 자유 놀이 시 발화 분석: 자동차 놀이와 레고 집놀이 등 30분 놀이에서의 200발화 분석

III. 검사 태도

밝은 얼굴로 치료실에 들어와서 자연스럽게 의자에 앉았다. REVT 수용 검사는 그림 밑에 적혀 있는 번호(1, 2, 3, 4)를 가리키며 '일, 이, 삼, 사'라고 말하는 것이 검사에 방해가 되었으나, 검사자가 들려준 어휘를 찾으려고 그림을 순서대로 응시하는 모습이 자주 관찰되었다. REVT 표현 검사는 모든 그림에 대해 '어~' 또는 '이어~'로만 표현하여 검사를 중단하였다. 자유 놀이에서는 검사자가 들려준 어휘를 적극적으로 명료하게 모방하였다. 놀이 수준은 단순 상징 행동이 대부분이었다(예: 차 굴리기, 태우기, 끼우기, 찍기).

IV. 검사 결과

1. REVT
   1) 수용어휘력 검사: 원점수 15점, 백분위수 20~30%ile, 표준편차 평균~−1의 수행을 보였다.
   2) 표현어휘력 검사: 원점수 0점, 백분위수 1%ile 미만, 표준편차 −2 이하의 수행을 보였다.

2. 자유 놀이 시 발화 분석
   1) 언어 이해
      - 간단한 지시를 이해할 수 있지만, 상황이나 억양 단서에 많이 의존하였다.
      - 선택 질문에('싫어?', '좋아?') 무조건 '네'로 대답하는 경향이 있었다.
      - '누구야?' 질문에는 대답할 수 있으나, '여기 누구 탈까?' 질문에는 대답이 없었다.
   2) 언어 사용
      - 의사소통 의도가 매우 빈번하였다.
      - 의사소통 기능도 다양하였다. 요구하기(줘), 거부하기(싫어), 인사하기(안녕), 부르기(엄마), 명명하기(기차), 모방하기(타), 질문하기(뭐야?), 대답하기(네)의 초기 의사소통 기능이 모두 관찰되었다.
      - 의사소통 의도를 표현하는 방식은 몸짓과 발성인 경우가 많았다.

- 요구하기 상황에서는 매번 짜증 섞인 발성이 나타났으며, 검사자가 [여]라는 아동의 말을 이해하지 못하자 같은 말을 8번이나 반복하였다.

3) 언어 표현

- 자발화는 대부분이 '이여, 으, 아'와 같은 모음 발성이었으나, 모방 발화는 다양한 어휘를 명료하게 표현하였다.
- 자발적인 표현 어휘의 의미 범주는 숫자(일, 이, 삼, 사, 육), 의성어(빵빵, 멍멍, 부릉, 똑똑), 가족 관계어(엄마, 아빠, 누나), 기능적 표현(네, 안녕, 줘, 우와, 쉬)으로 제한되었다.
- 가장 긴 언어 표현은 두 낱말 조합으로, 모방 상황에서 4회 관찰되었다.

(예:) 엄마 아퍼 → [엄마 퍼], 아빠 빵빵 → [아빠 빠빠], 누나 앉아 → [으나 차], 유모차 타 → [하 타]

4) 말소리

- 모방 발화에서는 다양한 모음 및 자음을 산출하였다. 아동이 산출할 수 있는 자음의 목록은 /ㅁ,ㄴ,ㅇ,ㅃ,ㄸ,ㄲ,ㅂ,ㄷ,ㄱ,ㅍ,ㅌ,ㅋ,ㅎ,ㅊ,ㅅ/ 총 15개였다.
- 평균음운길이는 3.0이었다(2세 6.5 이상). 아동이 산출할 수 있는 낱말의 음절 구조는 최대 2음절이었고, 한 번에 한 종류의 자음만 산출하였다.
- 음절 구조의 제한으로 음절 생략, 종성 생략, 어두 초성 생략이 빈번하였다.

(예) 삼 → [암], 꽃 → [꼬], 이거 → [이여], 응까 → [으아], 친구 → [치우], 박수 → [아슈], 같이 → [아치], 누나 → [우나], 안 돼 → [안네], 멍멍 → [머머], 똑똑 → [또또], 할아버지 → [으지], 유모차 → [으차]

5) 기타: 음성 및 유창성은 정상 범주로 판단되었다.

V. 임상적 인상 및 권고사항

만 2세 11개월의 이 아동은 표현언어지체가 있다. 공식검사에서 수용 어휘는 정상 범주이지만 표현 어휘는 또래보다 현저히 떨어진다. 자발화에서도 발성 의사표현은 활발하지만, 자발적인 어휘 표현이 50개 이하이고 아직 자발적인 두 낱말 조합이 출현하지 않은 것을 고려할 때 6개월~1년의 지체가 예상된다. 아동의 표현 언어가 지체된 데에는 제한된 조음 능력이 영향을 미쳤을 가능성이 크다. 모방 시 아동은 다양한 모음과 자음의 산출이 가능하지만 한 낱말에서 두 가지 모음과 한 가지 자음만 산출할 수 있어서 음절 생략이나 초성 및 종성 생략이 빈번하다.

제한된 언어 표현력으로 인한 의사전달의 실패가 아동의 짜증을 부추기는 등 아동의 성격에 부정적 영향을 미치고 있으므로 언어 촉진이 필요하다. 보호자는 누나 때의 경험을 바탕으로 아동이 놀이방에 다니면 자연스럽게 언어 능력이 향상될 가능성을 염두에 두고 있다. 아동이 의사소통 의도가 활발하고 언어 모방을 즐기며 모방 시 자음 산출과 두 낱말 조합의 잠재력도 확인되기 때문에 또래 상호작용을 통해 자연스럽게 언어 표현이 향상될 가능성이 있으므로, 일단 3~6개월의 놀이방 경험을 권한다. 만약 언어 표현 능력에 변화가 없거나 의사전달의 어려움으로 문제 행동이 심화한다면, 구조화된 놀이 상황에서 조음의 난이도를 고려한 언어 촉진 프로그램을 병행할 것을 권한다.

4) 마비말장애를 동반한 언어발달지체 아동

다음은 뇌병변으로 인해 언어발달지체와 마비말장애가 있는 아동의 진단보고서이다. 발성 및 조음 운동의 조절을 고려하면서 단어 및 두 단어 조합의 언어 표현을 촉진하는 치료가 권고되었다.

I. 배경 정보

7세의 여아로 언어발달장애를 주 호소로 언어치료를 받고자 본 기관을 방문하였다. 아동은 출생 후 종합병원에서 희귀난치성 질환인 ○○○ 증후군과 뇌병변 1급을 진단받았다고 한다. 출생 후 3개월에 심장 수술을 받았으며 뇌손상으로 인해 현재까지도 경기를 자주 하는 편이라고 한다. 운동 및 인지 발달이 전반적으로 늦었으며, 현재 보조기를 착용하고 보행하고, 대소변을 가리지 못하는 등 일상생활 동작에 도움이 필요하다고 하며, '우유, 가방, 싫어, 바나나' 등 아동이 자주 접하는 단어를 모방으로 표현할 수는 있으나 발음이 부정확하다고 한다. 아동은 통합 어린이집에 다니고 있고, 언어 · 물리 · 작업 · 인지 · 감각통합 등의 재활치료를 받고 있다고 한다. 아동은 소심한 편이고, 새로운 환경에 적응하는 데 시간이 걸리는 편이라고 한다.

II. 검사 도구 및 검사 태도

1. 검사 도구
   1) 취학 전 아동의 수용언어 및 표현언어 발달 척도(PRES)(김영태 외, 2003)

2) 아동용 발음평가(APAC)(김민정 외, 2007) 중 단어 검사

3) 조음기관 구조 · 기능 선별검사(SMST)(신문자 외, 2010) 중 일부

4) 놀이 중 행동 및 발화 분석

2. 검사 태도

공식검사 시에는 그림판을 손으로 밀거나 고개를 숙이는 등의 거부 행동을 보였으나, 자유 놀이 시에는 원하는 장난감을 탐색하고 치료사에게 놀이를 권하는 등의 적극적인 태도를 보였다. APAC 단어 검사는 자발적 표현이 어려워서 모두 모방으로 진행하였다.

III. 검사 결과

1. 취학 전 아동의 수용언어 및 표현언어 발달 척도(PRES)

1) 수용 언어: 등가연령 40~42개월의 수행을 보였다. 42개월까지의 검사 항목 중에서 위치부사어의 이해, 연결어미 이해, 길이 개념 이해, 범주어 이해, 신체부위 기능의 이해에서 오반응을 하였다.

2) 표현 언어: 등가연령 31~33개월의 수행을 보였다. 33개월까지의 검사 항목 중에서 주격 조사의 사용, 세 낱말 문장 만들기, 이유 연결어미 사용, 의문사 사용, 일상 사물의 기능 설명, 상황 설명에서 오반응을 하였다.

2. 아동용 발음평가(APAC) 중 단어 검사

1) 자음정확도: 생략 및 대치 점수 47점으로 일반 자음정확도가 32.9%였다. 이를 6세의 규준과 비교하면 백분위수 1%ile 미만에 속한다.

('+'는 정조음, 'ø'는 생략을 의미함)

	양순음				치경음 & 경구개음										연구개음				
	ㅁ	ㅂ	ㅃ	ㅍ	ㄴ	ㄷ	ㄸ	ㅌ	ㄹ	ㅈ	ㅉ	ㅊ	ㅅ	ㅆ	ㅇ	ㄱ	ㄲ	ㅋ	ㅎ
초성	+ø ㅂ	ㅃ+ +	+ +	ø +	+ +ø	+ø +	+ +	+ ø	ø jjø	ㄱ ㄷ	ㄸ ㄸ	ㅉ ㅉ	ㄸㄴ ㅌㅈㄸ	+ ㄸㄸ		++ øㄸ	ㅃ ㄸ	ㄲ ㄸ	øø
종성	ø++ +	ø +			ø+ +ㅇ	øø			ø +j						øøø øø	ø ø			

2) 오류 자음 및 오류패턴: 단어단위 패턴으로 초성 생략과 종성 생략이 빈번하였다. 분절음 변화 패턴으로 모음 오류, 연구개음의 전방화, 파열음화, 긴장음화 및 탈기식음화, 유음의 단순화가 빈번하였다. 이 중에서 초성 생략과 모음 오류는 2세 아동에게서도 거의 관찰되지 않는 특이한 패턴이고 나머지는 모두 2~4세 아동

에게 빈번한 지체된 패턴이다.

- 종성 생략: 종성을 15회 생략하였다.
  (예) 책 → [째], 빗 → [삐]
- 초성 생략: 초성을 7회 생략하였다.
  (예) 포도 → [오도], 그네 → [그에]
- 파열음화: /ㅅ,ㅆ,ㅈ,ㅉ,ㅊ/를 9회 [ㄷ,ㄸ]로 대치하였다.
  (예) 색종이 → [때또이], 시소 → [띠조]
- 긴장음화 및 탈기식음화: 9회 /ㅂ,ㅊ,ㄱ,ㅋ/를 [ㅃ,ㅉ,ㄲ]로 대치하거나 /ㅎ/를 생략하였다.
  (예) 뱀 → [뺌], 호랑이 → [우아이]
- 유음의 단순화: /ㄹ/를 7회 생략하거나 [j]로 대치하였다.
  (예) 고래 → [고애], 머리 → [머이]
- 연구개음의 전방화: /ㄱ,ㄲ,ㅋ/를 4회 [ㄸ]로 대치하였다.
  (예) 토끼 → [또띠], 바퀴 → [바띠]
- 그 밖에 모음 오류가 4회 있었다.
  (예) 사탕 → [떠아], 단추 → [애쭈]

3. 조음기관 구조 · 기능 선별검사(SMST) 중 일부

1) 조음기관

- 얼굴, 입술, 혀의 구조는 정상이지만, 얼굴 및 입술 주변 근육의 움직임이 부자연스러웠다.
- 턱과 치아의 교합 상태 및 구조는 정상적이었다.

2) 발성

- 최대 발성지속시간은 약 3초였다.
- 음질이 매우 거칠었으며 음성이 작고 음도가 일정하지 않았다.
- 분비물이 기도를 폐쇄하여 목을 울리는 듯한 음성(gurgling voice)이 관찰되었다.

3) 교대운동검사

- 속도가 매우 느렸다. /퍼/, /터/, /커/ 모두 약 초당 1회 반복하였다. /퍼터커/ 검사는 수행하지 못하였다.
- /커/ 반복은 불규칙하였다.

4. 놀이 중 발화 및 행동 분석: 총 3회기(40분)에 걸쳐 표현된 44개의 발화를 분석하였다.

1) 언어 이해
- 치료사가 지시하는 다양한 일상 사물을 정확히 고를 수 있었다.
- '먹어, 앉아, 줘, 잘라, 꽂아, 넣어' 등의 지시를 듣고 바르게 수행하였다.
- '위, 아래' 위치 부사어를 이해하여 지시를 수행하였다.

2) 언어 표현
- 어휘: 44발화 중 전체 낱말 수(NTW)는 총 57개, 다른 낱말 수(NDW)는 총 33개였다. 주로 일상 어휘를 표현하였고(예: 엄마, 뽀로로, 싫어, 먹어), 품사는 명사가 50%를 차지하였다.
- 구문: 한 낱말 표현이 90%, 두 낱말 조합 표현이 10%로, 평균발화길이(MLU)는 1.3에 해당하였다. 두 낱말 조합은 '행위자–행위' 의미 관계의 모방이었다(예: 뽀로로 먹어, 엄마 먹어).

3) 언어 사용
- 의사소통 의도: 빈번하였으나 몸동작으로 표현하는 경우가 많았다.
- 의사소통 기능: 대답하기가 17회로 가장 많았고, 부르기(예: 엄마, 패티), 요구하기(예: 주세요), 거부하기(예: 싫어)가 나타났다.

4) 조음음운
- 말소리 목록: 다양한 모음과 자음을 산출하였다.
- 단어의 음절 구조 목록: 초성 자음 1개와 모음 2개를 산출하였다(예: 아, 가, 애디, 배아, 엄마). 2음절 이상의 단어는 1음절씩 끊어서 말하는 경향이 있었다(예: 바나나 → [빠, 나나], 빨대 → [빠, 때]).
- 오류패턴: 단어 검사와 마찬가지로 초성 및 종성 생략(예: 포비 → [포이], 먹어 → [머어]), 연구개음의 전방화(예: 딸기 → [따디], 가방 → [다바]), 탈기식음화(예: 포도 → [뽀도], 패티 → [빼띠]), 유음의 단순화(예: 뽀로로 → [뽀요요]), 파열음화(예: 주세요 → [주떼요])가 관찰되었다.

5) 발성
- 발성의 시작과 유지가 어렵고 강도도 약하고 음도도 낮았다.
- 분비물이 기도를 폐쇄하여 목을 울리는 듯한 음성(gurgling voice)과 한 음절씩 끊어서 스타카토로 말하는 음성(staccato voice)이 관찰되었다.

6) 놀이

- 손동작이 부자연스러웠고 놀이 상황에서 지시에 반응하는 속도가 느렸다.
- 인형에게 우유를 먹이는 행동, 음식을 만들어 인형에게 먹이는 행동과 같은 단순 및 복합 상징 행동을 하였다.

IV. 요약 및 제언

7세의 이 아동은 뇌병변으로 인해 언어발달지체와 마비말장애가 있다. 언어 공식검사에서 수용 언어는 3세 초반, 표현 언어는 2세 후반의 수행을 보였다. 조음 공식검사에서는 자음정확도가 30%대였고, 다양한 음운패턴이 관찰되었으며, 조음기관의 기능 검사에서는 조음기관의 운동성이 떨어지고 발성지속시간이 짧고 교대운동 속도가 느리고 불규칙하였다. 자발화에서는 1~2음절의 낱말로 의사를 전달하였지만, 조음과 발성 동작이 모두 불안정하였다.

뇌에 병변이 있고 아직 경기를 하고 있으며 운동 및 인지도 또래보다 떨어지므로 의사소통 능력의 향상에는 상당한 노력과 시간이 필요하겠다. 놀이 수준은 낮으나 의사소통 의도가 빈번하고, 말운동 능력이 제한되어 있으나 다양한 음소의 산출이 가능하므로, 음절 구조와 음운 구성의 난이도를 고려한 기능적인 어휘와 짧은 문장을 호흡 및 발성을 조절하며 표현하도록 훈련하면 말 명료도와 언어 능력이 동시에 향상될 것으로 기대된다.

제12장

치료목표의 설정

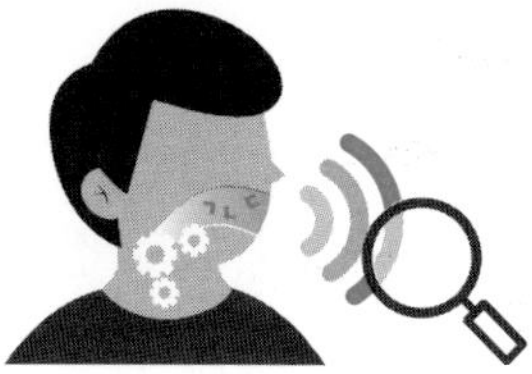

원활한 의사소통을 위해 말소리에 변화가 필요하다고 판단되면 명료도나 정확도 향상을 위해 치료가 권고된다. 궁극적인 치료목표는 대상자가 속한 사회의 표준적인 말소리를 일상생활 속에서 자연스럽게 사용하여, 청자가 화자의 말을 편안하고 정확하게 이해할 수 있도록 하는 것이다. 그러나 동반장애로 표준적인 말소리 산출이 어렵다면 명료도, 즉 의사전달을 위한 이해가능도 향상이 현실적인 목표가 될 수도 있다. 이 장에서는 말소리의 다양한 치료목표에 대하여 자세히 알아보겠다.

1. 치료목표의 종류

1) 치료목표의 위계

치료목표는 기본 목표, 중간 목표, 특정 목표, 하위 목표로 위계화할 수 있다([그림 12-1] 참조). 말소리 치료의 궁극적인 기본 목표(basic goals)는 말소리의 정확도 및 명료도 향상이다. 중간 목표(intermediate goals)는 이 목표를 달성하기 위해서 제거해야 할 오류패턴이다. 제거해야 할 오류패턴은 크게 단어의 음절 구조나 음운 구성에 관한 것, 분절음에 관한 것, 초분절음에 관한 것으로 나눌 수 있다. 단어의 음절 구조나 음운 구성과 관련된 오류패턴으로는 음절 생략, 초성 생략, 종성 생략, 자음조화 등이 있고, 분절음과 관련된 오류패턴으로는 평순모음화, 연구개음의 전방화, 탈기식음화, 파열음화 등이 있으며, 초분절음과 관련된 오류패턴으로는 단조로운 음도, 빠른 말속도, 부적절한 쉼 등이 있다.

중간 목표는 다시 특정 목표(specific goals)로 구체화할 수 있다. 중간 목표가 초성 생략이라면 CVCV 음절 구조를 특정 목표로 정할 수 있고, 중간 목표가 파열음화라면 파찰음 또는 /ㅈ/를 특정 목표로 정할 수 있으며, 중간 목표가 단조로운 음도라면 고조 음운구 또는 상승 억양구를 특정 목표로 정할 수 있다.

특정 목표는 다시 하위 목표(subgoals)로 세분화할 수 있다. 하위 목표는 특정 기준에 따라 위계적으로 조직된다. 가장 일반적인 하위 목표의 선정 기준은 언어단위로, '음절에서 → 단어에서 → 구에서 → 짧은 문장에서 → 긴 문장에서'로 위계를 세운다. 각각의 언어단위에서도 다양한 기준으로 목표를 다시 세분화할 수 있다. 예를 들어, 음운 문맥에 따라서는 '종성에서 → 후설모음 앞에서 → 전설모음 앞에서'로, 형태소 유형에 따라서는 '체언에서 → 서술어에서 → 문법 형태소에서'로, 치료사의 개입 정도에 따라서는 '모방 상황에서 → 구조화된 상황에서 → 자연스러운 상황에서'로 위계를 구성할 수 있다.

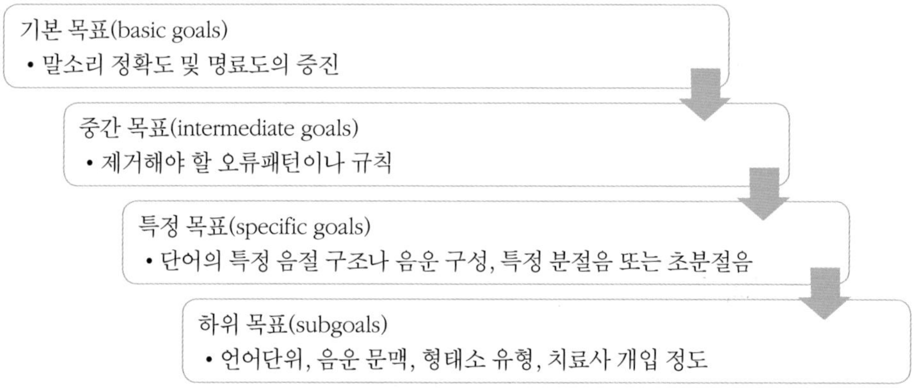

그림 12-1 치료목표의 위계

2) 치료목표의 두 측면

치료목표는 평가 결과를 기반으로 해야 한다. 아동의 말소리 오류패턴은 크게 단어단위 오류와 분절음 변화 오류로 나누어 분석하므로, 치료목표도 단어단위 오류에 대한 측면과 분절음 변화 오류에 대한 측면으로 나누어 생각해야 한다. 단어단위 오류패턴이란 단어나 음절의 구조 또는 단어 내 분절음 대조가 복잡해서 말소리를 생략하거나 반복하여 말소리 연쇄에 영향을 미치는 오류이므로, 단어단위 패턴이 있다면 단어나 음절의 구조 또는 단어 내 분절음 대조의 확장을 목표로 해야 한다. 반면, 분절음 변화 오류패턴이란 단어나 음절의 구조 또는 단어 내 다른 분절음과 상관없이 특정 음소의 산출이 어려워서 이를 생략하거나 대치하거나 왜곡하여 말소리 부류에 영향을 미치는 오류이므로, 분절음 변화 패턴이 있다면 말소리 부류의 확장에 목표를 두어야 한다.

(1) 말소리 부류의 확장

'발음이 부정확하다'는 말은 특정 음소를 정확하게 산출하지 못하는 증상을 의미할 때가 많다. 늦게 발달하는 /ㅅ,ㅆ,ㄹ/의 조음방법 오류가 가장 흔하고, /ㄱ,ㄲ,ㅋ/의 조음위치 오류가 함께 나타나기도 한다. 이들의 치료목표는 음소의 정확한 산출이지만, 엄밀히 말하면 음소가 아닌 자질의 정확한 산출이다. 즉, 음소의 조음위치나 조음방법 중 하나가 치료목표가 된다. 예를 들어, 만 8세 아동의 발음이 부정확한 이유가 /ㅅ,ㅆ/의 설측음화 왜곡 오류로 평가되었다면, 치료목표는 /ㅅ,ㅆ/의 조음방법을 바로잡는 것이다. 만 5세 아동의 발음이 이상한 이유가 /ㄱ,ㄲ,ㅋ/를 [ㄷ,ㄸ,ㅌ]로 대치하는 오류로 평가되었다면, 치료목표는 /ㄱ,ㄲ,ㅋ/의 조음위치를 바로잡는 것이다. 우리말에서 치료목표로 해야 하는 말소리 부류는 〈표 12-1〉과 같이 정리할 수 있다.

표 12-1 말소리 부류와 관련된 치료목표와 오류 예

목표 말소리 부류 및 자질		오류 예
모음의 자질을 정확히 산출한다.	혀(턱) 높이 자질	어깨 → [아까]
	혀 위치 자질	버스 → [배씨]
	입술 모양 자질	고추 → [그츠]
자음의 조음위치 자질을 정확히 산출한다.	양순음의 양순성 자질	포비 → [코디]
	치경음 및 경구개음의 설정성 자질	자두 → [가구]
	치경음의 비분산성 자질	어디 → [어지]
	연구개음의 설배성 자질	고기 → [도지]
자음의 발성유형 자질을 정확히 산출한다.	평음의 이완성 자질	바지 → [파치]
	경음 및 격음의 긴장성 자질	아빠 → [아바]
	격음의 기식성 자질	포크 → [뽀끄]
자음의 조음방법 자질을 정확히 산출한다.	활음의 접근성 자질	뭐야 → [머나]
	비음의 비음성 자질	나무 → [다부]
	파열음의 장애성 자질	포도 → [모노]
	파찰음의 지연개방성 자질	주차 → [두타]
	마찰음의 지속성 자질	시소 → [치조]
	유음의 설측성 자질	고래 → [고애]

(2) 음절 구조 또는 단어 내 분절음 대조의 확장

한편, 개별 음소를 정확히 산출할 수 있어도 그 음소들을 변별적으로 연결하지 못하면 단어나 문장의 발음이 불명료해진다. 단어에서 여러 음절이나 음소의 연결이 어려우면 음절이나 음소를 생략하고, 자음으로 시작하거나 끝나는 것이 어려우면 어두 초성이나 어말 종성을 생략한다. 또한 단어에서 한 종류의 모음이나 자음은 산출할 수 있지만 서로 다른 모음이나 자음을 변별적으로 산출할 수 없다면, 모두 같은 모음이나 자음으로 산출한다. 그리고 자음 연쇄에서 서로 다른 조음방법이나 서로 다른 조음위치의 연결이 어려우면, 한 자음을 생략하거나 두 자음 사이에 동화가 일어난다. 이상의 증상을 보일 때 치료목표는 특정 음소나 자질의 정확한 산출이 아니라 단어의 음절 구조 확장이나 분절음 대조를 통해 명료도를 증진하는 것이어야 한다. 우리말에서 치료목표로 해야 하는 음절 구조와 분절음 대조는 〈표 12-2〉와

표 12-2 음절 구조 및 분절음 대조와 관련된 치료목표와 오류 예

목표 음절 구조 및 분절음 대조		오류 예
음절과 모음을 명료하게 산출한다.	한 종류 모음의 2~3음절 단어에서	아빠 → [빠], 바나나 → [나나]
	두 종류 모음의 2~3음절 단어에서	그네 → [네, 네네]
	세 종류 모음의 3~4음절 단어에서	색종이 → [우아니]
	이중모음이 포함된 단어에서	야구 → [다구, 아구]
	1~2음절 단어의 2어조합에서	또 먹어 → [으 머거]
	2~3음절 단어의 2어조합에서	유모차 타요 → [하차 타요]
	문법 형태소에서	내가 해도 돼요 → [내 해 돼요]
초성을 명료하게 산출한다.	한 종류 초성의 1~2음절 단어에서	코 → [오], 삐뽀 → [이뽀]
	두 종류 초성의 2~3음절 단어에서	나비 → [아비, 바비]
	세 종류 초성의 3~4음절 단어에서	잠깐만 → [함맘마]
	1~2음절 단어의 2어 조합에서	또 먹어 → [또 어거]
	2~3음절 단어의 2어 조합에서	물고기 잡아 → [우끄기 바바]
	문법 형태소에서	엄마가 → [엄마야], 하는 거 → [하응거]
종성을 명료하게 산출한다.	1~2음절 단어의 어말 종성에서	빗 → [비, 빕], 우산 → [우사, 우상]
	두 종류 종성의 2~4음절 단어에서	당근 → [당긍]
	다른 조음방법의 어중 자음 연쇄에서	팬티 → [패티]
	다른 조음위치의 어중 자음 연쇄에서	공부 → [곰부]
	문법 형태소에서	아빠랑 → [아빠라], 이쪽에 → [이쪼에]

같이 정리할 수 있다.

(3) 비선형 음운론을 활용한 치료목표의 선정

비선형 음운론에서는 말소리 산출을 음소의 선형적인 나열로 보지 않고 여러 음운단위가 위계를 이루고 있다고 가정한다. 그러므로 말소리를 평가할 때 아동이 산출할 수 있는 음소뿐만 아니라 음절 구조도 분석하고, 치료목표를 정할 때도 음소와 음절 구조를 모두 고려한다.

표현 어휘가 '엄마, 아빠, 이거, 응가'뿐인 5세 아동의 예를 들어 보자. 독립 분석을 하면 산출 가능한 음운 자질은 모음 /이, 으, 어, 아/, 양순음, 연구개음, 비음, 평

표 12-3 비선형 음운론에서의 목표단어 선정 순서

		산출 가능한 음소 또는 자질	새로운 음소 또는 자질
		평순모음, 양순음, 연구개음, 비음, 파열음	원순모음, 치경음
산출 가능한 음절 구조	VCV	① 이뻐, 이빨 [이빠], 이마 아가, 악어 [아거], 여기 [어기]	③ /오/: 오이, 오빠 /ㄴ/: 언니 [은니] /ㄷ/: 앗뜨
새로운 음절 구조	VC	② 입	④
	CV	뭐 [머], 가, 까	
	CVV	빨리 [빠이], 많이 [마이], 가위 [가이]	
	CVCV	맘마, 빵빵 [빠빠], 먹어 [머거], 그만 [그마], 거미	
	CVC	밥, 빵, 방, 김, 감, 껌	

파열음, 경파열음이고, 산출 가능한 음절 구조는 VCV와 VCCV(두 자음은 동일 위치)이며, 이를 정리하면 〈표 12-3〉과 같다. 이때 우선되는 치료목표로 새로운 음소나 자질을 생각하기 쉽다. 그러나 산출 가능한 음소와 음절 구조가 극히 제한된 경우에는 음절 구조의 확장을 먼저 치료해야 한다. 즉, 이 아동의 첫 번째 목표는 표의 ①에 해당하는 산출 가능한 음소가 포함된 산출 가능한 음절 구조의 단어이고, 두 번째 목표는 표의 ②에 해당하는 산출 가능한 음소가 포함된 새로운 음절 구조의 단어이며, 세 번째 목표는 표의 ③에 해당하는 새로운 음소가 포함된 산출 가능한 음절 구조의 단어이다. 표의 ④에 해당하는 새로운 음소가 포함된 새로운 음절 구조의 단어는 목표에서 제외해야 한다.

2. 언어 수준별 말소리 치료목표

발음이 정확해야 하는 이유는 의사소통을 위해 표현한 '언어'가 제대로 전달되도록 하기 위함이다. 그러므로 말소리장애를 중재하려면 언어 수준별로 필요한 말소리 능력을 이해하여, 그 수준에 부합하는 말소리 능력을 갖추도록 하는 것이 중요하다. 단어로 의사소통하는 아동은 '가방'을 [바방]이라고 발음해도 주로 현시점에서 일어나는 상황을 표현하기 때문에, 자음의 조음위치가 부정확해도 무슨 말을 하는

언어 이전기	• 의도적인 발성의 횟수가 증가한다. • 다양한 모음과 자음을 산출한다. • 다양한 음절을 반복적으로 산출한다.
단어 표현 초기	• 산출할 수 있는 말소리를 다양한 단어에 사용한다. • 동음이의어가 감소하여, 다르게 산출하는 단어가 증가한다. • 동일한 언어 표현에 대해 말소리 산출이 안정된다.
단어 표현 시기	• 음절 생략 없이 2~3음절어를 산출한다. • 모음을 명료하게 산출한다. • 초성 생략 없이 초성을 명료하게 산출한다.
문장 표현 초기	• 초성의 조음위치를 정확히 산출한다. • 파열음 및 비음의 조음방법을 정확히 산출한다. • 파열음의 발성유형을 정확히 산출한다.
문장 표현 시기	• 파찰음, 마찰음, 유음의 조음방법을 정확히 산출한다. • 이중모음 및 종성을 정확히 산출한다. • 문장을 명료하게 산출한다.

그림 12-2 언어 수준별 말소리 치료목표

지 유추할 수 있다. 그러나 현시점에서 벗어난 사건을 문장으로 표현하는 아동이라면 자음의 조음위치도 정확해야 언어의 내용을 유추할 수 있다. 아동이 갑자기 '가방 갖고 왔어.'를 [바방 다또 와떠]라고 말한다면 그 내용을 '빵빵 타고 왔어.'로 오해할 수도 있다. [그림 12-2]는 언어 수준별 말소리 치료목표를 정리한 것이다.

1) 언어 이전기 및 단어 표현 초기

아동은 단어를 표현하기 이전에도 발성기관을 이용하여 기류를 조절하고 조음기관을 이용하여 기류를 변형하며 소리 내는 경험을 한다. 만약 아동의 의사소통 의도, 언어 이해, 상징 놀이에 비해 말소리 모방 능력이 현저하게 떨어지면 말 산출 능력 향상을 위한 치료가 필요할 수 있다.

몸짓 의사표현을 하는 아동이라면 발성 의사표현의 빈도를 높이고 기류 조절 능력을 발달시켜야 한다. 의도적인 발성의 빈도 높이기, 발성의 길이와 높낮이 다양화하기 등을 목표로 할 수 있다. 또한 발성 의사표현이 활발한 아동이라면 구강에서의 기류 변형 능력을 발달시켜야 한다. 발성 중 턱이나 입술이나 혀를 움직여 다양한 모음과 자음 산출하기, 산출할 수 있는 자음과 모음을 결합하여 다양한 음절 산출하기, 동일한 음절 반복하기 등을 목표로 할 수 있다.

음절이 산출되면 단순한 음운 구성의 단어를 표현할 수 있다. '물([무]), 빵, 네, 타, 코'와 같은 CV 단어, '엄마, 아빠, 아니, 이거'와 같은 VCV 단어, '빵빵, 멍멍, 칙칙, 짹짹, 꼬꼬, 까까'와 같은 동일 음절 반복의 의성어와 의태어가 대표적인 예이다. 초기 단어의 자음과 모음 구성을 보면, 양순음은 중설모음 /아/와, 치경음은 전설모음 /에, 이/와, 연구개음은 후설모음 /오, 어/와 더 쉽게 결합하는 경향이 있으므로, 이에 해당하는 단어를 먼저 시도해 본다.

몇 개의 단어로 의사소통하는 아동이라면 독립 분석을 통해 산출할 수 있는 말소리 부류와 연쇄를 분석하여 목표를 정한다. 산출할 수 있는 말소리를 다양한 언어 표현에 사용하여 동음이의어 늘리기, 산출할 수 있는 말소리를 다양하게 결합하여 다르게 표현하는 단어 늘리기 등을 목표로 할 수 있다. 예를 들어, 아동이 /아, 이, ㅁ/를 산출할 수 있고 '엄마'를 [암마]로 표현한다면, '양말, 하마' 표현에도 [암마]를 사용하도록 한다. 그리고 [마]를 2회 반복하여 '맘마, 멍멍, 냠냠'을 [맘마]로 표현하기, [이]와 [아]를 결합하여 감탄사 '이야!, 아이야!' 표현하기, [아]와 [ㅁ]와 [이]를 결합하여 '할머니'를 [암미]로 표현하기 등을 목표로 정할 수 있다.

2) 단어 표현 시기

단어 표현을 제대로 전달하려면 적어도 2~3음절은 연결할 수 있어야 하고, 모음은 명료해야 하며, 유음 /ㄹ/를 제외하고 초성은 생략하지 않아야 한다. 그러므로 이 시기의 말소리 치료목표는 ① 다음절어에 산출하기, ② 모음 명료하게 산출하기, ③ 초성 명료하게 산출하기로 나눌 수 있다.

(1) 다음절어에 산출하기

단어를 표현하려면 우선 여러 음절을 연결할 수 있어야 한다. '엄마' '아빠' '사탕' '할머니'를 각각 [마], [빠], [따], [니]로 발음한다면 2음절어에서 두 음절을 모두 산출하는 훈련이 필요하다. '이거 하고 싶어'와 '엄마 빨리 가자'를 각각 [이아퍼]와 [마이자]라고 말할 때도 마찬가지이다.[1] 2음절, 3음절 순서로 발화의 음절 수를 늘려 가며 음절을 생략하지 않도록 훈련해야 한다.

임상 노트 12-1 1음절에서 2음절로의 확장

다음은 단어를 한 글자씩 모방하는 3세 표현언어지체 아동에게 음절 확장을 촉진한 치료 내용이다. 내원 당시의 말소리에 대해 독립 분석을 실시한 결과, 말소리는 모음 /아, 이, 오, 애/와 자음 /ㅃ,ㄸ/만 산출 가능하였고, 음절 구조는 V와 CV의 모방만 가능하여 /우와/는 [으~]로, /빠빠/는 [빠]로 모방하였다.

이 아동에게 2음절어를 유도하기 위해서 다음과 같은 단계적인 음절 구조의 확장이 필요하였다. 치료 과정에서 같은 음절 구조라도 고모음 /이/가 포함된 단어가 더 쉽게 유도되는 점이 흥미로웠다.

음절 구조 및 음운 구성			단어 예
V+CV		고모음 /이/ 포함	이빨([이빠]), 있다([이따]), 애디
		다양한 모음 포함	아빠, 오빠, 없다([아따])
CV+V		고모음 /이/ 포함	빨리([빠이]), 삐약([삐아]), 싫어([띠어])
		다양한 모음 포함	빨래([빠애]), 좋아([도아])
CV + CV	모음, 자음 모두 동일	동일 음절 반복	빵빵([빠빠]), 뽀뽀, 닫아([다다]), 짹짹([때때])
	자음 동일	고모음 /이/ 포함	삐뽀, 포비([뽀삐]), 택시([때띠])
		다양한 모음 포함	뽑아([뽀바]), 됐다([대따])
	모음 동일	고모음 /이/ 포함	티비([띠삐])
		다양한 모음 포함	받아([바다]), 잡아([다바]), 택배([때빼])
	모음, 자음 모두 다름	고모음 /이/ 포함	바지([바디]), 패티([빼띠]), 피자([삐다]), 치마([띠마])
		다양한 모음 포함	빨대([빠때]), 뺐다([빼따]), 또 빼, 줘 봐([도바])

1) 실제 사례의 발화이다. [이아퍼]는 '이거'의 /이/, '하고'의 /아/, '싶어'의 /퍼/를 산출한 것이고, [마이자]는 '엄마'의 /마/, '빨리'의 /이/, '가자'의 /자/를 산출한 것이었다.

음절 수 확장의 기본은 1음절에서 2음절로의 확장이다. 1음절만 산출할 수 있다는 것은 그만큼 말운동의 제한이 심하다는 것을 의미하므로, 2음절어로의 확장 시 음절 구조와 음운 구성을 세심하게 고려하여 훈련 단어를 선택해야 한다. CV 앞에 모음 추가하기, CV 뒤에 모음을 추가하기, CV와 동일한 음절 추가하기, CV에 모음이 다른 CV 음절 추가하기, CV에 자음이 다른 CV 음절 추가하기, CV에 모음과 자음이 모두 다른 CV 음절 추가하기 순서로 난이도를 높일 수 있다.

(2) 모음 명료하게 산출하기

음절 연결이 가능해지면, 음절의 핵심이 되는 모음의 명료도가 향상되어야 한다. 모음에 오류가 있으면 의사전달이 매우 제한된다. 모음 명료도를 높여야 하는 사례는 특정 모음 동작이 어려운 경우와 단어의 모음 구성이 복잡할 때 오류가 증가하는 경우로 나눌 수 있다.

특정 모음 동작이 어렵다면 모음의 확장이 필요하다. 예를 들어, /어/를 [아]로 대치하는 아동은 '벌'을 [발]로, '없어'를 [아빠]로, '옆에'를 [아페](앞에)로, '열어'를 [다다](닫아)로 발음하고, /에/를 [아]로 대치하는 아동은 '세 개'를 [사가](사과)로 발음하므로, 상대방은 아동의 말을 전혀 다른 의미로 오해할 수밖에 없다. 조음점이 비슷한 /오, 우, 으/의 변별적 산출은 어렵더라도 상대적으로 조음점 차이가 큰 /아, 어, 애, 이/의 변별적 산출은 가능해야 의사전달력이 높아진다.

모음 하나하나는 정확해도 음절 수가 늘고 모음 구성이 복잡할 때 모음 오류가 증가한다면, 단어 내 모음의 변별적 산출이 필요하다. 예를 들어, 3음절 단어의 모음 오류를 분석한 결과, '바나나'처럼 모음이 동일한 3음절어는 모음이 정확한데, '옥수수, 화장실, 눈사람'처럼 두 가지 모음의 3음절어는 [뚜뚜뚜, 하이띠, 아아따]로 모음 조화가 나타나고, '색종이'처럼 세 가지 모음의 3음절어는 [으어니]나 [때때때]처럼 모음 오류가 더 심해진다면, 단어 내에서 서로 다른 모음을 변별적으로 산출하는 훈련을 해야 한다. 이 아동은 자음 치료 이전에 두 종류 모음의 3음절 단어에서 모음 명료도를 높여야 한다. 말운동 측면에서 모음의 명료한 산출은 턱의 높낮이 변화, 혓몸의 위치 변화, 입술의 원순성 변화와 밀접하게 관련되므로, 모음 치료 시에는 턱, 혓몸, 입술의 동작 변화를 면밀히 관찰해야 한다.

(3) 초성 명료하게 산출하기

음절이 부드럽게 연결되고 모음 명료도가 향상되면 자음 산출, 그중에서도 초성 산출이 주요 목표가 된다. 자음의 정확한 산출을 위해서는 모음에 해당하는 턱, 혓몸, 입술 움직임의 기본 틀 위에 입술, 혓날, 혓등, 연구개의 움직임을 추가해야 하는데, 이 추가 동작이 생략되면 초성을 생략하거나 성문음이나 활음으로 대치하는 증상이 나타난다.

'빠, 때, 꺼'와 같은 1음절 단어에서는 초성이 명료하더라도 '빠빠, 때때, 꺼꺼'에서는 초성 하나를 생략하여 [아빠, 애때, 어꺼]로 발음할 수 있고, '빠이, 아빠, 빵빵'과 같이 초성의 종류가 하나이면 /ㅃ/를 정확히 발음하지만 '빨대'와 같이 초성의 종류가 다르면 하나를 생략하여 [아때]로 발음할 수 있다. 이때는 조음위치나 조음방법이 다소 부정확하더라도 초성을 생략하지 않는 것, 성문음이나 활음으로 대치하지 않는 것이 중요하며, 2~3음절 단어에서 초성 산출하기를 훈련해야 한다.

3) 문장 표현 초기

짧은 문장의 표현을 제대로 전달하려면 초성의 조음위치 정확도와 비음 및 파열음의 조음방법 정확도가 어느 정도 확보되어야 한다. 이 시기의 말소리 치료목표는 ① 초성 양순성, 설정성, 설배성의 조음위치 정확하게 산출하기, ② 비음, 파열음의 조음방법 정확하게 산출하기, ③ 발성유형 정확히 산출하기로 나눌 수 있다.

(1) 초성 양순성, 설정성, 설배성의 조음위치 정확히 산출하기

다음절어에서 초성 산출이 가능해지면 초성의 조음위치 정확도가 향상되어야 한다. 기본적으로 양순성, 설정성, 설배성의 세 위치에서 조음 동작을 할 수 있어야 한다. 양순성 자음은 두 입술을 붙여서 발음하고, 설정성 자음은 혓날을 입천장에 붙여서 발음하며, 설배성 자음은 혓등을 입천장에 붙여서 발음해야 한다. 그러므로 이 시기에 /ㅅ,ㅈ/는 적어도 설정성 자음인 [ㄷ]로는 산출해야 하며 [ㅂ]나 [ㄱ]로 대치하면 안 된다.

(2) 파열음과 비음의 조음방법 정확히 산출하기

다음절어에서 자음 산출이 가능해지면 조음방법 정확도도 향상되어야 한다. 마찰음, 파찰음, 유음의 조음방법까지 정확할 필요는 없지만, 기본적으로 비음과 파열음의 조음방법은 구분하여 산출할 수 있어야 한다. 음절의 핵인 모음이 연구개를 올려서 발음하는 구강음이기 때문에, 주변음인 자음의 기본 설정값은 비음이 아닌 파열음이다. 따라서 이 시기에는 비음의 정확도 증진이 주된 목표가 된다.

우리말 비음은 다양한 음운 배열이 가능한 조음방법이다. 비음은 어두와 어말과 어중에 모두 올 수 있고(예: 마, 암, 아마), 어중에서도 유음을 제외한 모든 음소와 배열이 가능하다(예: 아마, 암마, 암바, 암빠). 이 시기에 비음과 장애음의 자음 연쇄까지 정확할 필요는 없지만, 그 외의 위치에서는 비음을 산출할 수 있어야 한다.

임상 노트 12-2 '엄마' vs. '아빠'

'엄마'와 '아빠' 중에서 어떤 발음이 더 쉬울까? 배블링 시기 이전에 우연히 내는 소리로는 '엄마'가 더 쉬울 수 있다. 말운동 측면에서 평상시 숨을 쉴 때 연구개가 내려가 있어서, 거기에 턱과 입술의 움직임을 추가하면 비음이 산출되기 때문이다. 이때 모음은 전체가 비강 울림이 섞인 비음화된 모음이다.

그러나 표현언어지체 아동 중에는 '엄마'는 말하지 못하고 '아빠'만 말하는 경우가 종종 있다. 음절 산출 시 모음 발성에 연구개 올림 동작이 연합되어 있으면, 중간에 연구개 동작에 변화를 줘야 하는 '엄마'보다는 연구개 동작의 변화가 필요 없는 '아빠'의 산출이 더 쉽기 때문이다. 이러한 이유로 '엄마'만 표현할 수 있었던 표현언어지체 아동이 표현 언어가 늘면서 '엄마'를 [어빠]로 발음하는 등 탈비음화 오류를 보이기도 한다.

(3) 파열음의 발성유형 정확히 산출하기

파열음은 평음과 격음과 경음의 발성유형 정확도도 향상되어야 한다. 다양한 발성유형을 산출하기 위해서는 조음 및 발성 기관에 주는 압력을 달리하여 발성의 강도를 조절해야 하고, 조음 동작과 발성 동작의 타이밍을 조절하여 기류 방출의 양도 조절해야 한다. 특히 조음 시 성대가 과도하게 긴장하면 격음 산출이 어렵고 운율도 단조로울 가능성이 크다. 자연스러운 음절 연결을 위해서는 같은 모음이라도 주변에 오는 음운이 비음인지, 활음인지, 평음인지, 격음인지, 경음인지에 따라서 발성을 다르게 할 줄 알아야 한다. 그리고 운율 문제가 있다면 운율도 치료목표에 포함해야 한다.

4) 문장 표현 시기

앞서 언급한 목표가 달성되면 상황에 적절하게 표현한 일상적인 문장은 대체로 내용 전달이 가능해진다. 그러나 아동이 길고 다양한 문장을 표현하면 대화 상대는 아동에게 더 높은 정확도를 기대하게 되므로, 아동 발화에 왜곡 오류는 있을지언정 생략이나 대치 오류는 없어야 한다. 이를 위해서는 다양한 조음방법의 산출이 가능해야 하고 이중모음 및 종성까지도 정확해야 한다. 그리고 단어는 정확히 산출해도 문장은 웅얼거려서 명료도가 떨어질 때는 문장의 명료도 증진을 위한 목표를 따로 설정할 필요가 있다.

(1) 초성의 조음방법 정확히 산출하기

이 시기에는 파열음과 비음뿐만 아니라 설정성 자음의 다양한 조음방법인 파찰음과 마찰음과 유음도 정확히 산출해야 한다. 음절에서의 정확한 산출을 확립한 후에 언어단위를 늘려 단어, 짧은 구, 문장에서의 정확한 산출로 확대해 나가는 훈련을 해야 한다.

임상 노트 12-3 '사자'나 '오리'처럼 쉬운 단어?

어떤 보호자는 3세 아동이 '사자'나 '오리'처럼 쉬운 단어를 이상하게 발음한다고 걱정하기도 한다. '사자'와 '오리'는 의미적으로 쉬운 단어이고, 종성이 없어서 발음하기도 쉬운 단어라고 생각할 수 있다. 그러나 분절음의 자질 측면에서는 결코 쉬운 단어가 아니다. 특히 자음 /ㅅ, ㅈ, ㄹ/는 모두 늦게 발달하는 어려운 발음이다.

'사자, 오리'의 아동 발음이 이상한지를 확인하려면 이 단어를 어떻게 발음하는지 들어 봐야 한다. 만약 '사자'를 [타다, 차자]처럼 발음하고 '오리'를 [어디, 오이]처럼 발음하면 발달적으로 자연스러운 발음이다. 그러나 '사자'를 [가가, 하하]로 발음하거나 '오리'를 [고기, 보디]처럼 발음하면 말운동 문제를 자세히 살펴봐야 한다.

(2) 이중모음 및 종성 정확히 산출하기

이 시기에 치료목표가 되는 대표적인 음절 구조는 이중모음과 종성이다. 이중모음은 앞에 자음이 없으면 쉽게 정조음하지만, 앞에 자음이 있으면 활음을 생략하여 단모음으로 오조음하기 쉽다. 자음 뒤 이중모음을 정확히 산출하려면 빠른 조음 동작의 변화가 필요하다. 이중모음 중에서 /j/계 이중모음은 출현빈도가 높으므로 정확도 향상에 신경을 써야 한다. 이를 위해서는 경구개 좁힘을 함께 훈련해야 하고 선행 자음의 조음위치, 음절 수, 단어 내 위치 등 음운 문맥의 난이도를 세심하게 살펴서 훈련해야 한다.

종성은 많은 말소리장애 아동의 주요 치료목표이다. 초성에서는 양순음, 치경음, 연구개음을 정확히 산출할 수 있어도 종성에서는 조음위치에 오류가 있을 수 있다. 이전 시기에서는 종성에서 비음과 파열음의 변별적 산출만 요구되었다면, 이 시기에는 조음위치까지 정확해야 한다.

종성 중에서 특히 뒤에 다른 자음이 뒤따르는 자음 연쇄는 이중모음과 마찬가지로 민첩한 조음 동작이 요구된다. 어중에 서로 다른 조음방법이 연쇄될 때, 즉 종성과 초성에 비음과 장애음이 연쇄되면 조음방법이 하나로 단순화될 수 있다. 예를 들어, '안, 언니'는 정확히 산출하면서 '안 돼'는 [아대, 안때(= 아때), 안내] 등으로 발음할 수 있다. 이 경우 말소리 치료목표는 단순히 종성을 정확히 산출하는 것이 아니라 비음과 장애음의 조음방법 연쇄를 정확히 산출하는 것이다. 또한 어중에 서로 다른 조음위치가 연쇄될 때, 즉 종성과 초성에 연구개음과 양순음, 연구개음과 치경음, 양순음과 치경음이 연쇄되면 조음위치가 하나로 단순화될 수 있다. 주로 종성이 초성에 역행 동화되는데, 예를 들어 '양, 콩, 감'은 모두 정확히 발음하면서 '양말, 콩나물, 감나무'는 [얌말, 콘나물, 간나무]로 발음할 수 있다. 이 경우에도 말소리 치료목표는 단순히 종성을 정확히 산출하는 것이 아니라 자음 연쇄에서 종성과 초성의 서로 다른 조음위치를 정확히 산출하는 것이 된다.

임상 노트 12-4 **어말 종성의 치료**

우리말은 명사 뒤에 조사가 붙는다. 그러므로 문장에서는 어말 종성이 출현할 일이 많지 않다. '뭐라고?'라는 질문에 '책'이라고 명사로 대답할 때만 어말 종성이 나타나고, '책이야' 또는 '책 봐'라고 말하면 어말 종성 /ㄱ/는 [채기야]처럼 어중 초성으로 재음절화되거나, [책빠]처럼 어중 종성이 된다. 그러므로 단어 검사에서 관찰되는 어말 종성 오류를 치료목표로 선정하려면 연결 발화에서의 어말 종성 산출을 확인해야 한다. 단어 검사에서 '책'을 [채]로 발음했더라도 대화 중에 어말 종성 생략의 증상이 거의 나타나지 않고 '책이야'를 [채기야]로 발음하여 재음절화 상황에서 /ㄱ/가 산출된다면 어말 종성을 치료목표에 포함해야 하는지 고민해야 한다.

어말 종성을 치료할 때도 어말 종성이 문법 형태소에 의해 쉽게 재음절화되는 우리말 특성을 반영해야 한다. 즉, 어말 종성은 단어로만 연습할 것이 아니라 반드시 조사나 어미를 붙여서 연습해야 한다. '우산'을 [우사]로 발음하는 아동에게 '우산'의 어말 종성 /ㄴ/를 정확히 산출하도록 치료를 했더라도, '우산이, 우산을'을 여전히 [우사디, 우상을]로 발음한다면 의사전달이 쉽지 않을 것이다. 그러므로 문장 표현에서 어말 종성에 대한 치료 효과를 보려면 뒤에 조사나 다른 어휘가 붙는 문맥을 따로 연습해야 한다.

(3) 문장 명료하게 산출하기

단어는 명료하게 말해도 문장은 웅얼거리며 말해서 뭐라고 했는지를 자꾸 되물어야 한다면 문장 명료도 증진을 따로 치료목표로 정해야 한다. 단어 명료도와 문장 명료도에 차이가 나는 대표적인 이유는 언어 복잡도가 증가할 때 음절이나 음소를 생략하거나 축약하기 때문이다. 짧은 문장 표현 시 명료도가 저하되는 경우에는 주로 실질 형태소에 오류가 나타난다. 예를 들어, '유모차'는 정확히 발음하면서 '유모차 타'는 [하차 타]로 발음하고, '과일'과 '자르기'는 정확히 발음하면서 '과일 자르기'는 [괄 짤기]로 발음한다.

긴 문장 표현 시 명료도가 저하되는 경우에는 실질 형태소가 아닌 문법 형태소에 오류가 많이 나타난다. 예를 들어, 단어에서는 /ㄱ,ㄷ/를 정확히 산출하면서 '내가 해도 돼요? 하고 싶어요'를 [내야 해대요? 하시퍼요]로 발음한다. 이때에도 명료도 향상을 위해서는 특정 자질이 아니라 문장이나 문법 형태소에서 음절 및 자음 약화 없애기를 치료목표로 정해야 한다. 문법 형태소에서 오류가 더 많은 이유는 문법 형태소가 실질 형태소보다 청각적으로 돋들리지도 않고 의미 구체성도 떨어지기 때문에 음운 지식이 분명하게 확립되지 않아서일 수도 있고, 뒤에 오는 어휘 표현에 인지나 운동 부담이 생겨서 그 어휘 바로 앞에 오는 문법 형태소가 약해졌을 수도 있다.

그 밖에 단조로운 음도, 부적절한 쉼, 빠른 말속도와 같은 운율 문제로 문장 명료도가 저하된다면 운율 문제를 치료목표에 포함해야 한다. 그리고 중모음이나 저모음에서 구강 개방을 충분히 하지 않아서 문장 표현이 불분명하고 웅얼거린다면 구강 개방 문제를 치료목표에 포함해야 한다.

3. 목표 선택 시 고려사항

치료 대상자에게 오류패턴이 여러 개라면 어떤 패턴을 먼저 치료할 것이며, 그 패턴에 속한 음소 중 어떤 음소를 우선 치료할 것인가를 정해야 한다. 예를 들어, 마찰음의 파열음화와 유음의 단순화가 있을 때 어떤 오류패턴을 먼저 치료할지, 초성 생략이 있을 때 어떤 자음을 우선 목표로 할지를 정해야 한다.

목표의 선택은 말소리장애의 중증도와 특성, 대상자의 성향과 동반 문제 등에 따라 달라진다. 오류빈도가 높고 명료도에 직접적으로 영향을 미치는 음소를 먼저 다루어야 하지만, 자극반응도, 발달 순서, 다른 말소리로의 일반화 가능성 등을 다각도로 고려해야 한다. 전통적으로는 자극반응도가 높거나 일찍 발달하는 말소리, 즉 지식이 많은(most knowledge) 말소리부터 치료한다. 그러나 자극반응도가 낮거나 늦게 발달하는 말소리, 즉 지식이 적은(least knowledge) 말소리부터 치료하면, 대상자의 말소리 체계에 더 큰 변화를 가져올 수 있고 더 많은 말소리로 일반화가 나타날 수 있다는 주장도 있다.

1) 자극반응도

자극반응도란 치료사가 바른 발음을 들려주었을 때 오류 음소가 정조음으로 수정되는 정도를 말한다. 자발화에서 치경 마찰음 /ㅅ,ㅆ/와 탄설음 /ㄹ/에 100% 발달적 오류가 있는 아동이 내원하였다고 하자. /ㅅ/가 포함된 음절과 /ㄹ/가 포함된 음절을 각각 강조하여 들려주고 따라 하게 했더니 /ㄹ/는 자극반응도가 있고 /ㅅ/는 자극반응도가 없었다면, 이 아동에게 어떤 말소리부터 치료해야 할까?

자극반응도가 있는 말소리를 훈련하면 성취감으로 인해 치료 동기가 커질 수 있고, 자극반응도가 있는 말소리를 치료하여 말소리 능력이 향상되면 자극반응도가 없었던 말소리에 자극반응도가 생기기도 한다. 자극반응도가 높으면 직접적인 치료 없이도 말소리가 수정될 가능성이 있지만, 자극반응도가 있어도 오류빈도가 높거나 특정 문맥에서만 자극반응도가 있다면, 부정확한 발음이나 의사소통 실패로 인한 다양한 부작용을 최소화하기 위하여 치료를 통해 그 수정 시기를 앞당겨 주어야 한다.

한편, 자극반응도가 없는 말소리를 기술적으로 잘 유도하여 자극반응도를 끌어낸다면, 자극반응도가 있는 말소리의 사용을 확대하는 것과는 차원이 다른 성과이다. 대상자는 새로운 말소리를 경험하게 될 것이고, 이를 통해 전반적인 조음이나 음운 체계가 긍정적으로 변할 수 있다. 그러므로 자극반응도가 없는 말소리라고 해서 무조건 치료를 미룰 필요는 없다.

2) 음소의 출현빈도

출현빈도가 높은 오류패턴이나 음소를 먼저 치료하면, 자발화의 정확도가 효율적으로 향상될 수 있다. 예를 들어, 모든 격음과 연구개음에 오류가 있다면 연구개음의 출현빈도가 격음보다 훨씬 높으므로, 연구개음을 먼저 치료할 것이다. 또한 종성 생략이 있다면 종성에는 비음의 출현빈도가 파열음의 몇 배에 달하므로, 파열음보다는 비음의 치료를 먼저 시도할 것이다.

출현빈도를 고려할 때는 우리말의 평균적인 출현빈도뿐만 아니라 개인의 사용빈도도 생각해야 한다. 아동이 활발히 사용하는 어휘나 구문에 오류 음소가 있다면 이를 먼저 치료할 필요가 있다. 아동에게 종성 비음의 탈비음화와 전설모음 앞 연구개음의 전방화 오류가 있는데, 자발화에서 '여기, 이렇게, ○○할게'와 같은 표현은 적은 반면, 주제보조사 '은/는', 부정부사어 '안', 종결어미 '는데'를 많이 사용한다면 종성 비음을 우선 치료할 수 있다.

임상 노트 12-5

기본 조음 동작의 중요성

오류의 빈도가 높지 않더라도 말운동에 기초가 되는 기본적인 조음 동작은 우선적인 치료목표가 되어야 한다. 특히 모음 오류가 그러하다. 모음은 음절의 핵으로, 모음 산출을 위한 기초적인 턱(혀) 높이, 입술 모양, 혀 위치의 조절에 문제가 있으면, 자음을 치료하더라도 일반화가 잘 안 되고 진전이 더딜 수 있다. 만약 늘 구강을 개방하고 말을 하거나 입술에 힘을 주지 않고 말을 한다면, 정확한 위치에서 조음을 만들기 어려울 수 있다. 반대로 구강 개방을 잘 하지 않고 계속 턱을 올리고 말을 하거나, 입술에 힘을 빼지 않고 계속 옆으로 당기고 말을 한다면, 조음위치나 조음방법에 변화를 주기가 어려울 수 있다.

이중모음은 모음 연결의 토대를 만들어 주는 중요한 조음 동작을 포함하고 있다. 특히 자음이 선행되지 않는 이중모음에 오류가 있다면 모음의 기본 동작인 턱, 입술, 혓몸의 변화 주기가 제한됨을 시사한다. 우리말 이중모음은 하향 이중모음으로 턱과 혀를 올린 고모음에서 중모음이나 저모음으로 내리는 동작을 해야 한다. /j/계 이중모음은 입술을 펴고 혓몸을 앞으로 하여 경구개를 좁힌 지점에서 다른 모음 동작으로 이동하고, /w/계 이중모음은 입술을 오므리고 혓몸을 뒤로 하여 연구개를 좁힌 지점에서 다른 모음 동작으로 이동한다. 이중모음은 출현빈도가 높지는 않지만 중요한 치료목표가 될 수 있다.

3) 발달 순서

목표 선정 시 음소의 발달 순서도 고려해야 한다. 자극반응도와 마찬가지로, 일찍 발달하는 음소는 쉽게 치료되는 경향이 있으나, 늦게 발달하는 음소를 치료하면 음운 체계에 전반적인 향상을 가져올 수 있다. 예를 들어, 자발화에서 파열음화 오류가 있을 때 파찰음과 마찰음 중 무엇을 먼저 치료할 것인가? 음소의 발달 순서를 고려하면 파찰음을 먼저 치료해야 한다. 그러나 파찰음을 치료하고 나면 파열음으로 대치하던 마찰음을 파찰음으로 대치하여, 마찰음의 파찰음화를 없애기 위해 마찰음의 치료를 시작해야 한다. 반면에 마찰음을 먼저 치료하면 치찰성 자질이 파찰음으로까지 일반화되어 파찰음은 저절로 치료되고 결국 치료 기간을 단축할 수도 있다.

그러나 이와 같은 설명은 늦게 발달하는 소리라고 해서 치료를 뒤로 미룰 필요가 없다는 의미이지, 진전이 없는데도 늦게 발달하는 소리의 훈련을 고집하라는 의미는 아니다. 앞서 제시한 사례에서 파찰음의 자극반응도가 높고 마찰음도 자극반응도가 어느 정도 있다면, 마찰음을 먼저 치료하면서 치찰성 자질이 파찰음으로 일반화되기를 기대하는 것이 현명하다. 그러나 파찰음과 마찰음 모두 자극반응도가 낮다면 파찰음을 먼저 치료할 것을 권한다. 일반적으로 파찰음이 안정되면 마찰음의 유도가 쉬워질 뿐만 아니라, 파찰음과 마찰음 모두 자극반응도가 낮을 때 마찰음을 먼저 치료하면 치찰성 자질이 일반화되어 파찰음이 정조음되기는커녕 지속성 자질이 일반화되어 파찰음이 마찰음화되는 비발달적 오류가 조장되기도 하므로 주의해야 한다.

4) 정조음 문맥 및 오류 일관성

정조음이 유도되는 촉진적인 음성 문맥도 목표 선택 시 중요한 고려사항 중 하나이다. 일반적으로 정조음 문맥이 없는 말소리보다 정조음 문맥이 있는 말소리부터 치료를 시작한다. 예를 들어, 치경음과 경구개음을 모두 연구개음으로 대치할 때 전설모음이 설정성 자질을 유도하는 데 유리하다면 그 문맥부터 치료하고, 마찰음을 성문음으로 대치할 때 고모음 문맥이 구강 조음을 유도하는 데 유리하다면 그 문맥부터 치료한다.

오류의 일관성도 목표 선택 시 고려사항 중 하나이다. 오류가 일관적이라는 것은 특정 말소리나 음절 구조에 매번 동일한 오류가 나타남을 의미한다. 예를 들어, /ㅅ, ㅆ/의 오류가 모두 [ㅈ,ㅉ,ㅊ]로의 대치라면 오류가 일관적이라고 할 수 있다. 오류의 일관성이 높으면 자극반응도가 낮고 정조음 유도가 쉽지 않은 경우가 많다. 반면에 /ㅅ,ㅆ/에 오류가 있을 때 [ㄷ,ㄸ,ㅌ]로 대치하기도 하고 [ㅈ,ㅉ,ㅊ]로 대치하기도 하며 구개음이나 치간음으로 왜곡하기도 한다면 오류의 일관성이 낮다고 할 수 있다. 오류의 일관성이 낮으면 자극반응도가 높고 정조음이 쉽게 유도되어 오류가 빨리 개선되는 경우가 많다.

그러나 오류의 일관성이 낮은 증상에는 두 가지가 있다. 하나는 목표음과 비슷한 예측 가능한 분절음 오류가 다양하게 나타나는 발달적인 증상이고, 다른 하나는 단어단위 오류패턴과 함께 목표음과 거리가 먼 예측하기 어려운 오류가 다양하게 나타나는 병리적인 증상이다. 이 둘을 구분하여 전자를 변이성(variability)이라고 하고 후자를 비일관성(inconsistency)이라고 한다(Holm, Crosbie, & Dodd, 2007). 변이성이 높은 오류는 그렇지 않은 오류보다 쉽게 수정될 수 있지만, 비일관성이 높은 오류는 그렇지 않은 오류보다 수정이 더 어려울 수 있다.

제 13 장

치료의 원리

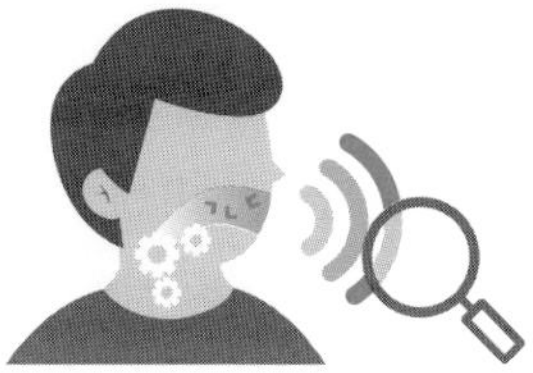

앞 장에서 무엇을 치료할 것인지에 대해 자세히 살펴보았다면 이 장에서는 그것을 어떻게 치료할 것인지를 알아보고자 한다. 말소리를 어떻게 인식시키고, 유도하고, 연습시키고, 일반화시키는지 말소리 치료를 위한 기본 개념과 원칙을 살펴보겠다. 프로그램마다 중점을 두는 절차는 다르지만, 새로운 말소리를 유도하는 원리나 일반화하는 과정에는 비슷한 부분이 많다.

1. 기본적인 고려사항

1) 치료의 기본 틀

말소리 치료란 새로운 말 산출 행동을 만들어 주는 일종의 학습이다. 그러므로 치료 원리는 '사전 사건 · 반응 · 후속 사건'의 패러다임으로 이루어진 도구적 학습 원리와 동일하다. 즉, 치료사가 다양한 단서와 함께 바른 발음의 모델을 제시하면(사

표 13-1 조음 치료에서 '사전 사건 · 반응 · 후속 반응'의 예

사전 사건(치료사)	반응(아동)	후속 사건(치료사)
거울 앞에서 치료사가 아동에게 혀의 움직임을 보여 주면서 "선생님 따라 해요. [악] 하고 그대로 있어 보세요."	[악]	"맞아요. 혀 뒤가 올라갔지요?"
"이제 혀 앞은 움직이지 말고, 혀 뒤만 입천장에서 떼어 보세요. [악~까]."	[악~따]	"혀 앞이 올라갔네요."
"턱은 움직이지 말고 혀 뒤만 움직이세요. [악-까]."	[악~꺄]	"잘했어요. 혀 뒤만 움직였어요."
"그런데 입을 좀 더 크게 벌려야 해요 선생님 손가락 2개가 들어갈 정도로. (침이 묻지 않도록 손가락을 입 안에 넣어 턱 벌린 정도를 보여 주면서) [악~까]."	[악~까]	"바로 그거예요!"
"잊어버리지 않게 한 번 더 해 봐요. [악~까]."	[악~까]	"잘했어요!"

전 사건), 대상자가 치료사의 모델링이나 단서의 도움으로 목표 행동을 시도하고(반응), 대상자의 시도가 목표 행동에 부합할 때 치료사가 긍정적으로 반응함으로써(후속 사건) 그 행동의 빈도를 높이는 원리이다. 〈표 13-1〉은 종성 연구개음 산출은 가능하나 초성 연구개음을 치경음으로 산출하는 아동에게 초성 연구개음을 유도하는 과정이다.

이 과정에서 치료사에게 요구되는 능력은 [그림 13-1]과 같다. 사전 사건과 관련해서는 적절한 음성 및 음운 단서를 제공하는 능력, 그리고 목표 자질을 모방하기

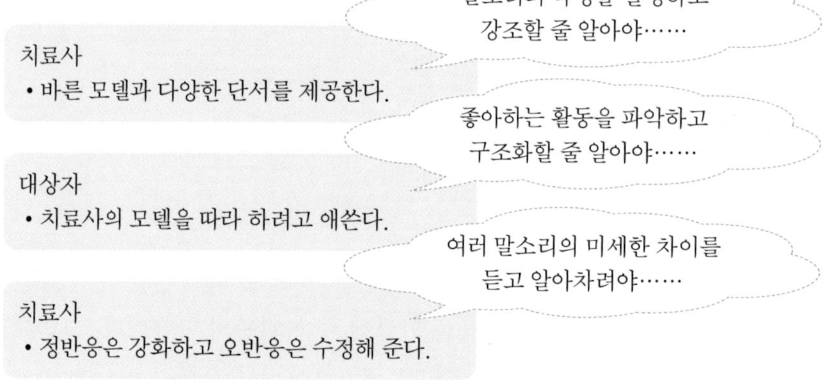

그림 13-1 치료의 기본 틀과 치료사에게 요구되는 능력

쉽게 모델링하는 기술이 필요하다. 대상자 반응과 관련해서는 치료사의 지시를 기꺼이 수행하게 만드는 대상자의 동기를 찾고 이용할 수 있어야 한다. 사후 사건과 관련해서는 대상자의 말소리 반응을 듣고 이전 말소리나 목표 말소리와의 미세한 차이를 알아차리고 구체적인 피드백을 줄 수 있어야 한다.

2) 목표 공략법

치료해야 할 음운이 여러 개라면 한 회기에 몇 개의 음운을 목표로 할 것인지 전략을 짜야 한다([그림 13-2] 참조). 첫 번째 전략은 수직 접근법(vertical approach)이다. 이 접근법에서는 같은 자질의 1~3개 음운을 목표로 정하고 그 목표가 특정 정확도 수준에 도달하면 다른 목표로 넘어간다. 만약 대상자가 /ㄱ,ㄲ,ㅋ,ㅅ,ㅆ,ㄹ/에 오류를 보일 때 수직적으로 목표들을 공략한다면, 먼저 연구개음인 /ㄱ,ㄲ,ㅋ/를 목표로 설정하고, 연구개음이 특정 정확도 수준에 도달했을 때 마찰음 /ㅅ,ㅆ/나 유음 /ㄹ/의 치료를 시작한다. 이 공략법은 한 회기에 특정 자질을 집중적으로 반복 훈련하기 때문에 목표에 대한 빠른 치료 효과를 볼 수 있다. 1930년대에 소개된 Van Riper의 전통 접근법은 수직적 접근법의 프로그램이다.

두 번째 전략은 수평 접근법(horizontal approach)이다. 이 접근법에서는 한 회기에 여러 종류의 음운을 동시에 공략한다. 이 접근법은 목표 오류패턴에 속한 음운이 많을 때 특히 유용하다. 모든 장애음을 성문음화하거나 모든 치경음 및 경구개음을 연구개음화한다면, 한 회기에 여러 음운이나 음운 대조를 연습한다. 이러한 폭넓은 훈련은 여러 음소의 공통점을 가르침으로써 효율적으로 광범위한 음소 습득을 도모

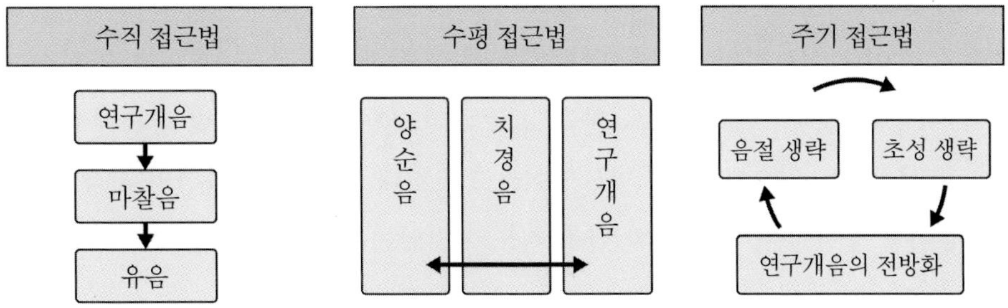

그림 13-2 목표 공략법

할 수 있다. 구개열 아동의 치료법으로 1970년대에 소개된 McCabe와 Bradley의 다음소 접근법은 수평적 접근법의 프로그램이다.

세 번째 전략은 주기 접근법(cyclic approach)이다. 이 접근법에서는 한 회기에 한 음운만을 훈련하지만, 주기적으로 몇 회기마다 다른 목표로 넘어가는 방식을 이용하여 동시에 여러 음운을 공략한다. 이 접근법은 음운 습득이 점진적으로 이루어진다는 점에 기초하고 있으며, 명료도가 심하게 저하된 사례에 유용하다. 만약 아동이 음절 구조와 분절음이 모두 제한되어 음절 생략, 초성 생략, 연구개음의 전방화 등의 다양한 오류패턴을 나타낸다면, 이 세 가지 오류패턴의 제거를 목표로 각각의 패턴을 몇 주씩 돌아가면서 치료할 수 있다. 이 접근법에서 목표 종료 기준은 수행 준거가 아닌 기간이다. 1980년대에 소개된 Hodson과 Paden의 주기 접근법은 주기적 접근법의 프로그램이다.

3) 운동 학습의 원리

대상자가 특정 말소리를 산출할 때 어떤 조음기관을 어떻게 움직여야 하는지를 모른다면, 말소리 산출과 관련된 운동 기술을 가르쳐야 한다. 우리가 새로운 운동 기술을 습득하기 위해서는 인지적 분석, 연습, 결과에 대한 정보, 감각적 피드백이 필요하다(Ruscello, 1984). 인지적 분석이란 어떤 조음기관을 어떻게 움직이는지를 아는 것이다. 이를 가르치려면 대상자가 치료사의 지시나 모델링에 관심을 갖고 새로운 움직임을 이해하고 따라 할 수 있어야 한다. 연습이란 새로운 말운동을 반복하는 것이다. 연습을 통해 집중하지 않고 무의식적으로 말하는 상황에서도 정확한 말 산출이 가능해져야 한다. 결과에 대한 정보란 움직임이 맞았는지 틀렸는지, 틀렸다면 어떻게 틀렸는지 확인받는 것이다. 새로운 말운동을 배우기 시작한 단계에서는 말운동을 잘 아는 치료사가 대상자의 새로운 말 산출 시도에 피드백을 제공해 주어야 하며, 이를 외적 피드백이라고도 한다. 감각적 피드백이란 자신의 말 산출에 대해서 스스로 성찰하는 것으로, 내적 피드백이라고도 한다. 대상자는 자신의 청각, 촉각, 운동감각을 동원하여 자신의 말 산출 시도가 맞았는지 틀렸는지를 즉각적으로 파악할 수 있어야 한다.

조음 치료에서 반복 연습은 매우 중요하다. 그러나 앞서 제시한 설명대로라면 반복 연습만이 능사는 아니다. 어떤 말운동을 연습하고 있는지 인지적으로 이해하면서 반복해야 하고, 말 산출을 했다고 끝나는 것이 아니라 그 운동의 결과에도 집중하도록 해야 한다. 나아가 치료사의 도움 없이 무의식적으로 자연스럽게 목표 행동을 수행할 수 있도록 서서히 치료사의 개입을 줄여 나가야 한다. 치료 초기에는 목표 말소리에 대한 단서를 풍부하게 제공하고, 대상자 반응에 대해서 매번 치료사가 외적으로 피드백을 주지만, 점차 목표 말소리를 자연스럽게 모델링해 주고, 대상자의 감각적 피드백을 강화하여 스스로 자신의 말소리를 모니터링하고 오류 발음에 대해 자가수정(self-correction)을 하도록 해야 한다.

4) 말소리 유도방법

말소리를 유도하는 구체적인 내용은 음소마다 다르고 오류패턴마다 다르지만, 말소리를 유도하는 방법에는 크게 모방법, 조음 지시법, 점진적 접근법이 있다. 이 세 가지 방법은 특정 말소리를 음소나 음절에서 확립할 때만 사용하는 것이 아니라, 단어나 문장에서 특정 말소리나 말소리 패턴을 확립할 때도 사용한다. 음소마다 조음을 유도하는 구체적인 내용은 15장을 참조하기 바란다.

(1) 모방법

모방법(imitation)이란 치료사가 목표음을 들려주고 모방하게 하는 것이다. 자극반응도가 있는 음소라면 치료사가 바른 발음을 자연스럽게 들려주거나 보여 주기만 해도 목표음 유도가 가능하다. 그러나 자극반응도가 낮은 음소라면 시청각적으로 목표 자질을 강조하면서 모델링해 주어야 한다.

자극반응도가 낮은 말소리를 모방법으로 유도하기 위해서는 치료사의 모델링 기술이 필요하다. 정확한 반응을 쉽게 유도하는 치료사의 모델링에는 다음과 같은 특징이 있다. 첫째, 음절 전체가 아니라 목표 음소만을 강조한다. 이 모델링에는 자음과 모음의 조음 동작이 미세하게 분리되어 있어서 목표 음소를 쉽게 인식하고 모방할 수 있도록 도와준다. '안'을 [아]로 발음하여 종성 /ㄴ/를 유도하고자 할 때, [아]에서 [ㄴ]를 분리하여 [아ㄴ--]처럼 모델링할 수 있다. 둘째, 목표 음소 전체가 아니라 목표 음소와 대치음의 차이만을 강조한다. /ㅅ/를 [ㄷ]로 대치하면 혀의 정중으로 기류가 나오는 점을 강조하지만, [ㅎ]로 대치하면 턱을 올려 혀가 치경 근처에 가는 점을 강조한다. 셋째, 음도나 길이와 같은 운율 요소를 적극적으로 활용한다. 특히 목표음 유도 시 목표 자질을 크게 들려주는 것보다 길게 들려주는 것이 더 효과적이다. 목표 자질을 길게 모델링하면 감각 정보를 충분히 확보하는 데 도움이 될 뿐만 아니라 운동속도를 늦춰 쉽게 모방하도록 도와준다. '타'를 [따]로 발음하면 /ㅌ/의 기식 부분을 길게 하고 성대 진동 시점을 늦춰 [ㅌ-ㅏ]로 들려줄 수도 있다. 마지막으로 동시조음을 이용한다. 탈비음화 오류가 있을 때 모음까지 충분히 비음화하여 들려주거나 마찰음의 파찰음화 오류가 있을 때 마찰음 앞에 [ㅎ]를 살짝 넣어 들려주면 목표음이 쉽게 유도되기도 한다. 이에 대해서는 뒤에 나오는 문맥 활용법에서 좀 더 설명하겠다. 결론적으로 모방법에서 치료사는 자신의 조음기관인 입술, 혀, 턱, 연구개, 성대의 협응을 자유자재로 조절할 줄 알아야 한다.

(2) 조음지시법

모방법에서 사용된 시청각 자극만으로 목표음이 산출되지 않는다면 조음지시법(phonetic placement)을 추가한다. 조음지시법이란 목표음에 대한 구어적 설명과 단서를 제공하여 대상자가 정확한 조음위치에서 정확한 조음방법을 만들어 내도록 도와주는 것이다. /ㄱ/를 [ㄷ]로 대치할 때 /ㄱ/를 '뒤에서 나는 소리'로 설명하거나 /ㅅ/를 [ㅌ]로 대치할 때 /ㅅ/를 '바람 새는 소리'로 설명할 수 있다. 이를 위해 치료사는 목표음에 대한 지식뿐만 아니라 목표음과 오류음의 자질 차이에 대해서도 정확히 알고 있어야 한다.

부적절한 조음 정보나 감각적 피드백은 정확한 말소리 산출을 방해할 수 있다. 예를 들어, '뱀'을 [뱅]으로 발음하는 대상자에게 "코를 울려 주세요."라고 설명하거나, '공'을 [꽁]으로 발음하는 대상자에게 "혀를 뒤로 보내세요."라고 설명하거나, '실'을 [칠]로 발음하는 대상자에게 "바람 새는 소리가 나야 해요." 또는 "혀를 앞으로 보내세요."라고 설명하는 것은 잘못된 조음지시이다. /ㅁ/와 /ㅇ/은 모두 비음이므로 '뱀'을 [뱅]으로 발음하는 오류에는 "입술을 다무세요."라는 설명을 해야 한다. /ㄱ/와 /ㄲ/는 모두 연구개음이므로 '공'을 [꽁]으로 발음하는 오류에는 "살살 말하세요." 라는 설명을 해야 한다. /ㅅ/와 /ㅊ/는 모두 치찰성 자음이므로 '실'을 [칠]로 발음하는 오류에 대해서는 "처음에 혀가 입천장에 붙으면 안 돼요. 처음부터 바람 새는 소

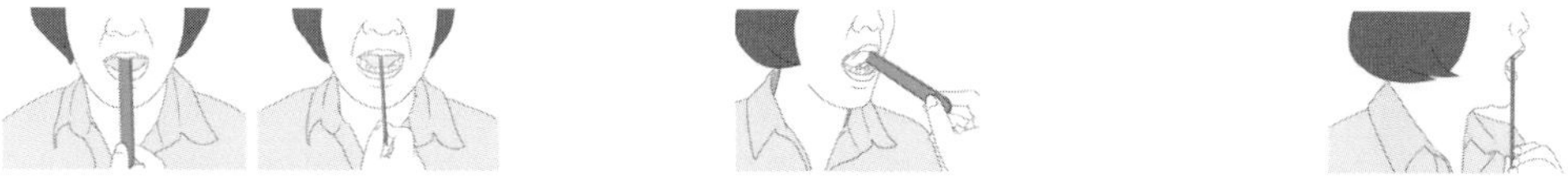

(ㄱ) 조음점을 점차 뒤로 보내며 /ㄱ/를 연습할 때

(ㄴ) 턱을 내려 고정시키고 /ㄹ/를 연습할 때

(ㄷ) 아래턱을 앞으로 내밀지 못하도록 고정할때

그림 13-3 설압자 사용의 예

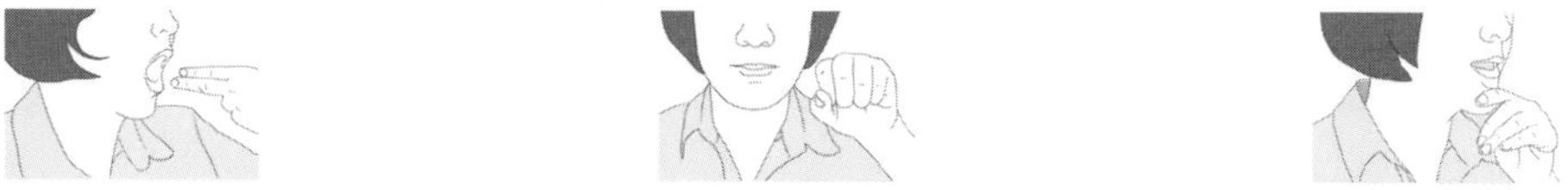

(ㄱ) 저모음이나 연구개음 연습 시 구강 개방하기

(ㄴ) 양순음 연습 시 두 입술 붙이기

(ㄷ) 치경음 연습 시 아랫입술 사용하지 못하게 하기

그림 13-4 손 단서의 예

리가 나오도록 해 보세요."라는 설명을 해야 하며, /시/와 /치/는 모두 경구개음이므로 조음위치에 대한 조음지시는 불필요하다.

목표음에 대한 구어적 설명은 대상자의 인지 수준을 고려하여 이해하기 쉽게 변형해야 한다. 그리고 목표음 설명에는 조음점을 알려 주는 그림, 설압자, 빨대, 얇은 종이 등 다양한 도구를 이용할 수 있다. 설압자는 [그림 13-3]처럼 입을 벌려 혀의 앞부분이 치경이나 경구개에 닿지 않게 하거나, 아래턱을 내려 고정해 주거나, 아래턱을 앞으로 내밀지 못하게 하는 등 다양한 용도로 사용한다. 빨대는 정중에 마찰 기류를 만들거나, 정중이나 설측으로 나오는 기류를 증폭시켜 들려주어 인식시키는 데 주로 사용하고, 얇은 종이나 셀로판지는 구강에서의 파열 기류를 인식시키는 데 도움이 된다. 손을 이용하여 간접적으로 조음 동작을 나타내 줄 수도 있고, 조음기관을 직접적으로 만져서 움직임을 만들어 줄 수도 있다([그림 13-4] 참조).

(3) 점진적 접근법

조음지시를 추가해도 오조음이 수정되지 않는다면 점진적 접근법(successive approximation) 또는 형성법(shaping)을 이용할 수 있다. 이는 한 번에 도달하기 어려운 동작을 학습시킬 때 대상자가 낼 수 있는 동작에서부터 시작하여 조금씩 목표음

표 13-2 [ㅌ]에서 [ㅅ] 유도하기

1단계	[ㅌ ㅡ]에서 [ㅌㅅㅡ] 유도하기	[ㅌ ㅡ]를 짧고 세게 산출하게 한다. 혀를 치경에 대고 혓몸의 위치를 구강의 앞쪽으로 유지한 채 파열을 하도록 한다.
2단계	[ㅌㅅㅡ]를 [ㅌㅅㅡㅡㅡ]로 길게 하기	1단계에서 나온 [ㅌㅅ] 소리를 길게 연장하여 혀끝과 혓날로의 기류 좁힘을 안정화시킨다. 2~3초 연장하게 한다.
3단계	[ㅌㅅㅡㅡㅡ]를 [ㅌㅅㅡㅅㅡㅡ]로 변형하기	2단계의 연장된 소리 중간에 구강압을 잠시 높여 [ㅅㅡㅡ]로 시작되는 소리를 만들어 낸다.
4단계	[ㅌㅅㅡㅅㅡㅡ]에서 뒷부분 [ㅅㅡㅡ]만 산출하기	3단계의 소리에서 뒷부분 [ㅅㅡㅡ]만 소리를 내도록 한다.

에 근접시켜 나가는 방법이다. 대표적인 점진적 접근법 중 하나가 〈표 13-2〉와 같이 치조마찰음 /ㅅ/를 [ㅌ]로 대치하는 아동에게 [ㅌ]를 이용하여 점진적으로 [ㅅ]를 유도하는 방법이다.

문맥 이용법(contextual utilization)도 점진적 접근법 중 하나이다. 문맥 이용법이란 목표 말소리를 다양한 문맥에서 평가하여 정확하게 산출되는 문맥을 찾은 후 그 문맥을 이용하여 목표 말소리를 만들어 내는 것이다. 촉진적인 문맥을 찾을 때는 단어 내 위치와 인접음을 고려한다. 초성 유음은 오조음하지만 종성 유음은 정조음하기도 하고, 종성 /ㅇ/은 생략하지만 '앙가'처럼 뒤에 /ㄱ/가 연쇄되면 종성 /ㅇ/을 산출하기도 한다. /에/를 후설모음으로 대치하지만 '됐네'처럼 치경음 문맥에서는 /에/를 정조음하기도 하고, /ㅋ/를 치경음으로 대치하지만 '코'처럼 후설모음 문맥에서는 정조음하기도 한다.

초성이나 종성 중 한 위치에서만 정조음을 한다면 이를 이용하여 다른 위치의 정조음을 유도할 수 있다. '밥'은 [바]로 오조음하는데 '바빠'는 정조음한다면, '바빠'를 [밥-빠]로 분절하고 첫 번째 음절만 말하게 하여 [밥]을 유도할 수 있다. '다'는 [가]로 오조음하는데 '앗'은 정조음한다면 '앗'을 [앋앋앋]으로 빠르게 반복하게 하고 음절을 이어서 말하게 하여 [아다닫]을 유도할 수 있다. 즉, 초성을 이용하여 종성을 유도할 수도 있고, 종성을 이용하여 초성을 유도할 수도 있다.

촉진적인 모음 문맥을 이용하여 자음의 정조음을 유도할 수도 있다. 연구개음을 후설모음 앞에서는 정조음하고 전설모음 앞에서만 전방화한다면 [그]에 [이]를 재빠르게 연결하여 [기]를 유도하고 [거]에 [애]를 재빠르게 연결하여 [개]를 유도할 수 있다. 치경음을 전설모음 앞에서는 정조음하고 후설모음 앞에서만 연구개음화한다면 [대]에 [아]를 재빠르게 연결하여 [다]를 유도할 수 있다. 파찰음을 고모음 앞에서는 정조음하고 중모음이나 저모음 앞에서만 파열음화 또는 성문음화한다면 [지], [즈], [주]에 각각 [애], [아], [오]를 재빠르게 연결하여 [재, 자, 조]를 유도할 수 있다.

비구어 운동에서 우연히 나타나는 소리를 말 산출에 이용하는 것도 점진적 접근법에 해당한다. 하품할 때 나오는 'ㅎ' 소리, 음식 먹으면서 내는 'ㅁ' 소리, 음식 뱉을 때 나는 'ㅌ' 소리, 재채기할 때 나는 'ㅊ' 소리, 소변 누일 때 내는 'ㅅ' 소리, 혀를 차면서 똑딱 시계 흉내 낼 때 나는 'ㄹ' 소리 등을 말소리로 연결할 수 있다.

점진적 접근법에서는 주의해야 할 점이 하나 있다. 중간 과정에 이용된 다소 왜곡되거나 부자연스러운 말소리가 고착화되지 않도록 해야 한다. 이는 목표음을 쉽게 유도하기 위한 일시적인 수단이며, 되도록 빨리 자연스러운 발음으로 옮겨가야 한다.

임상 노트 13-1 어중 초성과 어말 종성의 관계

특정 자음이 어두 초성에서 확립되었는데 어중 초성으로 쉽게 일반화되지 않으면, 초성 위치를 더 연습할 것이 아니라 종성 위치를 연습하는 것이 효과적일 수 있다. '이'와 '뻐'를 따로 모방시키면 모두 정조음하는데 '이뻐'는 [이꺼]로 발음한다면 [뻐]의 문제가 아니라 [이] 뒤에 [ㅂ]로 연결되지 않고 [ㄱ]로 연결되는 것이 문제이다. 그러므로 [입]을 먼저 연습해서 안정화가 되면, 그 뒤에 [어]를 붙여 [입-뻐]를 쉽게 유도할 수 있다. 음절 생략도 마찬가지이다. '레', '미', '콘'은 모두 정조음하는데 '레미콘'을 [레콘]으로 발음한다면 [미]의 문제가 아니라 [레] 뒤에 [ㅁ]가 아닌 [ㅋ]가 연결되는 것이 문제이다. 이때 [레ㅁ]을 강조하면 자연스럽게 [미콘]이 뒤따르기도 한다.

어중으로의 일반화가 쟁점이 되는 대표적인 자음이 /ㅆ/이다. 기류 좁힘 후에 모음 연결이 가능하면 CV 음절 구조에서 /ㅆ/ 산출이 가능해진다. 그러나 VCV 음절 구조에서 /ㅆ/가 산출되려면 모음 앞이 아니라 모음 '뒤'에 기류 좁힘이 가능해야 한다. 우리말에는 /ㅆ/가 종성에 올 수 없지만, 무의미음절로 /이ㅆ-, 애ㅆ-, 으ㅆ-, 어ㅆ-, 아ㅆ-, 우ㅆ-, 오ㅆ-/를 연습하여 모음 뒤 마찰 기류 생성이 안정되어야 어중 초성에서의 /ㅆ/ 산출이 쉬워진다.

5) 치료 활동

목표음을 연습하는 치료 활동 유형에는 반복 훈련(drill), 반복 놀이(drill play), 구조화된 놀이(structured play), 놀이(play)가 있다. 반복 훈련에서 놀이로 갈수록 활동이 자연스러워지고 구조화의 정도가 약화된다. 활동이 자연스러워지면 언어 부담은 커지고 훈련 강도는 약화된다.

훈련 강도가 가장 높고 언어의 개입 정도가 가장 낮은 활동은 반복 훈련이다. /ㅅ/를 말소리 단독으로 길게 혹은 짧게 여러 번 모방하기, /ㅅ/가 들어간 CV 음절을 다양한 모음 문맥에서 모방하기, /ㅅ/가 들어간 단어나 문장 목록을 읽게 하기 등이 이에 속한다. 특정 목표음을 집중적으로 연습할 수 있지만, 치료에 흥미를 잃지 않도록 적절한 강화물을 제공해야 한다. 반면에 가장 자연스러운 연습 방식은 놀이이다. 자연스러운 놀이 상황에서 아동이 오조음한 단어나 문장에 대해 명료한 발음을 들려주고 따라 하게 하여 목표음을 연습한다. 자연스러운 상호작용 중 아동이 의도한 발화를 훈련하므로 의사소통 효율성이 높지만, 상황을 이해하고 표현할 언어를 생각해야 하므로 조음에까지 집중하기가 쉽지 않다.

이 둘의 중간 성격을 띤 연습 방법으로 반복 놀이와 구조화된 놀이가 있다. 반복 놀이란 반복 훈련을 놀이 형태로 만든 것으로, 목표음이 들어간 단어나 문장만을 반복적으로 말하는 놀이 활동을 의미한다. 초성 연구개음이 목표일 때 어두 초성에 /ㄱ/가 들어간 단어 그림에 클립을 끼워 준비한 후 자석이 붙은 낚싯대로 낚아 올려 무엇을 잡았는지 말하기, 퍼즐을 맞추면서 '이거 주세요'나 '여기에 놔요' 말하기, 게임하면서 '내가 해요'나 '○칸 가요' 말하기 등을 들 수 있다.

구조화된 놀이란 놀이를 하면서 목표음을 자주 연습할 수 있도록 장치를 만들어 놓은 활동을 말한다. 파찰음이 목표일 때 자동차로 활동을 하면서 '○○차 출발해요/멈춰요, ○층에 올라가요/주차해요' 표현하기, 초성 유음이 목표일 때 미술 활동을 하면서 '○○랑 ○○랑 붙여요/섞어요' 표현하기 등을 들 수 있다. 반복 놀이는 목표음 반복을 위해 놀이를 구상한 활동이고, 구조화된 놀이는 자연스러운 활동 중에서 목표음을 자주 연습할 수 있도록 언어 표현을 구상한 활동이다.

이 네 가지 치료 방식 중에서 조음 치료에 효과적인 것은 반복 놀이와 구조화된 놀이지만 활동의 선택은 대상자의 성향이나 훈련하는 언어단위에 따라 달라진다.

자연스러움	낮음 ↔ 높음			
언어 부담	낮음 ↔ 높음			
훈련 강도	높음 ↔ 낮음			
	반복 훈련	반복 놀이	구조화된 놀이	놀이
'덤블링 몽키' 놀잇감을 활용한 예	/사, 서, 소, 수, 스, 시, 새/ 음절을 모방하게 하고, /ㅅ/를 정조음하면 막대 하나를 주고 끼우도록 한다.	'○○색'으로 이름을 대거나 '○○색 주세요'로 막대를 요구하게 하고, /ㅅ/를 정조음하면 막대 하나를 주고 끼우도록 한다.	'주사위 굴려요' '○○색 빼요' '원숭이 (안) 떨어졌어요'로 진행 상황을 설명하게 하고, /ㅅ/를 정조음하면 게임을 진행할 수 있도록 한다.	게임을 하면서 자연스럽게 대화하는 중에 /ㅅ/에 오조음이 나타나면 정조음을 들려주고 수정하도록 한다.

그림 13-5 '덤블링 몽키' 놀잇감으로 /ㅅ/를 치료하는 활동 예

치료사 중심의 치료 방식에 비협조적인 아동이라면 구조화된 놀이 활동이 적합하고, 치료사가 정해 놓은 활동의 수행을 더 편안하게 생각하는 아동이라면 반복 놀이 활동이 적합하다. 또한 훈련하는 언어단위가 음절이나 단어라면 반복 놀이 활동이 적절하지만, 다양한 문장이라면 구조화된 놀이 활동이 적절하다. [그림 13-5]에는 하나의 놀잇감으로 /ㅅ/를 연습하는 다양한 치료 활동의 예를 제시하였다.

6) 치료 일정 및 형태

치료 일정의 종류에는 주 1~3회 치료하는 간헐적인 일정, 거의 매일 치료하는 집중적인 일정, 몇 주간의 치료와 휴식을 반복하는 블록 일정이 있다. 조음 치료는 간헐 일정보다 집중 일정이 치료 효과가 높으며, 한 회기에 60분씩을 치료하는 것보다 30분씩 두 번에 나누어 치료하는 것이 더 효과적이다. 또한 부모 교육을 병행하여 10주 치료 후 10주 치료를 쉬는 블록 일정도 치료에 긍정적인 효과가 있었다고 한다(Bowen & Couples, 1999). 그러나 치료 일정과 관련된 연구들이 치료에 영향을 미치는 다양한 변인을 통제한 것은 아니므로, 치료사는 대상자의 연령이나 주의집중력, 장애의 심각도, 치료 단계, 대상자나 치료사가 처한 현실적인 상황 등을 고려해서

치료 일정을 제안해야 한다.

조음 치료는 보통 개별적으로 진행하지만, 소집단 치료도 비슷한 효과가 있다고 한다(Sommers et al., 1966). 소집단 치료에서의 궁극적인 목표는 또래와의 상호작용에서 목표음을 정확히 산출하는 것이다. 여러 아동이 같은 시간과 장소에서 같은 활동을 하더라도 치료사와 개별적인 상호작용을 하는 것은 진정한 의미의 소집단 치료가 아니다. 소집단 치료는 확립 단계보다는 일반화나 유지 단계에 있는, 목표와 연령이 비슷한 아동 2~3명을 묶는 것이 바람직하다.

2. 일반적인 치료 과정

오류 말소리를 어떻게 수정하는지 알아도 잘못된 발음 습관이 강하게 남아 있으면 새로운 말소리가 언어 표현에 곧바로 적용되지 않는다. 새로운 운동패턴에 익숙해지고 일상 대화에서 자연스럽게 사용하기까지는 말소리의 확립(establishment), 일반화(generalization), 유지(maintenance)의 과정을 거친다. /ㅅ/를 [ㅎ]로 대치하는 아동이라면, 먼저 아동은 /ㅅ/ 소리를 음절로 말할 때 쉽고 정확하게 산출할 수 있어야 하고, '새'를 '해'와 다르게 산출하여 /ㅅ/와 /ㅎ/의 대조를 확립해야 한다. /새/가 확립되면 '새가 날아가요'라는 문장에서도 /새/를 산출하고, 치료실이 아닌 집에서도 산출할 수 있도록 일반화해야 한다. 마지막으로, 일반화된 /ㅅ/의 산출을 시간이 지나도 잘 유지해야 한다.

1) 확립

확립이란 대상자에게서 특정 말소리를 유도하고(elicit) 대상자가 그 말소리를 쉽게 산출하도록 안정화시켜(stabilize) 다른 말소리와의 대조를 확립하는 것이다. 음절에서 목표음 산출이 어렵거나, 특정 문맥에서만 목표음을 산출한다면 말소리 확립부터 시작해야 한다. 확립에는 크게 두 가지 전략이 있다. 하나는 말소리 지각(perception)을 먼저 확립한 후 말소리 산출(production)을 확립하는 것이고, 다른 하나는 산출의 확립에 집중하는 것이다. 후자에서는 말소리 산출 훈련에 말소리 지각 또는 변별 훈련이 내재되어 있다고 가정한다. 즉, 산출 훈련을 할 때 대상자는 자신이 낸 말소리가 목표음과 동일한 소리인지를 늘 판단해야 하기 때문에, 산출 훈련만으로도 산출과 변별 능력이 동시에 향상된다고 전제한다. 변별이 산출에 선행되어야 하는지는 학자들 간에 이견이 있지만, 말소리장애 중에는 말소리 변별 능력에는 문제가 없어서 산출 훈련만으로도 치료가 가능한 경우가 많다.

(1) 청지각 훈련

말소리 지각이란 두 말소리가 서로 다르다는 것을 아는 능력을 말한다.[1] 소리 감지에 문제 없이 특정 말소리에 산출 오류가 있을 때, 지각 훈련은 오조음을 보이는 음소에 대해서만 실시하면 된다. 지각 능력을 향상시키는 방법에는 크게 두 가지가 있다. 하나는 단어의 발음을 들려주고 "맞았어요, 틀렸어요?"라고 질문하여 판단하게 하는 음소변별 훈련이다. 예를 들어, /시/를 [치]로 발음하는 대상자에게 /시/란 어떤 소리이고 /치/란 어떤 소리인지를 알려 준 후에 '시계'와 같이 /시/가 들어간 단어를 준비하고, 그림 또는 글자를 제공하면서 "선생님이 맞게 말하면 '딩동댕', 틀리게 말하면 '땡' 하세요. 치계(또는 시계)."와 같이 과제를 수행하게 한다. 자세한 내용은 다음 장의 '전통 접근법'을 참조하기 바란다.

그러나 나이가 어리면 이러한 판단 과제를 잘 이해하지 못할 수 있고, 단어를 소리가 아닌 의미로만 파악하는 아동은 치료사가 '사과'를 [타과]로 말해도 '포도'로 말하지 않고 '사과'로 말했다고 생각하여 맞게 말했다고 판단한다. 이 경우에는 의미 단어를 이용하여 해당 그림을 고르게 하는 최소대립쌍 훈련을 실시할 수 있다. 예를 들어, /시/를 [치]로 발음하는 아동에게 '실'과 '칠'처럼 /시/와 /치/가 대조를 이루는 최소대립쌍의 두 그림을 함께 제시하고, "선생님이 말하는 그림을 골라 보세요. 실(또는 칠)."과 같이 과제를 수행하게 한다. 이 방법에 대한 자세한 설명은 다음 장의 '최소대립쌍 치료법'을 참조하기 바란다.

그 밖에 단어에서 목표 말소리 부분을 강조하여 들려주는 청각 자극법도 있다. 이 때 아동은 그저 듣기만 하면 되지만, 목표음을 강조해서 듣는 것만으로도 어떤 단어

1) 말소리를 듣는다는 것은 소리가 있음을 감지하고(detection), 감지된 소리가 특정 말소리임을 지각하며(perception), 지각된 말소리가 다른 말소리와 다름을 변별하는(discrimination) 과정 전체를 포함한다.

의 어느 위치에 목표음이 들어가는지를 인식하는 데 도움이 된다. 목표음에 대한 자극반응도가 있으면 이러한 청각 자극만으로 산출이 확립되기도 한다. 탈기식음화하는 3세 아동에게 아무런 반응도 요구하지 않고 그저 '하마, 펭귄, 토끼, 코끼리'를 말할 때 어두의 기식 부분을 길고 강하게 들려주기만 하였는데, 회기 후반부에 아동이 스스로 그 단어들을 정확히 산출했던 경험이 있다. 이 방법은 전통 접근법의 지각 훈련 단계 중 일부이기도 하고, 다음 장에 소개할 '주기 접근법'에서 매 회기 처음과 끝 부분에 실시하는 활동이기도 하다.

컴퓨터 게임을 활용하여 청지각 훈련을 하는 프로그램도 개발되어 있다(Speech Assessment and Interactive Learning System: SAILS; AVAAZ Innovation, 1994). 이 프로그램은 컴퓨터가 그림에 해당하는 발음을 바르게 들려주기도 하고 틀리게 들려주기도 하는데, 아동이 컴퓨터 발음이 맞았는지 또는 틀렸는지를 판단하면 진위 여부에 따라 각기 다른 시각적 피드백을 자동으로 제공한다. 매 회기 말 산출 훈련 전에 준비 활동으로 5~10분 동안 컴퓨터 게임으로 청지각 연습을 할 수 있지만, 아동 혼자서 게임을 하게 하지 말고 치료사가 활동에 함께 참여하여 아동의 오판에 대한 구체적인 이유와 목표음 판단에 필요한 다양한 단서를 제공해 주는 것이 바람직하다.

(2) 산출의 확립

산출의 확립이란 목표 말소리를 유도해 내고 안정화하는 것을 의미한다. 목표 말소리에 대한 자극반응도가 낮아서 그 말소리를 어떻게 산출해야 하는지부터 가르쳐야 하는 대상자도 있고, 목표 말소리에 대한 자극반응도가 있어서 목표 말소리를 언어 표현에서 대조적으로 사용하도록 가르쳐야 하는 대상자도 있다. 전자는 음소나 음절단위부터, 후자는 단어단위부터 치료를 시작한다. 음소, 음절, 단어에서 말소리 산출의 확립은 다음과 같이 진행한다.

목표음 유도에 가장 유리한 언어단위는 말소리만을 단독으로 산출하는 음소단위이다. 음절단위에서 목표음이 유도되지 않으면 음소단위에서 목표음을 유도해야 하는데, 음소단위와 음절단위는 그 차이가 미세하여 이를 구분하기가 쉽지 않다. 음소단위의 말 산출을 유성음과 무성음으로 나누어 살펴보자. 유성음인 모음과 /ㅁ, ㄴ, ㅇ, ㄹ/는 성대 진동 후 조음 동작을 하면 음절단위의 말 산출이 되고, 조음 동작 후에 성대 진동을 해야 진정한 의미의 음소단위 말 산출이 된다. 예를 들어, /ㅁ/ 산출 시 입술을 다문 후에 [ㅁ] 소리를 내면 음소단위의 산출이지만, 입술을 떼고 소리를 내기 시작하여 [으ㅁ] 소리를 내면 음절단위의 산출이 된다. 무성음인 장애음은 자음에 해당하는 조음 동작만 하고 모음에 해당하는 턱, 입술, 혀, 발성 동작을 하지 않아야 진정한 의미의 음소단위 말 산출이 된다. 즉, /ㅍ,ㅌ,ㅋ,ㅊ,ㅅ,ㅎ/ 산출 시 평순 고모음 문맥에서 성대 울림 없이 무성으로 [프, 티, 크, 치, 시, 흐][2] 소리를 내면 음소단위의 산출이지만, 뒤에 모음 발성을 하면 음절단위의 산출이 된다.

음소단위가 목표음 산출에 가장 유리하지만, 말 산출에서 기본이 되는 단위는 자음과 모음이 결합된 음절이다. 자음과 모음의 연결을 통해 구어가 표현되므로 음소단위에서의 확립만으로는 새로 배운 말소리가 언어 표현에서 구현되기 어렵다. 모음이 목표라면 앞뒤에 어떤 자음이나 모음이 붙어도 목표 모음을 정확히 산출해야 하고, 초성이 목표라면 앞뒤에 어떤 모음이 붙어도 목표 자음을 정확히 산출해야 하며, 종성이 목표라면 앞뒤에 어떤 모음이나 자음이 붙어도 목표 자음을 정확히 산출해야 한다. 이때 단어 내 위치나 인접음을 고려하여 촉진적인 음운 문맥을 먼저 시도하는 것이 좋다. 예를 들어, 치경 마찰음 /ㅅ/가 말소리 단독으로 산출되면, 뒤에 발성 동작을 붙여 /스/ 음절을 유도한다. /스/ 음절이 안정되면 다양한 음운 환경에서 /ㅅ/가 들어간 음절을 유도하는데, 기본적으로 어두 위치에 오는 /사, 서, 소, 수, 세/와 어중 위치에 오는 /아사, 어서, 오소, 우수, 에세/ 음절을 모두 연습한다.

산출의 확립 시에 의미 단어에서의 산출 훈련에 앞서 다양한 문맥의 무의미음절 연습을 실시하기도 한다. 무의미음절은 다양한 음운 문맥에서의 집중 훈련이 가능하고 의미 단어에서 사용하던 잘못된 발음 습관에 영향을 받지 않는다는 장점이 있다. 그러나 무의미음절 훈련은 의미 단어로의 일반화가 어려울 수 있고 실제 단어에 존재하는 문맥이 한정되어 있으므로, 굳이 다양한 문맥의 무의미음절을 반복 훈련하는 것보다 실제 단어를 반복 훈련하는 것이 의사소통 측면에서 효율이 더 높다고 비판받기도 한다. 음절단위의 훈련을 강조한 치료법에 대해서는 다음 장의 '문맥 활용 접근법'을 참조하기 바란다.

음절에서 음소가 확립되면 단어에서의 산출을 훈련할 수 있다. /ㅅ/가 들어간 단어를 예로 들어 보자. CV 음절 구조에서 /ㅅ/가 안정되면 '사, 소, 새' 단어에서의

---

2) 설정성 자음 뒤에는 /으/가 아닌 /이/ 동작을 붙여야 모음의 혀 동작이 최소화된 음소단위 산출이 된다.

/ㅅ/를 훈련할 수 있고, VCV 음절 구조에서 /ㅅ/가 안정되면 '이사, 우산' 단어에서의 /ㅅ/를 훈련할 수 있다. /ㅅ/ 이외에 다른 자음이 없는 단순한 음운 구성의 단어에서 /ㅅ/가 확립되면 점차 복잡한 음운 구성의 단어에서 /ㅅ/를 연습해야 한다. /ㅅ/와 다른 자음이 섞인 단어(예: '사과, 주사'), /ㅅ/가 두 번 들어간 단어(예: '세수, 사슴'), /ㅅ/ 앞에 자음이 연쇄된 단어(예: '인사, 풍선') 등에서도 /ㅅ/가 안정되도록 연습해야 한다.

단어에서의 음소 확립 시에 목표음 위주로 훈련을 하기도 하지만, 목표음과 오조음이 대립을 이루는 최소대립쌍으로 훈련을 하기도 한다. 즉, 연구개음을 치경음으로 대치할 때 연구개음 단어인 '칼'만 반복 훈련하는 것이 아니라, 목표음이 들어간 '칼'과 대치음이 들어간 '탈'을 모두 산출하도록 하여 두 소리의 대조를 확립시키는 것이다. 말소리 오류의 원인이 조음운동과 음운 지식 모두에 있다면, 단순히 목표음만 반복 연습할 것이 아니라 목표음과 오조음을 대조적으로 산출하도록 할 필요가 있다. 이 치료법에 대해서는 다음 장의 '최소대립쌍 치료법'을 참조하기 바란다.

임상 노트 13-2 말운동의 변별 훈련

청각을 통해서 전달되는 말소리를 학습하려면 청각적 변별이 중요하다. 그러나 말소리 학습에서 중요한 또 하나의 변별은 말운동의 변별이다. '엄청'을 정확히 모방하면서 자발화에서는 매번 [언청]으로 오조음하는 아동이 있었다. 청각적 변별을 시켜 보면 [언청]은 틀린 발음이고 [엄청]이 맞는 발음이라는 것을 확실히 알고 있었다. 그런데 '입술 붙이는 동작'이 있는지를 물어보자 [엄청]과 [언청] 모두 입술 붙이는 동작이 없다는 답변이 돌아왔다. 이 아동에게는 '엄청'에 대한 말운동 지식을 심어 주는 치료가 필요하였다. 말소리에 대한 지식을 심어 주는 치료를 초음운 또는 상위음운 치료(metaphon therapy)라고 한다. 이에 두 발음의 조음운동 차이를 알려 준 후, [엄청]과 [언청]을 들려주고 입술 붙이는 동작의 유무를 확인시키면서 말운동에 대한 변별 훈련을 하고 났더니, 이후로는 자발화에서 '엄청'을 모두 정확히 발음하였다. 말소리장애 중에는 청각적 변별이 아니라 말운동의 변별 훈련이 필요한 경우도 있다. 일반적인 청지각 훈련에는 청각적 변별과 말운동의 변별이 모두 포함되므로, 순수하게 말운동만 변별하는 훈련을 하고자 한다면 소리 없이 조음 동작만 보여 주어야 한다.

2) 일반화

일반화란 연습하지 않은 상황에서도 목표 행동이 나타나는 현상을 말한다. 일반화는 개인차가 심해서 치료를 시작한 지 한두 주 만에 나타나는 대상자도 있지만 몇 주가 지나도록 나타나지 않는 대상자도 있다. 치료사는 특정 문맥이나 상황에서 말소리가 확립된 후 다양한 문맥이나 상황으로 일반화를 촉진하기 위해 치료를 계획하고 실행해야 한다. 일반화는 크게 자극 일반화와 반응 일반화로 나눌 수 있다.

(1) 자극 일반화

자극 일반화란 특정 자극에서 학습된 반응이 유사한 자극에서도 나타나는 현상을 말한다. 목표음 유도를 위해 치료사는 대상자에게 치료사의 말소리를 따라 하라고 하지만, 모방 시 바르게 산출했다고 해서 자발적인 상황에서도 바르게 산출할 수 있는 것은 아니다. '엄마'를 [어,아]로 발음하던 아동에게 [엄마] 조음을 유도한 후, 기쁜 마음에 치료를 관찰하던 어머니를 가리키며 "누구예요?"라고 질문하였는데 아동이 [어,아]로 대답하여 당황했던 적이 있다. 모방을 통해 정조음이 유도되었다고 해서 이름대기나 질문에 답하기 상황에서도 저절로 정조음이 되는 것은 아니다.

〈표 13-3〉은 자극 일반화 과정을 보여 주는 예이다. 모방에서 '엄마'의 정조음이

표 13-3 자극 일반화의 예

사전 사건 (치료사)	사전 사건의 유형	반응 (아동)	후속 사건 (치료사)
('엄마' 그림을 가리키며) 누구지요?	이름대기 요구	[어,아]	(무반응)
[ㅁ] 소리를 내야 해요. 따라 해 봐요. (양순 비음을 강조하며) [어음~마].	모방 요구	[어음~마]	그렇죠.
('엄마' 그림을 가리키며) [어,아]예요, [어음~마]예요?	선택 질문에 대답 요구	[어음~마]	맞아요.
('엄마' 그림을 가리키며) 누구예요? 따라 해 봐요. [어음~마].	이름대기 및 모방 요구	[어음~마]	그래요.
('엄마' 그림을 가리키며) 누구라고요?	이름대기 요구	[엄~마]	잘했어요.
오늘 누구랑 왔어요?	의문사 질문에 대답 요구	[엄마]	그렇군요.

안정되면, 선택 질문을 통해 정조음과 오조음의 보기를 주고 정조음을 골라서 지연모방 하도록 유도한다. 지연모방 상황에서 정조음이 안정되면 이름대기나 의문사 질문에 답하기에서 정조음을 유도한다. 만약 자발화 상황으로의 일반화가 잘 일어나지 않는다면, 〈표 13-3〉의 '이름대기 및 모방 요구' 자극처럼 질문과 대답을 모두 모델링하여 질문과 정조음 대답을 연결해 주는 과정이 필요할 수도 있다.

(2) 반응 일반화

반응 일반화란 연습하지 않은 상황에서도 목표 반응이 나타나는 현상을 말한다. 반응 일반화에는 다양한 유형이 있는데, 크게 음운 관련 반응 일반화, 언어 관련 반응 일반화, 상황 관련 반응 일반화로 나눌 수 있다(〈표 13-4〉 참조). 음운 관련 반응 일반화에는 단어 내 위치 일반화(across word-position generalization), 인접 문맥 일반화(contextual generalization), 소리 · 자질 일반화(across-sound and across-feature generalization)가 있다. 예를 들어, 연구개음에 오류가 있는 아동에게 /고/를 가르쳤는데 '옥'의 종성 /ㄱ/에도 정조음이 나타나는 현상을 단어 내 위치 일반화라고 하고, '개'의 /애/ 모음 앞 /ㄱ/에도 정조음이 나타나는 현상을 인접 문맥 일반화라고 하며, '코'의 /ㅋ/에도 정조음이 나타나는 현상을 자질 일반화라고 한다.

언어 관련 반응 일반화로는 언어단위 일반화(across linguistic unit generalization)가 가장 대표적이다. 언어단위 일반화란 음절 /고/가 안정화된 후에 '고마워'와 같은 단어에서도, '고래를 잡아요'와 같은 문장에서도 정조음이 나타나는 현상을 말한다. 한편, 우리말 특성을 고려할 때 언어 관련 반응 일반화에 문법 형태소 일반화(empty

표 13-4 /고/에서 연구개 자질을 확립했을 때 반응 일반화의 종류 및 예

반응 일반화의 종류		예
음운 관련	단어 내 위치 일반화	'옥'의 /ㄱ/
	인접 음운 일반화	'개'의 /ㄱ/
	자질 일반화	'코'의 /ㅋ/
언어 관련	언어단위 일반화	'고마워'의 /ㄱ/
	문법 형태소 일반화	'○○하고'의 /ㄱ/
상황 관련	대상자 일반화	치료실에서 엄마와 말할 때 '고'의 /ㄱ/
	장소 일반화	치료실 밖에서 치료사와 말할 때 '고'의 /ㄱ/

morpheme generalization)를 추가할 필요가 있다. /고/를 가르쳤을 때 '고래, 고마워'와 같은 실질 형태소로의 일반화뿐만 아니라 '○○하고'와 같은 문법 형태소로의 일반화도 필요하기 때문이다.

상황 일반화(situation generalization)란 치료사와 치료실 내에서 연습한 반응이 집에서 가족과 말하거나 유치원에서 선생님이나 친구와 말할 때도 나타나는 현상을 말한다. 상황 일반화를 세분화하면 장소에 대한 일반화와 대화 상대방에 대한 일반화로 나눌 수 있다.

이상과 같은 다양한 일반화를 촉진하기 위해서는 말속도, 음운 복잡도, 언어 복잡성, 자발성을 조절해야 한다([그림 13-6] 참조). 첫째, 느린 말속도에서 말소리를 확립한 후에는 정상 속도에서도 말소리를 안정시켜야 한다. 말속도는 언어 길이와 관련이 깊다. '포도' '포도 먹어' '포도가 너무 맛있어'를 말할 때 '포도'의 말속도를 비교해 보면, 문장의 길이가 길어질수록 말속도가 빨라진다. 단어에서 정조음이 확립되어도 문장으로 일반화가 잘 안 되는 가장 큰 이유가 바로 말속도이다. 그러므로 언어단위를 높인 초기에는 평소보다 말속도를 늦춰야 하고, 정상적인 말속도에서 정조음이 된 후에 언어단위를 높여야 한다. 또한 단어나 구를 빠르게 반복하는 연습(speed drill)도 문장단위로의 일반화에 도움이 될 수 있다.

둘째, 쉬운 음운 문맥에서 말소리를 확립한 후에는 복잡한 문맥에서도 말소리를 안정시켜야 한다. 음운적으로 목표음만 있는 단어보다 목표음과 다른 자음이 섞인

말속도를 정상화한다.

- 느린 속도에서 정상 속도로 진행하기
- 음절 빠르게 반복하기 및 문장의 말속도 늦추기

음운 복잡도를 높인다.

- 음절 수, 인접 문맥, 목표음 개수, 음운 구성 등 고려하기
- 필요하면 대조 훈련하기

언어 복잡성을 높인다.

- 발화 길이 늘리기
- 문법 형태소 추가하기

자발성을 높인다.

- 모방에서 자발화로 진행하기
- 외적 피드백 줄이기

그림 13-6 일반화 촉진 시 고려사항

단어가 더 어렵다. 음운 복잡도에는 음절 수, 인접 문맥, 목표음 개수, 음운 구성 등이 영향을 미친다. 예를 들어, 치경 마찰음을 파찰음으로 대치하는 아동이라면 '사'보다는 '사과'가, '이사'보다는 '인사'가, '세모'보다는 '세수'가 더 어려울 수 있다. 특히 한 단어에 목표음과 대치음이 함께 있으면 정조음이 쉽지 않다. /ㅅ/ 계열을 /ㅈ/ 계열로 대치할 때 '버스'보다는 '주스'가 이 더 어려울 수 있고 '주스'를 [슈쓰]로 발음하는 과잉일반화가 일어나면 마찰음과 파찰음을 대조적으로 산출하는 연습이 필요하다.

셋째, 단순한 언어 문맥에서 말소리를 확립한 후에는 복잡한 문맥에서도 말소리를 안정시켜야 한다. 언어적으로 발화 길이가 길면 정조음하기가 더 어렵다. 긴 발화를 구성하기 위해 더 많은 어휘를 생각해 내야 하고 어순에 맞게 배열해야 하므로 언어에 대한 부담이 커져서 조음까지 신경을 쓰기가 어려워진다. 또한 언어적으로 체언보다 용언에서, 실질 형태소보다 문법 형태소에서 정조음이 더 어려울 수 있다. 예를 들어, 체언 '새우'의 /새/보다 용언 '세우다'의 /세/가 더 어려울 수 있는데, 용언은 어간과 어미 결합 시 형태의 변화까지 고려해야 하므로 음운 지식의 확립이 쉽지 않다(예: '세우고' vs. '세워요'). 또한 '새우, 세워요'보다 '○○세요'와 같은 문법 형태소나 '옷에([오세])'와 같은 재음절화 문맥에서의 /세/가 더 어려울 수 있다. 문법 형태소는 어절의 마지막에 오고 바로 뒤이어 의미적으로 중요한 실질 형태소가 올 수 있어서 조음이나 음운적으로 약화되기 쉽다.

마지막으로 모방에서 말소리를 확립한 후에는 자발화에서도 말소리를 안정시켜야 한다. 이는 자극 일반화와 관련되는 내용으로, 모방이나 구조화된 상황보다 자연스러운 상황에서 자발적으로 말할 때 정조음이 더 어렵다. 상황이나 상대방의 말을 이해하고 적절한 언어 표현을 구상하는 데로 역량이 분산되기 때문이다. 오조음 수정 방식도 외적 피드백에서 점차 내적 피드백으로 옮겨 가야 한다. 치료 초기에는 치료사가 매번 어떤 부분이 틀렸고 어떻게 수정해야 하는지 알려 주지만, 점차 아동 스스로 틀린 부분과 수정 방법을 알아내도록 해야 한다.

(3) 보호자의 역할

확립된 말소리는 궁극적으로 내원자의 일상생활에서 발휘되어야 한다. 이러한 상황 일반화에서는 보호자의 역할이 중요하다. 전통적인 치료법에서 상황 일반화는 치료실에서 문장 수준에서 말소리가 확립된 다음 단계로 고려하였지만, 상황 일반화는 단어에서 말소리가 확립될 때부터 나타날 수 있으므로, 단어로 치료할 때부터 상황 일반화를 고려하여 보호자를 치료에 참여시킬 수 있다.

조음 치료에서 보호자는 크게 두 가지의 역할을 한다. 첫째, 정보제공자의 역할이다. 보호자는 상황 일반화가 얼마나 일어나고 있는지를 모니터하여 치료사에게 알려 줄 수 있다. 또한 일상생활에서 대상자가 빈번하게 잘못 발음하는 단어가 무엇인지 알려 줄 수 있다. 치료사는 보호자가 제공하는 정보를 바탕으로 치료를 계획함으로써 상황 일반화를 촉진할 수 있다. 둘째, 치료사의 역할이다. 보호자는 치료실에서 확립한 단어를 집에서 연습시킬 수 있다. 이때 보호자는 확립된 단어에 대해 좋은 말소리 모델을 들려주고, 확립된 단어를 연습할 기회를 제공하며, 대상자의 정확한 산출에 대해 칭찬해 주는 일련의 치료 과정에 대해 교육을 받아야 한다.

보호자는 치료사의 역할보다 정보제공자의 역할이 더 크다. 특히 말소리 유도 단계에서 보호자가 치료사의 역할을 하는 것은 매우 위험하다. 예를 들어, 치료사가 설압자로 혀를 밀어 연구개음을 유도하는 것을 보고 보호자가 섣불리 그 방식을 따라 하면 아동이 혀나 목에 과도한 힘을 주어 부적절한 행동이 강화될 수도 있고, 아직 말소리가 확립되기 전이기 때문에 아동이 발음을 수정하지 못해서 보호자에게 부정적인 피드백을 받을 확률이 높다. 또한 치료사가 내주는 과제가 보호자에게 스트레스 상황이 된다면 아동과 보호자의 관계만 나빠질 뿐이다. 그러므로 숙제는 협조적인 보호자에 한하여 치료실에서 확립된 단어에 대해 적은 양만 내주고, 자료를 함께 제공하는 것이 바람직하다. 특히 마비말장애나 말실행증과 같은 말운동장애가 있어서 매일 발성 및 조음 기관의 운동을 해야 한다면, 가정에서 매일 5~7분, 1~3회 해당 운동을 할 수 있도록 과제를 만들고 보호자를 교육해야 한다.

목표 말소리가 확립된 후 일반화가 빠르고 광범위하게 일어났다면, 동일한 결실을 거두는 데 시간과 노력이 적게 들었기 때문에 치료 효율성이 높다고 할 수 있다. 일반화 단계에서는 확립된 목표음이 다양한 문맥의 다양한 단어에서 촉진되도록, 또한 언어단위가 길어지더라도 목표음이 바르게 산출되도록 치료 활동을 계획해야 한다. 그리고 부모로부터 상황 일반화가 일어나는지 정보를 얻고, 필요하다면 과제를 내주어 상황 일반화를 촉진해야 한다.

임상 노트 13-3 상황 일반화의 촉진 예

영어를 배울 때 선생님 앞에서는 영어로 말을 해도 가족이나 애인과 영어 연습을 하려면 부끄러움이 앞선다. 같은 이유로 치료사 앞에서는 적극적으로 발음 연습을 하던 아동이 엄마 앞에서는 갑자기 입을 닫아 버릴 수 있다. 한 아동의 예를 들어 보자. 음절에서조차 연구개음을 산출하지 못했던 3세 후반 아동이 치료를 통해 치료실에서는 구조화된 상황에서 연구개음의 정조음율이 상당히 높아져서, 치료실 밖으로의 일반화를 위해 어머니에게 과제를 내드리고자 치료실에 들어오시도록 하였다. 그런데 즐겁게 치료에 참여하던 아동이 갑자기 어머니 눈치를 보며 쭈뼛대기 시작하였다. 어떻게 해야 할까?

일단 어머니에게 아동 등 뒤 멀찍이 떨어져 앉아 계시라고 하고, 아동이 절대로 틀리지 않는 연구개음 그림 목록을 꺼내서 이름대기 활동을 진행하며, 아동이 정조음을 할 때마다 어머니와 함께 칭찬을 해 주었다. 기어들어 가는 음성으로 말하던 아동의 음성이 편안해지자, 어머니에게 아동 옆에 앉아서 치료사와 아동의 활동을 보면서 정조음을 칭찬해 주도록 하였다. 옆에 앉은 엄마를 의식하던 아동이 점차 과제 수행에 자신감을 보이자, 이번에는 치료사가 아닌 어머니와 이름대기 활동을 하도록 하였다. 처음에는 어색해하였지만 이내 엄마와 편안하게 활동을 이어 나갔다. 치료실 내 활동이 끝나고 엄마와 공부한 그림 목록을 숙제로 내주고, 집에 가서 아빠한테도 예쁜 발음을 자랑하라고 하였다. 그리고 몇 주 지나지 않아 아동은 집에서도 연구개음을 정확히 산출하게 되었다.

상황 일반화에서 중요한 요소는 대화 상대방이다. 집에서의 일반화를 위해서는 먼저 치료실 내에서 보호자에게 정조음하는 경험을 해 봐야 한다. 또한 보호자에게 과제를 내줄 때는 치료실에서 확립되어 거의 틀리지 않는 어휘나 문장을 준비해야 한다. 그리고 보호자에게 과제를 제공할 때는 그림이나 단어 목록만 드릴 것이 아니라, 그 자료로 아동과 어떻게 상호작용하지를 보호자 앞에서 시연하고, 보호자가 자료를 적절히 사용하는지도 확인하는 것이 좋다.

3) 유지 및 종결

유지란 새로 습득한 말소리가 시간이 지난 후에도 정조음되는 것을 말한다. 단기적으로는 지난 회기에 배운 것이 이번 회기에도 잘 유지되어야 한다. 유지가 잘 안되면 매 회기 새로운 단어를 훈련하기보다 지난 회기에 배운 단어를 일부 포함하여 훈련하는 것이 좋다. 장기적으로는 치료가 끝난 후에도 치료 효과가 지속되어야 한다. 일반적으로 연습한 단어가 대상자에게 의미가 컸을수록, 연습을 많이 했을수록, 짧더라도 주당 치료 횟수가 많았을수록, 대상자의 치료 동기가 높았을수록 유지가 잘된다.

장기적인 유지 단계에 들어서면 서서히 종결을 준비한다. 어떤 시점을 지나면 치료의 효율성이 현저히 떨어지므로 발음이 완벽해질 때까지 치료 종결을 미룰 필요는 없지만, 종결을 너무 서두르면 이전 조음 습관으로 돌아가 버릴 수도 있으니 갑자기 종결을 결정하는 것도 위험하다. 종결에 대해 정해진 기준은 없지만 3회기 연속해서 구조화된 문맥에서 70% 이상 혹은 자연스러운 상황에서 50% 이상 목표음을 정조음하면(Diedrich & Bangert, 1976) 치료 간격을 일 주에 한 번, 이 주에 한 번, 한 달에 한 번으로 점차 넓혀 가면서 유지 정도를 관찰하고 잘 유지되면 종결한다. 어린 아동은 새로운 음소가 자신의 음소 목록에 포함되기만 하면 집중 훈련 없이도 음운 산출이 계속 향상될 수 있으나, 나이가 많거나 /ㅅ,ㅆ,ㄹ/에 왜곡 오류를 보이는 대상자는 새로운 음소가 자신의 음소 목록에 포함되어도 이전 습관으로 돌아가기가 쉬우므로 더 엄격한 종결 기준을 적용해야 한다.

임상 노트 13-4 종결의 주요 지표: 이해가능도와 자음정확도

가장 흔히 사용하는 종결의 지표는 자음정확도이다. 그러나 말소리 산출 능력이 현저하게 떨어지는 어린 아동이라면 이해가능도가 종결의 지표가 될 수 있다. 모든 단어를 1음절로만 표현하는 만 3세 초반 아동을 예로 들어 보자. 이 아동에게 음절 연쇄, 단조로음 운율, 전설모음 앞 연구개음의 전방화를 치료하였고, 10개월 후 아동이 표현하는 문장은 대체로 전달 가능하게 되었다. 그러나 파찰음, 마찰음, 유음에 발달적 오류가 남아 있어서 2개월간 파찰음을 치료하였는데, 음절 모방은 가능하나 언어 표현으로의 일반화는 진전이 더뎠다. 이에 비록 자음정확도는 또래에 미치지 못하였지만 일차적으로 조음 치료를 종결하고, 차후에 조음 치료가 필요하다고 판단되면 다시 방문하도록 하였다. 2년 후 초등학교 입학을 앞두고 아동이 재방문하였을 때는 /어/의 저모음화와 마찰음의 성문음화가 남아 있었고, 3개월간 이를 치료하여 조음 치료를 마무리하였다. 조기 진단의 영향으로 조음 치료의 시작 시점이 앞당겨짐에 따라, 이해가능도 향상을 목표로 1차 조음 치료를 종결한 후에 언어 능력의 향상을 기다렸다가 자음정확도 향상을 목표로 2차 조음 치료를 실시하는 사례가 늘어나고 있다.

3. 치료 진전의 측정

1) 측정 도구

치료 아동의 진전사항을 보고할 때 "3개월 전에는 공식검사에서 단어의 자음정확도가 70%였는데, 한 달 후 75%, 두 달 후 80%로 상승하였고, 현재는 85%입니다."라고 설명하면 객관적이고 간결하게 치료 진전을 기술한 것처럼 보인다. 그러나 이러한 기술은 여러 가지 이유로 잘못되어 있다. 첫째, 진전 평가 시에 매번 모든 음소에 대해 재검사를 할 필요는 없다. 모든 음소를 검사하는 공식검사는 훈련한 음소에 대한 진전을 평가하는 도구로는 바람직하지 못하다. 둘째, 2~3회의 기회로 진전 여부를 확인하는 것은 위험하다. 공식적인 단어 검사는 한 음소에 대한 검사 기회가 매우 적고 검사 문맥이 제한되므로, 훈련한 음소의 진전 여부가 반영되지 않을 가능성이 크다. 셋째, 5%의 상승이 훈련한 음소에서의 변화가 아닐 수 있다. 정작 치료한 음소는 변화가 없었고 초기 평가 때 실수로 틀렸던 다른 음소를 바르게 산출했을 수 있다.

이러한 문제점을 해결하기 위해 프로브(probe)를 개발하여 진전 여부의 판단에 이용한다. 프로브란 목표 음소와 문맥이 포함된 10여 개의 단어로 구성하며, 치료 시에는 사용하지 않고 일반화 평가에만 사용한다. 훈련하지 않은 단어에서도 목표 음소의 정확한 산출이 관찰되면 목표 음소가 대상자의 소리 체계에 포함되었을 가능성이 크다. 일반화 평가는 매 회기 실시하는 것이 아니라 보통 한 달에 한두 번 혹은 미리 정해 놓은 준거에 도달했을 때 실시한다. 프로브를 실시하여 목표 행동에 변화가 있다면 치료 방향을 유지해도 되겠지만, 오랜 시간 변화가 없다면 치료 방향의 수정을 검토해야 한다.

치료의 종결 여부를 판단하기 위해서도 진전의 측정이 필요하다. 이때는 규준이 있는 공식적인 단어 검사를 이용하는 것이 좋다. 예를 들어, '아동은 초기 평가의 공식적인 단어 검사에서 자음정확도 70%, 백분위수 1%ile 미만의 수행을 보였고, 파찰음과 마찰음과 유음에 발달적 오류가 빈번하였다. 6개월간 파찰음과 종성 유음을 치료한 후 동일 검사에서 자음정확도 85%, 백분위수 30%ile로 수행력이 향상되었고, 파찰음 오류는 없어지고 마찰음과 유음의 오류빈도도 줄어들었다'라고 변화를 기술할 수 있다.

그러나 이러한 변화는 단어 수준에서의 자음정확도 상승일 뿐이며, 이를 통해 일상생활에서도 의미 있는 변화가 일어났는지는 알 수가 없다. 극단적으로 검사어를 연습한 상황을 가정하면, 자음정확도 상승이 모든 단어에서의 변화가 아닐 수도 있다. 그러므로 종결 평가 시에는 자연스러운 대화나 치료실 밖 상황에서도 의미 있고 중요한 변화가 있는지를 함께 언급해야 한다. 예를 들어, 앞서 기술한 공식검사에서의 변화에 덧붙여 '또한 치료실 내 일상 대화에서도 자음정확도가 80% 이상으로 상승하였고 파찰음 오류도 10% 미만으로 줄어들었다. 부모 보고에 의하면 아동은 유치원에서도 또래와의 대화에 적극적으로 참여하는 등 변화가 관찰된다고 하였다. 이에 조음 치료의 종결을 권한다'라고 기술해야 한다. 보호자나 타 전문가는 언어치료사가 종결을 결정할 때 단순히 공식검사에서의 변화만을 고려한 것이 아니라 다양한 일반화까지 고려하였음을 알 필요가 있다.

2) 변화의 요인

대상자의 말소리가 치료사의 도움으로 수정되고 대상자와 그 가족의 삶에 긍정적인 변화를 가져왔을 때 언어치료사는 무한한 보람과 성취감을 느낀다. 그러나 그 변화가 100% 치료사의 도움은 아닐 것이다. 치료 진전의 외적 효과(extraneous effect)로는 다음과 같은 것들이 있다. 첫째, 성숙이다. 나이가 들면서 말 산출기관의 운동성이나 음운 학습 능력 등이 좋아져서 말소리 변화에 긍정적 영향을 미쳤을 수 있다. 둘째, 플라세보 효과이다. 치료사나 보호자가 아동의 말소리에 관심을 보이는 것 자체가 아동의 말소리를 변화시킬 수 있다. 셋째, 평균으로의 회기(regression)이다. 첫 측정에서 극단적으로 높거나 낮은 점수를 받았다면 다음 측정에서 평균치에 가까워지기 때문에, 이러한 증상이 변화에 반영되었을 수 있다. 그 밖에 다른 언어치료나 관련 치료의 영향, 부모나 교사의 도움 등도 외적 효과 중 하나이다.

일반적인 연구에서는 이러한 외적 효과를 통제하기 위해 통제 집단을 이용한다. 그러나 비슷한 문제를 가지고 있는 통제 집단을 찾기가 어려울 때는 중다기초선 설계라는 연구 방법을 통해 단일 대상자의 중재 효과를 검증할 수 있다([그림 13-7] 참

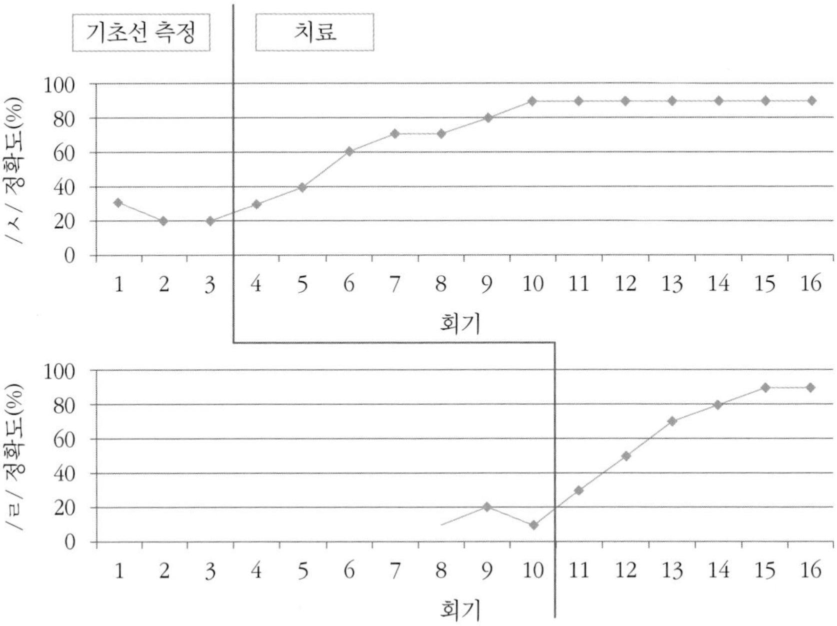

그림 13-7 중다기초선 연구의 예

조). 이 연구 설계에서 제일 중요한 요소는 치료할 말소리에 대한 기초선(baseline)을 잡는 것이다. 즉, 치료에 들어가기 전에 치료할 말소리의 정확도를 3회기 이상 측정하여 정확도가 상승하지 않음을 밝혀 외적 효과를 통제해야 한다. 또한 치료할 음소에 대한 통제 음소를 선정하고 치료 시점을 달리하여 행동 변화 시점의 차이를 검증한다. [그림 13-7]은 마찰음과 유음의 치료 효과를 알아보는 중다기초선 연구 결과의 예이다. 이 그래프는 치료 전에 마찰음과 유음 모두 행동 변화가 없었고, 마찰음을 치료할 동안에는 마찰음에만 변화가 있고 유음에는 변화가 없다가, 유음을 치료하기 시작한 후 유음에 변화가 있었음을 보여 주고 있다.

제14장

치료 접근법

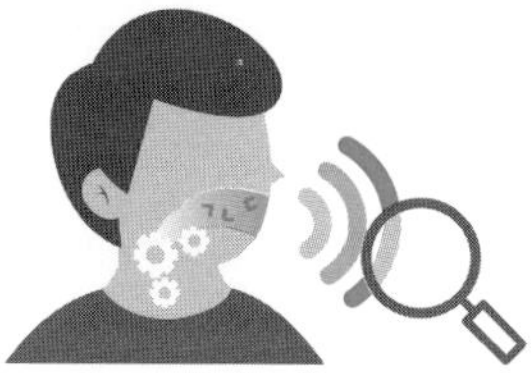

말소리장애의 치료는 학문적 조류와 시대에 따라 변화되고 발전되어 왔다. 역사적으로 볼 때 20세기 초반부터 이어져 온 전통적인 치료법은 운동 접근법(motor approach)이다. 이 접근법은 말소리 오류가 조음기관의 운동 조절(motor control) 문제에 기인한다고 보고, 특정 음소에 대한 정확한 말 산출을 음소나 음절 수준부터 단계적으로 반복 훈련하여 음성적 수행력을 높이는 데 초점을 둔다. 그러나 1970년대 이후 언어학 지식이 언어병리학에 도입되면서 부정확한 말소리의 평가와 치료에 언어 접근법(linguistic approach)이 대두되었다. 이 접근법은 말소리 오류가 음운 지식(phonological knowledge)의 부족에 기인한다고 본다. 즉, 말소리를 산출할 수는 있어도 그 말소리를 언어 표현에 적절히 사용하지 못한다고 가정하고 목표 말소리가 어디에 사용되는지 음운 지식을 심어 주는 데 초점을 둔다. 운동 접근법과 언어 접근법은 각각 음성적 접근법과 음운적 접근법으로 정리되기도 한다.

그러나 대부분의 말소리 문제는 운동 조절의 문제와 음운 지식의 문제가 혼재되어 있다. 말소리 목록에도 없고 자극반응도도 높지 않았던 말소리에 대해 조음 운동을 가르친 후 자발화로의 일반화 단계에서 음운 지식도 부족했음이 드러나기도 하고, 음운 지식의 발달에 역점을 두고 치료하던 중에 특정 말운동 조절의 어려움이 확인되기도 한다. 말소리 산출에는 운동적 측면과 언어적 측면이 모두 포함된다. 음절에서 말소리 산출이 가능해질 때까지는 말운동이 중요한 요소이지만, 의미가 있는 단어나 문장에서 그 말소리를 산출하려면 그 말소리가 어디에 사용되는지에 대한 음운 지식도 필요하고 복잡한 문맥에서의 운동 능력도 필요하다.

이 장에서는 구체적인 말소리 치료 프로그램을 운동 접근법과 언어 접근법으로 나누어 소개하고자 한다. 학자나 임상가에 의해 개발되고 활발히 사용되고 있더라도 치료 효과가 보고된 프로그램은 많지 않다. 연구의 증거 수준은 메타분석(수준 1a), 무작위 대조군 연구(수준 1b), 무작위가 아닌 대조군 연구(수준 2a), 준실험 연구(수준 2b), 상관 연구나 사례 연구 등의 비실험 연구(수준 3), 전문가위원회의 의견이나 평판 좋은 임상가의 경험(수준 4)으로 나눌 수 있는데, 말소리장애 치료의 효과 연구는 3/4이 증거 수준 2a와 3으로 그리 높지 않다. 그러나 그 결과는 대체로 긍정적이어서 치료를 받은 집단이 그렇지 않은 집단보다 더 높은 수행력을 보였다(Baker & McLeod, 2011).

모든 말소리장애 대상자에게 만병통치약으로 통할 프로그램은 없다. 대상자의 말소리 오류 특성, 동반 문제, 연령과 성향 등을 고려하여 개별적으로 치료법을 선택해야 하며, 같은 대상자라도 치료 시점에 따라서 적절한 치료법이 다를 수 있다. 일반적으로 운동 접근법은 잔류 오류나 왜곡 오류를 보이는 사례, 특정 음운에 대한 조음이 전혀 나타나지 않는 사례, 학령기나 성인의 사례에 적합하고, 언어 접근법은 목표 말소리가 산출 목록에 있는 사례, 자극모방도가 있는 사례, 나이가 어리거나 언어장애를 동반한 사례에 적합하다(Bauman-Waengler, 2000).

1. 운동에 근거한 치료 접근법

1) 전통 접근법

Van Riper는 1939년『말소리 교정: 원리와 방법(Speech Correction: Principle and Method)』이라는 책에서 당시 사용되고 있었던 여러 말소리장애 치료법을 종합하고 조음 치료의 전 과정을 체계화하였다. 언어병리학 분야의 고전인 이 책에 소개된 치료법이 전통 접근법(traditional approach)으로 불리고 있으며, 지금까지도 많은 언어치료사가 이 방법을 치료의 기본 틀로 삼고 있다. 이 접근법은 부정확한 발음이 부정확한 지각과 부적절한 운동에 기인한다고 가정하는 음성적 접근법으로, 특히 세분화된 지각 훈련과 단계적이고 반복적인 산출 훈련을 강조한다.

(1) 청지각 훈련

전통 접근법에서는 특히 산출 훈련 전 청지각 훈련을 강조한다. 청지각 훈련은 확인(identification), 분리(isolation), 자극(stimulation), 변별(discrimination)의 네 단계로 진행된다. 확인 단계에서 대상자는 목표 말소리를 음소 단독으로 듣고 확인할 수 있어야 한다. 이를 위해 치료사는 대상자에게 목표 말소리에 대한 다양한 감각적 특성을 알려 준다. 그리고 치료사가 들려주는 소리가 목표음이면 손을 들거나 종을 울리도록 한다. 처음에는 목표음을 목표음과 아주 다른 말소리와 번갈아 들려주지만(예: /ㅆ/와 /ㅁ/), 점차 목표음과 비슷한 말소리와 번갈아 들려주어 난이도를 높인다(예: /ㅆ/와 /ㅉ/).

분리 단계에서 대상자는 단어, 구, 문장을 듣고 목표 말소리를 분리하여 확인할 수 있어야 한다. 처음에는 치료사가 말하는 단어를 듣고 어두에 목표음이 들어가면 손을 들거나 종을 울리도록 하고 점차 구와 문장으로 난이도를 올린다. 목표음이 들어간 위치도 단어 중간이나 단어 끝으로 다양화할 수 있다.

자극 단계에서 대상자는 목표음을 듣기만 하면 된다. 치료사는 단어에 포함된 목표 말소리를 강세나 지속시간 등을 다양하게 변화시켜 들려준다. 이 활동은 주기 접근법에서 청각적 집중자극(auditory bombardment)으로도 제안되었다.

변별 단계에서 대상자는 치료사가 들려주는 단어, 구, 문장을 듣고 목표 말소리가 바르게 산출되었는지 아닌지를 판단해야 한다. 마찰음에 오류가 있으면 '소' 그림이나 글씨를 보여 주고 "선생님이 맞게 말하면 딩동댕, 틀리게 말하면 땡 하세요. 토(또는 소)."라고 과제를 준다. 점차 구와 문장으로 난이도를 올린다.

(2) 산출 훈련

산출 훈련은 독립 음소(isolation), 무의미음절(nonsense syllables), 단어(words), 구

(phrases), 문장(sentences), 대화(conversation) 순서로 진행한다. 대상자가 오류를 보이는 단계부터 시작하면 된다. 독립 음소 단계에서 치료 대상자는 앞뒤에 어떤 음소도 없는 상황에서 목표 말소리를 단독으로 정확히 산출해야 한다. 무의미음절 단계에서는 무의미음절에서 목표 말소리를 정확히 산출해야 한다. 모음이 목표라면 VV, CV, VC 음절 구조에서, 초성이 목표라면 CV와 VCV 음절 구조에서, 종성이 목표라면 VC 음절 구조에서, 자음 연쇄가 목표라면 VCCV 음절 구조에서 다양한 모음이나 자음을 결합하여 연습할 수 있다. 이 단계의 훈련에서는 정조음을 촉진하는 음운 문맥을 고려하는 것이 중요하다. 일반적으로 자음 산출에는 고모음이, 치경음 산출에는 전설모음이, 연구개음 산출에는 후설모음이, 종성 산출에는 후행하는 초성이 촉진적인 음운 문맥이 될 수 있다.

단어 단계에서는 의미 단어에서 목표 말소리를 정확히 산출해야 한다. 단어의 음운 난이도를 고려하여 쉬운 문맥에서 점차 어려운 문맥으로 진행한다. 목표 말소리가 동일해도 아동마다 촉진 문맥이 다르므로 이를 파악하여 체계적으로 난이도를 높이고, 아동이 자주 사용하는 단어로 훈련하면 치료 효율성을 높일 수 있다. 치경 마찰음 /ㅅ/가 들어간 명사 단어를 음절 수, 음절 구조의 복잡성, 단어 내 위치에 따라 정리하면 〈표 14-1〉과 같다. 음절 수가 길수록, 음절 구조가 복잡할수록 음운 난이도는 높아진다. 두스피치(DoSpeech) 프로그램의 '조건단어 검색'을 이용하면 원하는 음운 문맥의 단어를 쉽게 찾을 수 있다(http://dospeech.org). 이 프로그램에는 아동이 많이 사용하는 어휘가 표면형 발음으로 등록되어 있고 여러 조건을 동시에 지정할 수 있으며 그림이 연계되어 있어서, 아동마다 개별화된 치료 자료를 쉽게

표 14-1 /ㅅ/가 들어간 명사 단어의 다양한 음운 문맥

		어두 초성	어중 초성		2회 이상
			선행 자음 없음	선행 자음 있음	
1음절	단순 구조	사, 새, 소			
	복잡 구조	삼, 색, 손			
2음절	단순 구조	새우, 사자, 세모	이사, 의사, 회사	인사, 염소	세수, 시소
	복잡 구조	수박, 사탕, 소금	우산, 버섯, 회색	왼손, 풍선, 동생	사슴, 선수, 생선
3음절 이상		사다리, 소방차, 색연필, 스파게티	주사위, 요리사, 앵무새, 허수아비	원숭이, 청소기, 운전사, 교통사고	소방서, 손수건, 선생님, 새끼손톱

제작할 수 있다.

구 단계에서는 앞 단계에서 바르게 산출한 단어를 다른 단어와 조합할 때도 바르게 산출해야 한다. 목표단어가 처음에 오는 구, 끝에 오는 구, 중간에 오는 구를 모두 연습한다. 초반에는 문장이 정해져 있는 운반구(carrier phrase), 즉 틀문장을 이용한다. '사과, 사탕, 수박'이 목표단어라면 '○○ 봐요' '이거는 ○○이에요' 등의 문장 틀에 목표단어를 넣어서 연습할 수 있다. 후반에는 의미 부담이 주어지는 구로 연습한다. 예를 들어, '사과, 사탕, 수박'에 대해 아동이 좋아하는지 또는 싫어하는지 생각하며 '○○ 좋아해요' 또는 '○○ 싫어해요'라고 말하는 과제는 운반구보다 목표단어를 정조음하기가 더 어렵다.

문장 단계에서는 다양한 품사의 단어와 다양한 문장에서 목표음을 바르게 산출해야 한다. 문장의 길이가 길수록, 목표음의 개수가 많을수록, 목표음이 포함된 문법형태소가 많을수록 난이도가 올라간다. /ㅅ/가 목표음이라면 '사과를 먹어요' '사과를 사요' '빨간색 사과를 사요' 순으로 어려울 것이고, 부사격 조사 '에서', 종결어미 '○○세요', 연결어미 '○○서'가 포함되면 더 어려울 것이다. 이 단계에서 목표음을 정확히 산출하려면 문장 생성 시 말하는 내용과 말하는 방식 모두에 집중할 수 있어야 한다. 단어에서 구나 문장 단계로의 일반화를 위해서는 말속도를 잘 조절해야 한다. 언어단위가 길어지면 말속도가 빨라지기 때문에 처음에는 말속도를 늦추도록 해야 한다. 치료사와 대상자가 박자를 맞추어 함께 말하기, 치료사의 말을 메아리처럼 곧장 따라 말하기 등의 활동은 말속도를 늦추는 데 도움이 된다.

대화 단계에서는 구조화가 덜 된 다양한 상황에서 목표 말소리를 바르게 산출해야 한다. 역할 놀이, 그림에 관해 설명하기, 특정 주제로 대화하기 등의 상황을 제시할 수 있다. 일상생활로의 일반화를 위해 치료사는 특정 상황에서 말하는 것을 녹음해 오거나 자신의 말소리 오류를 적어오게 하는 숙제를 내줄 수 있다. 각 단계의 말소리 확립을 위해서 일부러 목표음을 틀리게 발음하게 하는 부적 연습(negative practice)이나, 운동감각 인식훈련(proprioceptive awareness)의 일종인 귀를 막고 말하기, 차폐 소음을 들으며 말하기, 속삭이는 소리로 말하기가 도움이 될 수도 있다.

2) 문맥 활용 접근법

McDonald(1964)는 촉진 문맥을 찾아 목표 말소리를 유도하고 이를 다양한 음절로 확대하는 문맥 활용 접근법(context utilization approach)을 제안하였다. 예를 들어, 마찰음의 유도를 위해 'watch, teach, reach, pitch'처럼 파찰음으로 끝나는 단어 뒤에 마찰음으로 시작하는 단어 'sun, sat, sea, soon'을 붙이는 방법을 소개하였다. 파열 후 마찰로 이어지는 파찰음에서 마찰 부분을 분리하면 마찰음이 유도될 수 있다는 원리에 따른 것이다.

Hoffman, Schuckers와 Daniloff(1989)도 습관으로 굳어진 잘못된 조음 동작을 바꾸려면 새로운 조음 동작을 세분화하여 자동화되도록 다양한 문맥에서 반복 연습해야 함을 강조하였다. 이들이 제안한 프로그램은 자극반응도 과제(stimulability task)와 연습(rehearsal)의 단계로 구성되어 있다. 자극반응도 과제에서 치료사는 다양한 방법을 동원하여 대상자에게 목표음에 대한 자극반응도를 만들어 주어야 한다. 이를 위해 정확한 말소리가 아닌 과장된 움직임으로 왜곡된 말소리를 모델링해 줄 수도 있다.

연습 단계에서는 무의미음절, 단어와 단어 짝, 문장, 이야기로 언어단위를 늘려 가며 목표음을 연습한다. 이 중에서 가장 강조되는 부분은 무의미음절 연습이다. 단어 내 다양한 위치에서 앞뒤에 오는 음운을 다양하게 조합하여 연습한다. 무의미음절 연습은 의미를 배제하고 말운동에만 집중하기 때문에 조음운동에 대한 통제력

표 14-2 다양한 모음의 겹자음 문맥에서 무의미음절 /ㄹ/의 연습 표

	라	러	로	루	르	리	래
알							
얼							
올							
울							
을							
일							
엘							

을 높일 수 있다. 〈표 14-2〉는 /ㄹ/를 다양한 모음의 겹자음 문맥에서 연습할 수 있는 무의미음절 연습 표이다. 두스피치 프로그램의 '무의미음절표 만들기'를 이용하면 다양한 모양의 연습 표를 쉽게 만들 수 있다.

단어 연습에서는 무의미음절에서 연습한 문맥과 연계하여 단어를 연습한다(〈표 14-3〉 참조). 앞서 제시한 것처럼 겹자음 문맥의 /ㄹ/에서 무의미음절을 연습했다면 '콜라, 벌레, 블록, 빨래, 볼링'과 같이 겹자음 문맥의 단어를 연계하여 연습한다. 그리고 비슷한 문맥의 다른 음소 단어와 함께 짝을 만들어 2어 조합으로 연습한다. 〈표 14-3〉에는 모음 사이에 /ㄹ/가 있는 단어와 모음 사이에 다른 음소가 있는 단어가 짝을 이룬 2어 조합이 제시되어 있다. 이러한 단어 짝 연습에서는 새로 학습한 말운동과 기존의 말운동을 변별적으로 수행하므로 말운동 대조를 확고히 할 수 있다.

문장 연습에서는 단어 연습에서 사용한 어휘를 이용한다. 치료사가 문장을 만들어서 따라 하게 하거나, 대상자 스스로 문장을 만들어서 자발적으로 표현하게 한다. 이야기 연습에서는 그림, 읽기, 연극 등의 자료를 사용하여 의사소통 상황에서 목표단어를 훈련한다. 학령전기 아동이라면 치료사가 이야기를 들려주면서 들려준 이야기 일부를 다시 말하게 할 수 있다. 예를 들어, 목표단어가 '생일'일 때 "오늘은 포키의 생일이야. 포키는 여섯 살이 됐어. 포키가 친구한테 말했어. '오늘은 내 생일이야!'. 포키가 뭐라 그랬다고?"라며 질문하는 것이다.

이 접근법은 다양한 문맥에서의 음절 훈련을 시작으로, 조음패턴을 자동화하고 습관화하는 과정을 강조한다. 또한 정조음이 촉진되는 문맥을 체계적으로 변형시

표 14-3 /ㄹ/의 단어 및 단어 짝 목록

	Vㄹ	VㄹㄹV	VㄹCV	VㄹV	VㄹV 단어 짝
아	칼	잘라	빨대	소라	하나 알아
어	벌	벌레	썰매	트럭	문어 물어
오	돌	콜라	볼펜	도로	독도 도로
우	물	눌러	물개	가루	자주 자루
으	글	블록	글자	이름	이름 있음
이	일	길러	일기	오리	자리 잡기
에	벨	헬리	앨범	고래	아래 앞에

켜 훈련함으로써 문맥 일반화를 도모한다. 이 치료법은 모방과 반복 산출이 강조되므로 오류에 일관성이 없는 대상자에게도 유용할 수 있다.

3) 비구어 구강운동 훈련

어떤 치료사는 비구어 구강운동 훈련(non-speech oral-motor training)을 조음 치료에 선행 또는 보조 활동으로 생각한다. 이 활동에는 조음기관(턱, 연구개, 입술, 혀)의 운동 범위 넓히기, 힘 기르기, 근긴장도 바꾸기, 운동 조절하기 등이 포함된다. 조음기관의 운동 범위를 넓히기 위해서는 입술을 최대한 앞으로 또는 옆으로 하거나 이 두 동작을 빠르게 반복하기, 혀를 최대한 좌우로 내밀거나 좌우로 빠르게 움직이기 등을 훈련할 수 있다. 조음기관의 힘을 기르기 위해서는 압력이 가해지는 설압자를 조음기관으로 밀어내기, 빨대로 빨아들이기, 피리 불기 등을 훈련할 수 있다. 조음기관의 근긴장도를 바꾸기 위해서는 진동 주기와 두드리기, 얼음으로 자극 주기와 마사지 등을 실시할 수 있고, 조음기관의 운동을 조절하기 위해서는 다양한 크기의 바이트 블록으로 턱 높이 인식시키기, 바이트 블록을 물어 턱을 고정한 상태에서 혀 운동하기 등을 훈련할 수 있다.

이러한 활동은 근육 약화가 동반된 다운증후군, 감각운동 문제가 있는 뇌성마비, 혀내밀기와 같은 구강근육기능장애에서 조음기관의 감각 및 운동 기능의 향상을 목적으로 흔히 사용된다. 그러나 구강운동 능력과 조음 능력 간의 관련성은 확실치 않으며 원인이 불분명한 말소리장애 대다수는 구강운동 훈련 없이 조음 치료가 가능하다. 발성 훈련만으로 말 산출이 가능해진 아동 중에는 언어 표현이 늘어도 여전히 피리를 불지 못하는 경우가 있고, 혀를 좌우로 움직이지 못하거나 혀 차기를 못하는 조음장애 아동이지만 유음 산출이 가능한 경우도 있다. 말소리장애의 특성과 무관하게 심한 말소리장애라고 해서 무조건 불기나 조음기관의 힘 기르기와 같은 비구어 운동이 필요하다고 여기는 것은 근거가 부족하다.

임상 노트 14-1 구어 구강운동 훈련

비구어가 아닌 구어로 구강운동을 할 수는 없을까? 잘 고안된 무의미음절을 이용하면 구어에 필요한 구강운동을 세분화하여 연습할 수 있다. 모음을 예로 들어 보자. 첫째, /에이/나 /아으/나 /오우/를 반복하면, 혀나 입술의 운동을 최소화한 상태에서 조음에 필요한 턱의 상하운동을 특정하여 연습할 수 있다. /에이/는 혓몸을 앞으로 한 상태에서, /아으/는 혓몸을 뒤로 한 상태에서, /오우/는 입술을 동그랗게 한 상태에서 턱의 상하운동을 연습할 수 있다. 둘째, /으우/를 반복하면 턱을 올리고 혀를 뒤로 보낸 상태에서 입술을 모으고 펴는 운동을 특정하여 연습할 수 있다. 셋째, /이으/나 /에어/를 반복하면 턱 높이를 고정한 상태에서 혓몸의 전후운동을 특정하여 연습할 수 있다. 이러한 무의미음절 훈련은 비구어 구강 운동과 달리 구어로 일반화될 가능성이 높다.

사실 모든 무의미음절 반복 훈련은 구어 구강 운동을 포함한다. /브/ 반복, /디/ 반복, /그/ 반복에는 턱은 고정하고 각각 입술을 붙였다 떼는 운동, 혓날을 치경에 붙였다 떼는 운동, 혓몸을 연구개에 붙였다 떼는 운동이 포함된다. /데/ 반복, /거/ 반복에는 턱을 올렸다 내리면서 각각 혓날을 치경에 붙였다 떼는 운동과 혓몸을 연구개에 붙였다 떼는 운동이 포함되고, /더/ 반복과 /게/ 반복에는 위 운동에 혓몸을 앞에서 뒤로 또는 뒤에서 앞으로 움직이는 운동이 추가되며, /너/ 반복과 /엥/ 반복에는 위 운동에 연구개를 내렸다 올리는 운동이 추가된다.

반복이 가능한 음절을 잘 분석하면 훈련이 필요한 구강 운동을 확인할 수도 있다. 예를 들어, /앋/의 반복은 [안]으로 비음화하면서 /앙/의 반복은 [악]으로 탈비음화한다면, 이는 턱을 위아래로 움직일 때 혓몸을 앞으로 하면 무조건 연구개가 내려가고, 혓몸을 뒤로 하면 무조건 연구개가 올라가는 구강 운동 패턴에 해당하므로, 혓몸의 전후 움직임과 연구개의 상하 움직임에 분화가 필요하다고 분석할 수 있다. 이 아동에게는 모음에 /ㄷ/를 결합한 음절 반복을 통해 혓몸을 치경에 붙이면서 연구개를 올리는 구강 운동을 훈련해야 하고, 모음에 /ㅇ/을 결합한 음절 반복을 통해 혓몸을 연구개에 붙이면서 연구개를 내리는 운동을 훈련해야 한다.

4) 잔존 오류와 장비의 사용

청소년이나 성인 중에는 특정 음소에 잔존 오류(residual errors)가 남아 있는 경우가 있다. 주로 파찰음, 마찰음, 유음의 조음위치나 조음방법에 왜곡을 보인다. 대표적인 조음위치 왜곡은 치간음화이고 대표적인 조음방법 왜곡은 설측음화이다. 운동조절의 결함이 왜곡된 산출을 일으켰지만, 왜곡된 산출 규칙이 내적으로 발달하여 고착되었을 수도 있다. 잔존 오류는 내용 전달에 큰 영향을 주지 않더라도 말소리가 상대방의 관심을 끌어서 사회생활에 지장을 초래하기도 한다.

잔존 오류는 일반적으로 운동 접근법으로 치료한다. 그러나 몇 개월의 치료로도 자극반응도가 생기지 않는 잔존 오류에는 움직임을 보여 주는 바이오피드백 기기를 사용할 수 있다. 바이오피드백 장치는 크게 마이크를 통해 입력된 음향 정보를 모니터에 시각적으로 보여 주는 음향적 바이오피드백 장치와 조음기관의 움직임을 직접 보여 주는 생리적 바이오피드백 장치로 나뉜다. 잔존 오류의 조음치료에는 주로 생리적 바이오피드백이 사용되는데 이를 제공하는 대표적인 장비로는 전기구개도(electropalatography)와 초음파 기기(ultrasound)를 들 수 있다. 전기구개도란 구개에 착용하는 전기 장치로, 혀가 장치에 닿으면 컴퓨터로 연결된 화면에 혀가 닿은 구개의 위치가 표시된다. [그림 14-1]은 전기구개도를 이용한 정중마찰음 치료 효

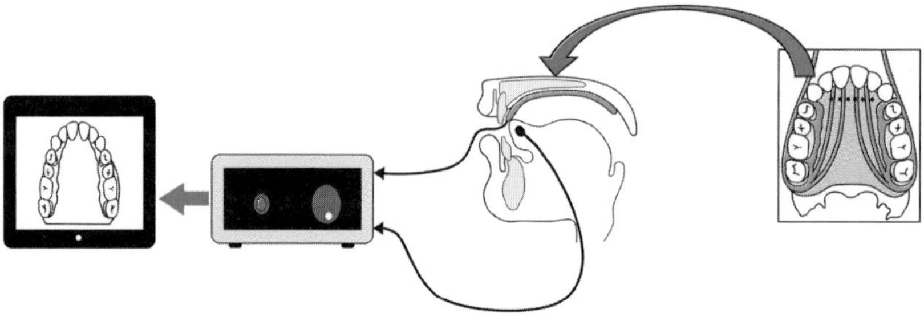

(ㄱ) 전기구개 장치

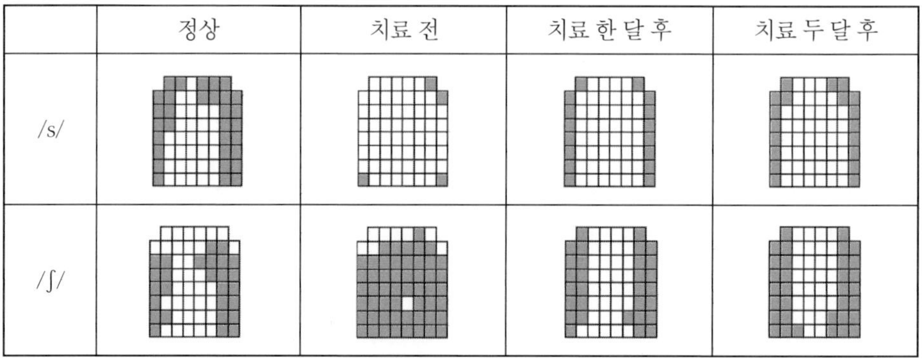

(ㄴ) 전기구개도를 이용한 정중마찰 자질의 치료 효과(Gibbon & Wood, 2010)

그림 14-1 전기구개 장치 및 전기구개도를 이용한 치료 효과

(ㄱ) 초음파 장치

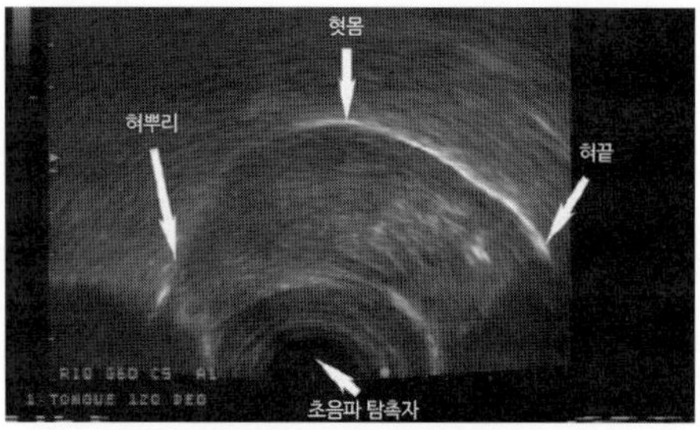

(ㄴ) 초음파 화면

(ㄷ) 초음파를 이용한 정조음과 오조음의 대조(Preston, Leece, & Maas, 2016)

그림 14-2 초음파 장치 및 초음파를 이용한 치료

과를 보여 주고 있다. 또한 초음파 기기는 초음파를 이용해 근육 등의 장기 구조를 보여 주는 장치로, [그림 14-2]와 같이 초음파 장치를 아래턱 부분에 대고 발음을 하면 실제 혀 모양을 볼 수 있다.

바이오피드백 치료는 목표 자질을 설명해 주면서 치료사의 정조음 시 피드백 모양과 대상자의 오조음 시 피드백 모양을 대조하여 확인시켜 주는 것부터 시작한다. 그리고 대상자에게 음소 산출 시 정조음의 모양과 같아지도록 노력하게 하고, 점차 바이오피드백 없이 정조음을 산출할 수 있도록 연습한다. 바이오피드백은 눈으로 직접 음파의 변화나 구강 안 조음기관의 움직임을 보면서 연습할 수 있다는 장점이 있다. 그러나 제작의 번거로움, 높은 가격, 기기를 능숙하게 다루는 기술 등이 필요하고, 말소리 단독이나 음절에서의 연습만 가능하고 연결된 말에서는 사용이 제한적이기 때문에 임상에서 대중적으로 사용되지는 않는다.

2. 언어 접근법으로 분류되는 치료법

1) 최소대립쌍 치료법

언어 접근법의 대표 치료법은 Weiner(1981) 등이 제안한 최소대립쌍 치료법(minimal pair contrast therapy)이다. 이 치료법에서는 한 음소만 다른 최소대립쌍을 이용하여 제대로 의사가 전달되려면 두 소리가 다르게 산출되어야 한다는 점을 인식시켜 주면서 조음 치료를 진행한다. 음운 대조는 대치 오류와 관련된 자질 대조일 수도 있고(예: '차'와 '타'), 생략 오류와 관련된 음절 구조 대조일 수도 있다(예: '배'와 '뱀', '코'와 '오', '이사'와 '의사').

최소대립쌍 치료법은 지각, 산출, 대조의 순서로 진행한다. 치료 진행을 위해서 훈련 단어를 4~8세트 정도, 그리고 한 단어마다 여러 장의 그림을 준비한다. 마찰음을 파찰음으로 대치하면 '실:칠', '색:책', '사:차', '소:초' 등의 그림을, 종성 양순음을 생략하면 '배:뱀', '타:탑', '사:삼', '가:감', '꺼:껌', '커:컵' 등의 그림을 준비한다. 대립쌍을 찾을 수 없다면, 무의미 단어를 특정 사물의 이름으로 부여할 수도 있다. 예를 들어, /어/와 /아/의 대조를 위해 '허리'의 대립쌍으로 강아지에 '하리'라는 이름을 붙여 이용할 수 있다. 또한 아동의 어휘 목록이 풍부하지 않다면 근접(near) 최소대립쌍을 이용할 수도 있다. 예를 들어, 종성을 생략하는 아동에게 '컵'과 '코'를 근접 대립쌍으로 이용할 수 있다.

지각 훈련에서는 최소대립쌍을 제시하고 각각의 그림이 무슨 단어를 나타내는지 알려 준 후, "선생님이 말하는 그림 골라 보세요. 소(또는 초)."라고 지시한다. 만약 아동이 두 소리의 차이를 잘 모른다면 다양한 방법으로 음소의 차이를 알려 주고 두 소리를 확실히 지각할 때까지 연습한다. 아동이 두 소리의 차이를 알게 되면, 한 쌍의 최소대립쌍 여러 장을 제시하고 치료사가 말하는 그림을 하나씩 제거하게 한다.

산출 훈련을 시작하려면 적어도 연습할 단어에서는 목표음을 산출할 수 있어야 한다. 그러므로 모방법, 조음지시법, 점진적 접근법 등 다양한 방법을 동원하여 먼저 단어에서의 자극반응도를 높여야 한다. 자극반응도가 낮은 상태에서 다음 단계인 대조 훈련을 하면 실패율이 높아져서 과제에 대한 회피가 많아질 수 있다.

대조 훈련에서는 최소대립쌍을 제시하고 "이번에는 네가 말하면 선생님이 고를게요."라고 지시하여 자발적 산출을 연습한다. 예를 들어, '소'를 [초]로 대치한다면 '소' 그림과 '초' 그림을 모두 제시하고, 아동이 '소'를 말할 때마다 치료사가 그림을 찾겠다고 한다. 만약 아동이 [초]라고 말하면 치료사가 '초' 그림을 가리키게 되므로 산출의 차이가 의미의 차이를 가져온다는 점을 인식하면서 산출 훈련을 하게 된다. 그다음으로는 최소대립쌍을 운반구에서 연습한다. 예를 들어, 제시된 그림을 하나씩 가리키면서 '○ 여깄다'라는 운반구에 넣어서 말하도록 한다. 마지막으로 쌍을 이룬 두 단어를 한꺼번에 연속적으로 말하도록 한다. 예를 들어, "선생님이 하는 말을 따라해 보세요. (해당 그림을 가리키면서) '초' '소'(또는 '소' '초')."라고 지시하여 모방으로 연습할 수도 있고, "초와 소 그림을 하나씩 고르면서 '초' '소'라고 말하세요."라고 지시하여 자발적으로 연습할 수도 있다. 최종적으로 대립쌍 단어를 자연스러운 속도로 연속적으로 말할 때 대조적 산출이 가능해야 한다. 두스피치 프로그램에서 '최소대립쌍 검색'을 이용하면 음성 표면형에 근거한 다양한 품사의 최소대립쌍을 쉽게 찾을 수 있다.

(1) 다양한 대비

최소대립쌍에서 대립되는 두 소리는 최소자질 대비(minimal opposition)일 수도 있지만, 최대자질 대비(maximal opposition)일 수도 있다. '뿔'과 '풀'은 발성유형만 다른 최소자질 대비에 해당하고, '뿔'과 '술'은 조음위치, 조음방법, 발성유형이 모두 다른 최대자질 대비에 해당한다.

최대자질 대비 훈련은 차이가 많이 나는 말소리 간의 대조를 이용하기 때문에 복잡성 접근법(complexity approach)이라고도 한다(Gierut, 1989). 복잡성 접근법에서는 파찰음을 파열음으로 대치하는 아동에게 /ㅊ/를 /ㅌ/와 대비하여 연습하는 것이 아니라 공명음인 /w, j, ㄹ, ㅁ/와 대비하여 연습한다. 비슷한 두 음소를 대조적으로 산출하는 대신 완전히 다른 두 음소를 대조적으로 산출하면, 학습가능성이 높을 뿐만 아니라 음운 체계 전반에 미치는 영향도 클 수 있다.

복잡성 접근법에서는 목표음과 대치음의 대비에 집중하는 최소대비와 달리, 아동의 말소리목록에 있는 비대치음을 목표음과 대비하기도 하고, 새로운 두 음소를 대비하기도 한다. 복잡성 접근법에서 첫 번째로 선택하는 대립쌍은 주요 부류자질이 서로 다른 공명음과 장애음의 대비 또는 조음위치, 조음방법, 발성유형이 모두 다른 대비이고, 두 번째로 선택하는 대립쌍은 공명음 또는 장애음 내에서 둘 이상의 자질이 다른 대비이며, 마지막으로 선택하는 대립쌍은 공명음 또는 장애음 내에서 한 자질만 다른 대비이다. 〈표 14-4〉에는 자질 대비의 개수 및 종류에 따른 1음절 최소대립쌍의 예를 모음과 자음으로 나누어 정리하였다.

자질 대비의 또 다른 변형은 다중 대비(multiple opposition)이다(Williams, 2000). 이는 하나의 음소와 다양한 음소를 동시에 대조하는 치료법이다. 이 치료법은 다양한 음소가 하나의 음소로 붕괴되는 심한 말소리장애를 위해 개발되었다. 예를 들어, 치경음과 경구개음 /ㅂ,ㅃ,ㅍ,ㄷ,ㄸ,ㅌ,ㅅ,ㅆ,ㅈ,ㅉ,ㅊ,ㅁ,ㄴ/를 모두 [ㄱ,ㄲ,ㅋ]로 발음

표 14-4 다양한 자질 대비와 1음절 단어 최소대립쌍의 예

<table>
<tr><th colspan="2">대비 자질 수</th><th colspan="2">대비 자질 유형</th><th>대립쌍의 예</th></tr>
<tr><td rowspan="7">모음의 자질 대비</td><td rowspan="3">1</td><td colspan="2">혀 높이</td><td>비:배, 삼:섬, 둘:돌</td></tr>
<tr><td colspan="2">혀 위치</td><td>벨:벌, 김:금</td></tr>
<tr><td colspan="2">입술 모양</td><td>글:굴, 섬:솜</td></tr>
<tr><td rowspan="3">2</td><td colspan="2">혀 높이+혀 위치</td><td>심:섬, 땜:뜸</td></tr>
<tr><td colspan="2">혀 높이+입술 모양</td><td>말:물, 탑:톱, 껌:꿈</td></tr>
<tr><td colspan="2">혀 위치+입술 모양</td><td>침:춤, 벨:볼</td></tr>
<tr><td>3</td><td colspan="2">혀 높이+혀 위치+입술 모양</td><td>김:곰, 벨:불</td></tr>
<tr><td rowspan="10">자음의 자질 대비</td><td rowspan="3">1</td><td colspan="2">발성유형</td><td>불:뿔:풀</td></tr>
<tr><td colspan="2">조음방법[1]</td><td>둘:술:줄, 왜:매, 반:발</td></tr>
<tr><td colspan="2">조음위치[2]</td><td>발:달, 뿔:꿀, 탈:칼, 문:눈, 용:왕, 삼:산:상(종성)</td></tr>
<tr><td rowspan="4">2</td><td colspan="2">조음위치+발성유형</td><td>달:칼, 불:꿀, 팔:딸</td></tr>
<tr><td colspan="2">조음위치+조음방법</td><td>밤:잠, 초:코, 발:방(종성)</td></tr>
<tr><td rowspan="2">조음방법+발성유형</td><td>장애음 내 대비</td><td>사:짜, 달:쌀, 똥:총</td></tr>
<tr><td>장애음과 공명음의 대비</td><td>불:물, 새:네, 밭:발(종성)</td></tr>
<tr><td rowspan="2">3</td><td rowspan="2">조음위치+조음방법+발성유형</td><td>장애음 내 대비</td><td>빵:상, 풀:줄</td></tr>
<tr><td>장애음과 공명음의 대비</td><td>빵:양, 칼:말, 닭:달(종성)</td></tr>
</table>

[1] 장애음 내에서 또는 공명음 내에서 조음방법이 다른 대립쌍으로 한정한다.

[2] 비음 내에서 또는 파열음 내에서 조음위치가 다른 대립쌍으로 한정한다.

하는 아동에게 '칼'과 '팔', '칼'과 '말', '칼'과 '탈', '칼'와 '쌀', '칼'과 '날', '칼'과 '잘' 등의 다양한 대조를 한 번에 치료한다. 이 접근법은 특정 대비에만 집중하지 않고 다양한 대비를 통한 음운 체계의 재조직에 초점을 둔다.

(2) 상위음운 치료법

최소대립쌍 치료법에 효과가 작았던 음운장애 대상자에게 상위음운 치료법(metaphone therapy)이 제안되었다(Howell & Dean, 1991). 이 치료법에서는 말소리 자체의 대조에서 나아가 말소리 지식의 대조를 강조한다. 즉, 목표음과 오조음이 각각 어떤 말소리인지 그 개념을 심어 주고, 최소대립쌍 중에서 각 개념이 들어간 단어를 찾는 훈련을 한다. 예를 들어, /w/를 [ㅁ]로 대치한다면, /w/는 입술을 붙이지 않는 소리이고 /ㅁ/는 입술을 붙이는 소리라는 조음에 대한 지식을 알려 준 후, '왜'와 '매'의 최소대립쌍을 제시하고 "입술을 붙이는(또는 '붙이지 않는') 소리로 시작하는 단어를 찾아보세요."라고 지시한다. 만약 마찰음을 파열음화한다면, 파열음은 터지는 소리, 탕탕 시끄러운 소리, 수도꼭지에서 물이 똑똑 떨어지는 소리 등으로 개념화할 수 있고, 마찰음은 바람이 빠지는 소리, 속삭이는 소리, 수도꼭지에서 물이 흐르는 소리 등으로 개념화할 수 있다. 이 치료법은 모방 시에는 자연스럽게 정조음하는데, 자발화에서는 오조음이 빈번한 아동에게 유용하다. 자신이 표현해야 하는 단어를 의미적으로만 생각하는 것이 아니라 어떤 소리 또는 동작으로 구성되어 있는지 생각하면서 말하게 하면, 자발화에서의 말소리 오류를 줄일 수 있다.

2) 주기 접근법

주기 접근법(cycles approach; Hodsen & Paden, 1991)이란 다양한 음운변동(오류패턴)을 보이는 명료도 저하가 심한 음운장애 아동을 대상으로, 명료도 저하에 영향을 미치는 3~4개의 음운변동을 주기적으로 치료하여 여러 음운변동을 동시에 점차적으로 없애는 치료법이다. 주기 접근법에서는 목표 진행 기준이 정반응률이 아닌 기간이다. 예를 들어, 초성 생략, 탈비음화, 연구개음의 전방화라는 3개의 음운변동이 목표라면, 2주간은 초성 생략(1주는 초성 /ㅃ/, 1주는 초성 /ㄸ/), 2주간은 탈비음화(1주는 /ㅁ/, 1주는 /ㄴ/), 2주간은 연구개음의 전방화(1주는 /ㄲ/, 1주는 /ㄱ/)를 치료하고,

이것을 하나의 주기로 하여 6주마다 반복하는 것이다. 대상자가 진전을 보였건 보이지 않았건 간에 몇 주가 지나면 목표 음운변동을 바꾸어 훈련한다.

주기 접근법은 다음과 같이 매 회기 동일한 활동으로 진행한다.

① 복습: 지난 회기에 훈련했던 단어를 복습한다.
② 듣기 활동: 이번 주에 연습할 10~12개 단어의 그림을 보여 주며, 1~2분간 청각적으로 목표 음소가 강조된 단어를 듣도록 한다.
③ 단어 카드 활동: 들려준 단어 중 이번 회기에 연습할 3~5개의 그림 자료를 보여주고 그림의 이름도 써 주면서 목표단어를 확인시킨다.
④ 산출 활동: 그림 붙이기, 그림에 색칠하기, 구조화된 놀이 등 아동이 흥미 있게 참여할 수 있는 체험적인 놀이를 통해 앞의 단어를 반복적으로 연습하게 한다. 아동이 잘못 발음하면 다양한 단서를 제공하여 수정하도록 한다.
⑤ 자극반응도 평가: 다음 회기에 연습할 단어의 자극반응도를 알아본다.
⑥ 듣기 활동: 회기 초반에 진행했던 목표 음소가 강조된 단어 듣기 활동을 다시 실시하며 회기를 마무리한다.
⑦ 음운 인식 활동: 향후 읽기장애가 예상된다면 음절 분절하기, 특정 음절로 시작하거나 끝나는 말 찾기와 같은 음운 인식 활동을 짧게 진행한다.
⑧ 가정 프로그램 안내: 보호자에게 집에서 들려주어야 할 단어 목록과 이번 회기에 연습한 단어를 알려 주고, 5분 이내로 매일 한 번씩 복습하도록 한다.

주기 접근법에서는 음운의 특정 위치나 유형별로 40% 이상의 출현율을 보이는 오류패턴을 목표로 정한다. 그리고 일차적 목표 패턴과 이차적 목표 패턴을 구분하였다. 우리말 음운 발달에 근거할 때, 일차적인 음운 목표에는 음절 생략하지 않기, 모음 정확히 산출하기, 초성 생략하지 않기(/ㄹ/ 제외), 초성 및 어말 종성의 조음위치 자질(양순성, 설정성, 설배성) 정확히 산출하기, 비음성 자질 정확히 산출하기, 발성유형 자질 정확히 산출하기가 포함될 수 있고, 이차적인 음운 목표에는 파찰음, 마찰음, 유음의 조음방법 정확히 산출하기, 자음 연쇄 정확히 산출하기가 포함될 수 있다.

주기 접근법에서의 치료목표는 음소의 정확한 산출이 아니라 오류패턴의 제거이다. 음소 차원에서 /ㅈ,ㅉ,ㅊ/를 [ㄲ]로 대치하는 연구개음화의 제거가 목표라면, /ㅈ,ㅉ,ㅊ/를 정확히 산출하지 못하고 [ㄸ]로 대치하더라도 연구개음화 제거라는 목표는 달성한 것이다. 즉, /ㅈ,ㅉ,ㅊ/가 가지고 있는 여러 자질 중 설정성 자질만 정확히 산출하면 된다. 음절 구조 차원에서 CVCV 단어에서 초성 생략의 제거가 목표라면, '모자'를 [보다]로 발음하더라도 초성 생략 제거라는 목표는 달성한 것이다.

이 치료법의 성공을 위해서는 훈련 단어를 주의 깊게 선정해야 한다. 특히 첫 주기에서는 성공률을 높이기 위해 자극반응도가 높은 촉진적인 음성 문맥의 1~2음절 단어를 선택한다. 긴 단어, 대치음이 들어간 단어, 동화를 유발하기 쉬운 단어는 피한다. 그리고 매 회기 목표단어들은 음운 문맥의 난이도를 비슷하게 조정하고, 2주기, 3주기, 4주기로 갈수록 문맥 난이도를 점차 올린다. 〈표 14-5〉는 어두 초성 생략, 탈비음화, 연구개음의 전방화가 목표 패턴일 때 문맥 난이도를 고려한 주기별 목표단어의 예이다.

주기 접근법은 1주에 60분 동안 한 음소를 10여 개의 단어에서만 집중적으로 훈련하고, 6~8개의 음소를 두세 달마다 주기적으로 반복한다. 이러한 진행은 아동의

표 14-5 문맥 난이도를 고려한 주기별 목표단어의 예

목표 오류패턴		어두 초성 생략		탈비음화		연구개음 전방화	
주차		1주	2주	3주	4주	5주	6주
목표 음소		ㅃ, ㅂ	ㄸ, ㄷ	ㅁ	ㄴ	ㄲ	ㄱ
1 주기	세부 목표	CVCV 자음 계열 동일		1음절 어두 초성		1음절 어두 초성	
	단어 예	삐뽀, 뽑아	띵똥, 뜯어	말, 물	네, 넣어 [너]	까, 꺼	가, 구
2 주기	세부 목표	CVCV 자음 계열 다름		2음절 어중 초성 한자음 단어		2음절 어중 초성 한자음 단어	
	단어 예	빨대, 빼 봐	두부, 또 빼	하마, 양말	하나, 안아	어깨, 약국	이거, 악어
3 주기	세부 목표	3음절 동일 음절 있음		2음절 어두 초성 비음 포함		2음절 어두 초성 양순음 포함	
	단어 예	빼빼로, 반바지	도토리, 닫았다	문어, 많아	나무, 네모	꿀벌, 꽃병	가방, 공부
4 주기	세부 목표	3음절 동일 음절 없음		2음절 어두 초성 장애음 포함		2음절 어중 초성 양순음 포함	
	단어 예	배불러, 불도저	두더지, 따뜻해	모자, 망치	나비, 나빠	배꼽, 바꿔	베개, 방구

자기감독 능력을 향상시켜 새로운 청각 및 운동 감각 이미지의 형성을 촉진한다. 특히 회기 순서가 잘 짜여 있어서 다양한 치료법에 활용할 수 있다. 매 회기 시작과 끝에 진행하는 듣기 훈련은 목표 음소의 인식에 유용하고, 산출 훈련 전에 진행하는 그림카드 제시는 목표단어의 인식에 유용하다. 주기 접근법은 회기 구성이 정해져 있어서 아동의 흥미를 유발하는 단어와 활동만 잘 선정하면 초보 임상가도 쉽게 접근할 수 있다.

3) 핵심어휘 접근법[1)]

Dodd 등(2005)은 비일관적인 음운장애(inconsistent phonological disorders)를 기능적 말소리장애의 하위 유형 중 하나로 분류하였다. 비일관적인 음운장애란 불안정한 음운 시스템으로 인해 동일한 문맥에서도 높은 비율로 단어나 음소를 비일관적으로 산출하는 유형이다. 이들에게는 전통적인 치료법이 효과적이지 않으며 핵심어휘 접근법(core vocabulary approach)을 시도해 보라고 제안하였다.

이 치료법의 가장 큰 특징은 음소의 정확한 산출이 아니라 단어의 일관된 산출이 목표라는 점이다. 이 치료법의 치료 절차는 다음과 같다. 우선 아동이 자주 사용하는 기능성이 높은 다양한 품사의 단어를 50개 이상 선택한다. 이 중에서 5~10개의 단어를 무작위로 고른 후, 대상자의 조음음운 능력을 고려하여 발달적 오류는 허용하고 최선의 발음으로 산출하게 지도한다. 예를 들어, 모음과 비음과 파열음을 정확히 산출하는 것이 최선의 발음이라면 '자동차'를 [다돈타]로 발음하도록 지도한 후, 매번 일관되게 산출하도록 일주일간 훈련한다. 주별 회기가 끝나면 훈련한 단어를 3회 산출하게 하여 일관성을 평가하고, 일관된 산출을 보이면 50개의 단어 목록에서 제외한다. Crossbie, Holm와 Dodd(2005)는 25개의 단어 중 40% 이상에서 비일관된 산출을 보이는 대상자에게 이 치료법을 주 2회씩 8주간 실시하여 산출의 일관성 및 자음정확도가 향상되는 결과를 얻었다.

1) 이 접근법은 산출에 초점을 두고 목표단어를 반복 훈련한다는 점에서 운동 접근법으로 볼 수도 있지만, 음운장애 치료를 위해 개발되었고 훈련 단위가 의미 단어이며 불안정한 음운 표상을 확고히 한다는 점을 고려하여 언어 접근법에 포함하였다.

4) 언어 기반 음운 치료

지금까지의 치료법이 개별 말소리나 오류패턴에서 시작해서 점차 언어단위를 늘려 가는 상향식(bottom-up) 음운 치료였다면, 지금부터는 상위에 있는 언어에 초점을 둔 치료를 통해 하위의 말소리 기술을 향상시키는 하향식(top-down) 음운 치료에 대해 알아보자.

(1) 언어 전반의 중재

Norris와 Hoffman(1990)은 음운은 언어의 한 측면이므로 어휘나 문장을 듣고 말해도 신경망이 재구성되어 음운 능력이 향상된다고 보았다. 아동 언어장애의 75%가 말소리장애를 동반하고 있듯이, 언어 영역 중 하나인 음운에 장애가 있으면 다른 언어 영역인 의미, 형태, 구문, 화용에도 오류가 있는 경우가 많다. 다양한 언어 영역에 문제를 동반한 아동에게 언어 전반의 중재(whole-language intervention)를 하면 동시에 다양한 영역의 진전을 기대할 수 있다.

이 치료법에서는 책보기 활동을 통한 대화식 이야기하기(interactive storytelling)를 제안하였다. 책을 이용하면 매 회기 동일한 언어 형태를 반복적으로 연습할 수 있고, 동일한 내용으로 언어의 난이도를 다양하게 변형시킬 수 있으며, 내용에 익숙해질수록 언어 부담이 줄어들기 때문에 음운에 더욱 집중시킬 수 있다. 처음에는 등장인물을 소개하고, 사건을 설명하고, 이야기의 결말을 제시해 주고, 그다음 아동에게 들은 이야기를 다시 말하도록 한다. 이때 부정확한 부분은 수정해 주고, 빠진 내용은 덧붙여 주고, 아동이 표현한 언어에 복잡성을 더해 주면서 발음을 연습한다. 이 치료법에는 특정 말소리가 반복되는 알파벳 그림책(alphabet storybooks)이 포함되어 있고, 말소리의 조음 동작과 글자를 연결해 주는 음소 얼굴 카드(phonic faces)와 어휘를 구성하는 글자의 연상을 도와주는 형태음운 단어카드(morphophonic faces)가 포함되어 있는 등 말소리 치료에 글자를 적극적으로 활용한다.

임상 노트 14-2 그림책을 이용한 말소리 연습

말소리를 연습할 때 어떤 그림책을 이용하는 것이 좋을까? 우리가 보편적으로 떠올릴 수 있는 명작 동화나 이솝 우화는 내용이 복잡해서 말소리 연습에는 바람직하지 않다. 또한 스토리 없이 명사만 나열된 아기책도 조음 치료를 받는 연령이 주로 3세 이후인 점을 고려할 때 아동의 흥미를 끌지 못하는 경우가 많다. 말소리 연습에는 어휘나 구문이 반복되지만 스토리가 있고 내용 확장이 가능한 그림책이 좋다.

언어 수준이 낮은 아동이라면 매 쪽에서 장면이 하나씩 바뀌어서 특정 단어나 문장을 반복할 수 있는 책이 좋다. 『응가하자 끙끙』『똑똑 문 열어』『내가 더 커』 등의 책으로 다양한 위치의 비음이나 파열음을 연습할 수 있다. 언어 수준이 높은 아동이라면 매 쪽에서 장면이 많이 바뀌어서 여러 단어를 반복할 수 있는 책이 좋다. 『빨간 끈으로 머리를 묶은 사자』와 같은 책은 '끈, 끊어' 단어를 반복하며 /ㄲ/를 연습할 수도 있고, '사자, ○○로, ○○려고 ○○하면, ○○했어'의 단어를 반복하며 이중모음, 파찰음, 마찰음, 유음을 연습할 수도 있으며, 동물 친구들이 각기 다른 방법을 시도하기 때문에 어휘나 구문 확장에도 활용할 수 있다. 한편, 과학책을 좋아하는 아동이라면 『우리 몸의 구멍』과 같은 책을 활용하여 '구멍'의 /ㅇ/을 연습할 수도 있다. 부록에는 말소리 치료에 유용한 그림책을 소개하였으니 참조하기 바란다.

(2) 자연스러운 중재

음운 치료의 최종 목표는 실제 의사소통 상황에서 구어 표현을 정확하게 전달하는 데 있으므로 최우선의 치료목표는 개별 말소리의 정확한 산출이 아니라 말 명료도의 향상이다. 따라서 치료사는 아동의 일상적이고 자발적인 의사소통 상황에 기초하여 상호작용을 하고, 아동의 불명료한 발화를 의미적으로 알아듣고 명료한 말소리로 재구성하여(recast) 들려주는 것이 중요하다(Camarata, 1993). 예를 들어, 아동이 인형에게 우유를 먹이면서 [우 어거]라고 말했을 때 이를 알아듣고 '우유, 머거'라고 명료하게 들려주는 것이다. 이러한 치료사의 반응은 아동에게 '네가 '우유 먹어'라는 언어 표현을 했구나. 이 상황에는 그 표현이 적절해.'라고 강화해 주면서, 동시에 '그런데 그 언어 표현에 해당하는 말소리는 [우유, 먹어]란다. 한번 따라 해 봐.'라고 수정해 준 것이다. 이러한 치료사의 피드백을 통해 아동은 자신의 언어 표현에서 말소리를 향상시키는 방법을 자연스럽게 배울 수 있다.

자연스러운 중재(naturalistic intervention)는 아동 중심 접근법이다. 즉, 치료사가 준비해 간 어휘나 문장으로 말소리를 연습하는 것이 아니라 아동이 표현한 어휘나 문장으로 말소리를 연습한다. 아동이 의도하지도 않은 언어로 말소리를 가르쳐 주기보다 아동이 의도했으나 불명료하여 전달력이 떨어지는 언어 표현에 대해 말소리를 가르쳐 준다면 매우 효과적으로 의사소통 능력이 향상될 것이다.

이 접근법에서 첫 번째로 필요한 치료사의 능력은 아동의 불명료한 언어 표현을 알아차리는 것이고, 두 번째로 필요한 치료사의 기술은 알아차린 언어 표현을 아동의 언어 수준에 맞는 형태로 명료하게 모델링하는 것이다. 이를 위해서는 아동 언어 발달이나 오류 말소리에 대한 상당한 경험이 필요할 뿐만 아니라 대상 아동이 어떤 상황에서 어떤 생각을 즐겨 하는지도 알고 있어야 한다.

이 접근법에서 치료사가 지양해야 할 행동 중 하나는 자신이 알아들은 내용을 질문 형식으로 모델링하는 것이다. 아동이 인형에게 우유를 먹이는 상황에서 [우 어거]라고 말했을 때 "우유 먹어?"라고 끝을 올려 모델링하면, 아동은 발음이 아닌 언어 표현에 대한 피드백인 것으로 받아들여 "네."라고 답하게 되고 '우유 먹어'를 명료하게 표현할 필요성을 못 느끼게 된다. 따라서 아동의 발화를 명료하게 재구성할 때는 질문이 아닌 서술 형식으로 모델링을 해 주어야 한다.

아동 중심 접근법은 의사소통에 미치는 긍정적인 영향이 지대함에도 불구하고, 치료사의 잘못된 운용으로 내용 없이 시간을 보내는 것으로 오해를 받기도 한다. 이러한 오해를 받지 않으려면 이 아동에게 왜 아동 중심 접근법이 필요한지, 아동 중심 접근법에서 치료사가 어떤 결과를 바라고 무엇을 하고 있는지를 분명하게 알고, 보호자에게 이를 설명할 수 있어야 한다.

(3) 형태구문 중재

형태구문 중재(morphosyntax intervention)에서는 문법 형태소에서의 음운 오류를 치료한다. 문법 형태소는 문장 성분 간의 관계를 알아야 정확한 표현이 가능하기 때문에, 언어에 기반을 둔 말소리 치료법이라고 할 수 있다. 문법 형태소에서의 음운 오류를 특별히 형태음운 오류라고 하는데, 문법 형태소가 풍부한 우리말에서는 치료를 통해 실질 형태소에서 특정 자질이 확립되어도 문법 형태소에서 말소리 오류가 남아있으면 정확한 의사전달이 어려워진다.

Tyler, Lewis, Haskill과 Tolbert(2002)는 형태음운 치료에 다음의 세 가지 요소를 포함하였다. 첫째, 청각적 인식이다. 책과 노래 등을 이용하여 문법 형태소에 들어 있는 음운을 청각적으로 인식시킨다. 예를 들어, 주격조사 '가'에 대한 오조음 수정이 목표라면, '내가 더 커'라는 문장이 반복되는 그림책을 이용해서 '내가 더 커'의 '가'에 /ㄱ/ 음소가 있음을 인식시킨다. 둘째, 집중 자극이다. 목표 문법 형태소가 들어가는 적절하고 기능적인 짧은 문장의 예를 집중적으로 들려준다. 확장, 부연설명, 거짓 주장 등을 통해 목표 문장을 여러 번 반복해서 들려준다. 예를 들어, "이 생쥐가 더 커? 아니야. 이 강아지가 더 커. 강아지가 나타나서 '내가 더 커'라고 그랬어."와 같이 다양한 방법으로 주격조사 '가'를 여러 번 강조해서 들려준다. 셋째, 언어의 표현이다. 선택 질문, 문장 완성, 준비 장치 기법 등을 이용하여 점차 덜 구조화된 상황에서 목표 언어 형태를 연습하도록 한다. 예를 들어, "생쥐가 더 커, 강아지가 더 커?" "누가 더 커?" "강아지가 나타나서 뭐라고 그랬어?" 등의 질문을 통해 자연스러운 상황에서 주격조사 '가'를 표현하도록 한다.

3. 아동 말실행증을 위한 중재

아동 말실행증은 말소리 산출의 계획에 어려움을 보이는 신경학적인 장애로, 산출의 정확성과 일관성이 떨어지는 증상이 주된 문제이다. 이 장애는 본질적으로 신경학적인 문제이기 때문에 마비말장애와 같은 신경운동장애나 취약X증후군과 같은 신경행동장애를 동반할 수 있다. 언어 측면에서 수용 언어보다 표현 언어가 현저히 떨어지고, 언어의 다양한 하위 요소를 연결하지 못하는 어려움을 보이며, 읽기 및 쓰기 문제가 증가할 위험이 있다. 또한 의사전달의 어려움으로 사회성이나 행동에도 문제를 보일 수도 있다.

1) 아동 말실행증의 평가

아동 말실행증의 평가는 다른 말소리장애의 평가와 크게 다르지 않지만, 특별하게 살펴봐야 하는 내용도 있다. 어린 아동이라면 섭식 내력을 확인해야 한다. 말실행증 아동은 삼킴 문제는 없었지만 잘 씹지 않았다는 보고가 많다. 구강기제 검사에서는 조음기관 움직임의 강도, 긴장도, 안정성을 관찰해야 한다. 입을 벌릴 때 턱을 앞으로 내미는 것 같은 특이한 행동을 하는지 등도 살펴봐야 한다. 구강 운동 기술을 알아볼 수 있는 교대운동 검사는 말실행증 평가에 매우 유용하다. 말실행증은 음소의 순차적인 전이 과정에서 역동적이고 중첩적인 운동이 어려우므로 동일 음절의 반복보다 다른 음절의 반복 능력이 현저히 저하될 수 있다.

조음 평가는 언어 복잡성을 다양화하여 위계적으로 진행해야 한다. 대화나 이야기하기에서의 연결발화는 물론이고, 1음절 단어와 다음절 단어의 이름대기, 길이가 다른 단어나 문장의 따라 말하기도 실시하여 음운 복잡성에 따른 수행의 차이를 검사해야 한다. 조음 분석은 언어 표현이 제한된 때는 독립 분석을, 그렇지 않은 때는 관계 분석을 실시하는데, 특히 산출의 일관성을 평가하기 위해 말 표본에서 여러 번 표현된 단어의 발음을 주의하여 살펴봐야 한다. 또한 운율 문제도 자세히 알아봐야 할 요소이다. 이들은 발성기관과 조음기관의 조정이 원활하지 않아서 조음 동작을 하면서 음도나 강도나 길이에 변화를 주기가 어렵고 발성유형의 조절도 쉽지 않다.

최근 출시된 '조음음운 프로파일'(하승희, 김민정, 서동기, 피민경, 2021)은 아동 말실행증의 증상을 살펴보기에 유용한 검사이다. 조음기관 기능 검사에서는 한 가지 운동 및 조음교대운동뿐만 아니라 기존 검사에는 없었던 두 가지 연속운동에 대한 검사도 실시할 수 있다(예: "미소를 지었다가 혀를 내밀어 보세요."). 단어 검사에도 길이에 따른 수행력 차이를 보기 위해 1음절 단어 검사와 다음절 단어 검사가 따로 제시되어 있고, 음절 수가 증가된 단어 모방과제(예: 피-피자-피자집, 방-가방-아가방)가 포함되어 있으며, 일관성 평가를 위해 22개의 단어 검사를 3회 실시하는 내용도 들어 있다. 마지막으로 연결발화 검사는 숫자 세기와 정경화 서술하기 과제를 모두 포함하고 있어서, 자동 구어와 의도적 구어에서의 수행력 차이를 살펴볼 수 있고, 운율을 평정하는 항목도 포함되어 있다.

2) 아동 말실행증의 치료

아동 말실행증은 전통적인 치료 접근법으로는 잘 치료되지 않는다. 음소가 아닌 음소의 연결이 중요한 이슈이기 때문이다. 아동 말실행증의 치료에서 중요한 요소는 목표어의 기능성과 말 산출의 단위이다. 이들은 주로 심한 명료도 저하를 보이기 때문에, 대상자마다 자주 사용하는 기능적 어휘나 문장을 선정하여 이를 명료하게 발음하는 데 집중해야 한다. 또한 이들은 음소나 음절 연결에 어려움을 보이므로 음소 배열을 고려하여 1음절 단어에서 시작하여 2음절 단어나 구, 3음절 단어나 구로 치료를 진행해 나가야 한다. Murray, McCabe와 Ballard(2014)는 문헌 고찰을 통해 준실험설계 연구에서 아동 말실행증에 효과가 있다고 보고된 치료법을 다음과 같이 정리하였다.

역동적 시각 및 촉각 단서법(Dymanic Temporal and Tactile Cuing: DTTC; Strand & Skinder, 1999)은 통합 자극법(integral stimulation)이라고도 하는데, 성인 말실행증의 치료를 아동에게 적용한 것이다. 이 치료법의 목표는 항목을 정상적인 말속도와 운율로 정확하게 조음하는 것이다. 처음에는 즉각 모방 상황에서 이 목표를 수행하도록 한다. 정상 속도에서 모방이 어렵다면 느린 속도에서 모방하도록 하고, 느린 속도에서도 정조음이 어렵다면 촉각 등의 다양한 단서를 동원하여 조음기관(턱, 입술, 혀)의 정확한 움직임을 알려 준다.

말속도를 늦추고 단서를 제공하여도 즉각 모방이 어렵다면, 치료사와 동시에 말하도록 하여 발성 및 조음 동작을 촉구한다(simultaneous imitation). 동시에 말하는 상황에서 말 산출이 유도되면, 점차 치료사의 음성 및 시각 단서를 줄여 즉각 모방할 수 있도록 한다. 즉각 모방에서 목표가 달성되면, 지연 모방 상황에서 목표를 수행하도록 한다. 지연 시간을 1초, 2초, 3초로 점차 늘리고, 지연 모방에서도 정상적인 말속도와 운율로 정확한 조음이 가능해지면, 이름대기나 질문에 답하기 등의 자발적 상황에서 목표를 수행하도록 한다.

빠른 음절전이 치료법(Rapid Syllable Transition Treatment: ReST; Ballard, Robin, McCabe, & McDonald, 2010)은 아동이 산출할 수 있는 음절을 무작위로 조합하여 3~4음절의 무의미 단어를 만들고, 이를 다양한 운율로 빠르게 모방하는 것을 목표로 한다. 예를 들어, 아동이 /바/와 /디/와 /거/를 산출할 수 있다면, /바디거/나 /디바거/ 등의 무의미 단어를 만들고 /바/를 길고 강하게, /디/를 길고 강하게, 또는 /거/를 길고 강하게 하여 빠른 속도로 모방하게 한다. 이 치료법은 부적절한 강세를 보이는 말실행증 아동에게 유용하게 사용할 수 있다.

목표음 구강근육 재건법(Prompts for Restructuring Oral Muscular Phonetic Targets:

PROMPT; Chumpelik, 1984)은 특정 음소와 연계된 촉각 단서를 이용하는 것이 특징이다. 치료사는 손으로 아동의 얼굴에 직접 물리적 단서를 제공하며 해당 동작이 산출되도록 촉구한다. 음소마다 턱 높이, 입술 모양, 혀 높이와 위치, 근육 긴장도, 수축 시간, 기류 조절 등을 알려 주는 특정 촉각 단서가 정해져 있으며, 이를 배우기 위해서는 교육 프로그램에 등록하여 연수를 받아야 한다. 그 밖에 글자를 이용하는 통합적 음운 인식 중재(Integral Phonological Awareness Intervention: IPAI; Moriarty & Gillon, 2006)도 아동 말실행증 치료에 사용된다.

Murray 등(2014)에 언급되지는 않았지만, 1994년에 영국 런던의 왕립 이비인후과 병원에서 개발된 너필드 센터 실행증 프로그램(Nuffield Center Dyspraxia Programms: NDP; Williams & Stephens, 2004)도 운동 계획에 결함을 보이는 대상자에게 유용한 치료 프로그램이다. 음소 단계에서는 시각・촉각・운동감각 단서, 언어적 설명, 문맥 등 다양한 방법을 총동원하여 모음과 자음을 유도하고(예: 아, 이, 오, ㅁ), 음소 전이를 위해 서로 다른 소리를 번갈아 산출하는 연습을 한다(예: 아, 이, 아, 오, 아, ㅁ). 단어 단계에서는 두 음소를 천천히 이어서 1음절 단어를 유도하고(예: ㅁ+애, ㅁ+아, ㅁ+오, ㅁ+이), 음절 전이를 위해 서로 다른 1음절 단어를 번갈아 산출하는 연습을 한 후(예: 매, 마, 매, 모, 매, 미), 같은 음절을 반복하거나 다른 두 음절을 천천히 연결하여 2음절 단어를 유도하고 연습한다(예: 맘마, 맴매, 하마 [아마], 이모, 많이 [마이],

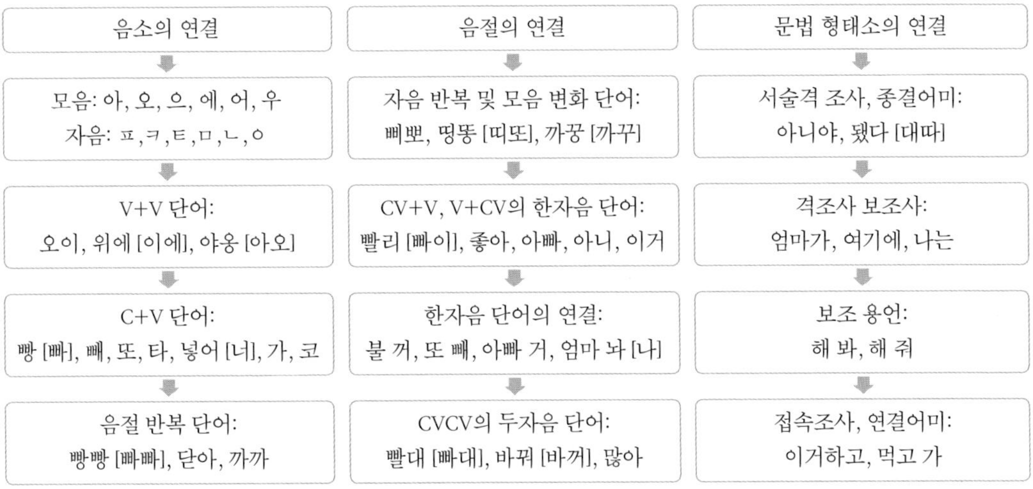

그림 14-3 음절 배열을 고려한 치료의 실제

매미). 문장 단계에서는 음소 생략 없이 일관되게 정상적인 운율로 문장을 산출하는 것이 목표이다. 1음절어 두 단어 조합(예: 배 타, 또 가), 2음절어 두세 단어 조합(예: 바다 봤어, 바다 많이 봤어), 3음절어 두세 단어 조합(예: 막대기 주세요, 빨간색 막대기 주세요) 순서로 문장 길이를 늘여 가면서 연습한다. [그림 14-3]은 발성 의사표현도 활발하고 언어 이해도 정상 범주인 3세 말실행증 의심 아동에게 음소 및 음절 배열을 고려한 1년간의 언어치료 과정이다.

다음은 Ruscello(2008)가 제시한 아동 말실행증을 위한 치료의 기본 원리이다.

- 다양한 상황에서 지속적인 상호작용을 통해 아동의 욕구를 충족시켜 주어야 한다. 발성이나 몸짓으로 표현되는 아동의 의사소통 시도를 알아차리고, 적절한 언어 모델을 제공해야 한다.
- 발성이 꾸준히 산출되고 초기에 발달하는 모음이나 자음이 산출되면, 이 음소들을 다양하게 조합하여 새로운 음절을 산출하도록 해야 한다.
- 다양한 언어단위에서의 연습을 강조하는 운동 접근법이 권고된다. 단순한 음절 형태에서 복잡한 음절 형태로 확대한다.
- 필요하다면 언어, 읽기 및 쓰기, 음운 인식 등을 치료 활동에 넣어야 한다.
- 청각적 변별 훈련만으로는 문제를 해결할 수 없다.
- 주 3~5회의 집중치료가 필요하다.
- 집에서의 연습이 치료에 중요한 부분을 차지하지만, 양육자가 원할 때만 과제를 내준다.
- 우선되는 치료목표는 정확도가 아닌 명료도 달성이다. 명료도 향상을 위해 운율을 고려해야 한다. 훈련 과정에 리듬, 억양 등을 체계적으로 적용해야 한다.
- 연습 항목의 수를 제한하여, 각 회기마다 각각의 항목을 집중적으로 연습해야 한다. 동일 항목을 다양한 상황에서 다양한 상대방과 연습한다.
- 청각뿐 아니라 시각, 촉각 단서를 함께 제공할 필요도 있다. 보완대체 의사소통 기구를 사용할 수도 있다.
- 음운 배열을 고려해야 한다. 1음절 단어 2개를 연결하여 2음절 단어를 유도한다(예: 가+방. 나+무, 떡+국).

임상 노트 14-3

마비말장애의 호흡, 발성 및 조음 치료

조음과 운율에 문제를 보이는 말실행증과 달리, 마비말장애는 호흡과 발성에도 문제를 보인다. 이들의 호흡과 발성 조절을 위해서는 자세부터 바로잡아야 한다. 만약 과도한 긴장이나 불수의적 움직임으로 기류 조절이 어렵다면, 흉곽의 버팀대 지원이 필요할 수 있다. 그리고 기류 생성이 가능하다면 기류의 양을 늘릴 것이 아니라 언어 표현 시 기류를 효율적으로 사용하도록 훈련해야 한다. 즉, 날숨과 동시에 발성을 시작해야 하고, 성대를 적당히 좁혀 적당한 강도로 발성해야 하며, 발화가 끝날 때까지 좋은 발성을 유지해야 한다. 또한 강도나 음도가 변해도, 모음 산출을 위해 턱이나 혀나 입술의 모양이 바뀌어도, 다양한 조음방법(비음, 파열음, 마찰음, 파찰음)의 자음을 산출할 때도 불필요한 기류의 손실이 없어야 한다. 발화의 강세 등을 조절하고 언어적 경계, 언어 복잡성, 강도, 음소 유형, 발성유형 등에 따라 기류 조절 패턴도 달리해야 한다.

그러므로 단순하게 크거나 길게 발성하기만 연습할 것이 아니라 언어 표현 시 기류를 조절하는 훈련을 해야 한다. 이를 위해 다양한 강도나 음도로 발성하기, 다양한 종류의 음절을 반복할 때 기류 조절하기가 도움이 될 수 있다. 예를 들어, 3음절의 2어 조합을 명료하게 표현하기가 목표라면, '도도미~ 도도레~' 음계와 박자로 다양한 음절을 반복한다(예: 바바바~ 바바바~). 그리고 '바람이 불어요, 다음에 뜯어요, 고기를 구워요, 잠자리 잘 자요, 머리를 말려요, 누나가 내려요' 등 다양한 조음위치와 조음방법의 3음절어 2어 조합 문장을 고안하여, 음절의 그룹 짓기와 음도 변화를 고려하면서 기류 조절과 기류 변형을 훈련할 수 있다.

부록 14-1 말소리 치료에 활용하기 좋은 책 목록

책 제목	저자	출판사
10까지 셀 줄 아는 아기염소	알프 프료이셀	한림출판사
간식을 먹으러 온 호랑이	주디스 커	보림
개구리의 낮잠	미야니시 타츠야	시공주니어
거미가 줄을 타고 올라갑니다	조미자	시공주니어
괜찮아	최숙희	웅진주니어
그건 내 조끼야	나카에 요시오	비룡소
꼬리가 있으면 좋겠어	정재원	보림
나의 크레용	죠 신타	보림
난 자동차가 참 좋아	마가릿 와이즈 브라운	비룡소
낮잠 자는 집	오드리 우드	보림
내 모자 어디 갔을까?	존 클라센	시공주니어
내가 더 커	경혜원	한림출판사
내가 최고야	루시 커진즈	시공주니어
노란책	타카노 후미코	북스토리
누가 숨겼지	고미 타로	비룡소
누구 그림자일까?	최숙희	보림
누군가가 있나 봐	고미 타로	시공주니어
다음엔 너야	에른스트 얀들	비룡소
달가닥 쿵! 덜거덕 쿵!	팻 허친스	국민서관
도깨비를 빨아버린 우리 엄마	사토 와키코	한림출판사
또르의 첫인사	토리고에 마리	베틀북
마법 침대	존 버닝햄	시공주니어
모자 사세요	에스퍼 슬로보드키나	시공주니어
무엇이 무엇이 똑같을까	이미애	보림
물고기가 좋아	마가릿 와이즈 브라운	보림
바람이 불었어	팻 허친스	시공주니어
뱀이 좋아	황숙경	보림
빨간 끈으로 머리를 묶은 사자	남주현	길벗어린이
상처딱지	야규 겐이치로	한림출판사
세모	맥 바넷	시공주니어

소리치자 가나다	박정선	비룡소
수박수영장	안녕달	창비
쉿쉿	김춘효	비룡소
시리동동 거미동동	권윤덕	창비
싹싹싹	하야시 아키코	한림출판사
아기오리 열두 마리는 너무 많아	채인선	길벗어린이
아주 아주 큰 고구마	아까바 스에끼찌	창비
안아 줘	제즈 앨버로우	웅진닷컴
앗! 따끔	국지승	시공주니어
야, 비 온다	이상교	보림
어디 갔다 왔니?	마가릿 와이즈 브라운	논장
왜냐면	안녕달	책읽는곰
우리 몸의 구멍	허은미	길벗어린이
응가하자 끙끙	최민오	보림
이건 막대가 아니야	앙트아네트 포티스	베틀북
이건 상자가 아니야	앙트아네트 포티스	베틀북
자꾸자꾸 시계가 많아지네	팻 허친스	보물창고
자장자장 잠자는 집	유리 슐레비츠	웅진주니어
작은 기차	마가릿 와이즈 브라운	웅진주니어
잘자요 달님	마가릿 와이즈 브라운	시공주니어
잡아라, 잡아라	백주희	보림
장바구니	존 버닝햄	보림
짖어봐 조지야	줄스 파이퍼	보림
창문으로 넘어온 선물	고미 타로	비룡소
초록책	고미 타로	달리
코끼리와 버릇없는 아기	엘프리다 비퐁	보림
코를 킁킁	루스 크라우스	비룡소
타조는 엄청나	조은수	웅진닷컴
하마의 가나다	최승호	비룡소
한입만	경혜원	한림출판사
한입에 덥석	키소 히데오	시공주니어
할머니집 가는 길	마가릿 와이즈 브라운	비비아이들

제15장

말소리 유도의 실제 및 치료보고서 작성

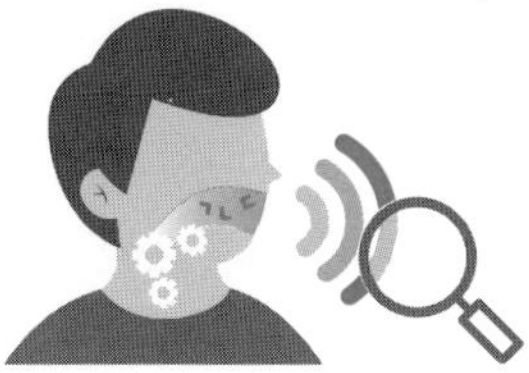

이 장에서는 우리말 자질의 유도에 사용할 수 있는 구체적인 조음지시법이나 점진적 접근법을 살펴보겠다. 같은 음소라도 어떤 오류를 보이는지에 따라서 음소 유도 방법이 달라지므로, 적용 가능한 오류패턴을 함께 제시하였다. 번역서에도 음소 유도법이 나와 있지만, 우리말과 영어 음소는 음성학적으로 달라서 이를 그대로 적용할 수는 없다. 예를 들어, 우리말의 [시]와 영어의 [si]가 다르고 우리말의 [라라]와 영어의 [lala]도 다르다. 또한 우리말은 영어와 음운 체계 및 음절 배열 제약이 달라서 점진적 접근법이나 문맥 활용법도 그대로 사용할 수 없는 예가 많다.

마지막으로 이 장의 뒷부분에는 치료보고서의 예를 제시하였다. 기관마다 보고서의 양식은 다르지만, 기본적인 내용은 비슷할 것이다. 학교 실습 시에 배우는 치료보고서 양식은 너무 자세해서 정작 임상에 그대로 적용하기는 어렵다. 여기서는 실제로 임상에서 사용한 간단한 치료보고서의 예도 함께 제시하였다.

1. 말소리 유도의 실제

1) 모음의 유도

모음은 연구개를 올려 비강 통로를 닫고 성대를 진동시키는 구강 공명음으로, 구강의 중앙 통로로 기류를 내보낸다. 그리고 구강 개방 정도, 혀 위치, 입술 모양으로 구강에서 기류를 변형하여 만든 소리이다. 구강 개방 정도에 가장 큰 영향을 미치는 조음기관은 턱으로, 턱의 높이를 기본으로 하고 혀의 높이를 조절하여 구강 개방 정도를 만든다. 턱을 최대한 아래로 내리면 /아/가 되고, 혓몸을 최대한 앞으로 하면 /이/가 되며, 입술을 최대한 동그랗게 하면 /우/가 된다.

그런데 구강 개방 정도, 혀 위치, 입술 모양은 서로 상호작용한다. 첫째, 입술 모양을 옆으로 당기면 혀 위치가 앞으로 오고, 입술 모양을 앞으로 모으면 혀 위치가 뒤로 간다. 고모음 /이, 으, 우/를 순서대로 발음해 보면 입술은 뒤에서 앞으로 오고, 혀는 앞에서 뒤로 간다. 중모음 /에, 어/를 비교해도 이러한 상호작용을 느낄 수 있다. 둘째, /아/를 기준으로 점점 턱을 올리면서 입술을 옆으로 펴면 /아, 에, 이/가 차례로 산출되고, 입술을 앞으로 모으면 /아, 어, 오, 우/가 차례로 산출된다. 모음의 치료 원리는 세 요소의 상호작용을 이해하고 모방도가 높은 요소로 다른 요소를 유도하는 것이다.

- 턱 높이 조절에 실패하여 중모음인 /에/나 /어/를 저모음인 [아]로 대치하는 아동이라면, 입술 모양이나 혀 위치를 조정하여 중모음 유도를 시도할 수 있다. /에/는 입술을 옆으로 펴서 혀를 앞으로 오게 하고, /어/는 입술을 앞으로 모아서 혀를 뒤로 보내게 한다.
- 혀 위치 조절에 실패하여 후설모음 /으/를 전설모음 [이]로 대치하거나 후설모음 /어/를 전설모음 [에]로 대치하는 아동은, 만약 입술 모양에 대한 모방도가 좋다면 입술을 앞으로 향하게 해서 혀를 뒤로 보낼 수 있다.
- 구강의 중앙에 통로를 만들지 못하고 입술이나 혀로 구강 통로를 다 막아 버리면, 연인두문을 열어 비강에서 기류를 울리는 후비강음화 오류가 생기게 된다.

이때는 턱을 좀 더 내리면서 말하게 하면 입술이나 혀로 구강 통로를 막지 않을 수 있다.

- 혀의 정중이 위로 불룩해져서 입천장에 닿으면 기류가 구강의 측면으로 흐르는 설측음화 오류가 생기게 된다. 이때는 혀를 옆으로 펴서 혀 측면은 어금니에 붙이고 혀 정중은 낮추면서 발성하는 훈련이 필요하다.
- 모음 앞에 자음을 첨가하는 오류도 궁극적으로는 모음 오류이다. 모음은 처음부터 구강 통로가 개방되어 있어야 하는데, 발화 시작 부분에서 구강을 막았다가 개방하면 모음 앞에 자음이 첨가된다. 이때는 발화 시작 부분에서 구강을 막는 동작을 억제시켜야 한다. 이를 위해 모음 앞에 /ㅎ/를 넣어서 말하도록 할 수 있다. CV의 모음을 길게 할 때 CV– V–– 처럼 중간에 기류를 강하게 하는 훈련을 한 후에, 앞부분의 CV는 빼고 뒷부분의 V–만 산출하도록 할 수도 있다.

2) 조음위치의 치료

(1) 연구개음(설배성 자질)의 유도

연구개음 /ㄱ,ㄲ,ㅋ,ㅇ/은 혓몸을 전체적으로 뒤로 하고 뒤쪽 혓등을 연구개에 붙여서 발음하는 소리이다. 연구개음의 대표적인 조음위치 오류는 전방화로, 치경음 [ㄷ,ㄸ,ㅌ,ㄴ] 또는 경구개음 [ㅈ,ㅉ,ㅊ]로 대치하거나 구개음화된 [ㄱ,ㄲ,ㅋ,ㅇ]으로 왜곡하는 증상을 보인다.[1] 연구개음을 전방화하는 정도는 정조음 문맥 없이 모든 연구개음을 전방화하는 경우, 종성 연구개음은 정조음하고 초성 연구개음만 전방화하는 경우, 후설모음 문맥에서는 정조음하고 전설모음 문맥에서만 전방화하는 경우로 다양하다. 전방화 오류 외에, 생략하거나 성문음으로 대치하는 오류, 양순음으로 대치하는 오류도 종종 관찰된다. 전방화는 전설모음 문맥에서, 생략이나 성문음화는 저모음이나 중모음 문맥에서, 양순음화는 원순모음 문맥에서 더 빈번하게 나타난다. 연구개음 유도를 위해서는 다음과 같은 방법을 활용할 수 있다.

1) 연구개음을 구개음으로 왜곡하면 연구개음에 활음 /j/가 첨가된 형태를 보인다(예: 가위 → [갸위], 고기 → [교기]).

- 전방화 오류가 있으면 혀를 뒤로 보내는 동작에만 집중하기 쉽다. 그러나 혀를 뒤로 보내기 위해서는 먼저 구강이 개방되어야 한다. 구강이 폐쇄되어 있으면 뒤쪽 혓등을 연구개에 붙이기가 어렵다.
- 구강 개방을 유지하고 혓날을 구개에 대지 못하도록 하기 위해 구강 앞쪽에 혓날 위로 설압자를 세워 끼워줄 수 있다.
- 구강을 개방한 상태에서 혓등을 올리는 대신 혀끝을 말아 올리지 않도록 주의해야 한다.
- 단, 구개가 비정상적으로 높은 아동의 경우 구강 개방을 너무 강조하면 뒤쪽 혓등이 연구개에 닿기 어려워지므로, 연구개음 산출 시 턱 올림 동작을 허용해야 한다. 이때는 혓날이 올라가지 않도록 훈련하는 것이 중요해진다.
- "혀 뒤를 입천장에 붙이세요."라는 지시와 함께 독립음으로 /(어)ㅇ/나 /(어)ㄱ/ 소리를 내도록 한다. 혓몸이 구강의 뒤로 갈 수 있도록 구강에 손가락을 넣어 혓몸을 뒤로 미는 듯한 동작을 같이 할 수 있다.
- 뒤쪽 혓등의 연구개 붙임 동작을 유도하기 위해 고개를 뒤로 젖히고 가글링하는 동작을 하면서 무성으로 /ㅋ/ 소리를 내게 할 수 있다. /크/와 /커/ 중간 정도의 소리로 모델링해 주는 것이 좋다. 시원한 물을 마시고 나서 무성으로 /카/ 소리를 내게 하거나, 아기를 재우면서 무성으로 /코/ 소리를 내게 할 수도 있다.
- 모든 연구개음을 전방화하는 아동은 혓등을 연구개에 붙일 때 구토 반사를 보이기도 한다. 연구개 감각이 예민한 탓이다. 연구개음 연습을 통해 혀로 연구개 주변을 자꾸 자극하여 민감도가 떨어지면 점차 구토 반사의 빈도가 줄어든다.
- 종성에서 뒤쪽 혓등을 연구개에 붙일 수는 있지만, 모음을 연결할 때 턱을 올렸다 내리면 초성에서 연구개음이 전방화되어 /(어)ㅇ가/를 [(어)ㅇ다]로 발음하게 된다. 이때는 종성 /(어)ㅇ/에서 턱을 고정하여 올리지 못하게 한 상태에서 모음을 연결하게 한다.
- 혓몸을 뒤로 보내기 위해서는 후설 저모음인 /아, 어/가 촉진 문맥이 되지만, 혓등을 연구개에 붙이기 위해서는 후설 고모음인 /으, 우/가 촉진 문맥이 된다.
- 전방화 오류 수정을 위해 혓몸을 뒤로 보낼 때 혓등이 연구개에 닿지 않아서 연구개음이 생략되거나 성문음화되면, 구강 앞쪽에 설압자를 끼우고 /이/ 문맥에서 연구개음을 산출하게 하여 혓등을 경구개에 붙이는 동작을 먼저 연습한다.

그리고 설압자를 비스듬히 세워 구강 개방을 조금씩 늘려 가며 조음점을 연구개 쪽으로 이동시킨다.

- 전방화 오류를 보이는 아동은 음절 연습 초반에 구개음화된 연구개음을 산출할 수 있다. 구개음화된 연구개음이 산출되면 구강을 더 개방하고 혓몸을 구강 뒤로 더 보내서 뒤쪽 혓등이 연구개에 닿도록 한다.
- 전설모음에서만 전방화 오류가 있다면 후설모음 문맥을 이용한다. 즉, 자음과 전설모음 사이에 후설 평순모음을 활음처럼 짧게 추가한다. /그이/나 /거애/의 두 소리를 빠르게 연결하게 한 후, 정조음이 유도되면 점차 활음 없이 곧장 /기/나 /개/로 발음하게 한다. 만약 두 소리를 빠르게 연결하지 못해서 2음절로 산출한다면, 어색한 발음이 고착화될 수 있으므로 주의해야 한다.
- 연구개음을 생략하거나 성문음으로 대치한다면 고모음 문맥을 이용한다. 생략된 연구개음을 산출하기 위해서는 턱 올림 동작과 혓몸의 연구개 막음 동작을 순차적으로 수행해야 하는데, 턱이 올라가는 고모음 문맥에서는 혓몸의 연구개 막음 동작만 하면 되므로 연구개음 산출이 쉬워진다. 고모음 문맥에서 /기, 그, 구/를 유도한 후, 중모음이나 저모음 앞에 활음 /j, ɰ, w/를 넣어 /기애, 그아, 그어, 구오/의 두 음절을 빠르게 연결하게 하여 /개, 가, 거, 고/를 유도한다.
- 연구개음을 고모음에서만 생략하기도 한다. 이는 턱 운동의 도움이 있어야만 혓등으로 연구개를 막을 수 있을 때 나타나는 증상이다. 고모음 환경에서 턱을 고정하고 혓등의 움직임으로만 연구개를 막는 연습을 따로 해야 한다.

(2) 치경음(설정성 자질)의 유도

치경음 /ㄷ,ㄸ,ㅌ,ㄴ/는 혓몸을 전체적으로 앞으로 하고 혓날을 올리고 치경을 막아서 발음하는 소리이다. 치경음의 대표적인 조음위치 오류는 연구개음 [ㄱ,ㄲ,ㅋ,ㅇ]으로 대치하는 연구개음화이다. 치경음을 연구개음화 하는 정도는 정조음 문맥 없이 모든 치경음을 연구개음화하는 경우, 전설모음 문맥에서는 정조음하고 후설모음 문맥에서만 연구개음화하는 경우, 종성 /ㄴ/만 연구개음화하는 경우로 다양하다. 치경음 유도를 위해서는 다음과 같은 방법을 활용할 수 있다.

- 연구개음화가 있다면 구강을 폐쇄하고 치아로 혀를 살짝 물고 /ㄴ/(또는 /ㄷ/)

소리를 내도록 한다. 이때 혀를 편평하게 하여 정중과 측면을 모두 물게 한다. 혀끝은 물었으나 혓몸이 뒤로 가 있지 않도록 주의한다.

- 치아로 혀를 살짝 물라고 할 때 입술도 같이 모아져서 두 입술로 혀를 잡는 순설음화 증상을 보이기도 한다. 이때는 입술 모양을 /이/처럼 옆으로 펴서 입술이 혀에 닿지 않도록 연습해야 한다.
- 음절 유도 시 초성보다 종성 문맥에서 전설모음 /이, 에/ 동작을 연결해야 /ㄴ, ㄷ/ 동작의 유지가 더 잘된다. 초성 연습 시에는 '네' 또는 '떼'와 같은 단어를 이용할 수 있다.
- 음절 유도 시 /아, 어/ 뒤에 /ㄴ,ㄷ/를 붙일 때 턱은 올리지 않고 혀만 앞으로 하면, 혀끝이나 혓날의 중앙부만 올라가서 /ㄹ/가 만들어진다. 그러므로 반드시 턱을 올리고 혓날 전체로 치경을 막도록 해야 한다.
- 종성을 이용하여 초성을 유도할 때 비음은 /엔네/와 같은 겹자음, 파열음은 /에떼/와 같은 경음부터 연습한다. 폐쇄 시간이 길어서 혓날이 치경에 닿는 동작을 유지하기가 더 쉽다. '했네?' 또는 '했대'와 같은 단어를 이용할 수 있다.
- 후설모음에서만 연구개음화 오류가 있다면 후설모음 앞에 전설모음을 활음처럼 삽입하여 치경음을 유도할 수 있다. 특히 /니/에 /아, 어, 오, 우/를 연결한 /냐, 녀, 뇨, 뉴/에서는 구개음화된 /ㄴ/가 산출되므로 점진적으로 조음점을 수정하고자 할 때 유용한 음절이다. '냠냠', '아니야' 또는 '아냐', '아니요' 또는 '아뇨'와 같은 단어를 이용하여 연습할 수 있다. 치경 파열음도 '(스티커) 띠어', '(빨리) 뛰어'와 같은 단어를 이용할 수 있다.
- 파열음은 정조음 하는데 비음 /ㄴ/는 활음으로 대치하거나 생략하는 경우도 종종 관찰된다. 활음으로의 대치는 저모음 환경에서 빈번하고(예: 바나나 → [바야야]), 생략은 고모음 문맥에서 빈번하다(예: 아니야 → [아이야], 하는 거 → [하웅거]). 이는 비강 공명을 만들지 못하여 구강 공명으로 대치하는 증상이다. 즉, 연구개를 내리지 못한 채 공명음을 만들려면 구강을 개방해야 하기 때문에 혓날로 치경을 막을 수가 없다. 그러므로 이때는 설정성뿐만 아니라 비음성을 함께 강조해야 /ㄴ/를 쉽게 유도할 수 있다. 자세한 내용은 비음의 유도를 참조하기 바란다.

3) 조음방법의 치료

(1) 파찰음의 유도

파찰음이란 구강에서 기류를 완전히 막았다가 터트릴 때 부분적으로 개방하여 난기류를 만드는 소리이다. 파찰음 /ㅈ,ㅉ,ㅊ/의 대표적인 조음방법 오류는 [ㄷ,ㄸ,ㅌ]로 대치하는 파열음화이다. 조음방법 측면에서 /ㄷ,ㄸ,ㅌ/와 /ㅈ,ㅉ,ㅊ/는 기류를 다 막는다는 점은 동일하지만, 구강 개방 시 /ㄷ/ 계열은 구강 전체를 개방하는 반면 /ㅈ/ 계열은 구강의 정중만 개방한다는 점이 다르다. 조음위치 측면에서 /ㄷ,ㄸ,ㅌ/와 /ㅈ,ㅉ,ㅊ/는 모두 혓날을 위로 올리는 설정성 자음에 해당하지만, /ㄷ/ 계열의 조음점은 치경이고 /ㅈ/ 계열의 조음점은 이보다 더 뒤인 앞쪽 경구개이다. 파찰음의 조음방법 유도를 위해서는 다음과 같은 방법을 활용할 수 있다.

- 경구개 파찰음 유도에 가장 촉진적인 문맥은 좁힘점의 위치가 비슷한 전설 고모음 /이/이다. 증기기관차 소리 '칙칙', 물 뿌리는 소리 '칙칙', 재채기 소리 '에취' 등을 이용하여 무성음 /치/를 유도할 수 있다.
- 혀끝은 아래 치경을 향하고 혓날만 앞쪽 경구개에 닿도록, 설압자를 가로로 15° 정도 세워서 이 사이 혀 위에 놓고 무성음 /치/를 산출하게 할 수도 있다.
- 혀끝을 말아 올리지 않도록 주의해야 한다.
- 혓몸이 전체적으로 구강의 앞쪽에 있는 아동이라면, 전설 고모음 문맥인 /치/보다 후설 고모음 문맥인 /추/에서 파찰 자질이 더 잘 유도될 수 있다.
- 음소에서 음절로 확대할 때, /채/는 /치애/, /차, 처/는 /츠아, 츠어/, /초/는 /추오/로 연결하면 자연스러운 발음을 만들 수 있다.
- 모음 연결을 위해 혀가 조음점에서 떨어질 때 아래턱을 앞으로 내밀면서 발음하지 않도록 주의해야 한다.

(2) 마찰음의 유도

마찰음이란 조음점을 좁혀서 처음부터 지속적으로 난기류를 만드는 소리이다. 마찰음 /ㅅ,ㅆ/의 대표적인 조음방법 오류는 [ㄷ,ㄸ,ㅌ]로 대치하는 파열음화와 [ㅈ,ㅉ,ㅊ]로 대치하는 파찰음화이다. 경구개에서 조음되는 /시, 씨/는 조음위치가 동일한 [지, 찌, 치]로 대치하지만, 치경에서 조음되는 /ㅅ,ㅆ/는 조음위치가 동일한 [ㄷ, ㄸ,ㅌ]로 대치하기도 하고 치찰성이 있는 [ㅈ,ㅉ,ㅊ]로 대치하기도 한다. 세 종류의 조음방법은 모두 장애음으로, /ㄷ/ 계열은 혀를 입천장에 붙여서 기류를 다 막았다가 완전히 개방하여 터트리면서 내는 소리이고, /ㅈ/ 계열은 혀를 입천장에 붙여서 기류를 다 막았다가 정중 부위만 개방하여 마찰시키면서 내는 소리이며, /ㅅ/ 계열은 처음부터 혀의 정중 부위가 입천장에 닿지 않게 하여 기류를 마찰시키면서 내는 소리이다. 그러므로 /ㅅ/ 계열을 [ㄷ] 계열로 대치한다면 혀의 정중에서 기류를 마찰시키는 방법을 모르는 것이 문제이고, [ㅈ] 계열로 대치한다면 마찰 방법은 알지만 처음에 기류 다막음 행동을 수반하는 것이 문제이다. 마찰음의 조음방법 유도를 위해서는 다음과 같은 방법을 활용할 수 있다.

- 빨대를 혀와 치경 사이에 넣어 주고 혀를 빨대에 살짝 대게 한 후에 혀끝으로 기류를 내보내게 하여 /ㅅ/를 유도한다. 두 입술이나 치아로 빨대를 잡지 않도록 한다.
- 무성 /트/를 발음하면서 혓몸을 앞으로 유지하면 끝부분에서 마찰 기류가 형성되는데, 이 부분을 길게 연장하여 마찰음 /스/를 만들 수 있다. 무성 /트/를 길게 할 때 /트ㅎ−−/로 산출한다면, 혓몸이 뒤로 물러나지 못하도록 무성 /트/를 짧게 여러 번 산출하게 한 후(/ㅌㅅ, ㅌㅅ, ㅌㅅ/), 점차 늘려 준다(/ㅌㅅ−, ㅌㅅ−, ㅌㅅ−/). 무성 /트/를 길게 /트ㅅ−−−−/로 산출할 수 있게 되면, 중간에 기류를 좀 세게 내보내서 /ㅌㅅ−ㅅ−−/로 산출하게 한다. 무성 /트ㅅ−−ㅅ−−/ 중간의 /ㅅ−−/ 산출이 안정되면, 뒷부분 /ㅅ−−/만 무성으로 소리 내도록 한다. 경구개 마찰음을 파찰음화할 때도 /치시−−시−−/를 이용할 수 있다.
- 경구개 마찰음은 조용히 하라고 하거나 아가에게 오줌 싸라고 할 때의 무성음 '쉬−' 소리를 이용할 수 있다. 활음 /w/는 혀를 오목하게 만들어 혀의 정중이 구개에 닿지 않도록 하는 효과가 있다. 무성음 '쉬−'를 길고 세게 발음하여 경구개에서의 마찰음 산출이 안정되면, 혀는 움직이지 말고 입술 모양을 평편하게 바꾸어 /쉬−시−−/로 발음하게 한 후, 뒷부분 /시−−/만 무성으로 소리 내도록 한다.
- 마찰음을 파찰음화할 때는 시작 부분에 혀가 입천장에 닿는 동작을 방지하기

위해 /ㅎ/로 시작하게 할 수도 있다. /ㅎ스--/ 또는 /ㅎ시--/로 발음하게 하면 [츠--] 또는 [치--]로 발음하는 것을 방지할 수 있다.

- 산출 가능한 마찰음에서 조음점을 점진적으로 옮겨 새로운 마찰음을 만들 수 있다. 무성 /히--/ 산출이 가능할 때 기류를 아주 세게 내보내게 하면, 조음점이 앞으로 옮겨져서 /시--/가 유도될 수 있다. 무성 /시--/ 산출이 가능할 때도 위의 방법을 이용하거나 혀로 치아를 밀면서 발음하도록 하면 /스--/가 유도되기도 한다.

(3) 유음의 유도

유음 /ㄹ/는 문맥에 따라 설측접근음이나 탄설음으로 발음한다. 두 소리 모두 혀끝을 아래턱에서 분리하고 들어 올려서 혀끝을 치경에 대야 하지만, 설측접근음은 혀끝이 치경에 머무는 시간이 길어서 혀 옆으로 기류가 흘러가는 덜막음 소리가 나고, 탄설음은 혀끝이 치경에 머무는 시간이 아주 짧아서 다막음 소리가 나는 차이가 있다. /ㄹ/의 대표적인 조음방법 오류는 [j]나 [ㄷ]나 [ㄴ]로의 대치이다. 설측접근음과 탄설음 모두 혀끝의 움직임이 아래턱과 쉽게 분리되어야 하는데, 그렇지 않으면 혓날을 올려 [ㄷ]나 [ㄴ]로 발음하기도 하고 혓등을 올려 [j]로 발음하기도 한다. 유음의 조음방법 유도를 위해서는 다음과 같은 방법을 활용할 수 있다.

- 어금니 사이에 막대를 끼워서 턱을 개방하여 고정시킨 뒤에 혀를 올려 /ㄹ/를 유도한다. 설소대 단축증이 있어서 혀를 많이 올리지 못하면 높이가 낮은 막대를 끼우고 고모음 문맥의 /을/을 산출하도록 하고, 미세한 동작을 어려워하면 높이가 높은 막대를 끼우고 저모음 문맥의 /알/을 산출하도록 한다.
- /ㄷ/에서 점진적으로 접근할 수 있다. /읃/을 산출한 상태에서 혓날과 혀끝을 치경에 꼭 붙인 채 턱을 내리게 하면 혀 측면이 입천장에서 떨어지는데, 이 상태에서 발성을 하게 하면 /ㄹ/가 유도된다. 만약 비음 섞인 소리가 산출되면 코를 막아 비강 공명을 차단해 주어야 한다.
- 혀끝을 올릴 때 혀끝을 뾰족하고 뭉뚝하게 해서 앞니 치경면에만 대면 안 된다. 혀 모양을 오목하게 하여 혀끝이 치경면 좌우로 넓게 닿아야 한다.
- 혀끝을 올려 설측음 /ㄹ/가 유도되면 동작의 강화를 위해 길게 유지하도록 한다.

- 다양한 모음 문맥에서 설측접근음을 연습한다. 음절 구조 난이도는 '자음 단독으로 길게 하기(ㄹ--) → 다양한 모음 뒤에 혀 올림 동작 길게 하기(아ㄹ--) → 다양한 모음 뒤에 혀 올림 동작 길게 하고 다양한 모음으로 연결하기(아ㄹ-라)' 순서로 연습한다. VCCV 문맥에서 혀를 치경에 대는 동작은 분명해야 하나 혀를 치경에서 뗄 때 너무 힘을 주면 탄설음으로의 일반화가 어려울 수 있다.
- 모음 연결을 위해 혀를 내릴 때 아래턱을 앞으로 내밀면서 발음하지 않도록 한다.
- 탄설음은 설측접근음을 이용하여 유도한다. 설측접근음에서 탄설음으로의 전이를 위해서 설측접근음과 탄설음이 모두 가능한 어두 초성 문맥을 이용한다. 혀를 치경으로 올리고 /ㄹ/ 소리를 낸 뒤에 다양한 모음을 붙이는데(/ㄹ-라/), 점차 혀를 치경에 대는 자음 부분을 짧게 하도록 한다(/라/).
- 어중 초성 탄설음의 유도는 어두 초성 탄설음을 이용한다. 모음 뒤에 어두 초성 탄설음을 붙이는데, 앞모음은 길게 하고 CV를 짧게 붙이도록 한다. 깃발이 펄럭이는 것처럼 혀가 치경을 살짝 치고 재빠르게 내려와서 기류가 혀끝에서 튕기는 느낌이 나야 한다. 앞모음을 짧게 하고 CV를 빨리 시작하면 자음 부분이 길어져서 VCCV로 산출되므로('아라' → [알라]) 주의한다.

(4) 비음의 유도

비음 /ㅁ,ㄴ,ㅇ/은 우리말 음소 중에서 유일하게 연인두문을 개방하고 발음하는 소리이다. 비음의 대표적인 조음방법 오류는 파열음으로의 대치이다. 비음이 어두에 오면 연구개를 내린 상태에서 발화가 시작되고, 비음이 어말에 오면 연구개를 내린 상태로 발화가 끝나지만, 비음이 어중에 오면 올라가 있는 연구개를 내렸다가 다시 올리는 동작이 필요하다. 어중 비음은 다양한 음운 배열이 가능한데, 겹자음 문맥(예: 엄마), 평음 배열 문맥(예: 만두), 경음이나 격음 배열 문맥(예: 단추)으로 갈수록 연구개 움직임은 더욱 민첩해져야 한다. 비음의 조음방법 유도를 위해서는 다음과 같은 방법을 활용할 수 있다.

- 입을 다물고 코로 숨을 쉬게 하면서 허밍으로 /ㅁ--/ 소리를 내게 한다. 발성과 연구개 올림 동작이 연합되어 있으면, 입을 다물고 코로 숨을 쉴 수는 있어

도 소리를 내라고 하면 [읍] 소리가 난다.

- 비구어 상황에서 우연히 나오는 비음 소리를 찾아 강화해 준다. 음식을 먹을 때 /냐음냐음/ 소리를 내게 하거나, 시름시름 앓듯이 /ㅁ--/ 소리를 내게 할 수 있다.
- 음운 배열을 고려하여 음절 구조 난이도를 단계적으로 높여 간다. 일반적으로 'C(ㅁ-) → VC(아ㅁ-) → VC=CV(아ㅁ-마) → CV(ㅁ-마) → VCV(아-마) → VC평음V(암바) → VC경음V(암빠)' 순서로 비음 산출이 어려워진다. 그러나 어말 종성보다 어중 종성에서 비음 산출이 더 쉽게 유도되는 아동도 있다. 즉, /앙/은 [아]로 발음하면서 /앙가/는 [앙가]로 발음하는 것이다. 이는 후행 자음이 조음위치를 준비시켜 조음방법에만 집중하면 되기 때문이다.
- 아동마다 촉진적인 모음 문맥이 다르므로 이를 찾아서 먼저 훈련한다. 양순음은 중설모음, 치경음은 전설모음, 연구개음은 후설모음 문맥에서 더 쉽게 유도되는 경향이 있다.
- 후행 모음의 비음화를 고려하면서 훈련한다. 음절이나 단어에서 비음성이 약해서 후행 모음이 비음화되지 않으면, 언어단위가 길어져서 말속도가 빨라질 때 탈비음화가 다시 나타날 수 있다.

4) 발성유형의 치료

(1) 기식성의 조절

기식성이란 구강 개방 후 발성이 서서히 시작되어 그 사이에 기식이 만들어지는 특성이다. 경음은 기식성이 없고 격음은 기식성이 있다. 발달적으로 어린 아동은 격음 산출을 어려워한다. 그래서 /ㅎ/는 생략하고 /ㅍ,ㅌ,ㅊ,ㅋ/는 [ㅃ,ㄸ,ㅉ,ㄲ]로 대치하는 탈기식음화 증상을 보인다. 기식을 산출하지 못하는 것은 발성 시작이 너무 빨라서 자음의 개방과 모음 발성의 시작이 동시에 일어나기 때문이다.

말소리장애 중에는 이와 반대로 평음이나 경음을 격음으로 대치하는 기식음화 증상이 주된 호소인 경우도 있다. 기식이 너무 많이 산출되는 것은 발성 시작이 너무 늦어서 자음의 개방 후 한참 있다가 모음 발성이 시작되기 때문이다. 기식성 조절에는 다음과 같은 방법을 활용할 수 있다.

- 탈기식음화 오류가 있어서 발성시작시간을 늦추어야 한다면, 성대에 힘을 빼고 부드럽게 발성하도록 지도해야 한다. 불기, 속삭이기, 하품하기나 한숨 쉬기 등을 이용하여 기식 기류를 만들어 내고, 발성시작시간을 충분히 늦추고 모음을 살살 시작하도록 한다.
- 기식음화 오류가 있어서 발성시작시간을 앞당겨야 한다면, 유성음으로 모델링하여 기식성을 없애도록 유도할 수 있다. 기식성이 없어지면 정상적인 모델링에도 정조음을 하도록 훈련한다.
- 어두 평음에 기식음화 오류가 있다면 음도를 낮추어 평음을 유도한다. 어두 평음과 격음을 구분해 주는 주된 요소 중 하나는 음도로, 격음은 음도가 높지만 평음은 음도가 낮다.

(2) 긴장성의 조절

긴장성이란 폐쇄와 마찰을 길게 하고 구강 개방을 강하게 하는 특성이다. 경음은 긴장성이 있고 평음은 긴장성이 없다. 발달적으로 어린 아동은 어중의 평파열음을 경파열음으로 말하는 경향이 있다. 조음 동작을 빨리 변화시키지 못해서 폐쇄 구간이 길어지기 때문이다. 그러나 말소리장애 중에는 경음을 평음으로 대치하는 아동도 있다. /ㅆ/를 [ㅅ]로 대치하는 현상이 가장 빈번하다. 긴장성 조절에는 다음과 같은 방법을 활용할 수 있다.

- 평음을 경음으로 대치하는 긴장음화 오류가 있으면 자음을 살살 말하도록 지도해야 한다. 자음의 길이를 짧게 하거나 음도를 낮추는 것도 자음의 강도를 낮추는 데 도움이 된다. 어중의 자음을 짧게 하려면 상대적으로 선행 모음의 길이를 길게 해야 한다.
- 경음을 평음으로 대치하는 이완음화 오류가 있으면 자음을 세게 말하도록 지도해야 한다. 자음의 길이를 길게 하거나 음도를 높이는 것도 자음의 강도를 높이는 데 도움이 된다. 어중의 자음을 길게 하려면 상대적으로 선행 모음의 길이를 짧게 해야 한다.

5) 왜곡 오류의 치료

(1) 치(간)음화의 치료

치(간)음화란 혀를 치아 밖으로 내밀면서 발음하는 증상으로(frontal lisp), 조음위치 왜곡에 해당한다. 치경음에서만 증상이 있는 경우와 치경음과 경구개음 모두에서 증상이 있는 경우로 나눌 수 있다. 이 증상은 모든 조음방법에서 나타날 수 있지만, 다막음 소리인 파열음과 비음의 치(간)음화는 음가에 변화를 주지 않는 반면, 덜막음 소리인 마찰음과 파찰음의 치(간)음화는 치찰성 자질을 약화시키기 때문에 의사전달을 방해하기도 한다. 치(간)음화를 없애기 위해서는 다음과 같은 방법을 활용할 수 있다.

- 위아래 어금니를 붙여서 윗니와 아랫니 사이에 혀가 나올 공간을 없애는 것이 중요하다. 단, 너무 꽉 물어서 턱관절에 불필요한 힘이 들어가게 하면 안 된다.
- "혀가 이 밖으로 나오면 안 돼요. 혀가 보이지 않게 혀를 입 안으로 넣으세요."와 같이 지시한다. 혀가 치아 밖으로 나오지 않더라도 치아를 지지대 삼아 혀로 치아를 밀면서 발음하면 여전히 혀 짧은 소리가 난다. /ㅅ,ㅆ/의 조음점은 치아가 아닌 치경 또는 경구개이므로, 혀를 치경이나 경구개에 대고 발음하도록 해야 한다.
- 치(간)음화 가능성이 적은 후설 고모음 /으, 우/ 문맥부터 연습한다. 구강이 개방되는 중모음이나 저모음 문맥은 자음 부분에서 턱을 어정쩡하게 벌리고 있으면 치(간)음화가 심화될 수 있다. 그러므로 구강을 확실하게 폐쇄하고 자음을 발음한 뒤에 구강을 개방하여 모음을 발음하도록 해야 한다. 예를 들어, '손 씻었어요'를 발음할 때 치료 초반에는 [수온 씨스어쓰어요]처럼 발음하도록 할 필요가 있다.
- 모방에서 정조음이 유도되어도 혓날로 마찰을 만드는 동작이 약하면 자발화에서 치(간)음화가 계속 나타날 수 있다. 이때는 조음위치만 수정해 줄 것이 아니라 혀로 마찰을 만드는 조음방법 동작을 강화해 주어야 한다. 이는 조음방법 치료를 참조하기 바란다.
- 씹을 때는 혀가 치아 사이로 나오지 않는다는 점을 이용하여, 문장 일반화 시

씹는 흉내를 내면서 말하기 기법을 활용할 수 있다.

(2) 설측음화의 치료

설측음화란 기류를 혀의 측면으로 내보내면서 발음하는 증상으로(lateral lisp), 조음방법 왜곡에 해당한다. 설측음화는 다양한 조음위치에서 나타날 수 있지만, 치경음에서 증상이 있는 경우와 경구개음에서 증상이 있는 경우가 대표적이다. 설측음화 오류는 고모음이나 활음, 파찰음과 마찰음에서 빈번하다. 이 음소들은 모두 혀의 측면은 입천장에 붙이고 혀의 정중은 낮춰서 구강의 정중으로 기류를 내보내야 한다. 그런데 혀를 정중으로 힘을 주면 혀의 정중이 불룩해져서 입천장에 붙게 되고, 혀의 측면으로 기류가 나가는 설측음화 오류가 발생한다. 그러므로 설측음화 치료의 핵심은 혀를 옆으로 펴고 정중을 낮추어 주는 것이다. 설측음화 오류는 치(간)음화와 달리 정조음과 오조음을 시각적으로 확인하기가 어려우므로 다양한 감각을 활용하여 정중음과 설측음의 차이를 이해시켜야 한다. 설측음화를 없애기 위해서는 다음과 같은 방법을 활용할 수 있다.

- 설측음화가 있는 오류 말소리와 정중음이 가능한 말소리를 이용하여 기류의 측면 흐름과 정중 흐름을 비교하고 이해시키는 과정이 필요하다. 이때 굵은 빨대를 앞니 또는 송곳니 앞에 대고 기류를 증폭시켜 들려주면 기류 흐름을 이해시키는 데 도움이 된다. 치경 마찰음인 /스/는 정조음하는데 경구개 마찰음인 /시/는 설측음화한다면, /스/ 산출 시에는 빨대를 앞니 앞에 댈 때 마찰 소음이 들리지만 /시/ 산출 시에는 빨대를 송곳니 앞에 댈 때 마찰 소음이 들리게 된다.
- 설측음화가 있는 오류 말소리와 정중음이 가능한 말소리를 이용하여 혀의 정중이 혀의 측면보다 높아질 때와 그렇지 않을 때 운동감각 및 촉각의 차이를 느끼게 한다. 예를 들어, 치경 마찰음인 /스/는 설측음화하는데 경구개 마찰음인 /시/는 정조음한다면, /시/ 산출 시 입천장에 닿는 혀 부위는 혀의 정중이 아닌 양옆이지만, /스/는 이와 반대임을 알려 준다.
- 경구개음에서 설측음화 오류가 있으면 전설 고모음인 /이/의 발음을 세심하게 살펴야 한다. 경구개 파찰음 /ㅈ,ㅉ,ㅊ/나 경구개 마찰음 /시, 씨, 히/에 설측음

화 오류가 있으면 /이/ 모음 앞의 모든 자음에서도 설측음화 오류가 있을 가능성이 크다.[2)]

- 설측음화 치료에는 정중음이 산출되는 문맥을 찾고, 이를 활용하여 다른 문맥으로 일반화시키는 방법이 주로 사용된다.
- 전설 고모음 /이/의 설측음화 제거를 위해 후설 고모음 /으/의 짧은 형태인 활음 /ɰ/를 이용할 수 있다. 즉, /이/ 앞에 정중음으로 산출되는 짧은 /으/를 넣어 /이/에서의 설측음을 방지하는 것이다. 예를 들어, 모음의 입술 모양은 /이/로 고정하고 /브, 드, 그/에 /이/를 빠르게 붙여 /븨, 듸, 긔/처럼 발음하게 하여 /으/의 정중 모양을 /이/로 확대한 후에, /으/를 빼고 자연스러운 /이/로 일반화시킨다.
- 전설 고모음 /이/의 설측음화 제거를 위해 전설 중모음 /에/를 이용할 수도 있다. 거울을 보고 설측음화가 없는 /에/에서의 혀 모양을 보여 주며 혀의 정중이 평편함을 인식시킨 후, 혀 모양은 그대로 유치한 채 턱을 올리도록 한다. 처음에는 혀 위치가 약간 부자연스러운 /이/가 산출되지만, 혀 모양이 확립되면 혀 위치를 정상화하여 자연스러운 /이/를 연습한다.
- 경구개음의 설측음화 제거를 위해 부가적으로 턱과 입술 단서를 활용할 수 있다. 혀의 정중이 위로 볼록해지지 않도록 턱을 아래로 당기는 듯한 느낌을 주면서 동시에 입꼬리에 힘을 주어 옆으로 당기면, 혀 모양이 입술과 비슷하게 '◡' 모양이 될 수 있다.
- 음절에서 정중음이 확립된 후 단어로 일반화시키는 단계에서도 문맥 난이도를 면밀하게 조절해야 한다. 예를 들어, '아니야, 어디야?' 같은 단어는 /니, 디/의 앞뒤에 혀를 내리는 저모음이 오기 때문에 설측음화 방지에 도움이 되며, 아동에 따라서는 /ㄹ/, /ㅇ/, 원순모음 문맥이 설측음화 방지에 도움이 되기도 한다.
- 씹을 때는 혀의 정중이 볼록해지지 않는다는 점을 이용하여, 문장 일반화 시 씹는 흉내를 내면서 말하기 기법을 활용할 수도 있다.

2) 연구개나 그보다 뒤쪽 조음위치에서도 설측음화가 있을 수 있다. 이때는 후설 고모음인 /으, 우/의 발음을 세심하게 살펴야 한다.

(3) 순치음화의 치료

순치음화란 윗니와 아랫입술을 붙여서 발음하는 증상을 말한다. 순치음화는 양순음과 치경 마찰음에서 주로 나타나는데, 순치음화 왜곡이라는 결과는 동일하지만 그 기전은 완전히 다르다. 양순음의 순치음화는 윗입술을 위로 들기 때문에 생기는 현상인 반면, 치경 마찰음의 순치음화는 아랫입술로 발음하기 때문에 생기는 현상이다. 순치음화를 없애기 위해 다음과 같은 방법을 사용할 수 있다.

- 양순음의 순치음화를 없애기 위해서는 양순음 조음 시 윗입술을 아래로 내리는 동작을 강화해야 한다. 윗입술을 아래로 내리고 양순음 길게 유지하기, 다양한 모음 문맥의 음절 반복 시 끝까지 양순음 유지하기 등을 연습한다.
- 음절 구조 난이도를 'C(ㅁ−−, ㅂ−−) → VC(암−−, 압−−) → VC=CV(암−마, 압−빠) → CV(마, 바) → VCV(아마, 아바)'로 단계적으로 높여 가며 다양한 모음 문맥에서 윗입술을 아래로 움직이는 동작을 강화해 주어야 한다.
- 치경 마찰음의 순치음화를 없애기 위해서는 마찰음 조음 시 아랫입술을 사용하지 않도록 하는 것이 중요하다. 이를 위해 처음에는 아래턱을 손으로 잡고 아랫입술의 움직임을 제한한 상태에서 훈련할 수도 있다.
- 음절 구조 난이도를 'C(ㅅ−−) → VC(아ㅅ−−) → VC=CV(아ㅅ−싸) → CV(사) → VCV(아사)'로 단계적으로 높여 가며 다양한 모음 문맥에서 아랫입술이 위로 움직이지 않는 행동을 강화해 주어야 한다.
- 모방에서 정조음이 유도되어도 혓날로 마찰을 만드는 동작이 약하면 자발화에서 순치음화가 지속될 수 있다. 이때는 조음위치만 수정해 줄 것이 아니라 혀로 마찰음을 만드는 조음방법 동작을 강화해 주어야 한다. 이는 조음방법 치료를 참조하기 바란다.

2. 치료보고서의 작성

언어치료사에게 치료보고서의 작성은 치료의 대미를 장식하는 중요한 직무이다. 치료보고서는 각종 증빙 자료에 필요한 행정 업무로서의 의미뿐만 아니라 치료사의 임상 능력을 향상시키는 역할을 한다. 언어치료사는 회기 보고를 통해 치료 내용을 돌아보고 결과를 정리하면서 성공적인 다음 회기를 준비할 수 있다. 다른 기관에 의뢰하거나 다른 전문가에게 대상자의 진전 과정을 설명할 때도 치료보고서 내용을 바탕으로 진전 보고서를 작성한다. 행정적으로도 치료비 지원 기관에는 치료보고서 구비를 중요한 감사 내용 중 하나로 확인하고 있다.

일주일에 한두 사례를 맡게 되는 실습에서는 자세한 치료보고서를 요구한다. 말소리 치료와 관련한 치료보고서는 크게 세 부분으로 나뉜다. 우선 말소리 목표와 그 말소리를 연습한 언어 형태를 보고해야 한다. 말소리 치료목표에는 어떤 말소리를 어떤 문맥에서 어느 정도로 훈련했는지가 모두 포함되어야 한다. 그다음 목표 언어 형태를 유도한 활동, 오류 말소리를 수정하고 강화한 방법을 보고해야 한다. 효과적인 목표 말소리의 유도 방법이나 오류 말소리 수정 방법을 구체적으로 정리하여 기록한다. 치료목표의 주체는 '아동'이 되고 치료방법의 주체는 '치료사'가 된다. 마지막으로 목표에 대한 아동 반응과 치료사가 배운 점이나 느낀 점을 적어 둔다.

간단한 활동을 예로 들어 이 내용을 분석해 보자. 치료사가 그림을 제시하며 "이게 뭐야?"라고 질문하여 아동이 '가위'라고 답할 때 [다위]라고 발음했고, 치료사가 혀가 뒤로 가는 동작을 강조하며 [가위]라고 수정 모델링을 해 주자 아동이 [가위]라고 정확한 발음으로 모방하여 치료사가 아동을 칭찬해 주었다고 하자. 여기서 목표 말소리는 /ㄱ/이고, 말소리를 연습한 구체적인 언어 형태는 '가위'이다. 언어 형태를 유도한 방법, 즉 치료 활동은 '그림 보고 이름 말하기'이고 말소리 수정 방법은 '조음위치를 강조한 모델링'이며 강화 방법은 '칭찬'이다. 아동 반응은 '자발적으로 정조음하지는 못하지만 수정 모델링에는 정조음한다'이다.

임상 현장에서는 간결한 회기보고서를 작성한다. 간략한 진전 기록에는 흔히 SOAP 양식을 사용한다. SOAP란 주관적 정보(subjective), 객관적 정보(objective), 평가(assessment), 계획(plan)의 첫 글자를 조합한 것이다. 주관적 정보에는 아동의 전반적 컨디션을, 객관적 정보에는 목표에 대한 수행 정도를, 평가에는 정반응이나 오반응의 요인 또는 아동과 치료사가 각각 잘했거나 부족했던 부분을, 그리고 계획에는 다음 회기의 계획을 기록한다.

1) 자세한 치료보고서의 예

다음은 실습에서 주로 사용하는 자세한 회기별 치료보고서의 예이다. 하나는 치료사 중심으로 유음과 파찰음을 치료한 회기보고서이고 나머지 하나는 아동 중심으로 초성 산출을 치료한 회기보고서이다.

(1) 치료사 중심 치료의 회기보고서 예

<table>
<tr><td rowspan="3">목표</td><td>행동</td><td colspan="9">1. /ㄹ/를 정확히 산출한다.</td></tr>
<tr><td>문맥</td><td colspan="4">어두 초성, 무의미음절, 읽기</td><td colspan="5">어두 초성, 단어, 읽기</td></tr>
<tr><td>준거</td><td colspan="4">90%</td><td colspan="5">80%</td></tr>
<tr><td colspan="2" rowspan="2">언어 형태</td><td>라</td><td>러</td><td>레</td><td></td><td>라바</td><td>라면</td><td>라켓</td><td>리본</td><td>리듬</td></tr>
<tr><td>로</td><td>루</td><td>르</td><td>리</td><td>레몬</td><td>로봇</td><td>로켓</td><td>로션</td><td>루피</td></tr>
<tr><td colspan="2">치료 활동</td><td colspan="9">글 자료를 보면서 따라 읽게 한다. 오조음 시 아래 단서를 제시하여 정확한 발음을 유도한다. 오조음한 음절은 한 번 더 연습한다. 3회 오조음 시 다음 항목으로 넘어간다.</td></tr>
<tr><td colspan="2">치료 방법</td><td colspan="9">• 단어 처음에 /ㄹ/가 들어간다고 미리 알려 준다.
• 혀 올리는 동작을 미리 준비하고 /ㄹ/를 약간 길게 모델링해 준다.
• 혀를 치경으로 올리라고 지시한다.</td></tr>
<tr><td colspan="2">강화</td><td colspan="4">• 정확히 산출할 때마다 글자에 동그라미를 쳐 준다.</td><td colspan="5">• 정확히 산출할 때마다 라바 벽돌을 주어 쌓을 수 있게 한다.</td></tr>
<tr><td colspan="2" rowspan="2">아동 반응</td><td>+</td><td>+</td><td>−++</td><td></td><td>+</td><td>+</td><td>+</td><td>−++</td><td>−−+−</td></tr>
<tr><td>−−++</td><td>−++</td><td>?+</td><td>?+</td><td>−++</td><td>−−++</td><td>+</td><td>+</td><td>−++</td></tr>
<tr><td colspan="2">배운 점 및 느낀 점</td><td colspan="9">• 원순모음 문맥일 때, /ㄹ/와 /ㄷ/가 함께 있을 때 오조음이 나타났다.
• 원순모음 문맥일 때는 /을로/처럼 평순화된 /을/ 후에 원순모음을 추가하는 모델링이 유용하였다.
• 고모음 환경에서는 정조음을 확인하기가 쉽지 않았다.
• 다음 시간에는 ① 동일 음절 반복(예: /라라/), ② 어두 초성 /ㄹ/ 단어의 2어 조합(예: 라바 리본)을 연습해야겠다.</td></tr>
</table>

<table>
<tr><td rowspan="3">목표</td><td>행동</td><td colspan="9">2. /ㅈ,ㅉ,ㅊ/를 정확히 산출한다.</td></tr>
<tr><td>문맥</td><td colspan="7">어중 자음 연쇄, 무의미음절, 읽기</td><td colspan="2">짧은 문장, 모방</td></tr>
<tr><td>준거</td><td colspan="7">90%</td><td colspan="2">70%</td></tr>
<tr><td colspan="2" rowspan="2">언어 형태</td><td>안자</td><td>언저</td><td>엔제</td><td>온조</td><td>운주</td><td>인지</td><td>은즈</td><td>작은 공 던져요</td><td>○점(쩜)에 맞췄어요</td></tr>
<tr><td>안짜</td><td>언쩌</td><td>엔쩨</td><td>온쪼</td><td>운쭈</td><td>인찌</td><td>은쯔</td><td>진짜 잘 던져요</td><td>합쳐서 ○점(쩜)이에요</td></tr>
<tr><td colspan="2">치료 활동</td><td colspan="7">글 자료를 보면서 따라 읽게 한다. 오조음 시 아래 단서를 제시하여 정확한 발음을 유도한다. 오조음한 음절은 한 번 더 연습한다.</td><td colspan="2">점수가 적힌 다트판에 공을 던진다. 던지기 전이나 후에 치료사의 말을 따라 하게 한다. 오조음 시 아래 단서를 제시하여 정확한 발음을 유도한다.</td></tr>
<tr><td colspan="2">치료 방법</td><td colspan="7">• 단어 중간에 /ㅈ,ㅉ/가 들어간다고 미리 알려 준다.
• 파찰음의 마찰 부분을 길게 모델링해 준다.
• 조음위치를 약간 뒤로 보내라고 지시한다.</td><td colspan="2">• 파찰음의 마찰 부분을 길게 모델링해 준다.
• 파찰음이 들어간 단어만 따로 연습한다.
• '몇 점' 자동구어를 따로 연습한다.</td></tr>
<tr><td colspan="2">강화</td><td colspan="7">정확히 산출할 때마다 글자에 동그라미를 쳐 준다.</td><td colspan="2">정확히 따라 할 때 공을 던지거나 뗄 수 있게 한다.</td></tr>
<tr><td colspan="2" rowspan="2">아동 반응</td><td>−++</td><td>−++</td><td>+</td><td>−++</td><td>−++</td><td>+</td><td>+</td><td>−−+, −−+, −+, −+</td><td>−−+, −−+, −−+, −+</td></tr>
<tr><td>+</td><td>−++</td><td>−++</td><td>−−+−+</td><td>−−++</td><td>−++</td><td>+</td><td>−−−, −−−, −−−, −−−</td><td>−−−</td></tr>
<tr><td colspan="2">배운 점
및
느낀 점</td><td colspan="7">• 파찰음을 길게 모델링해 주어야만 정조음하였다.
• 원순모음 문맥에서 오조음이 더 빈번하였다.
• 자동화를 위해 다음 시간에 연습을 더 해야겠다.</td><td colspan="2">• 놀이에 즐겁게 참여하였다.
• 강조된 모델링에서는 정조음하였으나 자연스러운 모델링에서는 문장 중 단어 하나만 정조음하였다.
• 정조음율이 높았던 단어는 '작은, 맞췄어'였고, 정조음율이 낮았던 단어는 '진짜, 잘, 몇점, 합쳐서'였다.
• 정조음률이 낮았던 단어는 모두 자음 연쇄 문맥이었다. 자음 연쇄의 무의미음절에서 자동적 산출이 선행되어야 하겠다.
• 파찰음이 3개 이상인 문장은 난이도가 너무 높았다. 파찰음이 2개 들어간 짧은 문장(자음 연쇄 제외)부터 연습해야겠다.</td></tr>
<tr><td colspan="2">기타</td><td colspan="9">• '던져'의 '져'는 [저]로 발음되었다. 파찰음 뒤에 활음이 생략되는 규칙을 간과하였다. 정상 발음에 대한 지식을 확인해야겠다.
• 어머님이 가정에서 말 명료도에 큰 변화가 없는 것 같다고 하시며 가정에서의 학습 과제를 만들어 주기를 요구하셨다. 과제 내용과 전달 방법을 고민해야겠다.</td></tr>
</table>

(2) 아동 중심 치료의 회기보고서 예

회기 목표	• 2음절어 10개 이상을 초성 생략 없이(/ㄹ/ 제외) 각각 2회 이상씩 모방한다. • 2음절 명사와 1음절 서술어를 조합한 2어 조합 10개 이상을 초성 생략 없이(/ㄹ/ 제외) 각각 2회 이상씩 모방한다.
언어 형태	• 단어: 뽀로로, 패티, 포비, 루피, 애디, 크롱, 해리, 버스, 기차, 빵빵, 칙칙, 폭폭, 아가, 싫어, 닫아, 됐다, 닦아, 덮어 • 2어 조합 서술어: 타, 가, 와
활동 및 방법	1. 뽀로로 친구들을 버스나 차에 태우고 집이나 유치원에 가는 활동을 한다. 2. 아동이 관심을 보이는 상황에 대해 단어, 2어 조합, 짧은 문장으로 천천히 모델링해 준다. 아동이 자연스럽게 따라 말하면 아동이 한 말을 모방하여 강화해 준다. 3. 단어 표현을 유도하기 위해 다음과 같은 활동을 한다. 1) 아동의 관심 상황에 대해 '누구야?, 뭐야?, 누구 타? 어디 타?' 등의 의문사 질문을 한다. 2) 질문에 반응이 없으면 선택 질문을 통해 보기를 제공하여 대답을 유도한다. 3) 질문에 반응이 없으면 단어를 알려 주고 따라 말하게 한다. 4. 2어 조합 모델링에 단어로만 반응하면 다음과 같은 활동으로 2어 조합을 모두 표현하게 한다. 1) 한 단어씩 모방하게 한 후 두 단어를 모두 모방하게 한다. 2) 단어마다 손가락을 하나씩 접으면서 모델링하고 첫 번째 단어부터 모방하도록 '시작!'이라고 알려 준다. 3) 첫 단어의 첫 음소에 대해 청각 및 시각 단서를 준다. 4) '처음부터 말해야지, 끝까지 말해야지'와 같은 설명 단서를 준다. 5. 자발적 또는 모방 표현 중에 초성 생략이 있다면 속도를 늦추고 자음의 길이를 길게 모델링하여 다시 한번 명료하게 따라 말하게 한다. 6. 언어적 반응이 없을 때, 동일한 형태를 동일한 방식으로 두 번 이상 촉구하지 않는다.
강화	목표에 맞게 모방하거나 대답하면 놀이를 진행할 수 있게 해 준다.
아동 반응	• 단어: 뽀로로 [뽀오오](표현 횟수 1), 아가(1), 패티(2), 버스 [뻐뜨](1), 빵빵(2), 기차(1), 칙칙 [치치](1), 싫어 [띠너](2), 닫아 [다다](2), 됐다 [대따](2) • 2어 조합: 빵빵 가(2), 빵빵 와(2), 기차 가(1), 뽀로로 타(1), 아가 타(1), 버스 타(1), 버스 가(1)

진전 노트	S: 적극적으로 치료에 참여하였다. O: 자발적 표현은 적었고 대부분이 촉구된 표현이나 모방 표현이었다. 10개의 단어를 1~2회, 7개의 2어 조합을 1~2회 모방하였다. A: 아동의 관심사를 따라가는 것, 치료사의 모델링 속도를 늦추는 것, 충분히 기다려 주는 것이 아동의 반응을 유도하는 데 중요한 요인이었다. 그러나 인형을 떨어뜨리는 등 예상치 못한 상황에서 적절한 언어 형태를 들려주기가 어려웠다. 아동은 모방 시 반응 속도가 빨라지고 종종 3음절 이상의 단어를 표현하는 등 조음 능력의 향상이 감지되었다(예: 띠띠빵빵 [띠띠빠빠], 아가야, 올려라 [오어아]). 그러나 서로 다른 자음이 포함된 새로운 서술어는 아무리 들려주어도 잘 모방하지 않았다(예: 닦아, 덮어). P: 인형이 떨어지는 상황에서 음운복잡도가 낮은 3음절 단어를 계획해야겠다(예: 위험해 [이어매], 떨어져 [떠어더]). 또한 새로운 단어는 음운에 익숙해질 수 있도록 여러 번 들려준 후 표현을 유도해야겠다.

2) 간결한 치료보고서의 예

다음은 연구개음 산출 시 혀 말음 동작을 첨가하는 초등학생을 10회기 동안 치료하면서 작성한 회기별 치료보고서이다.

1 회기	• 목표: CV 음절(/끼, 깨, 끄, 까, 꺼, 꼬, 꾸/)에서 설압자 도움으로 연구개음을 정확히 모방한다. • 활동: 덤블링 몽키, 벽돌 쌓기 • 방법: 종성 불파음 /윽/을 산출하게 하여 연구개음 동작을 준비시킨다. 설압자를 넣어 혀 말음을 막아 준다. 혀 뒤만 움직이라고 지시한다. S: 회기 초반에는 회피 반응처럼 부산한 태도를 보였다. 정조음이 나오자 부산한 태도가 없어졌다. 강화물로 제시된 게임에 즐겁게 참여하였다. O: 회기 초반에는 정조음률이 10%에 불과하였으나, 최종적으로는 1차 시도에서 왜곡, 2차 시도에서 정조음이 가능하였다. 단, 설압자로 혓날을 눌러 주어야 했다. A: 전설모음과 고모음에서 정조음 유도가 더 쉬웠다. 생각 없이 잘못된 발음을 여러 번 반복할 때가 많으므로, 한 번을 모방하더라도 본인의 감각에 집중해서 신중하게 과제를 수행하도록 해야겠다. P: 다음 시간에는 자동화된 음절 산출을 위해 무의미음절 연습을 좀 더 해야겠다.

2 회기	• 목표: 음절 반복(/끼끼끼, 깨깨깨, 끄끄끄, 까까까, 꺼꺼꺼, 꼬꼬꼬, 꾸꾸꾸/)에서 설압자 도움으로 연구개음을 정확히 모방한다. • 활동: 징고 게임, 젠가 • 방법: 지난 회기와 동일하다. S: 치료실 오는 날만 손꼽아 기다렸다고 한다. 그래서인지 오조음을 할 때마다 실망한 기색이 역력하였다. O: 회기 초반에는 3회 반복할 때 설압자로 혓날을 눌러 주어도 세 번째부터 혀말음이 나타났다. 그러나 회기 후반에는 설압자를 혀에 대고만 있어도 3회 연속 정조음하였다. 5회 반복 시 3회째에 설압자를 빼면 네 번째에는 정조음하다가 다섯 번째에 다시 혀가 말렸다. A: 단서를 갑자기 줄이면 영락없이 오조음이 나타나므로 서서히 단서를 줄여야겠다. P: 다음 시간에는 설압자 없이 무의미음절이나 단어를 연습해도 되겠다.
3 회기	• 목표 1: CV 음절(/끼, 깨, 끄, 까, 꺼, 꼬, 꾸/)에서 설압자 도움 없이 연구개음을 정확히 모방한다. • 목표 2: 구조화된 상황 중 연구개음만 들어간 단어나 짧은 문장(가, 이거, 여기, 가요, 이거 해, 여기 해, 이거 가, 여기 가)에서 연구개음을 정확히 산출한다. • 활동: 러쉬 아워, 개구리 점핑 게임 • 방법: '준비하고'라는 단서를 준다. 어중 초성 연구개음은 음절속도를 늦춰 모델링해 준다. S: 협조적이었다. O: 음절 모방은 설압자 없이 90% 이상 정조음하였다. 단어나 문장은 조음에 집중시키면 설압자 없이 70% 정조음하였다. A: 한번 오조음이 나오면 스스로 정조음으로 돌아가지 못해서 설압자 단서를 주어야 했다. /ㄹ/가 포함된 '개굴'은 자극반응도가 전혀 없었다. P: 다음 시간에는 다양한 단어를 준비해야겠다.

4회기	• 목표 1: 모음이 달라지는 CVCV 음절(/까꺼, 까꼬……/)에서 연구개음을 정확히 모방한다. • 목표 2: 그림 보고 이름대기에서 다양한 문맥의 초성 연구개음을 정확히 산출한다. • 목표 3: 놀이 중 숫자 세기에서 '○ 개'의 연구개음을 정확히 산출한다. • 활동: 룰렛 • 방법: 말속도를 늦추도록 한다. S: 까불기 시작했다. O: 모든 목표에서 70% 이상 정조음하였다. 오조음도 속도만 늦춰 주면 모두 즉각 수정하였다. A: 연구개음이 2개 들어간 단어(개구리, 거북이), 세 번째나 네 번째 음절에 연구개음이 있는 단어(무지개, 케이블카), 치경음이 들어간 단어(당근, 세탁기)에서 오조음하는 경향이 있었다. P: 글 읽기 활동을 추가하고, 게임은 강화로만 제시해야겠다.
5회기	• 목표 1: 4회기와 동일 • 목표 2: 동시 읽기에서 연구개음을 정확히 산출한다. • 목표 3: 퍼니버니 게임 중 '카드 뒤집어요. 한 칸 가요. 당근 돌려요. 내가 이기고 있어요.' 등의 문장과 '구멍 한 개, 구멍 두 개……' 숫자 세기에서 연구개음을 정확히 산출한다. • 방법: 말속도를 늦추도록 한다. S: 게임은 언제 하냐고 졸랐지만, 과제에는 협조적이었다. O: 모음 변화 CVCV 음절은 90% 정조음하였고, 나머지 활동에서는 70% 정조음하였다. A: 숫자 세기에서 '다섯 개' 이후부터 오조음이 급상승하였다. 아직 자발화에서 정조음이 관찰되지는 않는다. P: 세 번째 음절의 연구개음을 따로 연습해야겠다. 자발화로의 일반화를 위해 다양한 조합의 무의미음절을 연습해야겠다.
6회기	• 목표 1: 다양한 구성의 무의미음절 /가구가…… 다다가…… 가겨가겨…… 라가라가……/에서 연구개음을 정확히 모방한다. • 목표 2: 동시 읽기에서 연구개음을 정확히 산출한다. • 목표 3: 마라케시 양탄자 게임 중 '이거, 여기에, 이렇게, 깔아요, 하는 게 좋겠어요'가 포함된 짧은 문장과 '한 개, 두 개……'의 숫자 세기에서 연구개음을 정확히 산출한다. • 방법: 연구개음이 들어간 부분을 인식시킨다. S: 지난 회기와 비슷하였다. O: 모든 목표에서 70% 이상 정조음하였다. 아직은 속도를 늦춰야 정조음이 가능하였다. A: 숫자 세기에서 매번 오조음했던 '일곱'을 스스로 정조음하였다. 글 읽기에서 어중 연구개음 앞에서 발성을 멈추고 어두 연구개음처럼 말하는 경향이 있었다. 주격조사 '가' 오류가 빈번하였다. 자발화에서 가끔 정조음이 관찰되었다. P: 평음을 이용해서 어중에서 자연스럽게 이어서 말하는 연습이 필요하겠다.

7 회기	• 목표 1 및 목표 2: 지난 회기와 동일 • 목표 3: 모노폴리 게임 중 '내가 살 거예요. 이쪽으로 가요.' 등의 정해진 문장이나 '한 칸……' '백 원……'의 숫자 세기에서 연구개음을 정확히 산출한다. • 방법: 어중 평음을 유성음화하여 모델링한다. S: 협조적이었다. O: 모든 목표에서 속도를 늦추면 90%, 정상 속도로 하면 80% 정조음하였다. A: 평음을 유성음화하는 단서가 자연스러운 음절 연결에 유용하였다. '백 원 [배권]'과 같은 재음절화 문맥에서 오류가 빈번하였다. 자발화에서 연구개음의 정조음이 자주 관찰되었다. P: 빠른 반복을 통해 속도를 높일 필요가 있겠다. 모노폴리 놀이 방법을 익혀 두어야겠다.
8 회기	• 목표 1: 다양한 구성의 무의미음절을 빠르게 반복할 때 연구개음을 정확히 모방한다. • 목표 2: 치경음과 연구개음이 반복되는 긴 문장(예: 이쪽으로 가다가 저쪽으로 가다가)을 정상 속도로 모방할 때 연구개음을 정확히 산출한다. • 목표 3: 이전 회기와 동일하다. • 방법: 무의미음절을 정상 속도보다 빠르게 반복하게 한다. S: 협조적이었다. 오늘도 모노폴리 게임을 하였다. O: 모든 목표에서 80% 이상 정조음하였다. 오조음 문장에 대해서도 "뭐라고?"라고만 하면 스스로 연구개음을 수정하였다. A: 자발화에서 50% 이상 정조음이 나타났다. P: 슬슬 종결을 준비해야겠다.
9 회기	• 목표: 일상 대화 및 자유 놀이에서 연구개음을 자동적으로 정확히 산출한다. • 방법: 오류음에 대해 자가수정의 기회를 제공한다. S: 협조적이었다. 모노폴리를 너무 좋아해서 계속 이 게임만 하려고 하였다. O: 자발화에서 경음화 없이 연구개음을 70% 이상 자연스럽게 산출하였다. A: 어머니 상담 시 집에서도 연구개음을 대부분 정확히 말한다고 하였다. P: 일주일간 유지 여부를 살펴보고 종결해야겠다.
10 회기	• 목표: 일상 대화 및 자유 놀이에서 연구개음의 자동적 산출을 유지한다. • 활동: 모노폴리 S: 협조적이었다. O: 40분 회기 중 오류는 10회 이하였다(누가, 내가, 곱하기, 있겠네요, 가족, 그거). A: 어머님 상담 시 집에서도 연구개음의 정조음이 잘 유지된다고 하였다. P: 종결을 결정하였다. 다시 조음 문제가 생기면 재방문하기로 하였다.

참고문헌

권경안, 이연섭, 손미령(1979). **한국아동의 음운발달(I)**. 서울: 교육개발원.

권경안(1981). **한국아동의 음운발달(II)**. 서울: 교육개발원.

김미진, 하승희(2012). 청자의 친숙도에 따라 낱말수준에서 살펴본 24~48개월 아동의 말 명료도 발달 연구. **언어청각장애연구, 17**(4), 582-590.

김민정(2006). '아동용 조음검사'에 나타난 취학 전 아동의 음운 오류패턴. **언어청각장애연구, 11**(2), 17-31.

김민정(2014). 파열음과 비음이 여러 모음 자질에 동화되는 말소리장애 사례. *Communication Sciences and Disorders, 19*(4), 532-539.

김민정(2015). 일반 및 말소리장애 아동의 탈비음화 오류패턴. **말소리와 음성과학, 7**(2), 3-8.

김민정, 배소영(2000). 정상 아동과 기능적 음운장애 아동의 음운 오류 비교: 자음정확도와 발달유형을 중심으로. **음성과학, 7**, 7-18.

김민정, 배소영(2005). '아동용 조음검사'를 이용한 연령별 자음정확도와 우리말 자음의 습득연령. **음성과학, 12**(2), 139-149.

김민정, 배소영, 박창일(2007). **아동용 발음평가(APAC)**. 서울: 휴브알앤씨.

김민정, 이성은(2010). 음운 오류 패턴: 설정성 자질의 임상적 고찰. **말소리와 음성과학, 2**(4). 239-244.

김수진(2012). 어중 두 자음 연쇄 조건에서 나타나는 3~4세 아동의 종성 발달. **언어청각장애연구, 17**(2), 177-186.

김수진(2014). 자발화에 나타나는 발달적 음운오류패턴. *Communication Sciences & Disorders, 19*(3), 361-370.

김수진, 김민정, 하승희, 하지완(2015). 임상현장의 말소리장애 현황. *Communication Sciences & Disorders, 20*(2), 133-144

김수진, 김정미, 윤미선(2013). 자발화에서의 2~4세 아동의 말명료도 발달. *Communication Sciences & Disorders, 18*(3), 311-317.

김영태(1992). 서울-경기 지역 2~6세 아동의 발달기적 음운변동에 관한 연구. **말소리, 21**, 3-24.

김영태(1996). 그림자음검사를 이용한 취한 전 아동의 자음정확도 연구. **말-언어장애 연구, 1,** 7-33.

김영태, 신문자(1992). 아동의 음운변동에 관한 연구(II): 대치변동을 중심으로. **언어치료연구, 2**(1), 29-51.

김영태, 신문자(2004). **우리말 조음-음운평가(U-TAP).** 서울: 학지사.

김영태, 신문자, 김수진, 하지완(2020). **우리말 조음음운검사 2(U-TAP 2).** 서울: 학지사.

김재옥, 신문자, 송윤경(2018). 아동용 조음기관 구조 및 기능 선별검사: 3~12세 정상 발달 아동의 수행 특성 평가. *Communication Sciences & Disorders, 23*(1), 180-197.

김태경, 김명희(2004). 유아 초기의 운율 발달에 관한 연구. **국어교육, 115**(115), 87-119.

김태경, 백경미(2010). 학령전 아동의 발음 오류에 관한 연구: 음운 변동을 중심으로. **국제어문, 49**(49), 7-34.

김태경, 안미리(2004). 언어 습득 초기의 음운 처리 과정. **한국어학, 24.**

김향희(2012). **신경언어장애.** 서울: 시그마프레스.

김효재, 배소영(2002). 기능적 조음장애 아동의 음운변동: 후행모음에 따른 초성 연구개음의 정확도를 중심으로. **언어청각장애연구(임상 · 연구보고서), 7,** 14-26.

김희윤, 하승희(2016). 24-36개월 아동의 조음 변이성 연구. *Communication Sciences & Disorders, 21*(2), 333-342.

류은주, 김미진, 하지완(2019). 한국어 특성을 고려한 2~7세 일반아동의 발성유형별 말소리발달 연구. *Communication Sciences and Disorders, 24*(3), 724-734.

박상희(2011). 학령 전 아동의 이중모음 산출 특성 연구. **언어치료연구, 20**(3), 1-16.

박애경, 이승환(2000). 모음환경에 따른 초성 /ㅅ/, /ㅈ/ 및 /ㄹ/의 산출 연구. **언어청각장애연구, 5,** 74-90.

박은희, 윤미선(2016). 자발화에 나타난 2-3세 유아의 말소리 발달: 분절음과 단어 단위에서의 평가. **유아특수교육연구, 16**(2), 111-130.

박현, 석동일(2012). 단어단위 분석에 의한 2~4세 아동의 조음음운 특성 연구. **언어치료연구, 21**(1), 53-70.

박희정, 황하정, 박현(2011). 단어단위 음운분석을 통한 2세 아동의 음운특성 연구. **언어치료연구, 20**(1), 123-135.

배소영(1994). 정상 말소리 발달(I): 1;4-3;11세의 아동. 한국언어병리학회(편). **아동의 조음장애치료.** 서울: 군자출판사.

배소영(1995). 우리나라 아동의 언어발달: 언어발달진단의 일차적 자료. 한국언어병리학회(편). **언어치료 전문요원교육:** 1995.

배소영, 김민정(2005). **만 1세 유아의 음운산출 특성. 음성과학회 학술대회 논문발표집.** 대구: 언어

치료학회.

배재연, 고도홍(2010). 음성발달 모델에 따른 1~18개월 영유아의 음성특징. **말소리와 음성과학, 2**(2), 27-36.

배주채(1995). **국어음운론 개설**. 서울: 신구문화사.

석동일, 박상희, 신혜정, 박희정(2008). 한국어 표준 그림 말소리 검사(KS-PAPT). 서울: 학지사.

송윤경(2014). 구개편도비대 아동과 일반 아동의 말운동 기능 및 조음음운 특성 비교. *Communication Sciences & Disorders, 19*(4), 540-550.

송인미, 성철재(2018). 만 2~4세 한국 아동의 단모음과 이중모음 산출 특징. **말소리와 음성과학, 10**(1), 65-74.

신문자, 김재옥, 이수복, 이수연(2010). **조음기관 구조 · 기능 선별검사(SMST)**. 서울: 학지사 심리검사 연구소.

신문자, 하지완, 김영태, 김수진(2019). 우리나라 아동의 지역별 말소리 발달 차이. **말소리와 음성과학, 11**(3), 57-67.

신원영, 강은희, 이지윤(2017). 2~3세 아동의 이중모음 발달 특성. **언어치료연구, 26**(4), 111-119.

신지영(2005). 3세-8세 아동의 자유 발화 분석을 바탕으로 한 한국어 말소리의 빈도 관련 정보. **한국어학, 27**, 163-200.

신지영(2008). 성인 자유 발화 자료 분석을 바탕으로 한 한국어의 음소 및 음절 관련 빈도. **언어청각장애 연구, 13**(2), 193-215.

신지영(2011). **한국어의 말소리**. 지식과 교양.

안미리, 김응모, 김태경(2004). 한국어 모음 체계 습득 과정. **인지과학, 15**(1).

안미리, 김태경(2003). 유아의 자음 체계 습득 과정: 목표 언어와 유아어의 분절음 대치를 중심으로. **한국어 교육, 14**(2).

엄정희(1986). 3, 4, 5세 아동의 말소리 발달에 관한 연구: 자음을 중심으로. 이화여자대학교 대학원 석사학위논문.

엄정희(1994). 정상 말소리 발달(II): 3, 4, 5세 아동. 한국언어병리학회(편). **아동의 조음장애치료**. 서울: 군자출판사.

윤미선, 김정미, 김수진(2013). 자발화 문맥에서의 단어단위 음운 평가-2~4세 아동-. **언어치료연구, 22**(4), 69-85.

윤은경, 이호영(2014). 한국어 비음의 탈비음화에 대한 연구. **이중언어학, 55**, 183-218.

이호영(1996). **국어 음성학**. 서울: 태학사.

장혜진, 신지영, 남호성(2015). 서울 방언 단모음의 연령별 실현 양상. **음성 · 음운 · 형태론 연구, 21**(2), 341-358.

전희숙, 신명선, 권대도(2002). 음운 환경에 따른 /ㄹ/의 조음발달 특성 연구. **언어치료연구, 2**(2), 205-218.

전희정, 이승환(1999). 2~7세 정상아동의 /ㅅ/와 /ㅆ/ 말소리 발달 연구. **언어청각장애연구, 4**, 37-60.

정경희, 배소영, 김기숙(2006). 12, 18, 24개월 영유아의 음운발달 특성. **언어청각장애연구, 11**(3), 1-15.

최민실, 김수진(2013). 자발화에 나타난 3~4세 아동의 형태소 유형별 유음 발달 특성. **언어청각장애연구, 18**(1), 76-85.

최영은, 최미혜(2016). 음소 지각 발달 연구 고찰 및 관련한 한국어 연구의 동향과 과제. *Communication Sciences & Disorders, 21*(1), 1-14.

하승희, 김민정, 서동기, 피민경(2021). **조음음운 프로파일**(Korean Articulation Phonology Profile, K-APP). 서울: 휴브알앤씨.

하승희, 박보라(2015). 일반 영유아의 초기 발성과 음운 발달에 관한 종단 연구. **말소리와 음성과학, 7**(2), 63-73.

하승희, 설아영, 배소영(2014). 일반 영유아의 초기 발성 발달 연구. **말소리와 음성과학, 6**(4), 161-169.

하승희, 설아영, 소정민, 배소영(2016). 자발화 분석을 통한 만 2세 한국아동의 말-언어발달 특성. *Communication Sciences & Disorders, 21*(1), 47-59.

하승희, 김민정, 피민경(2019). 일음절 낱말 과제에서 살펴본 한국 아동의 자음정확도와 습득연령. *Communication Sciences & Disorders, 24*(2), 460-468.

하승희, 황진경(2013). 18~47개월 아동의 자발화 분석에 기초한 말소리 측정치에 관한 연구. *Communication Sciences and Disorders, 18*(4), 425-434.

홍경훈, 심현섭(2002). 유아의 말소리 발달 특성: 18-24개월 종단연구. **언어청각장애연구, 7**(2), 105-125.

홍성인, 전세일, 배소영, 이익환(2002). 한국 아동의 음운인식 발달. **언어청각장애연구, 7**(1) 49-64.

홍진희, 배소영(2002). 2세부터 5세 아동의 종성발달에 관한 연구: 단어 내 음절 위치와 어중초성의 마찰음을 고려하여. **언어청각장애연구, 7**, 294-304.

American Speech-Language-Hearing Association (ASHA). (2007). *Childhood Apraxia of Speech*. Rockville. MD: ASHA

American Psychiatric Association (APA). (2013). *Diagnostic and Statistical Manual of Mental Disorders* (5th ed.). Washington, DC.: APA.

Baker, E., & McLeod, S. (2011). Evidence-based practice for children with speech sound disorders: Part 1 Narrative review. *Language, Speech, and Hearing Services in Schools, 42(2),* 102-139.

Ball, M. J. (2008). Transcribing disordered speech: By target or by production? *Clinical Linguistics and Phonetics, 22*(10-11), 864-870.

Ballard, K. J., Robin, D. A., McCabe, P., & McDonald, J. (2010). A treatment for dysprosody in childhood apraxia of speech. *Journal of Speech, Language, and Hearing Research, 53,* 1227-1245.

Bauman-Waengler, J.(2000). *Articulation and Phonological Impairment: A Clinical Focus.* Boston: Allyn & Bacon.

Bernthal, J. E., & Bankson, N. W. (2004). *Articulation and Phonological Disorders* (5th ed.). Pearson Education Inc.

Bowen, C., & Cupples, L. (1999). Parents and children together (PACT): A collaborative approach to phonological therapy. *International Journal of Language and Communication Disorders, 34*(1), 35-55.

Boysson-Bardies, B., & Vihman, M. (1991). Adaptation to language: Evidence from babbling and first words in four language. *Language, 68,* 297-319.

Bleile, K. M.(2004). *Manual of Articulation and Phonology Disorders: Infancy through Adulthood* (2nd ed.). New York: Thomson Learning.

Bressmann, T., Sader, R., Whitehill, T. L., & Samman, N. (2004). Consonant intelligibility and tongue mobility in patient with partial glossectomy. *Journal of Oral and Maxillofacial Surgery, 62,* 298-303

Calvert, D. (1982). Articulation and hearing impairments. In L. Lass, J. Northern, D. Yoder, & L. McReynolds (Eds.), *Speech, Language and Hearing, Volume 2.* Philadelphia Saunders.

Camarata, S. (1993). The application of naturalistic conversation training to speech production in children with speech disabilities. *Journal of Applied Behavior Analysis, 26(2),* 173-182.

Cheng, H. Y., Murdoch, B. E., Coozee, J. V., & Scott, D. (2007a). Electropalatographic assessment of tongue-palate contact patterns & variability in children, adolescents, and adults. *Journal of Speech, Language and Hearing Research, 50*(2), 375-392.

Cheng, H. Y., Murdoch, B. E., Coozee, J. V., & Scott, D. (2007b). Physiologic development of tongue-jaw coordination from childhood to adulthood. *Journal of Speech, Language and Hearing Research, 50*(2), 352-360.

Chumpelik, D. (1984). The PROMPT system of therapy: Theoretical framework and applications for developmental apraxia of speech. *Seminars in Speech and Language, 5,*

139-156.

Crosbie, S., Holm, A., & Dodd, B. (2005). Intervention for children with severe speech disorder: A comparison of two approaches. *International Journal of Language Communication Disorders, 40*(4), 467-491.

Diedrich, W. M., & Bangert, J. (1976). Training Speech Clinicians in the Recording and Analysis of Articulatory Behavior. Final Performance Report: August 31, 1973 to August 31, 1975.

Dodd, B., Holm, A., Crosbie, S., & McComack, P. (2005). Differential diagnosis of phonological disorders. In B. Dodd (Ed.), *Differential Diagnosis and Treatment of Children with Speech Disorder* (2nd ed.). London: Whurr Publishers.

Dodd, B., & Bradford, A. (2000). A comparison of three therapy methods for children with different types of developmental phonological disorder. *International Journal of Language & Communication Disorders, 35*(2), 189-209.

Duffy, J, R. (2005). *Motor Seech Disorders: Substrates, Differential Diagnosis and Management* (2nd ed.). St. Louis, MO: Elsevier Mosby.

Eimas, P., Siqueland, E., Jusczyk, P., & Vigorito, J. (1971). Speech perception in infant. *Science, 171,* 303-306.

Flipsen, P., Jr. (2006). Measuring the intelligibility of conversational speech in children. *Clinical Linguistics and Phonetics, 20,* 293-301.

Flipsen, P., Jr., Bankson, N. W., & Bernthal, J. E. (2009). Classification and factors related to speech sound disorders. In J. E. Bernthal, N. W. Bankson, & P., Jr. Flipsen (Eds.), *Articulation and Phonological Disorders: Speech sound disorders in children* (6th ed.), Pearson Education Inc.

Forrest, K. (2002). Are oral-motor exercises useful in the treatment of phonological/articulatory disorders? *Seminars in Speech and Language, 23,* 15-25

Gibbon, F. F., & Wood, S. E. (2010). Visual Feedback Therapy with Electropalatography. In A. L. Williams, S. McLeod, & R. J. McCauley. *Intervention for Speech Sound Disorders in Children*. Paul H. Brookes Publishing Co., Inc.

Gierut, J. A. (1989). Maximal Opposition Approach to Phonological Treatment. *Journal of Speech and Hearing Research, 54*(1), 1-19.

Goldman, R., & Fristoe, M. (2000). *Goldman-Fristoe Test of Artiulation-2*. Circle Pines, MN: American Guidance Service.

Gordon-Brannan, M. (1994). Assessing intelligibility: Children's expressive phonologies. In K.

Butler & B. Hodson (Eds.), *Topics in Language Disorders, 14,* 17-25.

Green, J. R., Moore, C. A., & Reilly, K. J. (2002). The Sequential Development of Jaw and Lip Control for Speech. *Journal of Speech, Language, and Hearing Research, 45*(1), 66-79.

Grigos, M. I., Moss, A., & Lu, Y. (2015). Oral articulatory control in childhood apraxia of speech. *Journal of Speech, Language, and Hearing Research, 58,* 1103-1118.

Hauner, K. K. Y., Shriberg, L. D., Kwiatkowski, J., & Allen, C. T. (2005). A Subtype of Speech Delay Associated With Developmental Psychosocial Involvement. *Journal of Speech Language Hearing Research, 48*(3), 635-650.

Haynes, W. O., & Pindzola, R. H. (2008). *Diagnosis and Evaluation in Speech Pathology.* Pearson Education Inc.

Heller, J., Gabbay, J., O'Hara, C., Heller, M., & Bradley, J. P. (2005). Improved ankyloglossia correction with four-flap Z-frenuloplasty. *Annuals of Plastic Surgery, 54*(6), 623-628.

Hodson, B. W., & Paden, E. P. (1991). *Targeting Intelligible Speech: A Phonological Approach to Remediation* (2nd ed.). Austin, TX: Pro-Ed.

Hoffman, P. R., Schuckers, G., & Daniloff, R. (1989). *Children's Phonetic Disorders: Theory and Treatment.* Boston: Little Brown.

Holm, A., Crosbie, S., & Dodd, B. (2005). Treating inconsistent speech disorders. In B. Dodd (Ed.), *Differential Diagnosis and Treatment of Children with Speech Disorder.* London: Whurr.

Holm, A., Grosbie, S., & Dodd, B. (2007). Differentiating normal variability from inconsistency in children's speech: normative data. *International Journal of Language & Communication Disorders, 42*(4), 467-486.

Howell, J., & Dean, E. (1991). *Treating Phonological Disorders in Children: Metaphon, Theory to Practice.* San Diego: Singular Publishing.

Ingram, D. (2002). The Measurement of whole-word production. *Journal of child language, 29,* 713-733.

Justice, L. M., & Schuele, S. M. (2004). Phonological awareness: Description, assessment, and intervention. In J. E. Bernthal & N. W. Bankson (Eds.), *Articulation and phonological disorders* (5th ed.). Boston: Allyn and Bacon.

Kent, R. D. (2017). Normal Aspects of Articulation. In J. E. Bernthal, N. W. Bankson, & P. Jr. Flipsen (Eds.). *Articulation and Phonological Disorders: Speech sound disorders in children* (8th ed.). Pearson Education Inc.

Kent, R. D., & Murray, A. D. (1982). Acoustic features of infant vocalic utterances at 3, 6, and

9 months. *Journal of the Acoustic Society of America, 72,* 353-365.

Kent, R. D., Martin, R. E, & Swift, R. L. (1990). Oral sensation: A review and clinical prospective. In H. Winitz (Ed.), *Human communication and its disorders: A review-1987*(pp. 135-191). Norwood, NJ: Alex.

Kim, M., Kim, S. J., & Stoel-Gammon, C. (2017). Phonological acquisition of Korean consonants in conversational speech produced by young Korean children. *Journal of Child Language, 44*(4), 1010-1023.

Kwiatkowski, J., & Shriberg, L. D. (1998). The Capability-Focus Treatment Framework for Child Speech Disorders. *American Journal of Speech-Language Pathology*, 7(3), 27-38.

Locke, J. L. (1980). The inference of speech perception in the phonologically disordered child. Part II: Some clinically novel procedure; their use, some findings. *Journal of Speech and Hearing Disorders, 4,* 445-468.

MacNeilage P. (1998). The Frame/Content Theory of Evolution of Speech Production, *Behavioral and Brain Sciences, 21,* 499-511.

McDonald, E. T. (1964). *Articulation testing and treatment: A sensory motor approach.* Pittsburg, PA: Stanix House.

McLeod, S. (2017). Speech Sound Acquisition. In J. E. Bernthal, N. W. Bankson, & P., Jr. Flipsen (Eds.), *Articulation and Phonological Disorders: Speech sound disorders in children* (8th ed.). Pearson Education Inc.

Messner, A. H., & Lalakea, M. L. (2002). The effect of ankyloglossia on speech in children. *Otolaryngology Head and Neck Surgery, 127*(6), 539-545.

Moriarty, B., & Gillon, G. (2006). Phonological awareness intervention for children with childhood apraxia of speech. *International Journal of Language & Communication Disorders, 41,* 713-734.

Murray, E., McCabe, P. J., & Ballard, K. J. (2014). A systematic review of treatment outcomes for children with childhood apraxia of speech. *American Journal of Speech-Language Pathology, 23*(3), 486-504.

Nathani, S., Ertmer, D. J., & Stark, R. E. (2006). Assessing vocal development in infants and toddlers. *Clinical Linguistics and phonetics, 20*(5), 351-369.

Norris, J. A., & Hoffman, P. R. (1990). Language intervention within naturalistic environments. *Language, Speech, and Hearing Services in Schools, 21*(2), 72-84.

Office of Scientific and Health Reports. (1988). *Developmental speech and language disorders: Hope through research* (NIH Publication No. Pamphlet 88-2757). Bethesda,

MD: National Institute of Neurological and Communicative Disorders and Stroke.

Preston, J. L., Leece, M. C., & Maas, E. (2016). Intensive treatment with ultrasound visual feedback for speech sound errors in childhood apraxia. *Frontiers in Human Neuroscience, 30,* 440. https://doi.org/10.3389/fnhum.2016.00440.

Roberts, J. E., Rosenfeld, R. M., & Zeisel, S. A. (2004). Otitis media and speech and language: A meta-analysis of prospective studies. *American Academy of Pediatrics, 113*(3), 238-248.

Ruscello, D. M. (1984). Motor learning as a model for articulation instruction. In J. M. Costello, *Speech disorders in children.* San Diego: College-Hill Press.

Ruscello, D. M. (2008). Nonspeech oral motor treatment issues related to children with developmental speech sound disorders. *Language, Speech, and Hearing Services in Schools, 39,* 380-391.

Sander, E. (1972). When are speech sounds learned? *Journal of Speech and Hearing Disorders, 37,* 55-63.

Shriberg, L. D., & Austin, D. (1998). Comorbidity of speech-language disorder: Implication for a phenotype marker for speech delay. In R. Paul (Ed.)., *Exploring the Speech-Language Connection.* Baltimore, MD: Brookes.

Shriberg, L. D., Austin, D., Lewis, B., McSweeny, J. L., & Wilson, D. L.(1997). The percentage of consonants correct (PCC) metrics: Extensions and reliability data. *Journal of Speech and Hearing Research, 40,* 708-722.

Shriberg, L. D., & Kent, R. D. (2002). Clinical Phonetics (3rd ed.). Pearson.

Shriberg, L. D., & Kwiatkowski, J. (1982). Phonological disorders Ⅲ: A procedure for assessing severity of involvement. *Journal of Speech and Hearing Disorders, 42,* 242-256.

Shriberg, L. D., Lewis, B. A., Tomblin, J. B., McSweeny, J. L., Karlsson, H. B., & Scheer, A. R. (2005). Toward diagnostic and phenotype markers for genetically transmitted speech delay. *Journal of Speech Language and Hearing Research, 48,* 834-852.

Shriberg, L. D., & Smith, A. J. (1983). Phonological correlates of middle-ear involvement in speech-delayed children. *Journal of Speech and Hearing Research, 12,* 319-325.

Slater S. (1992). Portrait of the professions. *ASHA, 34,* 61-65.

Smit, A. B., Hand, L., Freilinger, J. J., Bernthal, J. E., & Bird, A. (1990). The Iowa Articulation Norms Project and Its Nebraska Replication. *Journal of Speech and Hearing Disorders,* 55(4), 779-798.

Sommers, R. K., Schaeffer, M. H., Leiss, R. H., Gerber, A., Bray, M. A., Fundrella, D., Olson, J. K., & Tomkins, E. R. (1966). The effectiveness of group and individual therapy. *Journal of Speech and Hearing Research, 9,* 219-225.

St. Louis, K. O., Ruscello, D. M., & Lundeen, C. (1992). Coexistence of communication disorders in schoolchildren. *ASHA Monographs. 27,* 1-57.

St. Louis, K. O., Ruscello, D. M., & Lundeen, C. (2002). Coexistence of communication disorders in schoolchildren. *ASHA, 27,* 1-57.

Stackhouse, J., & Wells, B. (1997). *Children's Speech and Literacy Difficulties I: A psycholinguistic framework.* London: Whurr.

Strand, E. A. (2003). Childhood apraxia of speech: Suggested diagnostic markers for the younger child. In L. D. Shriberg & T. F. Campbell (Eds.), *Proceedings of the 2002 Childhood Apraxia of Speech Symposium.* Carlsbad, CA: The Hendrix Foundation.

Strand, E. A., & Skinder, A. (1999). Treatment of developmental apraxia of speech: Integral stimulation methods. In A. Caruso & E. Strand (Eds.), *Clinical management of motor speech disorders in children* (pp. 109-148). New York, NY: Thieme.

Sullivan, M., Gaebler, C., Beukelman, D., Mahanna, G., Marshall, J., Lydiatt, D., & Lydiatt, W. M. (2002). Impact of palatal prosthodontic intervention on communication performance of patients' maxillectomy defects: A multilevel outcome study. *Head Neck, 24*(6), 530-538.

Tyler, A., Lewis, K. E., Haskill, A., & Tolbert, L. C. (2002). Efficacy of cross-domain effects of a morphosyntax and a phonological intervention. *Language, Speech, and Hearing Services in Schools, 33,* 52-66.

Van Riper, C., & Emerick, R. (1984). *Speech correction: An introduction to speech pathology and Audiology* (7th ed.). Englewood Cliffs, NJ; Prentice-Hall.

Vihman, M. M., & Greenlee, M. (1987). Individual differences in phonological development: Age one and three years. *Journal of Speech and Hearing Research, 30*, 503-521.

Weiner, F. F. (1981). Treatment of phonological disability using the method of meaningful minimal contrast: Two case studies. *Journal of Speech & Hearing Disorders, 46,* 97-103.

Wilcox, S., & Morris, S. (1999). *Children's Speech intelligibility Measures.* San Antonio, TX: The Psychological Co.

Williams, A. L. (2000). Multiple oppositions: Theoretical foundations for an alternative contrastive intervention approach. *American Journal of Speech-Language Pathology 9*(4), 282-288.

Williams, P., & Stephen, H. (2004). *The Nuffield Centre Dyspraxia Programme* (3rd ed.). Windsor England: The Miracle factory.

저자 소개

김민정(KIM MIN JUNG)

연세대학교 언어병리학 석사 및 박사

전 고려대학교 안암병원 재활의학과 언어치료사

우송대학교 언어치료학과 전임교수

아이들세상의원 언어치료실 책임연구원

현 도곡연세 말-언어연구소 소장

단국대학교 대학원 겸임교수

연세대학교 대학원 강사

〈검사도구〉

아동용 발음평가(APAC)(휴브알엔씨, 2007)

임상중심 말소리장애

Speech Sound Disorders: A Clinical Approach

2021년 2월 20일 1판 1쇄 인쇄
2021년 2월 25일 1판 1쇄 발행

지은이 • 김민정
펴낸이 • 김진환
펴낸곳 • ㈜학지사
04031 서울특별시 마포구 양화로 15길 20 마인드월드빌딩
대표전화 • 02-330-5114 팩스 • 02-324-2345
등록번호 • 제313-2006-000265호

홈페이지 • http://www.hakjisa.co.kr
페이스북 • https://www.facebook.com/hakjisa

ISBN 978-89-997-2312-4 93370

정가 19,000원